जिलाधिकारी

अ अक्षर
प्रतियोगी पुस्तकें

पूज्य पिताजी को
सादर
जिनके सपनों और प्रेरणा ने
मुझे जिलाधिकारी बनाया

क्रम

प्राक्कथन

भारत में ब्रिटिश साम्राज्य का प्रशासनिक आधिपत्य मुख्य रूप से परगना अधिकारी तथा जिलाधिकारी के रूप में उस समय कार्यरत भारतीय लोक सेवा के अधिकारियों द्वारा स्थापित किया गया। कानून और व्यवस्था बनाकर तथा राज्य के लिए राजस्वों को प्रभावी ढंग से नियंत्रित एवं संगृहीत कर ब्रिटिश शासन को सुदृढ़ करने की दिशा में जिलाधिकारी की भूमिका महत्त्वपूर्ण रही। वह साम्राज्यिक सत्ता का प्रतीक बन गया और एक ऐसे समय में जब संचार के साधन इतने अधिक विकसित नहीं थे वह अकेले ही शासकीय नीतियों का निर्धारण करता था तथा कानून और व्यवस्था की असाधारण परिस्थितियों से निपटता था। हमारे राष्ट्रवादी नेता भी विशेषकर भारत जैसे विभिन्नताओं वाले देश में भारतीय लोक सेवा के सशक्त स्वरूप से इतना अधिक प्रभावित थे कि भारतीय संविधान तथा राष्ट्रवादी प्रशासन द्वारा उसी प्रशासनिक तंत्र को जारी रखा गया।

स्वतंत्रता प्राप्ति के तुरन्त बाद भारत में कल्याणकारी राज्य तथा सभी स्तरों पर सशक्त जनतांत्रिक संस्थाओं की स्थापना हुई। आज जिलाधिकारी क्षेत्र के समग्र विकास के प्रति अत्यधिक समर्पित है तथा शासकीय कार्यक्रमों से जुड़ी उसकी समन्वयात्मक गतिविधियाँ असीमित हैं। शिक्षा, साक्षरता, सामुदायिक विकास, ग्रामीण स्वच्छता, गरीबी उन्मूलन, रोजगार एवं सम्पत्तिपरक कार्यक्रम तथा परिवार कल्याण कार्यक्रमों में से कुछ हैं जिनके क्रियान्वयन में वह किसी-न-किसी रूप में दिशा-निर्देशन करता है।

साथ ही राजनीतिक कार्यपालिका की आकांक्षाएँ भी बढ़ती जा रही हैं और कभी-कभी संकीर्ण निहित स्वार्थों का पलड़ा जनता के दीर्घकालिक हितों पर भारी पड़ता है। यहाँ तक कि किसी जिले में अधिकारियों की तैनाती भी संकीर्ण विचारों के आधार पर तय की जाती है, क्योंकि राजनीतिज्ञ, जिलाधिकारी को एक ऐसा अधिकारी समझते हैं, जिसके पास इतनी व्यापक शक्तियाँ हैं कि वह किसी भी उभरते हुए राजनीतिक दल की राजनीतिक आकांक्षाओं अथवा किसी नेता की आकांक्षाओं पर पानी फेर सकता है। इससे बहुधा स्थानीय स्तर पर निर्णय लेने की प्रक्रिया प्रभावित होती है। जब हम अपनी मनपसन्द तैनाती पाने का प्रयास करते

हैं तो हम उस अधिकार को भूल जाते हैं जो हमें भारतीय संविधान ने दिया है। किसी भी जनतंत्र में अधिकारीगण का यह परम कर्तव्य है कि वह जनप्रतिनिधियों की बातें ध्यानपूर्वक सुनें किन्तु उनके सुझावों का अनुसरण तभी किया जाए जब वे विधिसम्मत हों।

ऐसे समय में, जब जिला प्रशासन अत्यधिक दुरूह और कष्टदायी होता जा रहा है, तब आलोक जैसे किसी अधिकारी को पाकर बड़ी राहत मिलती है। आलोक उत्तर प्रदेश के पाँच जनपदों—इलाहाबाद, आगरा, गाजियाबाद, बाँदा और गाजीपुर—में जिलाधिकारी की हैसियत से कार्य कर चुके हैं। जिलों में उनके अनुभवों से पता चलता है कि कई अवसरों पर उन्होंने संकट की स्थिति से निपटने में बड़ी चतुराई से काम किया और उन सभी दबावों का सामना किया जिनसे किसी भी जिलाधिकारी का साक्षात्कार हो सकता है। उन्होंने इन पाँचों जिलों में जो अनुभव प्राप्त किए हैं उन्हें बड़ी सफलतापूर्वक इस पुस्तक में सँजोया है। उनके ये अनुभव जिला प्रशासन के सभी पक्षों को उजागर करते हैं। पुस्तक के विभिन्न अध्यायों के शीर्षक उपयुक्त ढंग से चयनित किए गए हैं तथा सभी शीर्षक जिलाधिकारी के कार्यों पर भलीभाँति प्रकाश डालते हैं। कानून और व्यवस्था, राजस्व प्रशासन और विकास कार्यों को प्राथमिकता दी गई है। ये ऐसे क्षेत्र हैं जहाँ जिलाधिकारी को निरन्तर अपने विवेक का सहारा लेना होता है। दबाव की स्थिति का सामना करते हुए क्षण-भर में निर्णय लेना होता है और एक गलत निर्णय लेने का अर्थ है कि कानून और व्यवस्था की स्थिति अत्यधिक नाजुक होने पर सैकड़ों लोगों की जान का खतरा। साथ ही सम्बन्धित अधिकारी की साख पर भी आँच आने का खतरा बना रहता है। बहुत ही कम निर्णयों के ऐसे दूरगामी प्रभाव होते हैं और जिलाधिकारी अपने कार्यों के प्रति सजग न रहने का खतरा मोल नहीं ले सकता है।

यह उचित प्रतीत होता है कि आलोक ने प्रेस तथा राजनीतिज्ञों को एक ही अध्याय में रखा है। जनतंत्र में राजनीतिक प्रमुख का एक विशिष्ट स्थान होता है और आलोक का यह निष्कर्ष निकालना सही प्रतीत होता है कि हमें इन राजनीतिक प्रमुखों को अत्यधिक सम्मान देना चाहिए। उन्हें यह अधिकार प्राप्त होता है कि उन्हें सुना जाए और बहुत से लोकसेवकों में यह गलत धारणा पैदा हो जाती है कि एक राजनीतिक व्यक्ति जो कुछ भी कहता है वह अनुचित है। आलोक ने सही इंगित किया है कि अधिकांश राजनीतिज्ञ बात को समझने के लिए तत्पर रहते हैं। शर्त यह है कि उनके साथ सम्मानपूर्वक वार्तालाप किया जाए। प्रेस की भूमिका का जो विश्लेषण आलोक ने किया है वह अत्यन्त ग्राह्य है। जनमत बनाने वाली संस्था के रूप में हमें प्रेस की महत्त्वपूर्ण भूमिका की अवश्य प्रशंसा करनी चाहिए किन्तु साथ ही हमें निजी स्वार्थ से व्यक्तिगत प्रचार के पीछे भागना महँगा पड़ सकता है क्योंकि बहुधा यह प्रचार हानिकारक सिद्ध होता है।

पुस्तक का एक अध्याय जन शिकायतों को समर्पित है। शासकीय कार्यक्रमों अथवा साम्प्रदायिक तनाव के सम्बन्ध में जनता एक अच्छा फीडबैक होती है और उसकी उपेक्षा करना किसी भी जिलाधिकारी के लिए एक मूर्खतापूर्ण कदम होगा। जिलाधिकारी को हर समय आम जनों की पहुँच में रहना पड़ता है और आत्मज्ञान के लिए इससे अच्छा कोई अन्य विकल्प नहीं हो सकता। आलोक ने भ्रष्टाचार अथवा अन्य सम्बन्धित विषयों पर छिटपुट कार्यवाही करने के स्थान पर एक पूरी व्यवस्था विकसित करने की आवश्यकता पर बल दिया है। आलोक ने आगंतुक के रूप में आने वाले उन दलालों के प्रति भी आगाह किया है जो अत्यधिक प्रभावशाली होने का दावा करते हैं। उनका यह सुझाव कि उपेक्षित तथा गरीबों से सम्पर्क बनाए रखना चाहिए, यह अत्यधिक उपयुक्त है क्योंकि जब जिलाधिकारी निर्धनों के सम्पर्क में रहता है तो लोग निश्चितता अनुभव करते हैं और इस प्रकार जिलाधिकारी की विश्वसनीयता भी बढ़ती है। हमें यह भी सुनिश्चित करना चाहिए कि जन-शिकायतों पर उचित कार्यवाही की जाए। हमारा कार्य हर बात के लिए हाँ करना नहीं है। आवश्यकता इस बात की है कि हम जन-शिकायतों पर ध्यान देने के लिए निष्ठापूर्वक तत्पर रहें।

दल के नेता के रूप में जिलाधिकारी की भूमिका विशेष रूप से महत्त्वपूर्ण है। जिले में कार्यकर्ताओं की एक बहुत बड़ी संख्या जिलाधिकारी से मार्गदर्शन की अपेक्षा रखती है। एक शासकीय व्यवस्था की कार्यप्रणाली में सुधार लाने का केवल एक ही उपाय है और वह यह है कि प्रत्यक्ष और अप्रत्यक्ष अधीनस्थ कर्मियों की उत्प्रेरणा में सुधार लाया जाए। उदाहरण सदैव सर्वोत्तम नियम है। इसी प्रकार कानून और व्यवस्था की परिस्थिति में जिलाधिकारी को आगे बढ़कर नेतृत्व प्रदान करना चाहिए, यदि वह चाहता है कि पुलिस के सिपाही मार्गदर्शन के लिए उसकी ओर देखें। पुलिस का मनोबल और उनकी मन:स्थिति को उस ढंग से ढाला जा सकता है जिस ढंग से जिलाधिकारी उनसे कार्य लेना चाहता है। हमें लोगों का विश्वास जीतना चाहिए। रहन-सहन के अपने तरीके हमेशा सर्वाधिक प्रेरणा के स्रोत होते हैं। यदि आपके दोहरे मापदंड हैं तो आपके लिए एक अच्छा उत्प्रेरक बन पाना कठिन होगा।

साथी अधिकारियों को व्यवहार कुशलता के मुद्दे पर आगाह करना लाभदायक होगा क्योंकि प्राय: व्यवहारकुशलता का अर्थ होता है—राजनीतिक कार्यपालिका की सनद के सामने पूरी तरह से आत्मसमर्पण कर देना। सदैव सिद्धान्तपरक दृष्टिकोण अपनाना चाहिए और हमारी निष्पक्षता कभी भी सन्देहों के घेरे में नहीं आनी चाहिए। हम सब कानून से बँधे हुए हैं और निश्चित रूप से यह अनुचित होगा कि किसी अपराधी को केवल इसलिए स्वतंत्र छोड़ दिया जाए कि वह अत्यधिक प्रभावशाली है। ऐसे नम्र व्यवहार से कानून और व्यवस्था की स्थिति बिगड़ सकती है और लोगों को गलत संकेत मिल सकते हैं। यदि हम चाहते हैं कि हमारी विश्वसनीयता

बनी रहे तो हमारा व्यवहार और आचरण सुस्थापित सिद्धान्तों के अनुरूप होना चाहिए। यदि जिलाधिकारी की शक्ति का क्षरण हुआ है तो इसके लिए हमारे अपने ही साथी जिम्मेदार हैं। हमने अपने कुछ दिग्भ्रमित राजनेताओं को यह अनुभव करने के लिए विवश कर दिया है कि कोई भी ऐसा कानूनी अथवा गैर-कानूनी कार्य नहीं है जिसे किया न जा सके। यह कहना कदापि गलत नहीं होगा कि कई अवसरों पर जिलाधिकारी साष्टांग दंडवत् हो जाते हैं जबकि उनसे केवल सम्मान देने के लिए कहा गया। ऐसी स्थिति में जब राजनीति पतन की ओर हो और भ्रष्टाचार जीवन का एक अभिन्न अंग बन गया हो, उस समय जिलाधिकारी की दक्षता निःसन्देह प्रभावित होगी।

जिला प्रशासन को समझने का सर्वोत्तम तरीका प्रकरणों का अध्ययन तथा घटनावृत्त है। लेखक द्वारा यही तरीका अपनाया गया है। यह पुस्तक उनके व्यावहारिक अनुभव पर आधारित है तथा व्यावहारिक हल सुझाती है। आलोक ने जिलाधिकारी की बदलती हुई भूमिका का लेखा-जोखा तैयार करने में जो असाध्य परिश्रम किया है उसके लिए वह भूरि-भूरि प्रशंसा के पात्र हैं।

—डॉ. एन. सी. सक्सेना

आई.ए.एस.

सचिव, केन्द्रीय योजना आयोग

भारत सरकार

प्रस्तावना

जिला प्रशासन सरकारी कामकाज की अग्रणी संस्था है। आम आदमी अपनी दिन-प्रतिदिन की समस्याओं और शिकायतों के सम्बन्ध में जिला प्रशासन के विभिन्न विभागों से सम्पर्क करता है। जिला प्रशासन उसके जीवन और सम्पत्ति की सुरक्षा और बचाव करता है। अपनी समस्याओं के समाधान के लिए वह व्यक्ति पुलिस थाना, खंड विकास अधिकारी, म्युनिसिपल कॉरपोरेशन, राज्य विद्युत विभाग आदि के सम्पर्क में आता है। इन विभागों द्वारा उस व्यक्ति की समस्या के प्रति की गई प्रतिक्रिया और संवेदनशीलता सरकार के प्रति उसकी धारणा बनाती है और लोकतांत्रिक व्यवस्था में उसके विश्वास को मजबूत करती है।

कलेक्टर और जिला मजिस्ट्रेट जिला प्रशासन के मुख्य केन्द्र होते हैं। वह जिला स्तर पर सरकार के प्रतिनिधि होते हैं। उनका काम जनता की समस्याओं को हल करना और सरकारी नीतियों को जनता के बीच निश्चित रूप से लागू करवाना है। वह जिला स्तर पर विभिन्न विभागों के बीच सामंजस्य बिठाने, कार्यों को गति देने और सरकार के विभिन्न विभागों व कार्यकलापों के बीच सुसंगत व्यवस्था व नेतृत्व प्रदान करते हैं।

यह पुस्तक जिला प्रशासन के समक्ष आने वाली तमाम चुनौतियों पर आधारित है। जिला प्रशासन को प्रतिदिन के कार्यों के दौरान झगड़ों, तनाव, अनेक प्रकार के दबाव व खिंचाव का सामना करना पड़ता है। उसे इन सब को हल करना और एक सन्तुलन बनाए रखना होता है। इस सब के लिए एक परिपक्व दिमाग को समस्याओं का समाधान करने की अप्रोच और सामान्य नागरिक के संकट के प्रति संवेदनशीलता आवश्यक है। जिला मजिस्ट्रेट भी एक प्रोफेशनल होता है परन्तु उसकी दृष्टि बहुत व्यापक और उन्नत होनी चाहिए। उसकी कार्रवाई उसे निरन्तर जनता और समाज के सम्पर्क में रखती है। इसलिए वह किसी अनौपचारिक तरीके से कार्य नहीं कर सकता, वह यह नहीं कह सकता कि परिस्थिति को आने दीजिए हम हल निकालेंगे। समस्याओं को हल करने के बारे में उसका एक रुख होना चाहिए। उसे समस्याओं के समाधान के लिए विभिन्न प्रकार के वैकल्पिक

तरीके सोचना चाहिए। हमेशा उसे एक विश्लेषणात्मक रुख रखना चाहिए। जिला स्तर पर प्रशासन को चलाना एक कला है जिसे अपने अनुभवों को साझा करने और कुछ लागू करने योग्य आवश्यक सामान्य सिद्धान्तों को प्रतिपादित करके किया जा सकता है।

जिला प्रशासन से सम्बन्धित अनेक पुस्तकें उपलब्ध हैं परन्तु उनमें से अधिकांश कानून, सरकारी प्रक्रिया, नियमों, सरकारी योजनाओं, नीतियों और आदेशों के बारे में ही जानकारी देती हैं। इन पुस्तकों में जिलाधिकारी द्वारा समस्याओं के समाधान के विषय में कोई सामग्री नहीं मिलती। जब जिला कलेक्टर के रूप में मेरी नियुक्ति हुई तो मेरे द्वारा इस प्रकार की किताबों में सामग्री खोजना व्यर्थ साबित हुआ और स्वानुभूति की इस आवश्यकता को मैंने दूसरों से साझा करना जरूरी समझा। मैंने इस प्रकार की एक पुस्तक की आवश्यकता महसूस की। यह संयोग ही था कि एक के बाद एक कई जिलों में मेरी नियुक्ति और जिम्मेदारियों से मुझे अनुभव की विपुल सम्पदा मिली। मैं अपने अनुभवों और शिक्षाओं को अपने अवचेतन दिमाग में डुबोकर नहीं रखना चाहता। मैं अपने अनुभवों को दूसरों से बाँटना चाहता था और यही विचार मेरी पुस्तक लिखने की प्रेरणा बना।

इस पुस्तक को प्रकाशित हुए 25 वर्ष से अधिक हो चुके हैं। जिला प्रशासन के बुनियादी सिद्धान्त वही रहने के बावजूद बहुत कुछ बदल गया है। इस नए संस्करण में कुछ अतिरिक्त अध्याय जोड़ने के साथ मैंने अपनी नई अन्तर्दृष्टि और अनुभवों को विभिन्न अध्यायों में जोड़ा है ताकि यह पुस्तक वर्तमान समय के कलेक्टरों व जिलाधिकारियों के लिए उपयोगी हो सके।

अपने कार्यकाल के दौरान अपने कार्यों को सम्पन्न करने के साथ-साथ इस पुस्तक का लिखना काफी कठिन था। अभी मैं अपने जीवन के जो भी अनुभव एकत्र कर सका वह पुस्तक के रूप में आपके समक्ष प्रस्तुत हैं।

इस पुस्तक को तैयार करने में मेरी जीवनसंगिनी सुरभि के धैर्य, समझदारी, समर्थन, सहभागिता और समस्याओं को साझा करने तथा अकूत बलिदान तथा विभिन्न जिलों में समस्याओं को हल करने में मेरी सहायता व अनुभव सँजोने में जो मदद की है उसके लिए मैं हृदय से उनका आभार व्यक्त करता हूँ। उन्होंने मुझे अपनी प्रशासनिक शैली और निरन्तर उसका विश्लेषण करने के बारे में सिखाया। उन्होंने हमारी कार्यवाहियों पर जनता की तरफ से प्रतिक्रिया व्यक्त की और इस प्रकार सदा मुझे वास्तविकता का आईना दिखाती रहीं।

मैं जनाब नियाजउद्दीन और श्री राम कैलाश यादव जी का भी आभारी हूँ जिन्होंने बहुत ही संकल्प के साथ इस सामग्री को बार-बार टाइप करने में समय दिया। मैं रुद्र कुमार श्रीवास्तव और श्री सुनील कुमार जी का भी आभारी हूँ जिन्होंने इस नए संवर्धित संस्करण को टाइप करने में अपना अमूल्य समय दिया।

अन्त में मैं डॉ एन.सी. सक्सेना, सेवानिवृत्त आईएएस और लालबहादुर शास्त्री नेशनल अकेडमी आफ एडमिनिस्ट्रेशन के पूर्व निदेशक द्वारा पुस्तक की भूमिका लिखने के लिए हृदय से आभारी हूँ। उनके द्वारा लिखे गए कुछ शब्दों ने ही मुझे आश्चर्यजनक सन्तोष की अनुभूति कराई और मेरा उत्साहवर्धन किया है।

—आलोक रंजन

आमुख

अधिकांश प्रतिभाशाली युवक-युवतियों की महत्त्वाकांक्षा भारतीय प्रशासनिक सेवा (आईएएस) में शामिल होने की रहती है। इस प्रयास में कामयाबी मिलते ही वे खुशी से झूम उठते हैं। उस समय उनके मन में इस नौकरी का निरपवाद रूप से एकमात्र चित्र यही होता है कि अब वे जिलाधिकारी बन जाएँगे। दरअसल अधिकतर लोग मान लेते हैं कि आईएएस में चयन होते ही व्यक्ति जिलाधिकारी बन जाता है।

हालाँकि आईएएस में चयन होते ही, कैरियर के अपेक्षाकृत शुरुआती चरण में ही, जिलाधिकारी (कलेक्टर) का पद मिल जाता है, फिर भी जब तक यह पद नहीं मिलता, हर अधिकारी को इसका बेसब्री से इन्तजार रहता है। यही नहीं, जिलाधिकारी के रूप में बिताया गया समय अधिकारियों को हमेशा याद रहता है। आप किसी भी वरिष्ठ अधिकारी से मुलाकात कीजिए, थोड़ी ही देर में वह उन दिनों के किस्से बताने लगेगा जब वह अमुक-अमुक जिले में जिलाधिकारी था।

जिलाधिकारी का पद निःसन्देह किसी भी अधिकारी के लिए सर्वाधिक चुनौतीपूर्ण और कार्यभार वाला होता है। जिलाधिकारी के पद के साथ भारी जिम्मेदारी और जवाबदेही होती है, पर साथ ही मौके भी जुड़े रहते हैं। प्रशासन चलाने के बारे में हर अधिकारी के पास अपने विचार होते हैं। जिलाधिकारी बनने के बाद उसे इन विचारों को अमल में लाने का मौका मिलता है। जिला स्तर पर सामान्य प्रशासन का सीधा सम्बन्ध जिलाधिकारी के व्यक्तित्व, तौर-तरीके और कुशलता से होता है। इसका अभिप्राय यह नहीं है कि जिलाधिकारी यदि निष्क्रिय है तो प्रशासन नहीं चलेगा। काम-काज तब भी चलता है पर एक सक्रिय जिलाधिकारी प्रशासन को एक खास शैली में और एक निश्चित दिशा में चला सकता है।

इस पद के दायित्व के निर्वाह में रोज आनेवाली नई-नई चुनौतियों से जिलाधिकारी को जूझना पड़ता है। उस प्रक्रिया में उसे काफी कुछ सीखने को मिलता है। इसमें सबसे महत्त्वपूर्ण होती है—जिलाधिकारी की कार्रवाइयों पर जनता की तत्काल प्रतिक्रिया। यह प्रतिक्रिया प्रशंसा हो या आलोचना, इसका प्रभाव तत्काल और व्यापक होता है।

विशाल ग्रामीण क्षेत्र वाले छोटे जिलों में जिलाधिकारी का व्यक्तित्व लोगों की आपसी बातचीत का एक महत्त्वपूर्ण विषय होता है। आम लोगों को उनकी पसन्द-नापसन्द, उनकी आदतें और प्राथमिकताओं को जानने में ज्यादा समय नहीं लगता। उनका कुछ भी निजी जीवन नहीं होता। वह क्या खाते हैं, किन के साथ खाते हैं और कौन-कौन लोग उनके नजदीकी है, यह हर चीज जनता की जानकारी में होती है। यह पद इतना महत्त्वपूर्ण है कि जनता के लोग डीएम (जिलाधिकारी), सीएम (मुख्यमंत्री) और पीएम (प्रधानमंत्री) तीन पदों को सर्वाधिक महत्त्वपूर्ण मानते हैं। यदि आप किसी प्रोजेक्ट या स्कीम को लागू करवाना चाहते हैं तो वह इन तीन व्यक्तियों के नेतृत्व में सम्भव है। मैंने भारत सरकार के पूर्व सचिव श्री परमेश्वरन अय्यर की एक पुस्तक पढ़ी। वह स्वच्छ भारत मिशन के शिल्पी व अत्यधिक सफलता से उसे लागू करवाने तथा भारत को खुले में शौच से मुक्त बनाने वाले व्यक्ति हैं। वह स्पष्ट रूप से कहते हैं कि इस मिशन की सफलता के पीछे प्रधानमंत्री की राजनीतिक इच्छाशक्ति और राज्यों के मुख्यमंत्रियों और जिलाधिकारियों के सीधे सम्पर्क से लागू कर यह अभियान सफल हो सका। पीएम, सीएम और डीएम के रास्ते से यह काफी कठिन मिशन सफल हो सका।

एक आईएएस ऑफिसर द्वारा डीएम के पद पर रहते हुए अपने एक आलेख में लिखी हुई बात को मैं उद्धृत करना चाहूँगा। वह लिखते हैं कि एक दिन दोपहर का भोजन करने के बाद जब वो एक झपकी ले रहे थे तभी दिल्ली से एक फोन आया। उनके अर्दली ने फोन उठाया और बड़े रूखेपन से कहा कि डीएम साहब आराम कर रहे हैं, इस समय उनसे बात करना सम्भव नहीं है। दोपहर के बाद जब जिलाधिकारी अपने कार्यालय पहुँचे तो उनके अर्दली ने बड़ी उदासीनता के साथ कहा कि दिल्ली से कोई पीएम बात करना चाहते थे, मैंने उनसे कह दिया साहब आराम कर रहे हैं! मेरा भी ऐसा ही एक अनुभव है। 1990 के प्रारम्भ में जब मैं गाजियाबाद जिले का अधिकारी था। जिले में साम्प्रदायिक दंगा हो गया था और मैं दंगे पर नियंत्रण के लिए अपने अधिकारियों की टीम के साथ एक हफ्ते तक दिन-रात काम करता रहा। जब सब कुछ नियंत्रण में हो गया तब मैंने सोने का विचार बनाया। मैं बुरी तरह से जुकाम और गले की बीमारी से परेशान था, मेरा बोलना भी मुश्किल था। मुख्यमंत्री के कार्यालय से फोन आया कि मुख्यमंत्री जिलाधिकारी से बात करना चाहते हैं। मेरे अर्दली ने भी बगैर पलक झपकाए उत्तर दे दिया कि डीएम साहब का गला बुरी तरह से खराब है और वह आराम कर रहे हैं, अभी बात करना सम्भव नहीं है। उसी शाम मुख्यमंत्री जी दिल्ली आए और मैं उनके बुलाने पर दिल्ली गया। आप मेरे आतंकित और शर्मिंदा होने की कल्पना कर सकते हैं। जब मुख्यमंत्री ने बड़े अनौपचारिक ढंग से बात करते हुए कहा कि मैं दोपहर बाद आपसे बात करना चाहता था लेकिन शायद गला खराब होने से बात न हो सकी।

यह दो कहानियाँ दर्शाती हैं कि जिले के अधिकारी, कर्मचारी और नागरिक के लिए डीएम के बराबर सरकार में कोई नहीं है। वास्तव में वह जिले का राजा है।

जिला प्रशासन की अवधारणा अंग्रेजों की दी हुई है और जिलाधिकारी नामक संस्था की नींव भी उन्होंने ही डाली है। आज भी जब किसी आईएएस की जिले में नियुक्ति होती है तो वह अपने दफ्तर के बोर्ड पर लिखी सौ साल पहले से आज तक के जिलाधिकारियों की सूची को निहार कर एक तरह के इतिहासबोध से आह्लादित हो जाता है।

अब परिस्थितियाँ बदल चुकी हैं। अंग्रेजों के जमाने में जिले का प्रमुख निर्विवाद रूप से जिलाधिकारी ही होता था और उसकी मुख्य जिम्मेदारी कानून-व्यवस्था बनाए रखना व राजस्व इकट्ठा करना होती थी। अनेक मसलों पर इंसाफ करना भी उसके कार्य-क्षेत्र में शामिल था। प्राकृतिक आपदाओं के समय राहत का इन्तजाम भी वही करता था, लेकिन आज जिलाधिकारी की भूमिका और जिम्मेदारियाँ बदल गई हैं। लोकतांत्रिक और कल्याणकारी राज्य में जिलाधिकारी जनता के प्रतिनिधियों के प्रति जवाबदेह रहता है। जिले में विकास कार्यों का नेतृत्व करते हुए उसे सरकार की योजनाओं को लागू करना होता है। आज के दौर में जिलाधिकारी यह मानकर नहीं चल सकता है कि उसका कथन ही कानून है। आज उसकी कार्रवाइयों की जाँच-पड़ताल भी हो सकती है और जनता को सुनना, समझना और उसकी आकांक्षाओं को पूरा करना उसके दायित्वों में शामिल है।

मुलाकाती या मिलने आए लोगों से जिलाधिकारी की मुलाकात का दस्तूर अंग्रेजों के जमाने में भी मौजूद था, लेकिन उन दिनों आगंतुक आभ तौर पर कुछ चुनिंदा लोग ही होते थे। वे जिला मजिस्ट्रेट के दफ्तर के बाहर इन्तजार करते थे और समय मिलने पर ही जिलाधिकारी उनसे मिलने बाहर आता था, जबकि आज कोई भी अपनी परेशानी लेकर जिलाधिकारी से मिलने पहुँच सकता है। इसके लिए कोई समय भी नियत नहीं किया गया है—देर रात को भी कोई जिलाधिकारी से मिलने आ सकता है। उम्मीद की जाती है कि जिलाधिकारी उससे मिलेगा और वह मिलता भी है। यह उसकी जिम्मेदारी है कि वह जनता की समस्याओं को सुने और उनका समाधान निकालने की कोशिश करे।

कुछ अधिकारी इस स्थिति से नाखुश रहते हैं। अकसर वे सोचते हैं कि वे अंग्रेजों के जमाने में जिलाधिकारी होते तो कितना अच्छा होता। अपने काम में लगातार दखलन्दाजी से वे खीजे रहते हैं; पर यह भी सही है कि बीते हुए कल के बारे में मनभावन कल्पना करने से कुछ हासिल नहीं होता। फिलहाल अपने कार्य में सफलता पाने के लिए जिला मजिस्ट्रेटों को अपनी सोच और अपने व्यवहार को बदलना होगा। बिना अफसोस किए यह समझना होगा कि आज जिलाधिकारी का दायित्व कहीं ज्यादा विविध, पेचीदा और चुनौतीपूर्ण है। अपनी

रचनात्मकता दिखलाने की यहाँ काफी गुंजाइश है और यदि एक जिलाधिकारी इस दिशा में कार्य करता है तो उसकी उपस्थिति से जिले को निश्चित तौर पर काफी फर्क पड़ता है।

हालाँकि आज जिलाधिकारी का पुलिस और दूसरे विभागों पर सीधा नियंत्रण नहीं होता, तब भी उसके पास इतनी ताकत होती है कि सभी मुख्य विभाग उसके नेतृत्व को स्वीकार करें। सरकार द्वारा बनाई गई किसी भी योजना को लागू करने के लिए जिलाधिकारी जिम्मेदार होता है। किसी एक समय में वह सौ समितियों का अध्यक्ष भी हो सकता है। हालाँकि यह बात स्वीकार की गई है कि दो साल की छोटी अवधि में जिलाधिकारी जिले का स्वरूप नहीं बदल सकता, तब भी वह चीजों पर अपना प्रभाव छोड़ सकता है क्योंकि सब काम उसी के जरिए होते हैं। जिले में होनेवाले कार्यों के लिए सरकार भी जिलाधिकारी को ही जिम्मेदार ठहराती है।

जिला प्रशासन का यह ढाँचा अंग्रेजों ने तैयार किया था और यह समय की कसौटी पर खरा उतरा है। यहाँ तक कि प्रबन्धन-गुरु पीटर ड्रकर ने भी इस प्रणाली की प्रशंसा की है और आधुनिक प्रबन्धकों को इसका अनुसरण करने को कहा है। इस प्रणाली का उद्देश्य था—यथास्थिति को बनाए रखना और यह इस कार्य में पूरी तरह सफल साबित हुई है। इस प्रणाली ने लोकतंत्र और विकास के प्रति प्रतिबद्ध राज्य की आवश्यकताओं के अनुसार खुद को ढाल लिया है। मूलभूत सिद्धान्त यह है कि जिलाधिकारी जिला स्तर पर सरकार का प्रतिनिधित्व करता है। राज्य सरकार का संवाद उसी के साथ होता है। जिला स्तर पर अधिकारियों की एक टीम के जरिए वह कार्य करता है। अपनी कार्य-प्रणाली चुनने की उसे पूरी स्वतंत्रता है और उसकी व्यक्तिगत शैली से काफी फर्क पड़ता है। इस प्रकार जिला स्तरीय जिलागत ढाँचे का पहला सिद्धान्त 'यूनिटी ऑफ कमांड' है जो किसी भी संस्था की सफलता के लिए अनिवार्य है।

दूसरी महत्त्वपूर्ण अवधारणा है—विकेन्द्रीकरण। विकेन्द्रित निर्णय का इससे बड़ा कोई उदाहरण नहीं हो सकता। जिलाधिकारी को कानून और व्यवस्था-सम्बन्धी व दूसरे मुद्दों को अपने तरीके से सुलझाने की पूरी छूट है। उसे जिम्मेदारी दी गई है और वह अपने फैसलों के नतीजों के लिए जवाबदेह है। विकास कार्यक्रमों में भी नीति और सामान्य दिशा-निर्देश दिए जाते हैं। इसके बाद की योजना तैयार करना जिलाधिकारी पर छोड़ दिया जाता है। सूचना और निगरानी की अपनी प्रणाली बनाने के लिए वह पूरी तरह स्वतंत्र है। मुख्य कार्य है—निर्धारित उद्देश्यों तक पहुँचना और इसके लिए वह जिम्मेदार है।

यदि जिलाधिकारी को यह सब जिम्मेदारी न दी जाती तो शासन करना कितना मुश्किल होता। मान लीजिए कि हर छोटे मामले या मुद्दे का निबटारा राज्य-स्तर पर ही किया जाता है तो निश्चित तौर पर समाधान मुश्किल होता।

यह मौजूदा व्यवस्था की विडम्बना है कि जिलाधिकारी की संस्था के प्रभाव को कम करने की कोशिश की जा रही है। आज किसी भी गड़बड़ी के लिए सरकार बलि का बकरा जिलाधिकारी को बना देती है। राजनीतिक दखल इतना बढ़ गया कि जिलाधिकारी से उम्मीद की जाती है कि वह जनता के प्रतिनिधियों की मर्जी से अपने अधिकारियों की टीम में फेर-बदल करे। उसकी स्वतंत्रता कम होती जा रही है क्योंकि पहले तो उसे मुद्दों पर रिपोर्ट देने को कहा जाता है और फिर साथ ही बता दिया जाता है कि उसे क्या करना चाहिए। राज्य स्तर से मिलनेवाले निर्देश बढ़ गए हैं जिससे इस संस्था की स्वायत्तता कम हुई है। कानून और व्यवस्था से सम्बन्धित छोटी-से-छोटी समस्या होने पर भी राज्य सरकार यह जानना चाहती है कि जिलाधिकारी घटनास्थल पर गए या नहीं। यह जिला प्रशासन की प्रकृति के प्रतिकूल है। एसओ, एसडीएम और एडीएम की उपस्थिति के साथ-साथ जिलाधिकारी से भी घटनास्थल पर पहुँचने को कहा जाता है। इसके चलते वह जनता के सामने इतना खुला हो जाता है कि उसकी सत्ता कम होने लगती है। जिलाधिकारियों से राज्य की विकास योजनाओं के ब्यौरे माँगना भी अब आम बात है। इससे भी बड़ी समस्या यह है कि जिलाधिकारी के जिले में ठीक से जमने से पहले ही उसका तबादला कर दिया जाता है। उत्तर प्रदेश में तो किसी भी जिलाधिकारी की किसी एक जिले में कार्यावधि एक साल से अधिक की नहीं होगी।

एक संस्था के तौर पर जिलाधिकारी पर चारों ओर से प्रहार किया जा रहा है। कानून और व्यवस्था से जुड़े उसके अधिकारों को पुलिस विभाग ले लेना चाहता है। तकनीकी विभाग भी पूरी स्वतंत्रता चाहते हैं। एक नया सुझाव है कि विकास-सम्बन्धी कार्यों को इतने ही वरिष्ठ किसी दूसरे अधिकारी को सौंप दिया जाए। राजनीति के रंग में रँगी कार्यपालिका जिलाधिकारी का चुनाव उसकी 'समायोजन-क्षमता' और 'स्वीकृति' के आधार पर कर रही है।

यहाँ तक कि अब जिलाधिकारी के पद के लिए चुनाव कराए जाने की बात तक होने लगी है। ऐसी धारणा है कि चुना गया व्यक्ति लोगों की उम्मीदों के प्रति कहीं अधिक जिम्मेदार होगा। यह गलतफहमी है। कोई भी देख सकता है कि नगर निगम में चुने हुए मेयरों ने वहाँ के आधिकारिक प्रशासक की तुलना में कुछ बेहतर कार्य नहीं किया है। फिर, चुना गया प्रतिनिधि कभी भी निष्पक्ष या तटस्थ नहीं होगा। इस तरह इस संस्था की नींव ही खोदी जा रही है।

वास्तव में जिलाधिकारी की सत्ता और प्रभाव के पीछे जनता होती है। आज भी किसी समस्या के निदान के लिए जनता जिलाधिकारी के पास ही जाती है। कुछ जिलाधिकारी यह कहकर उन्हें टालना चाहते हैं कि 'यह पुलिस से सम्बन्धित मामला है, एसएसपी के पास जाओ।' या 'यह बिजली से सम्बन्धित है—अधिशासी अभियंता से मिलो।' पर यह सही नहीं है। इससे जनता की भावनाओं को ठेस पहुँचती

है और जिलाधिकारी की संस्था को नुकसान पहुँचता है। जनता की सब प्रकार की समस्याओं का समाधान जिलाधिकारी का अधिकार भी है और दायित्व भी।

जनता जिलाधिकारी को पहचानती है और उसके पास ऐसी समस्याएँ लेकर भी आती है जो व्यक्तिगत जैसी लगती हैं। यह लोगों का जिलाधिकारी नामक संस्था में विश्वास ही है जिसकी मदद से यह प्रणाली काम करती है। जनता की धारणा होती है कि कम-से-कम जिलाधिकारी के स्तर पर तो कुछ-न-कुछ कार्रवाई की जाएगी।

यदि जिलाधिकारी के पद की गरिमा को बनाए रखना है तो सम्बन्धित अधिकारियों को जनता की उम्मीदों के साथ न्याय करना होगा। जब तक उन्हें निष्पक्ष, तटस्थ और निश्छल समझा जाता है, जनता पूरे सम्मान से उनके पास जाती रहेगी। अगर वे जनता की समस्याओं का पूरी ईमानदारी से निबटारा करते हैं तो लोगों का विश्वास इस संस्था में बना रहेगा। केवल इसी तंत्र के जरिए जिलाधिकारी अपने जिले पर नियंत्रण रख सकता है और सम्पूर्ण व चिरस्थायी योगदान कर सकता है।

जिलाधिकारी

कलेक्टर (जिलाधिकारी) की भूमिका का क्रमिक विकास

समय के साथ-साथ जिलाधिकारी की भूमिका का भी क्रमिक विकास हुआ है। जहाँ एक तरफ इनके अधिकारों और जिम्मेदारियों में वृद्धि हुई है वहीं दूसरी तरफ इनकी आभा में बड़ी गिरावट आई है। इसके बावजूद यह संस्था पहले की तरह ही जीवन्त और प्रासंगिक बनी हुई है। वास्तव में जिलाधिकारी की भूमिका अधिक महत्त्वपूर्ण हो गई है और वह राज्यसत्ता या राज्य के विकास के आदर्श का केन्द्र हो गया है। इसी की बुनियाद पर सम्पूर्ण लोक प्रशासन की इमारत निर्मित होती है। उनके द्वारा किए गए कार्यों से ही नागरिकों पर सरकार का प्रभाव पड़ता है। अनेक वर्षों में क्रमिक विकास के बावजूद जिलाधिकारी की केन्द्रीय भूमिका आज भी स्थापित है। वह कल, आज और आने वाले समय में भी जिले का मुख्य प्रशासक बना रहेगा। प्रशासन के ढाँचे में निरन्तर परिवर्तन होता रहा है। जिलाधिकारी का कार्यालय भी इस परिवर्तन से मुक्त नहीं रहा। कोई भी संस्था हमेशा एक स्थायी रूप में नहीं रह सकती। इसे भी निरन्तर राज्यसत्ता और प्रशासनिक आवश्यकताओं के अनुकूल गतिशील और प्रतिक्रिया देने वाला होना चाहिए।

कलेक्टर का पद 11 मई, 1772 को ईस्ट इंडिया कम्पनी के गवर्नर जनरल वारेन हेस्टिंग द्वारा निर्मित किया गया था। उस समय बंगाल के प्रशासन द्वारा ब्रिटिश पब्लिक रेवेन्यू (ब्रिटिश सार्वजनिक राजस्व) का 50% संग्रह किया जाता था। उस समय कलेक्टर और जिलाधिकारी सार्वजनिक निर्देशों को लागू करने, तीव्र न्यायिक प्रशासन, टैक्सों का समय से भुगतान, भूमि सम्बन्धी दस्तावेजों का रखरखाव और सम्पत्ति सम्बन्धी विवादों को रोकने व हल करने के लिए जिम्मेदार होते थे। शीघ्र जिला प्रशासन के दो मॉडल विकसित हुए।

मुम्बई, मद्रास, उत्तर पश्चिमी प्रान्त और संयुक्त प्रान्त में मुनेरो स्कूल का मॉडल प्रचलित था। दूसरा कॉर्नवालिस मॉडल बंगाल में लागू हो रहा था। कॉर्नवालिस मॉडल में मुगल प्रशासन की विरासत थी। इसका केन्द्रीकरण राजस्व एकत्र करने, कठोर प्रशासन, सिविल जज और मजिस्ट्रेट की पद्धति पर था। कार्नवालिस मॉडल में न्यायिक प्रक्रिया और राजस्व संग्रह को अलग-अलग और जिलाधिकारी को दोनों

की गतिविधियों में जिला स्तर पर संयोजन करना था। हालाँकि 1780 में बंगाल के जिलों में जिला जजों की नियुक्ति हुई थी और 1787 में कलेक्टर को भी सिविल जज और मजिस्ट्रेट बनाया गया था। धीरे-धीरे वह सरकार की प्रशासनिक शक्ति और सामान्य प्रशासन का प्रतिनिधि बन गया। ईस्ट इंडिया कंपनी ने जिला मजिस्ट्रेट के प्रशासन को अपने हाथ में ले लिया।

1793 में कॉर्नवालिस ने पुन: मजिस्ट्रेट और कलेक्टर के अधिकारों को अलग-अलग कर दिया। मजिस्ट्रेट का पद निर्मित किया गया। कार्नवालिस ने इस व्यवस्था में 1793 में कुछ कमियाँ देखीं और राजस्व के मामलों में कलेक्टर को न्यायिक अधिकार प्रदान किए। परन्तु 1820 में कलेक्टर को मजिस्ट्रेट, राजस्व, न्यायिक प्रक्रिया और सामान्य प्रशासन सब का जिम्मेदार बना दिया। सन 1857 तक कार्नवालिस स्कूल से सब कुछ बदल कर मुनेरो स्कूल में आ गया और सभी अधिकार जिलाधिकारी के कार्यालय में केन्द्रित हो गए।

19वीं शताब्दी के उत्तरार्ध में पुलिस अधीक्षक, लोक निर्माण विभाग और स्वास्थ्य विभागों के कार्यालय निर्मित हुए। इन विभागों का सीधा प्रशासन कलेक्टर के हाथों से ले लिया गया लेकिन उनके हाथ में सामान्य नियंत्रण और प्रशासन का अधिकार बरकरार रहा।

1857 से 1919 तक का समय जिलाधिकारियों की प्रधान भूमिका का समय था। यह समय नौकरशाही का सबसे प्रभावशाली समय कहा जाता है। इस अवधि में जिलाधिकारियों की विकास कार्य में भूमिका गौण रही। औपनिवेशिक शासन काल के दौरान वैसे भी विकास कार्य हमेशा दूसरे दर्जे का कार्य रहा। विकास कार्य को छुटपुट या 'अतिरिक्त कार्य' माना जाता था। कल्याणकारी कार्य जिलाधिकारी की पूर्वाभिरुचि पर निर्भर करते थे। ब्रिटिशों ने सिंचाई व्यवस्था का निर्माण कार्य शुरू किया और जिलाधिकारी अक्सर बाँध, नदियों के तटबन्ध, कुएँ और तालाब बनवाने में व्यस्त रहते थे। स्कूलों और सड़कों को अधिक महत्त्व दिया। 1919 से 1947 का समय जिलाधिकारियों के लिए एक परीक्षा का समय था। राष्ट्रीय आंदोलन गति पकड़ रहा था और जिलाधिकारियों को उससे निपटने के लिए अपने औपनिवेशिक मालिकों के हुक्म के अनुसार काम करना होता था। द्वितीय विश्वयुद्ध से ठीक पहले प्रान्तीय सरकारों का गठन हो गया था और कलेक्टरों के लिए इन सरकारों के अधीन काम करना एक नया अनुभव था।

डेविड गिलमोर ने अपनी प्रसिद्ध पुस्तक 'द रूलिंग कास्ट' में नए आईसीएस अफसरों के अनुभव व उनके द्वारा प्रशासन के गुरु सीखने का एक खाका खींचा है।

आईसीएस अफसर लन्दन से सीधे या तो कलकत्ता या मुम्बई आते थे और उनको चीफ सेक्रेटरी द्वारा जिले के अधिकारी को रिपोर्ट करने के लिए निर्देशित पत्र प्राप्त होता था जोकि अक्सर ही कलेक्टर के व्यक्तित्व के अनुसार चुना जाता

था। इसके पीछे एक युवा अधिकारी को ऐसे कलेक्टर के अधीन भेजना था जो उसे प्रशिक्षण दे सके। अक्सर ही युवा अधिकारी को कलेक्टर के घर पर ही रुकना होता था और निरन्तर कलेक्टर के कार्यों द्वारा प्रशासन के गुर सीखने होते थे। उस समय तक ट्रेनिंग का कोई भी वैज्ञानिक तरीका निर्धारित नहीं था। यह एक बेतरतीब और कलेक्टर की क्षमताओं, उसकी सनक और पसन्द तथा नापसन्द पर निर्भर व्यवस्था थी। हालाँकि आज भी एक सूत्रीकृत ट्रेनिंग का ढाँचा होते हुए भी परिस्थिति वास्तव में बहुत कुछ वैसी ही है। तब और अब भी कलेक्टर अपने युवा अधिकारियों को न्यायालय के काम में कुछ अनुभव बताते हुए मजिस्ट्रेट के कुछ कर्तव्य और राजस्व के कार्य तथा जिले के कोषागार से अटैच करते हैं। युवा अधिकारियों को प्रशासन के सिद्धान्तों और दूसरे विभागों के साथ समन्वय करने के बारे में बताने का बहुत कम प्रयास होता है। युवा अधिकारी को यह सब अपने बल पर ही सीखना होता है। हालाँकि कुछ सामाजिक अवसरों पर बहुत सारी औपचारिकताएँ होती हैं, जैसे कौन किस के बाद बैठेगा। आईसीएस अधिकारियों के समय पर वरिष्ठता के बारे में बहुत ध्यान दिया जाता था जैसे कौन किस के बाद आगे या पीछे बैठेगा, यह बहुत महत्त्वपूर्ण था।

लॉर्ड कर्जन ने एक बार कहा था कि भारत पर शिमला या कोलकाता से शासन किया जा सकता है परन्तु इसका प्रशासन केवल समतल से ही चलाया जा सकता है। वह जिस समतल की बात कर रहे थे वह ब्रिटिश भारत के लगभग 250 जिले थे। यह काफी विस्तृत जिले थे जिनका औसत क्षेत्रफल 44300 वर्ग मील था। छोटे जिलों में करीब आधा दर्जन ब्रिटिश अधिकारी होते थे जबकि बड़े जिलों में जिला जज और दूसरे मजिस्ट्रेट भी आईसीएस होते थे। उन दिनों भी सारे अधिकारों का केन्द्रीकरण जिलाधिकारी के पास होता था जबकि कमिश्नर की भूमिका सुपरवाइजर की होती थी। जिलाधिकारी पुलिस, जेल, वन विभाग, नहर विभाग इत्यादि लगभग सभी विभागों का जिम्मेदार होता था। आम आदमी की संस्थाओं पर अटूट आस्था थी और कलेक्टर का कोई भी दिन किसी अभियोजन पक्ष को सुने बगैर समाप्त नहीं होता था। ब्रिटिश शासन और आज के समय में अधिकारियों की उपलब्धता की कोई तुलना नहीं की जा सकती। जिलाधिकारी अपने टूर व निरीक्षण के जरिए जिले को सुपरवाइज करता था। वे आईसीएस महान थे जिन्होंने व्यवस्था तैयार की। जब मेरी नियुक्ति एक जिले में हुई मैंने पाया कि ब्रिटिश शासन के दिनों में तहसीलों, न्यायालयों तथा पुलिस थानों के विस्तृत निरीक्षण के लिए निरीक्षण मैनुअल तैयार किए गए थे।

किसी भी प्राकृतिक आपदा या आपातकाल के दौरान जिलाधिकारी से जनता के बचाव व राहत देने की आशा की जाती थी। जिलों की अपनी लाक्षणिक विशेषताओं के आधार पर जिलाधिकारी अलग-अलग मामलों को प्राथमिकता देते थे परन्तु मोटे

तौर पर जिलाधिकारियों के कामों की अन्तर्वस्तु और जिम्मेदारियाँ पूरे भारत में एक ही थीं। 19वीं सदी के उत्तरार्ध में जबकि साम्प्रदायिक तनाव काफी बढ़ गया था, कानून व्यवस्था को बनाए रखने की खास जिम्मेदारी जिलाधिकारी की थी।

सभी प्रकार से देखने पर जिलाधिकारी एक प्रकार से सम्राट था परन्तु बदलते समय के साथ-साथ सचिवालय के अधिकारियों ने उनसे अनेक प्रकार की रिपोर्ट और स्टेटमेंट माँगते हुए उनके समय पर कब्जा शुरू कर दिया। यह बड़ा रुचिकर है कि आज के जिलाधिकारियों की ही तरह सचिवालय के निर्देशों को जंजाल समझा जाता था और उनका स्वस्थ खंडन भी होता था। आज भी अधिकांश जिलाधिकारी आपसे यह कहते मिलेंगे कि सचिवालय के अधिकारियों से जमीनी स्तर की सच्चाई को कोई उचित प्रशंसा नहीं प्राप्त होती। उस समय जिलाधिकारियों को कोई भी चुनाव नहीं कराना होता था परन्तु वह जनगणना करवाते थे। जिलाधिकारी के कार्यों में आश्चर्यजनक विविधता देखने को मिलती थी। निश्चय ही सुदूर जिलों में थोड़े से अपने अधिकारियों के साथ अकेले और शान्तिपूर्ण जीवन बिताते समय यही सब बातें उनके लिए सांत्वना और प्रेरणा के स्रोत होते थे। उनके हाथ में बहुत अधिकार थे परन्तु कार्य स्थितियाँ भी बहुत ही कष्टदायक और बहुत बोझिल होती थीं। उन्होंने इंग्लैंड में जो अपना जीवन बिताया था उसके लिए उनमें निहित अधिकार एक प्रकार से क्षतिपूर्ति के अनुरूप थे।

हमने उस समय के जिलाधिकारी की ऐसी रोमांचकारी पेंटिंग और फोटोग्राफ देखे हैं जिनमें वह अपने औपचारिक कपड़े पहने हुए गाँव में किसी पेड़ के नीचे बैठकर लोगों को न्याय दे रहा है। सर्दियों के समय घूमने की अवधारणा भी उन्हीं दिनों की है। आज हम लोगों से एक वर्ष में सर्दियों के मौसम में 45 दिन के लिए टूर करने की उम्मीद की जाती है परन्तु शायद ही कोई जिलाधिकारी इसे पूरा करता हो। औपनिवेशिक काल के आईसीएस जिलाधिकारियों के लिए लम्बे-लम्बे टूर करने के अतिरिक्त कोई विकल्प नहीं था। उन दिनों जब संचार के दूसरे साधन नहीं थे टूर करना और कैंप करना ही जिले व अधीनस्थ अधिकारियों पर नियंत्रण करने का एकमात्र तरीका था। आजकल जिलाधिकारी टूर के दौरान गेस्ट हाउस में रुकते हैं परन्तु उन दिनों जिलाधिकारी अपने सभी परिचारकों व सहयोगियों के साथ यात्रा करते थे और दूरदराज क्षेत्रों में टेंट लगाकर रात बिताते थे। मैं अपने एसडीओ और जिलाधिकारी के एक समय की याद करता हूँ जब मैं टेंट लगाकर रात में गाँव में रुकता था लेकिन आजकल इस तरह के टूर अपवाद हो गए हैं। आज जिलाधिकारी को निरन्तर जिले के मुख्यालय से सम्पर्क रखना पड़ता है और दूरदराज गाँव में कैंप करना या रुकना बहुत ही दुष्कर हो गया है। लेकिन फिर भी मेरा निश्चित मत है कि यदि जिलाधिकारी दूरदराज इलाक़ों में कैम्प करें तो वह जनता की समस्याओं को भली प्रकार समझ सकेंगे और सामान्य प्रशासन गुणात्मक रूप से उन्नत होगा।

उस समय जमीन का लगान एकत्र करना सर्वोच्च प्राथमिकता थी और अधिकांश आईसीएस अधिकारी एक बन्दोबस्त अधिकारी की तरह काम करते और ऐसे तरीके निकालते जिसके द्वारा अधिक से अधिक जमीन पर लगान लगाया जा सके। कुल मिलाकर उस समय पर भूमि सम्बन्धी रिकार्डों का रखरखाव काफी अच्छा था क्योंकि जिलाधिकारी इस कार्य पर काफी समय लगाते थे। जिलाधिकारी द्वारा उत्तराधिकार या दाखिल खारिज के अविवादित मामले अक्सर ही पेड़ों के नीचे बैठकर निपटा दिए जाते थे।

जिलाधिकारी अक्सर ही सचिवालय के अधिकारियों द्वारा जिलाधिकारियों पर कागजी काम का बोझ बढ़ाने और उनको अपने जिले में जनता के बीच जाने से रोकने की कार्यवाही की आलोचना करते थे। उनके विचार से सचिवालय के अधिकारियों की अप्रोच, सैद्धान्तिक और कागजी जानकारी तक सीमित होती है। उनकी अनुभूति थी कि भारत एक बहुआयामी और विविधताओं वाला देश है और यहाँ पर कोई भी सरकारी नीति या निर्देश सभी जिलों में एक ही तरह से लागू नहीं हो सकता। डेविड गिल्मोर ने अपनी पुस्तक 'द रूलिंग कास्ट' में आरईसीएस हरकोर्ट बटलर को उद्धृत करते हुए कहा है कि भारत पर कुछ सामान्य सिद्धान्तों के द्वारा शासन नहीं किया जा सकता। उन्होंने अनुभव किया कि विकास और नौकरशाही के मानकीकरण, सरलीकरण व शैलीकरण ने उन्हें जनता से अलगाव में डाल दिया है।

यह वह समय था जब भारत धीरे-धीरे स्वराज की ओर बढ़ रहा था। अब जिलों में स्कूलों के संचालन के लिए जिला बोर्डों का गठन हो गया था और कांग्रेस पार्टी के सदस्य मंत्री के रूप में कार्यरत थे। जिलाधिकारी अक्सर ही इस तथ्य का विरोध करते थे। यह ऐसी स्थिति थी जब एक तरफ सरकार और दूसरी तरफ अधिक स्वायत्तता या स्वतंत्रता माँगने वाले लोग थे। जिलाधिकारियों को कभी-कभी सरकार के पक्ष में कुछ कठोर कदम उठाने पड़ते थे जबकि वह हृदय से ऐसा नहीं चाहते थे। जिलाधिकारियों के अधिकारों में धीरे-धीरे कटौती हो रही थी। अब उनको व्यवस्था और प्रक्रिया के द्वारा काम करना होता था जबकि पहले वह लोगों को नियुक्त करने, संरक्षण देने, लाइसेंस प्रदान करने और वितरण करने की प्रक्रिया में स्वतंत्र होते थे।

अब म्युनिसिपलबोर्डों में भी एक निर्वाचित चेयरमैन होने लगे थे जबकि पहले जिलाधिकारी के आधीन ही यह काम होता था। स्वाभाविक रूप से अब कार्य के इन क्षेत्रों में टकराव होने लगे। कांग्रेस के नेताओं को पहले कई अधिकारियों ने गिरफ्तार किया था और उन्हें सजाएँ भी दी थीं इसलिए अब कांग्रेस की सरकार द्वारा इन अधिकारियों को शक की निगाह से देखना स्वाभाविक था।

संस्था के रूप में जिलाधिकारी ब्रिटिश शासन की सबसे लम्बी विरासत वाली संस्था है। वायसराय लॉर्ड वेवेल ने भारत छोड़ने के बाद अपने एक अनौपचारिक

भाषण में कहा था कि भारत में अंग्रेजों को इस या उस संस्था के लिए नहीं याद किया जाएगा बल्कि ब्रिटिशों द्वारा अपने पीछे छोड़े गए जिलाधिकारी के आदर्शों के लिए जाना जाएगा। जिलाधिकारी भारत के सामान्य नागरिक के लिए न्याय और सहानुभूति का एक प्रतीक था।

भारतवर्ष के स्वतंत्र होते ही आईसीएस अधिकारियों की कड़ी आलोचना होने लगी। सरदार वल्लभ भाई पटेल की समझाने-बुझाने की शक्ति, दृढ़ता और बुद्धिमत्ता के कारण ही सिविल सेवा के लोगों को सक्षम बनाया जा सका और अब उसका नाम आईएएस (भारतीय प्रशासनिक सेवा) हो गया था। आईएएस अधिकारियों ने आईसीएस अधिकारियों की तरह ही अपना स्तर बनाए रखने की कोशिश की। वह इसको बनाने में कितना सफल हुए और बदले हुए राजनीतिक-सामाजिक परिदृश्य में उन्होंने किस तरह इस पर अपनी प्रतिक्रिया व्यक्त की, यह एक बहस का विषय है। इस विषय पर मैंने एक दूसरी पुस्तक में लिखा है परन्तु यह पुस्तक केवल जिलाधिकारियों के विषय तक ही सीमित है। इन्होंने निरन्तर विकास किया है और आज भी नीतियों के लागू करने और प्रशासन में इनका अपना महत्त्वपूर्ण स्थान है। अब यह एक सार्वजनिक सेवा की संस्था है और प्रथम प्रशासनिक सुधार आयोग (ए आर सी) ने उसकी भूमिका पर विचार करते हुए कहा था कि "इस प्रशासनिक व्यवस्था ने लम्बे समय का परीक्षण देखा है हालाँकि इसका निर्माण बुनियादी रूप से ब्रिटिश औपनिवेशिक आवश्यकताओं की पूर्ति के लिए किया गया था परन्तु यह निरन्तर एक कल्याणकारी राज्य की आवश्यकताओं की भी पूर्ति करेगी।"

संस्था के रूप में जिलाधिकारी की इतनी प्रासंगिकता है कि जनता उस पर विश्वास करती है। किसी भी समस्या के लिए एक नागरिक जिलाधिकारी से मिलना पसन्द करता है। वह सरकार का प्रतिनिधि और प्रशासनिक ढाँचे का एक मान्यताप्राप्त लीडर होता है। स्वतंत्रता के बाद बड़ी संख्या में विभाग निर्मित हुए हैं और हर विभाग का कार्यालय जिले में होता है। प्रत्येक जिले में स्कूलों के जिला निरीक्षक, बेसिक शिक्षा अधिकारी, पीडब्ल्यूडी व सिंचाई विभाग के एग्जीक्यूटिव इंजीनियर, मुख्य चिकित्सा अधिकारी, क्षेत्रीय वन अधिकारी, पुलिस अधीक्षक, जिला विकास अधिकारी इत्यादि होते हैं। वह सब अपने उच्चाधिकारियों को अपनी रिपोर्ट देते हैं और उनके दिन-प्रतिदिन के कामों में जिलाधिकारी शामिल नहीं होते। हालाँकि जिलाधिकारी प्रमुख समन्वयकर्ता होते हैं। अब कलेक्टर के लिए आवश्यक है कि वह एक टीम निर्माता, समन्वयकर्ता और सम्पर्क व्यवस्था कायम करने वाला हो। सरकार की जो योजनाएँ व नीतियाँ समय से लागू नहीं हो पातीं उनको पूरा करने के लिए सरकार आज भी कलेक्टर पर ही भरोसा करती है। मुझे अपने प्रमुख सचिव के काल की एक घटना याद है मैं एक ट्रांसमिशन सबस्टेशन के निर्माण को मॉनिटर कर रहा था। जब मैंने कलेक्टर के साथ नियमित वीडियो कॉन्फ्रेंसिंग शुरू की और

उनको उसके लिए जिम्मेदार बनाया तभी काम शुरू हो सका और उसकी प्रगति हो सकी। इसी प्रकार जनता हमेशा बिजली की आपूर्ति या ब्रेकडाउन या पानी की कमी और सड़कों के निर्माण के लिए भी जिलाधिकारी के पास ही अपनी फरियाद लेकर पहुँचती है। जिलाधिकारी इन विषयों को सम्बन्धित विभाग के जिलाधिकारियों और साथ ही साथ राज्य के मुख्यालय के साथ भी उठाते हैं और उनके हस्तक्षेप से हमेशा उचित प्रतिक्रिया प्राप्त होती है।

जिलाधिकारी की लीडर के रूप में सफलता उसके द्वारा टीम भावना विकसित कर पाने पर निर्भर करती है। राज्य के मुख्यालय में बैठे सचिवों द्वारा जिलाधिकारी के साथ उनका रुख और व्यवहार भी जिलाधिकारी को सशक्त बनाने में बड़ी भूमिका निभाता है। हम लोगों ने उत्तर प्रदेश राज्य में देखा कि जिलाधिकारियों द्वारा लिखे गए पत्रों को सम्बन्धित विभागों के सचिव समुचित महत्त्व नहीं देते थे। अत: जिलाधिकारी द्वारा भेजे गए किसी भी पत्र पर सचिव द्वारा एक हफ्ते के अन्दर जवाब देने और सम्बन्धित मामले में सकारात्मक कार्रवाई करने का निर्देश जारी करना पड़ा। इस निर्देश से जिलाधिकारियों को जिला स्तर पर अपने अधिकार का प्रयोग करने में सहायता मिली। सरकार की ऐसी व्यवस्था है कि उच्च प्राथमिकता वाली विकास-योजनाओं में जिलाधिकारी के साथ उच्च समन्वय से काम करने वाले अधिकारियों के प्रदर्शन की प्रशंसा और उनके योगदान का सम्मान करते हुए जिलाधिकारी वार्षिक टिप्पणी लिखता है। निश्चय ही कल की तरह आज जिलाधिकारी कोई निर्विवाद व्यक्ति नहीं है। अतीत में वरिष्ठता को ध्यान में रखे बगैर कोई भी अधिकारी जब जिले में निरीक्षण पर आता था तो उससे सबसे पहले कलेक्टर को बुलाने की आशा की जाती थी। आज कोई भी व्यक्ति ऐसा नहीं करता। मैं जब कलेक्टर था, मुझे याद है, यदि मैं कभी भी किसी विभाग के सचिव को सन्दर्भित करता तो उस विभाग से सम्बन्धित सचिव मुझे फोन करते और सम्बन्धित विषय पर विचार-विमर्श करते। राज्य सचिवालय और जिलाधिकारी के बीच का यह समन्वय प्रभावशाली नियंत्रण प्रदान करता है।

सम्बन्धित विभाग को सभी जिम्मेदारियाँ जिलाधिकारी पर छोड़कर अपने अधिकारियों को जिम्मेदारी से मुक्त नहीं करना चाहिए। मैंने सरकारी आदेशों में किसी भी चूक व गलती के लिए निजी तौर पर जिलाधिकारी को जिम्मेदार बनाने की परेशान करने वाली प्रवृत्ति भी देखी है। यह बिल्कुल उचित नहीं है। जिलाधिकारी एक समन्वयकर्ता है। वह किसी विभाग के सभी पहलुओं में हस्तक्षेप नहीं कर सकता। जिलाधिकारी को अनेक वित्तीय मामलों में सम्बन्धित विभाग के अधिकारियों के पास उपलब्ध सभी प्रासंगिक जानकारियों को प्राप्त किए बगैर ही मंजूरी देनी पड़ती है। उत्तर प्रदेश के एक मामले में जिलाधिकारी ने मिड डे मील स्कीम में स्वयं दर निर्धारित कर वित्तीय मंजूरी दे दी थी, बाद में यह विषय सीबीआई की

जाँच का मुद्दा बन गया। मैं कई ऐसे ईमानदार और शानदार अफसरों को जानता हूँ जिनको सीबीआई की जाँच का प्रकोप झेलना पड़ा। इस प्रकार के आरोपों और जाँच से जिलाधिकारियों की रक्षा होनी चाहिए। उनके समक्ष आने वाले हर विषय के विस्तृत विवरण के लिए उनके पास समय नहीं होता, इसलिए सम्बन्धित विभाग को उसकी जिम्मेदारी देना चाहिए।

यह भी सच है कि अनेक विभागीय अधिकारी जिलाधिकारी के हस्तक्षेप को बुरा समझते हैं। जिलाधिकारी के विरुद्ध विरोध की एक आन्तरिक धारा (अंडरकरेंट) भी चलती रहती है और कुछ लोग तो उनको नजरअन्दाज भी करते हैं। जिलाधिकारियों द्वारा कुछ अधिकारियों के खिलाफ राज्य मुख्यालय को पत्र लिखने के भी मामले होते हैं। उनके पत्र पर कोई कार्यवाही न होने पर जिलाधिकारी की स्थिति बहुत असमर्थता की हो जाती है और दुर्भाग्यवश ऐसा अनेक मामलों में होता है।

मेरी नौकरी के आरंभिक दिनों में मुझे एक ऐसे जिले का कार्यभार मिला जिसके कलेक्टर लम्बी छुट्टी पर गए थे। उनकी सख्ती तथा दूसरे विभाग की विस्तृत रूप से नियमित समीक्षा करने की प्रवृत्ति के कारण एक दूसरे विभाग के अधिकारियों को उन्होंने नाराज कर लिया था। मामला ऐसे मोड़ पर आ गया था कि विद्युत विभाग के एक अधिकारी का तबादला हो गया था और उनके स्थान पर नया अधिकारी आ गया था। उसने अपने पूर्ववर्ती अधिकारी द्वारा खाली किए गए मकान में घुसने का प्रयास किया। जिला कलेक्टर ने जिला पंचायत अधिकारी को पहले ही वह मकान एलॉट कर दिया था। यह मसला एक बड़ा मुद्दा बन गया और सम्पूर्ण विद्युत विभाग एक पक्ष बन गया। मैंने जिलाधिकारी की जिम्मेदारी सँभाली तो यह मामला काफी तूल पकड़ चुका था। पूर्व के जिलाधिकारी और विद्युत विभाग के अधिकारी के बीच पहले ही काफी गरमागरम बहस हो चुकी थी। यह मसला हमारे समक्ष आया। विद्युत विभाग के अधिकारी ने भी मकान पर बलपूर्वक कब्जा करना चाहा। इसके अतिरिक्त मुझसे बात करने में उनकी कोई रुचि नहीं थी और मेरे द्वारा इस मसले पर विचार-विमर्श के लिए दिए गए प्रस्ताव को उन्होंने ठुकरा दिया, साथ ही साथ मुझे धमकी भी दी कि यदि मैं झुका नहीं तो रात के बारह बजे तक विद्युत की आपूर्ति ठप कर दी जाएगी। अब युद्ध की सीमा निर्धारित हो गई थी। मैं भी अपने स्थान पर मजबूती से डट गया और उन्होंने मध्य रात्रि में जिला मुख्यालय की विद्युत आपूर्ति बन्द कर दी। यह 1980 के दशक में एक सुदूर पहाड़ी जिले की बात है। वहाँ से राज्य मुख्यालय के लिए संचार व्यवस्था बहुत कठिन थी। मैंने उन लोगों की गिरफ्तारी का आदेश दिया। विद्युत विभाग के कर्मचारी और अधिकारी गिरफ्तार कर जेल भेज दिए गए। इसी बीच राज्य मुख्यालय से मेरा सम्पर्क स्थापित हुआ। उन्होंने एक अतिरिक्त टीम भेजी और दूसरे दिन दोपहर तक बिजली की आपूर्ति सामान्य हो गई। मेरे लिए यह कठिन

परीक्षा की घड़ी थी। इस घटना से मुझे महत्त्वपूर्ण *शिक्षा मिली। जिलाधिकारी* को दूसरे विभाग के लोगों के साथ काम करने में वास्तव में तलवार की धार पर चलना पड़ता है। उसको अपने व्यक्तित्व के आधार पर नेतृत्व प्रदान करना होता है। उसे कभी भी रौब गाँठने वाला, अशिष्ट और सख्त नहीं होना चाहिए। इसके बाद मुझे पाँच जिलों की जिम्मेदारियाँ मिलीं लेकिन मुझे कभी भी विद्युत विभाग के साथ ऐसी समस्या का सामना नहीं करना पड़ा, सभी अधिकारियों ने मिलकर एक टीम के रूप में काम किया। आज के कलेक्टर को एक टीम लीडर की तरह काम करना होता है। उनको अधिकार किसी स्थापित महंत शाही के उत्तराधिकार में प्राप्त नहीं होते बल्कि वह एक समन्वयकर्ता के रूप में अपनी व्यवसायिक क्षमता-योग्यता से जनता की समस्याओं का समाधान करता है।

जिलाधिकारी को शहरों व ग्रामीण क्षेत्रों में निर्वाचित संस्थाओं के साथ भी काम करना पड़ता है। वर्तमान में पंचायतों को सशक्त किया गया है। उन्हें केन्द्र और राज्य सरकार दोनों के वित्तीय आयोगों से सीधे फंड प्राप्त होते हैं। जिला परिषद का अध्यक्ष भी एक बड़ी महत्त्वपूर्ण राजनीतिक शख्सियत होता है। कई राज्यों में जिला परिषद अध्यक्ष के अधीन अलग से एक मुख्य प्रशासनिक अधिकारी कार्य करता है। विकास के कार्यों में जिलाधिकारी की अब जिला योजना या विकास काउंसिल के सदस्य के रूप में नाम मात्र की भूमिका है। उत्तर प्रदेश में भी जहाँ मुख्य विकास अधिकारी के रूप में एक आईएएस को विकास कार्यों की जिम्मेदारी मिलती है वहाँ भी विकास सम्बन्धी कार्यों में जिलाधिकारी की भूमिका बहुत सीमित होती है। हालाँकि उत्तर प्रदेश में मुख्य विकास अधिकारी (सीडीओ) निरपवाद रूप से जिलाधिकारी से जूनियर होता है इसलिए जिलाधिकारी विकास के क्षेत्र में अपनी अधिक योग्यता की दावेदारी कर सकता है। मेरी राय में यह मॉडल उस मॉडल से बेहतर है जहाँ जिला परिषद का सीईओ जिलाधिकारी से सीनियर होता है और जिलाधिकारी को प्रभावशाली ढंग से विकास कार्य की योजनाओं से अलग कर देता है। संस्था के रूप में जिलाधिकारी के पास जो अधिकार निहित हैं और जनता उन पर जितना विश्वास करती है यह उनको विकास कार्यों की प्रक्रिया में अमूल्य बनाता है।

इसी प्रकार शहरी कार्यों में निर्वाचित मेयर या चेयरमैन की सहायता के लिए म्युनिसिपल कमिश्नर या एग्जीक्यूटिव ऑफिसर शहरी प्रशासन के सभी पहलुओं के लिए जिम्मेदार होता है। हालाँकि यहाँ पर भी जनता एक बार फिर जिलाधिकारी से ही आशा लगाए रहती है और जिलाधिकारी द्वारा इन क्षेत्रों में हस्तक्षेप करने या अपने को विकास कार्यों में शामिल करने पर कोई प्रतिबन्ध नहीं है। छोटी म्युनिसिपलटियों के क्षेत्र में जहाँ एग्जीक्यूटिव ऑफिसर ही मुख्य होता है वह शहरी विकास कार्यों में हस्तक्षेप करता है। हालाँकि बड़े शहरों जहाँ म्युनिसिपल कमिश्नर के रूप में

एक आईएएस अधिकारी तैनात होता है वहाँ शहरी नियंत्रण में जिलाधिकारी की भूमिका सीमित होती है।

शहरी और ग्रामीण स्थानीय निकायों की *निर्वाचित संस्थाओं के उदय से जिला कलेक्टर की भूमिका* में बहुत परिवर्तन हुआ है परन्तु आज भी वह समन्वयकर्ता की भूमिका बखूबी निभाता है। पूर्ण रूप में नेतृत्व प्रदान करने की जिलाधिकारी की भूमिका अभी बनी हुई है और इसे बने रहना चाहिए। वर्तमान में जिलाधिकारी लोकतांत्रिक संस्थाओं को प्राप्त जनादेश के तौर तरीकों से जनहित के लिए अपनी निर्धारित भूमिका निभाने के लिए दिशा निर्देश देता है। जिलाधिकारी को परिवर्तन में प्रमुख प्रतिनिधि की भूमिका निभानी होती है। उसे मार्गदर्शन और साथ ही साथ संचालन का कार्य करना होता है।

भारत के स्वतंत्र होने के बाद प्रत्येक 5 वर्ष पर विधानसभा और लोकसभा के चुनाव होते हैं। जिलाधिकारी चुनाव के दौरान जिला चुनाव अधिकारी होता है। चुनाव की घोषणा हो जाने के बाद उसे स्वतंत्र, निष्पक्ष और पारदर्शी चुनाव कराने के लिए अत्यधिक अधिकार प्राप्त होते हैं। जिलाधिकारी को ही पशुओं की भी गणना करानी होती है और इस कार्य के लिए उसे सभी विभागों के अधिकारियों के साथ समन्वय स्थापित करना होता है। प्राकृतिक आपदाओं के दौरान जिलाधिकारी जनता के जान-माल की रक्षा और उनको सहायता देने तथा नुकसान का मूल्यांकन करने के लिए जिम्मेदार होता है। यहाँ पर भी उसे नेतृत्वकारी भूमिका निभानी होती है।

सूचना प्रौद्योगिकी के प्रयोग ने जिलाधिकारी को काफी समृद्ध बनाया है। आज हर जिले में सूचना प्रौद्योगिकी पर आधारित शिकायत निवारण की व्यवस्था है। अनेक युवा जिलाधिकारी इंजीनियर हैं और मैंने देखा है कि वह विभिन्न प्रकार के ऐप निर्मित करके जनता को बेहतर सेवा प्रदान करते हैं।

जिलाधिकारी अपने आप में एक ऐसा प्राधिकार है कि जब कभी राज्य सरकारें प्राथमिकता के आधार पर किसी कार्य को पूरा करना चाहती हैं तो वह जिलाधिकारी को उसकी जिम्मेदारी सौंपती हैं। इसी पुस्तक में मैंने आगे वर्णन किया है कि उत्तर प्रदेश के आगरा जिले में जिलाधिकारी रहते हुए मैंने किस प्रकार सर्व शिक्षा अभियान को सफलतापूर्वक लागू किया। इसी प्रकार आप देख सकते हैं कि जिलाधिकारियों ने नेतृत्व प्रदान कर पल्स पोलियो जैसी बीमारी को समाप्त करने के लिए अभियान चलाया और बड़ी सफलता हासिल की। विकास की कोई भी योजना बगैर भूमि अधिग्रहण के पूरी नहीं हो सकती और यहाँ एक बार फिर वह जिलाधिकारी ही हैं जो जमीनों का अधिग्रहण करने और उसका मुआवजा वितरण करने की भूमिका निभाते हैं। कलेक्टर ने ही लखनऊ-आगरा एक्सप्रेस वे में आने वाली जमीनों के बारे में क्षतिपूर्ति का मोल-भाव किया और जमीन अधिग्रहित की। इस प्रकार तेईस माह के रिकॉर्ड समय में यह मार्ग तैयार हो सका। प्रमुख सचिव के रूप में हमने

लखनऊ मेट्रो के निर्माण के समय देखा कि जिम्मेदार जिलाधिकारी ने ही संरेखण क्षेत्र से नाजायज कब्जों को हटवाया और एक शानदार कार्य को अंजाम दिया।

समय के साथ जिलाधिकारी की भूमिका का भी विकास हुआ है। आज भी वह जिले का प्रमुख प्रशासनिक अधिकारी है। इसके द्वारा जिले के सभी प्रमुख कार्यक्रम समन्वित और लागू किए जाते हैं। उनकी भूमिका नियंत्रण करने से लेकर अब सकारात्मक परिवर्तन और जनता को सेवाएँ प्रदान करने तक हो गई है। जिलाधिकारी की भूमिका सम्बन्धी एक कॉन्फ्रेंस में तत्कालीन प्रधानमंत्री श्री मनमोहन सिंह ने बड़ी प्रशंसा के साथ कलेक्टर जैसी संस्था के महत्त्व को परिभाषित किया था। उन्होंने कहा कि "कलेक्टर की भूमिका अब एक अधिक शक्तिशाली समन्वयकर्ता, सुविधा प्रदानकर्ता और विभिन्न सेक्टरों की कार्यवाहियों के बीच समन्वय स्थापित करने की हो गई है।"

यह कहना औपचारिकता होगी कि इस संस्था ने समय के विभिन्न इम्तहानों को पास किया है और प्रशासन की नई चुनौतियों को लेने के लिए इसका और विकास होगा।

कानून और व्यवस्था

जिला प्रशासन के लिए कानून और व्यवस्था से बढ़कर कुछ भी नहीं होता है। अगर कोई जिलाधिकारी विकास, अदालती काम-काज या राजस्व वसूली के मामले में अच्छे नतीजे दे रहा हो और कानून-व्यवस्था के मामले में विफल हो जाए तो माना जाता है कि वह जिले का प्रशासन चलाने में नाकाम रहा है। सरकार की नजरों में भी कानून-व्यवस्था कायम करने को सर्वोच्च प्राथमिकता दी जाती है। जिले की जनता भी इसी को अहमियत देती है। निस्सन्देह, यह सरकार का सर्वाधिक महत्त्वपूर्ण कार्य है। जनता सुरक्षित महसूस करेगी तभी तो विकास के पथ पर आगे बढ़ेगी। जाहिर है, जिला मजिस्ट्रेट द्वारा कानून-व्यवस्था को सर्वोच्च प्राथमिकता दी जाती है।

कानून-व्यवस्था के बारे में कई सिद्धान्त गढ़े गए हैं लेकिन समय आने पर कौन से उपाय सफल होंगे, यह सब उस समय की परिस्थितियों पर निर्भर करता है। मसूरी अकादमी में विधि सिद्धान्त पर कई सत्रों के बाद हमारे एक शिक्षक ने अपनी बातों को समेटते हुए कहा कि कानून-व्यवस्था के मामले में सफलता हमेशा संयोग से मिलती है। अगर आप सफल हो गए तो निर्णय लेने के मामले में आपकी तत्परता की सराहना की जाएगी। अगर आप नाकाम रहे तो सब लोग आपके फैसले में मीन-मेख निकालना शुरू कर देंगे। कहना न होगा कि कानून-व्यवस्था के मामले में 'जो जीता वही सिकंदर' वाला मुहावरा लागू होता है।

बहरहाल, इसका अर्थ यह नहीं है कि कानून-व्यवस्था सिर्फ भाग्य का मामला है। इस मामले में कामयाबी के लिए ढेर सारी योजना, नेतृत्व के व्यक्तिगत गुण और लोगों व आसपास के इलाकों की जानकारी जरूरी होती है। इसके बावजूद, अहम बात यह है कि कानून और व्यवस्था की किसी खास परिस्थिति का कोई निश्चित समाधान नहीं होता है। प्रत्येक समस्या का उसकी परिस्थितियों के अनुसार सामना करना पड़ता है। सबसे अधिक जिस चीज की जरूरत होती है, वह है तत्परता और संकट के समय ठंडे दिमाग से काम लेना।

केस स्टडी

कानून-व्यवस्था के मामले को समझने के लिए यहाँ मैं दो उदाहरण देना चाहूँगा :

रिक्शा चालक

'च' एक छोटा और पिछड़ा जिला था जिसके मुख्यालय की आबादी एक लाख से कम थी। यह एक अल्पविकसित जिला था। यहाँ के लोगों के जीवन में जाति-तत्त्व की महत्त्वपूर्ण भूमिका थी। अपनी पहली नियुक्ति के तौर पर श्रीमान 'क' इस जिले के जिला मजिस्ट्रेट बनकर आए। आते ही उन्हें पता चल गया कि उनका जिला उपेक्षित है। लिहाजा, वे तन्मयता से विकास कार्यों में जुट गए। पिछड़ेपन के बावजूद इस जिले में नेताओं की भरमार थी। लेकिन इनमें बड़े और महत्त्वपूर्ण नेता नहीं थे, भरमार झोलाछाप नेताओं की थी। कोई भी बेरोजगार नौजवान झोले में कुछेक अर्जियाँ लेकर नियमित रूप से डीएम के सामने उपस्थित हो जाता। ऐसे ही लोगों को वहाँ नेता कहा जाता था। हालाँकि डीएम के सामने ये दंडवत् की मुद्रा में और कातर नजर आते लेकिन स्वभाव से ये गप्पी थे और इन पर भरोसा नहीं किया जा सकता था।

दिसम्बर महीने की एक खुशनुमा सुबह लगभग 8 बजे डीएम के ड्राइवर ने उन्हें सूचित किया कि एक सब-इंस्पेक्टर ने एक रिक्शा चालक को इतना मारा-पीटा कि वह मर गया। ड्राइवर ने बताया कि जनता इस घटना से उत्तेजित है। डीएम ने तत्काल इस बाबत एसपी और इलाकाई एसडीएम से बातचीत की। उन दोनों अधिकारियों ने डीएम को आश्वासन दिया कि वे इस मामले की छानबीन करेंगे। एसडीएम और सीओ को फौरन घटनास्थल रवाना होने के लिए कहा गया।

सुबह लगभग 9:45 बजे एसडीएम और डीएसपी डीएम के पास आए। वे चिन्तित और तनावग्रस्त लग रहे थे। डीएम के कार्यालय में लोगों का आना-जाना लगा हुआ था। अनुभवी एसडीएम ने डीएम को विनम्रतापूर्वक बताया कि मामला बहुत संगीन है। तब डीएम अपने अन्दर वाले चैम्बर में गए और उनसे पूरी घटना का विवरण सुना। घटना के अनुसार अलस्सुबह कोतवाली का एक सब-इंस्पेक्टर अपनी मोटरसाइकिल से जा रहा था। रास्ते में एक रिक्शे के साथ उसकी टक्कर हो गई। इस पर वह सब-इंस्पेक्टर तत्काल अपनी मोटरसाइकिल से उतरा और सरेआम रिक्शा चालक को पीटना शुरू कर दिया। उसने रिक्शा चालक को इतनी बर्बरतापूर्वक मारा कि वह उल्टियाँ करने लगा। रिक्शा चालक को अस्पताल ले जाया गया लेकिन उसे बचाया नहीं जा सका। यह खबर जंगल की आग की तरह फैल गई। इन दोनों अधिकारियों ने डीएम को बताया कि इस घटना के विरोध में लगभग एक हजार लोगों की भीड़ ने कोतवाली का घेराव कर दिया है और भीड़ पुलिस के खिलाफ नारेबाजी कर रही है। ये लोग उस रिक्शा चालक की लाश भी लाए हैं और उसे कोतवाली के दरवाजे के पास रख दिया है। भीड़ की माँग है कि एफआईआर दर्ज की जाए और उस सब-इंस्पेक्टर को हत्या के आरोप में गिरफ्तार किया जाए।

डीएम ने एसपी से टेलीफोन पर बातचीत की। एसपी ने स्वीकार किया कि भीड़ इकट्ठा हो रही है। एसपी ने डीएम को बताया कि कोई घटना हो गई है और वह इस बात की छानबीन कर रहे हैं कि इस मामले में सब-इंस्पेक्टर शामिल था या नहीं। वे अतिरिक्त एसपी को घटनास्थल पर भेज रहे हैं। डीएम ने एसडीएम और सीओ को वापस भेज दिया। लगभग पैंतालीस मिनट बाद डीएम के पास कोतवाली से एसडीएम का फोन आया। उन्होंने बताया कि बातचीत के प्रयासों में कोई प्रगति नहीं हुई है। भीड़ बढ़ती जा रही है और उग्र नारे लगा रही है। उनकी माँग है कि डीएम और एसपी उनके सामने आएँ। मामले की गम्भीरता को देखते हुए डीएम ने तय किया कि उन्हें जाना चाहिए। लगभग 11 बजे दिन में वे कोतवाली के लिए रवाना हुए।

रास्ते में डीएम ने एसपी को सुझाव दिया कि अगर वह सब-इंस्पेक्टर इस घटना में शामिल पाया जाता है तो उसके खिलाफ एफआईआर दर्ज करने और उसे बरखास्त करने का मामला बनता है। एसपी ने कहा कि अभी तथ्यों की पुष्टि नहीं हुई है और सब-इंस्पेक्टर के ऊपर कार्रवाई की माँग उन लोगों ने उठाई है जो पुलिस के खिलाफ हैं। एसपी का मानना था कि सिर्फ इस मामले की जाँच के आदेश दिए जाने चाहिए। उन्होंने कहा कि यह पुलिस के मनोबल का सवाल है।

डीएम और एसपी की गाड़ियों को कोतवाली तक पहुँचने में बहुत मुश्किल हुई। उनके वहाँ पहुँचते ही लोगों ने पुलिस-विरोधी नारे लगाना शुरू कर दिए। लगभग 3000 लोग थे। वे माँग कर रहे थे कि उस सब-इंस्पेक्टर को उनके हवाले कर दिया जाए। फौरन कोतवाली के अन्दर एक बैठक बुलाई गई। पुलिस ने जो कहानी बताई, उसके अनुसार सब-इंस्पेक्टर ने रिक्शा चालक को थप्पड़-भर मारा था। उस बदकिस्मत रिक्शा चालक को तपेदिक की बीमारी थी, इसलिए वह मर गया। इस बात को साबित करने के लिए पुलिस के पास डॉक्टर का प्रमाण पत्र भी था। उनका आरोप था कि बाहर जो भीड़ जमा है उसका नेतृत्व अपराधियों के हाथ में है। बहरहाल, यह तय हुआ कि उन नेताओं को बातचीत के लिए आमंत्रित किया जाए।

बातचीत में भीड़ के नेता दुराग्रही मूड में थे। उन्होंने एक खौफनाक कहानी सुनाई कि उस सब-इंस्पेक्टर ने रिक्शा चालक को जमीन पर गिराया और उसके ऊपर कूद गया। उनकी माँग थी कि हत्या का मामला दर्ज किया जाए और उस सब-इंस्पेक्टर को हथकड़ियाँ लगाकर लोगों को सौंप दिया जाए।

समझौता वार्ता बहुत देर तक चलती रही। नेताओं के सामने प्रस्ताव रखा गया कि घटना की मजिस्ट्रेट द्वारा जाँच करवाई जाए। मजिस्ट्रेट एक हफ्ते में अपनी रिपोर्ट देगा और तदनुसार कार्रवाई की जाएगी। लेकिन नेताओं ने इस प्रस्ताव को खारिज कर दिया। अन्ततोगत्वा मामले की नजाकत को देखते हुए इस बात पर

सहमति हुई कि आईपीसी की धारा 302 के तहत मामला दायर किया जाए और उस सब-इंस्पेक्टर को बरखास्त कर दिया जाए। लेकिन सब-इंस्पेक्टर को सरेआम हथकड़ी लगाने या उसे भीड़ को सौंपने जैसी कोई कार्रवाई नहीं की जाएगी।

नेता लोग प्रशासन के इस प्रस्ताव पर सलाह-मशविरा करने के लिए वापस चले गए। बहरहाल, बाहर से जो शोर सुनाई दे रहा था उससे स्पष्ट था कि भीड़ उग्र होती जा रही थी। धीरे-धीरे कोतवाली का घेराव करनेवाले लोगों की संख्या बढ़कर 5000 तक पहुँच गई। इस भीड़ में कॉलेज के विद्यार्थी भी शामिल हो गए थे। विद्यार्थियों की भीड़ जुलूस की शक्ल में कोतवाली पहुँची जिसका नेतृत्व जहर उगलनेवाला एक छात्र-नेता कर रहा था। इसके मद्देनजर एसपी ने कोतवाली की ओर आनेवाले रास्तों को अवरुद्ध करने का सुझाव दिया लेकिन बाद में उन्होंने यह विचार छोड़ दिया।

दोपहर के 2 बजे। भीड़ अब भी उस सब-इंस्पेक्टर के खून की प्यासी थी। सलाह-मशविरे के बाद लौटकर नेताओं ने बताया कि जनता को इससे कम कुछ भी मंजूर नहीं है कि उस सब-इंस्पेक्टर को लोगों के बीच हथकड़ियाँ लगाकर पेश किया जाए। प्रशासन ने नेताओं की इस माँग को खारिज कर दिया। बहरहाल, यह स्पष्ट हो गया कि इन नेताओं में भीड़ को समझाने का बूता नहीं है। डीएम ने तय किया कि वह सीधे जनता को सम्बोधित करेंगे। एक रिक्शा पर कामचलाऊ मंच बनाकर माइक लगा दिया गया। मना करने के बावजूद डीएम ने रिक्शा पर चढ़कर जनता को सम्बोधित किया। उन्होंने लोगों को पूरा न्याय दिलाने का वादा किया। भीड़ में शामिल अधिकतर लोग प्रशासन के प्रस्तावों से सन्तुष्ट नजर आ रहे थे लेकिन एक तबका ऐसा था जो लगातार यह माँग किए जा रहा था कि उस सब-इंस्पेक्टर को उनके हवाले कर दिया जाए। जनमत का ध्यान इस अनुचित माँग से हटाने के लिए डीएम ने अपनी वाक्पटुता के सभी आयामों को आजमाया। उन्होंने जोर देकर कहा कि उस सब-इंस्पेक्टर के साथ आम नागरिकों की तरह ही व्यवहार किया जा रहा है और इस मामले में जनता को प्रशासन पर विश्वास करना चाहिए।

धीरे-धीरे मामला शान्त होने लगा। कुछेक नेताओं ने कोतवाली में आकर डीएम को उनके भाषण के लिए बधाई भी दी। कुछ ने तो यहाँ तक कहा कि वे बाहर जाकर भीड़ को वापस भेज रहे हैं, तब तक चाय वगैरह की तैयारी की जाए। अधिकारियों के चेहरों पर भी 'संकट टला' का भाव दिख रहा था और वे कोतवाली में विश्राम कर रहे थे।

इतने में अचानक बाहर हुल्लड़ सुनाई दिया। लोग भाग रह थे और चीख रहे थे। डीएम, एसपी और अन्य अधिकारी भागकर कोतवाली के दरवाजे पर पहुँचे तो देखा कि पुलिस भागती हुई भीड़ पर अंधाधुंध लाठीचार्ज कर रही है। उन लोगों ने पुलिस को रोकने की कोशिश की और घटना के बारे में जानने का प्रयास किया,

लेकिन इसका कोई फायदा नहीं हुआ। चारों ओर अस्त-व्यस्तता का आलम था। भीड़ में शामिल विद्यार्थियों ने पुलिस पर ईंट और पत्थर फेंकना शुरू कर दिया। दोनों ओर से जमकर लड़ाई छिड़ गई। लेकिन पुलिस बल की संख्या कम थी, इसलिए वह पीछे हट गई और भागकर कोतवाली के अन्दर आ गई। भीड़ ने कोतवाली के भीतरी दरवाजों को घेर लिया। कोतवाली के आँगन में ईंट और पत्थर फेंके जा रहे थे। कुछ पुलिसवालों को चोट भी लगी। लाठीचार्ज करने का एक और प्रयास किया गया लेकिन पुलिस चोट खाकर फिर वापस आ गई। आँगन में खड़े डीएम के चारों तरफ ईंटें गिर रही थीं। इतने में डीएम ने आसमान में धुएँ के गोले उठते देखे। पता चला कि भीड़ ने एक पुलिस ट्रक और दो सरकारी जीपों को आग के हवाले कर दिया है। धीरे-धीरे स्थिति यहाँ तक पहुँच गई कि लगा, किसी भी क्षण भीड़ कोतवाली के मुख्य दरवाजे को तोड़कर अन्दर घुस जाएगी। जाहिर है, इसके बाद भयानक खून-खराबा होता।

एसपी महोदय डीएम के पास पहुँचे और गोली चलाने का आदेश देने का अनुरोध किया। डीएम कुछ देर तक सोचते रहे। हालाँकि डीएम स्थिति को भाँप रहे थे लेकिन गोलीबारी से बचना चाहते थे। उन्होंने गोली चलाने का आदेश दे दिया लेकिन पुलिसवालों के गुस्से से तमतमाए चेहरों को देखकर उन्हें लगा कि कहीं अंधाधुंध फायरिंग न हो जाए। इसके मद्देनजर उन्होंने एसपी को सुझाव दिया कि वह अतिरिक्त एसपी को पुलिस बल की कमान सँभालने के लिए कहें और गोलीबारी का कम-से-कम इस्तेमाल किया जाए।

तीन दल बनाए गए। पहला एसपी की अगुवाई में, दूसरा अतिरिक्त एसपी और तीसरा डीएसपी के नेतृत्व में। ये तीनों दल कोतवाली के पिछले दरवाजे से बाहर निकले। कुछ मिनटों बाद गोलीबारी की आवाजें आने लगीं। चीख-पुकार मची और फिर भगदड़ शुरू हुई। और गोलियाँ चलीं। मिनटों में गोलीबारी रुक गई। किसी ने डीएम को बताया कि भीड़ तितर-बितर हो गई है और पुलिस उनका पीछा कर रही है।

तीन पुलिसवाले कोतवाली में आए। भीड़ का नेता उनकी गिरफ्त में था। कोतवाली में पहुँचते ही पुलिसवालों ने उस नेता को जमीन पर गिराकर लाठियों से पीटना शुरू कर दिया। डीएम ने उन्हें ऐसा करने से मना किया लेकिन उनकी आवाज अनसुनी कर दी गई। तब डीएम को खुद उनके बीच जाकर यह सब रोकना पड़ा। इसके बाद अभी डीएम सुस्ता ही रहे थे कि दो पुलिसवाले लगभग अठारह साल के एक लड़के को टाँगकर आते दिखे। अन्दर आकर पुलिसवालों ने उस लड़के को जमीन पर फेंक दिया। उसके पेट में गोली लगने का जख्म था जिससे तेजी से खून बह रहा था। पुलिसवाले उस लड़के को भद्दी गालियाँ दे रहे थे और हँस रहे थे। यह सब देखकर डीएम भयभीत हो उठे। उन्होंने तुरन्त अपने एसडीएम को बुलाकर उस घायल लड़के को नजदीक के अस्पताल भिजवाया।

मुख्य चिकित्सा अधिकारी को बुलवाया गया लेकिन उस लड़के को बचाया नहीं जा सका। इस गोलीबारी में एक मौत हुई और दर्जनों घायल हुए।

बाद में जब वे कोतवाली में आकर बैठे तो पूरी कहानी उभरकर सामने आई। दरअसल, एसपी ने वायरलेस के जरिए एक खास सीओ को अश्रुगैस के साथ कोतवाली में बुलावा भेजा था। लेकिन भीड़ की वजह से वह सीओ सामनेवाले दरवाजे से कोतवाली के अन्दर नहीं जा पा रहा था। हालाँकि कोतवाली के अन्दर जाने के लिए पीछे से भी एक दरवाजा था। यह लगभग उस समय की बात है जब नेता लोग भीड़ को समझा-बुझाकर वापस भेजने की कोशिश में जुटे हुए थे। बहरहाल, सीओ सायरन बजाता हुआ भीड़ को चीरते हुए अपने वाहन से कोतवाली तक पहुँच गया। भीड़ में बहुत से लोगों ने उसकी जीप के बोनट पर मुक्का मारना शुरू किया। सीओ ने लोगों से परे हटने को कहा। कुछ लोग गालियाँ बकने लगे। इस पर सीओ अपनी गाड़ी से उतर गया। अचानक भीड़ में से किसी ने पत्थर फेंकना शुरू कर दिया। सीओ ने पास खड़े पुलिसकर्मियों की ओर देखा और उन्हें लाठीचार्ज करने का आदेश दे दिया। इसके बाद सब कुछ काबू से बाहर हो गया।

उपरोक्त केस स्टडी से यह बात उभरकर सामने आती है कि किसी भी परिस्थिति का कोई खास समाधान नहीं होता है। अलग-अलग लोग अपने-अपने तरीके से परिस्थितियों को सँभालते हैं। कुछ लोग ऐसा महसूस कर सकते हैं कि उपरोक्त केस स्टडी में फायरिंग जरूरी नहीं थी, लेकिन दूसरे लोग इसे जरूरी मानेंगे। बहरहाल, कुछ सवाल जरूर उठते हैं :

1. अगर सुबह में ही पुलिस ने एफआईआर दर्ज कर ली होती तो क्या अप्रिय घटनाओं को टालना सम्भव था? हो सकता है, मामला शुरू में ही दब गया होता। यह भी हो सकता है कि प्रशासन को कमजोर समझकर भीड़ ने अपनी माँगों की फेहरिस्त को और बढ़ा दिया होता।
2. क्या डीएम व एसपी को और पहले ही घटनास्थल पर पहुँच जाना चाहिए था? अगर वे पहले पहुँच गए होते तो भीड़ बढ़ने से पूर्व मामला निपटा लिया गया होता। दूसरे नजरिए से देखा जाए तो पहले ही डीएम व एसपी के घटनास्थल पर पहुँच जाने से अधीनस्थ अधिकारियों के होने का कोई मतलब नहीं रह जाता और फिर आगे की बातचीत के सारे रास्ते बन्द हो जाते हैं।
3. क्या डीएम व एसपी को घटनास्थल पर न जाकर नेताओं को बातचीत के लिए अन्यत्र बुलाना चाहिए था? अगर नेता इस प्रस्ताव पर राजी हो जाते तो यह तरकीब काम कर जाती। यह भी हो सकता है कि नेता इस प्रस्ताव को ठुकराकर घटनास्थल छोड़ने के लिए राजी ही नहीं होते।

4. क्या बातचीत में बहुत समय लगा?
5. क्या भीड़ को नेताविहीन देखकर पहले ही लाठीचार्ज के आदेश दे दिए जाने चाहिए थे?
6. क्या पुलिस को इलाके को चारों तरफ से घेर नहीं लेना चाहिए था? छात्रों को घटनास्थल तक क्यों पहुँचने दिया गया?
7. क्या सीओ को पिछलेवाले दरवाजे से कोतवाली में प्रवेश नहीं करना चाहिए था? क्या उसे लाठीचार्ज का आदेश देना चाहिए था या खामोश रहना चाहिए था?

ये और इस तरह के ढेरों सवाल हमेशा उठते रहेंगे। कानून और व्यवस्था की किसी समस्या का कोई अनूठा समाधान नहीं होता है, बहुत कुछ परिस्थितियों के त्वरित मूल्यांकन और जनता के मनोविज्ञान की समझ पर निर्भर करता है। टालमटोल करने के बजाय निर्णायक होना हमेशा बेहतर होता है। सही समय पर बल प्रयोग बड़ी दुर्घटनाओं को रोकने का सबसे अच्छा तरीका होता है। इस बिन्दु को स्पष्ट करने के लिए मैं दूसरी केस स्टडी देना चाहूँगा।

पवित्र मूर्ति

यह मामला 'च' जिले के एक तहसील मुख्यालय से सम्बन्धित है। हालाँकि यह एक वाणिज्यिक व समृद्ध शहर था लेकिन जातीय तनाव के मामले में अत्यन्त संवेदनशील भी। मामले की शुरुआत तब हुई जब खुफिया रिपोर्टों से यह सूचना मिली कि कुछ लोगों का दावा है कि एक पेड़ के नीचे से भगवान शिव और साँप की मूर्ति अपने-आप प्रकट हो गई है। वह पेड़ एक निजी सम्पत्ति की हद में था और इससे परेशानी खड़ी हो सकती थी। लिहाजा, एसडीएम और सीओ को इस मामले की छानबीन करने का जिम्मा सौंपा गया। उन लोगों ने रिपोर्ट दी कि सब कुछ सामान्य है और जल्दी ही उस मूर्ति को एक मन्दिर में स्थापित कर दिया जाएगा। कुछ दिनों बाद इस सम्बन्ध में और खुफिया रिपोर्टें आईं। इस बाबत कुछ लोग डीएम से भी मिले। पता चला कि जाटव हिन्दुओं के इलाके के बीचोबीच जमीन का एक बहुत बड़ा पट्टा है जिसे एक मुसलमान ने बतौर कॉलोनाइजर खरीद लिया है। वह मुसलमान उक्त भूखंड की प्लाटिंग कर चुका है और अब वह उन प्लाटों को बेच रहा है। जाहिर है, वह सिर्फ मुसलमानों को ही जमीन बेच रहा था। उस इलाके के एक हिन्दू नेता को यह नागवार लगा और उसने यह दावा करते हुए कि उक्त भूखंड उसके पुरखों का है, कोर्ट में केस दायर कर दिया। अभी यह मामला कोर्ट के विचाराधीन ही था कि भगवान शिव व साँप की मूर्ति प्रकट हो गई। वह हिन्दू नेता घूम-घूमकर प्रचार कर रहा था कि भगवान ने दर्शन दिए हैं और जनता, खास कर महिलाओं ने वहाँ पूजा-अर्चना शुरू कर दी है।

एसडीएम व सीओ ने दोनों पक्षों से बातचीत की। शुरुआत में हिन्दू नेता उस मूर्ति को किसी मन्दिर में स्थापित करने के लिए राजी हो गए। इसके लिए उन्होंने प्रशासन से तीन दिन की मोहलत ली। लेकिन बाद में वे अपने वायदे से मुकर गए। अब उनका कहना था कि चूँकि जनता ने वहाँ पूजा-अर्चना शुरू कर दी है इसलिए मूर्ति को वहाँ से हटाया नहीं जा सकता है। दरअसल, वे चाहते थे कि प्रशासन मुसलमानों को इस बात के लिए राजी करे कि वहाँ हिन्दुओं को मन्दिर बनवाने के लिए थोड़ी-सी जमीन दे दी जाए। ऐसा लगा कि वह मुसलमान कॉलोनाइजर इस प्रस्ताव पर सहमत है, लेकिन वह चाहता था कि आगे चलकर जमीन को लेकर कोई और बखेड़ा न खड़ा किया जाए। कुछ दिन और गुजर गए लेकिन समाधान नहीं निकला। दरअसल, दोनों पक्ष इस सौदे में बाजी मारने की फिराक में थे। इस बीच उस पेड़ के पास पूजा करनेवालों की भीड़ बढ़ती गई।

स्थिति को भाँपते हुए डीएम व एसएसपी ने एडीएम और ग्रामीण क्षेत्र के एसपी को घटनास्थल पर भेजा। उन लोगों से कहा गया कि वे वहाँ जाकर रुकें और मामले का हल निकालें। पूरे दिन की बातचीत के बाद एसडीएम ने डीएम को सूचित किया कि इस मामले में कुछ प्रगति हुई है और समझौता हो जाने की उम्मीद है। लेकिन दूसरे दिन बातचीत का कोई नतीजा नहीं निकला। अब मुख्य मुद्दा यह था कि हिन्दुओं को कितनी जमीन दी जाए। दरअसल, हिन्दुओं की माँग बढ़ती ही जा रही थी और अब वे चाहते थे कि मुसलमान कॉलोनाइजर उस जमीन को छोड़कर चला जाए। वे चाहते थे कि प्रशासन उस जमीन को सीआरपीसी की धारा 145 के तहत जब्त कर ले।

एडीएम और एसपी ने हिन्दू पक्ष को चेतावनी दी कि अगर अगले दिन सुबह 11 बजे तक वे मूर्ति को पास के मन्दिर में स्थानांतरित करने के लिए राजी नहीं होंगे तो प्रशासन बल-प्रयोग करके इस काम को अंजाम देगा। इस पर उस हिन्दू नेता ने कहा कि इसकी नौबत नहीं आएगी और वह खुद अपनी देख-रेख में मूर्ति को मन्दिर में स्थानांतरित करवा देगा। प्रशासन चाहता था कि उसके बाद उस जमीन को सीआरपीसी की धारा 145 के तहत जब्त कर लिया जाए और दोनों पक्षों से कहा जाए कि वे दीवानी अदालत में अपने विवाद का निपटारा करें।

अगले दिन दोपहर बाद डीएम अपनी कोर्ट में किसी मामले की दलील सुन रहे थे कि उनका निजी सहायक (पीए) कोर्ट में आया और उनसे कोई बहुत जरूरी टेलीफोन कॉल सुनने का आग्रह किया। टेलीफोन पर एक जाने-माने नेता थे। उन्होंने डीएम को सूचना दी कि पुलिस की गोलीबारी में कई हिन्दू मारे गए हैं और स्थिति बहुत गम्भीर है। डीएम ने तुरन्त एसएसपी से सम्पर्क साधा। एसएसपी ने भी इस घटना की पुष्टि करते हुए कहा कि वे पूरी सूचना के साथ शीघ्र आ रहे हैं। पन्द्रह मिनट के अन्दर डीएम व एसएसपी उस तहसील मुख्यालय के लिए रवाना हो गए।

रास्ते में एसएसपी ने बताया कि पुलिस ने गोली चलाई है। दरअसल, पुलिसवाले जब उस मूर्ति को हटाने गए तो जनता ने उन्हें रोकने की कोशिश की और पुलिस बल पर पत्थरों और बमों से हमला बोल दिया। इस घटना में दो लोग मारे गए।

जैसे ही उन्होंने तहसील मुख्यालय में प्रवेश किया और थाने पहुँचे, सूचना मिली कि चार लोग मारे जा चुके हैं। डीएम ने तुरन्त भाँप लिया कि इस मामले को साम्प्रदायिक रंग दिया जा सकता है क्योंकि एक सम्प्रदाय के लोग दूसरे पर अपने गुस्से का इजहार जरूर करेंगे। लिहाजा, तत्काल कर्फ्यू लगा दिया गया और जिले भर से पुलिस बल को उस तहसील मुख्यालय बुला लिया गया। डीएम और एसएसपी घटनास्थल पर भी गए। घटनास्थल पर चारों तरफ ईंट, पत्थर, खाली बोतलों व पेट्रोल बम के अवशेषों का ढेर लगा हुआ था। बाद में एडीएम व एसपी ने पूरी कहानी सुनाई। हुआ यूँ था कि हिन्दू नेता लोग सुबह 11 बजे तक मूर्ति को हटाने के लिए राजी हो गए थे। लेकिन उन्होंने अपने वायदे को नहीं निभाया। जब पुलिस उनकी तलाश में निकली तो वे भूमिगत हो गए। इस बीच, चारों तरफ यह खबर फैल गई कि मूर्तियों को वहाँ से हटा दिया गया है। इसके बाद वहाँ भक्तों, खास कर महिलाओं का जमावड़ा होने लगा। पुलिस के घेरे ने इन लोगों को रोकने की कोशिश की, लेकिन ये लोग पीछे हटने को तैयार नहीं थे। भीड़ बढ़ती गई। इतने में एडीएम और एसपी भी घटनास्थल पर पहुँचे और मूर्तियों को वहाँ से हटाने का उपक्रम करने लगे। इस काम को अंजाम देने के लिए वे अपने साथ एक पुजारी को भी लेकर आए थे। लेकिन जैसे ही मूर्तियों को उठाया गया, महिलाओं ने चीखना-चिल्लाना शुरू कर दिया। इन लोगों ने जबरदस्ती पुलिस घेरे को तोड़ना चाहा। उन्हें पीछे धकेल दिया गया। इस पर उन लोगों ने पत्थरबाजी शुरू कर दी। इसके बाद चारों ओर की गलियों से जनता का हुजूम उमड़ पड़ा, जैसेकि वे सब इन्तजार ही कर रहे हों। लोग अपनी छतों पर चढ़ गए और वहाँ से पुलिस पर पत्थर और पेट्रोल बम फेंकना शुरू कर दिया। इससे पुलिसवाले घायल हुए और अगर उन लोगों ने आत्मरक्षा में गोली नहीं चलाई होती तो वे बेमौत मारे जाते।

बहरहाल, शहर भर में गुस्से की लहर दौड़ गई थी, खास कर पुलिसवालों के खिलाफ। लोग-बाग सड़कों पर उतर आए थे। ऐसे में प्रशासन की पहली प्राथमिकता थी, पूरी तरह से कर्फ्यू लागू करना। डीएम व एसएसपी खुद शहर में घूम-घूमकर लोगों को घरों के अन्दर रहने की चेतावनी दे रहे थे। कुछ जगहों पर लाठीचार्ज भी करना पड़ा। सचल पुलिस को शहर भर में लगातार दौरा करने का आदेश दिया गया। तीस मिनट के भीतर प्रभावी ढंग से कर्फ्यू लागू हो गया।

इसके बाद तत्काल पुलिस बल की तैनाती पर ध्यान केन्द्रित किया गया। संवेदनशील इलाकों की पहचान की गई और इन इलाकों में काबिल अधिकारियों के अधीन अतिरिक्त बल तैनात कर दिए गए। आसपास के जिलों से पुलिस बल बुलवा

लिए गए। लेकिन जैसीकि डीएम की आशंका थी, खबर आई कि अल्पसंख्यक समुदाय के एक व्यक्ति की चाकू मारकर हत्या कर दी गई है और उसका मृत शरीर पड़ा हुआ मिला है। कुछ मिनट बाद चाकू से गोदी हुई एक और लाश मिली। कहना न होगा कि साम्प्रदायिक दंगे की स्थिति बिलकुल सामने थी।

ऐसे में प्रशासन की रणनीति स्पष्ट थी—कर्फ्यू को निर्दयतापूर्वक लागू करना ताकि किसी बड़े साम्प्रदायिक दंगे को शुरू होने से रोका जा सके। इस रणनीति के तहत तीन दिन तक किसी के साथ भी समझौता वार्ता नहीं की गई। कर्फ्यू को कड़ाई के साथ लागू किया गया और बड़े पैमाने पर गिरफ्तारियाँ की गईं। नतीजतन, दंगाइयों का हौसला टूटता नजर आया। चौथे दिन कर्फ्यू में मामूली ढील दी गई और नेताओं के साथ बातचीत शुरू की गई। मामले को निपटाने में तीन दिन और लगे। इसके अनुसार मूर्तियों को एक मन्दिर में स्थापित कर दिया गया। विवादित जमीन के टुकड़े को जब्त कर लिया गया और इस मामले को दीवानी अदालत के सुपुर्द कर दिया गया। हालाँकि गम्भीर साम्प्रदायिक माहौल बन गया था लेकिन प्रशासन के सख्त रवैये के फलस्वरूप इस पर प्रभावी ढंग से काबू पा लिया गया।

कर्फ्यू लगाते समय एक बात ध्यान में रखनी चाहिए कि इसे किस रूप में लागू किया जाए कि शान्तिप्रिय आम जन को इससे कोई तकलीफ न हो। चिकित्सा सुविधा, दूध, खाने-पीने की चीजों और सब्जी आदि की आपूर्ति के मामले में भी जनता को कोई असुविधा न हो। यही बात सफाई और जल आपूर्ति आदि के बारे में भी ध्यान में रखनी होगी। बिजली आपूर्ति को भी बाधा नहीं पहुँचनी चाहिए। जिलाधिकारी को ऐसी स्थितियों में अपने अधिकार क्षेत्र में आने वाले तमाम संसाधनों को सक्रिय करना चाहिए क्योंकि उन सबकी समन्वित कोशिश के बिना स्थितियों का प्रबन्धन सम्भव नहीं होगा। इससे स्पष्ट है कि कानून-व्यवस्था की किसी स्थिति को सँभालना सिर्फ केस फाइल करना, पुलिस बल तैनात करना और कानूनी कार्रवाई करना भर नहीं है, उससे ज्यादा है।

पिछली केस स्टडी की तरह इस केस स्टडी के जरिए भी कुछ सवाल उठ खड़े होते हैं :

1. जिस दिन मूर्तियाँ रखी गई थीं, क्या उसी दिन उन्हें हटा देना चाहिए था?
2. क्या समझौता-वार्ता में इतना वक्त जाया करना उचित था?
3. क्या डीएम व एसएसपी को खुद बातचीत करने के लिए जाना चाहिए था?
4. क्या बातचीत असफल हो जाने के बाद एडीएम व एसपी द्वारा मूर्तियों को हटाने की कोशिश को बुद्धिमत्तापूर्ण कदम कहा जाएगा? क्या उन्हें चुपके से रात में यह कार्रवाई करनी चाहिए थी?
5. क्या गोलीबारी जरूरी थी?
6. क्या उस सम्पत्ति को पहले ही जब्त नहीं कर लेना चाहिए था?

जितने सवाल हैं, उतने ही जवाब। उपरोक्त संकट को हल करने के कई तरीके हैं, लेकिन वास्तविकता यही है कि किसी संकट को हल करने का कोई सुनिश्चित फार्मूला नहीं है। कोई एक खास हल सफल भी हो सकता है और असफल भी। मुख्य मुद्दा यह है कि कानून-व्यवस्था की समस्या को काबू में रखने के लिए तत्पर बुद्धि, स्थितियों और मामले में शामिल लोगों की लगातार टोह लेते रहने और सख्ती व व्यवहार कुशलता के निष्पक्ष मेल की जरूरत पड़ती है।

इसका अर्थ यह नहीं, कि कानून-व्यवस्था की समस्या का समाधान महज संयोग का मामला है या फिर अँधेरे में तीर मारने जैसा है। कुछ स्थापित सिद्धान्त हैं, जिनको हमेशा ध्यान में रखा जाना चाहिए।

उपरोक्त दो मामलों से यह सीखने को मिलता है कि एक अहानिकर दिखने वाली स्थिति भी एक गम्भीर कानून और व्यवस्था समस्या में बदल सकती है। इस सम्भावना का अनुमान लगाना और स्थिति को शान्त करने के लिए तेजी से और तुरन्त कार्रवाई करना महत्त्वपूर्ण है। पहले मामले में अगर जिला प्रशासन ने थानेदार के खिलाफ त्वरित कार्रवाई की होती, उसके खिलाफ प्राथमिकी दर्ज की होती और उसे निलम्बित कर दिया होता तो स्थिति इतनी बदतर कभी नहीं होती। दूसरी घटना से पता चलता है कि मूर्तियों को हटाना हमेशा एक पेचीदा स्थिति रहती है, इसलिए शायद अधिक चतुराई की आवश्यकता थी; अन्यथा पहले दिन ही मूर्तियों को हटाना चाहिए था।

ऐसी स्थिति में डीएम को अपना संयम बनाए रखना होगा। पूरी टीम नेतृत्व प्रदान करने के लिए डीएम और एसपी की ओर देखती है। उनके आचरण से टीम को फिर से आश्वस्त होना चाहिए कि सब कुछ नियंत्रण में है। आपकी मानसिक उपस्थिति और सामान्य ज्ञान को बरकरार रखने के लिए शीतलता और शांति एक पूर्व-आवश्यकता है और ये दोनों कानून और व्यवस्था के संकट से निपटने के लिए आवश्यक बुनियादी गुण हैं। मुझे याद है कि दूसरी घटना में मैंने अपने अधिकारियों के साथ एक त्वरित बैठक की और चूँकि मेरा रवैया शान्त था इसलिए हम बुद्धिमानीपूर्ण योजना बना सके और सभी सम्भावित विवरणों पर भी ध्यान दे सके। प्रभावी रणनीतिक योजना और कार्यान्वयन कानून और व्यवस्था की स्थिति को नियंत्रित करने का सार है।

सम्पूर्ण पुलिस और मजिस्ट्रेट को एक समान लक्ष्य को ध्यान में रखकर एक टीम के रूप में कार्य करना चाहिए। इसके लिए डीएम और एसपी को उदाहरण स्थापित करना होगा जो स्पष्ट रूप से संकेत दें कि वे एक तरह से ऐसा सोच रहे हैं। दोनों के बीच कोई भी कलह या मतभेद शान्ति बनाए रखने के प्रयास को गम्भीर रूप से खतरे में डाल सकता है। पूर्ण समन्वय ही सार है। इसके अलावा, कांस्टेबल से लेकर पूरी टीम को इस बारे में विस्तार से जानकारी देने की जरूरत

है कि उनसे क्या अपेक्षा की जाती है। टीम का प्रत्येक सदस्य अपेक्षा के अनुरूप प्रदर्शन तभी करेगा जब वह अपनी भूमिका को ठीक से जानता हो।

अधीनस्थ अधिकारियों को डीएम व एसपी पर विश्वास रखना होगा। उन्हें यह आशंका नहीं होनी चाहिए कि सरकार द्वारा शुरू की गई किसी जाँच या कार्रवाई प्रक्रिया की स्थिति में उनके मालिक उनकी बलि चढ़ा देंगे। जिला "जी" में एक दूसरे मामले में एडीएम और एसपी ग्रामीण पर यह आरोप लगाया गया कि उन्हें कानून और व्यवस्था के खराब होने के लिए जिम्मेदार ठहराया जा सकता है और अनुशासनात्मक कार्रवाई का सामना करना पड़ सकता है। एसएसपी का भी मानना था कि दोनों अधिकारी और अधिक चतुराई दिखा सकते थे। हालाँकि, डीएम ने कहा कि स्थिति को नियंत्रित करने के लिए उन्हें इन अधिकारियों की आवश्यकता है और ऐसे में इन अधिकारियों के मनोबल को कम करने से कुछ भी हासिल नहीं होगा। डीएम ने दोनों अधिकारियों की पीठ थपथपाई और कहा कि उन्हें उन पर गर्व है। उन्होंने अपना सर्वश्रेष्ठ प्रयास किया है और डीएम ने स्पष्ट कहा है कि जाँच की स्थिति में गोली चलाने का आदेश देने की जिम्मेदारी वह लेंगे। डीएम द्वारा नेतृत्व की भूमिका निभाने की इस धारणा से दोनों अधिकारियों का मनोबल बढ़ा और उन्होंने स्थिति को नियंत्रण में लाने के लिए चौबीसों घंटे काम किया।

सबसे महत्त्वपूर्ण बात यह है कि आँख व कान खुले रखने चाहिए। जिला मजिस्ट्रेट को हर सम्भव स्रोत से खुफिया सूचनाएँ इकट्ठी करनी चाहिए। सूचना ही ज्ञान है। स्थानीय खुफिया इकाई से लगातार रिपोर्टें आती हैं लेकिन ये हमेशा सर्वांगीण या सही नहीं होती हैं। दूसरा प्रामाणिक स्रोत जनता होती है। डीएम तक जनता की पहुँच आसान होनी चाहिए और उसमें लोगों की बात सुनने की काबिलियत होनी चाहिए। जनता के साथ रोजाना की बैठकों में भी बहुत-सी सूचनाएँ मिलती हैं। लेखपालों व अन्य राजस्व अधिकारियों के जरिए भी खुफिया सूचनाएँ मिल सकती हैं। बहरहाल, महत्त्वपूर्ण बात यह है कि अगर डीएम यह समझता है कि कोई छोटी-सी भी सूचना समस्या खड़ी कर सकती है तो उस पर तत्काल ध्यान दिया जाना चाहिए। रूटीन समझकर किसी भी मामले को टाल नहीं देना चाहिए। आम तौर पर, किसी मामले की शुरुआत में ही अगर सम्बन्धित अधिकारी कार्रवाई करता है तो समस्या का समाधान किया जा सकता है। देर करने से समस्या बढ़ जाती है।

बातचीत और बल-प्रयोग का उचित समय भी इसी से जुड़े हुए मुद्दे हैं। कानून-व्यवस्था से जुड़े कई अनुभवी लोग इसके लिए पंचायत का तरीका अख्तियार करते हैं। इसके तहत लम्बी, विस्तृत चर्चा होती है। कभी-कभी यह तरीका उलटे नतीजे देनेवाला भी साबित हो सकता है। सबसे अच्छा तरीका यही है कि शुरुआत में ही सभी सम्बन्धित पक्षों को बातचीत के लिए बुला लिया जाए लेकिन अगर उन लोगों का रवैया ठीक नहीं हो तो मामला दायर करने व गिरफ्तारी करने जैसी कार्रवाई

करने में विलम्ब नहीं करना चाहिए। अगर कोई ऐसी स्थिति उत्पन्न हो गई है जहाँ भीड़ इकट्ठी हो रही हो तो घटनास्थल पर पहुँचकर मामले को निपटाने के लिए त्वरित कार्रवाई करना सबसे अच्छा तरीका होता है। अगर बल-प्रयोग करने की नौबत आती है तो उसका इस्तेमाल ऐसे समय पर करना चाहिए जब न्यूनतम बल प्रयोग से ही नतीजा हासिल हो जाए। अगर भीड़ को जमने का मौका दिया जाता है और बातचीत में बहुत अधिक समय लग जाता है तब स्थिति को सँभालने के लिए अधिकतम बल-प्रयोग करना पड़ेगा। ऐसी स्थितियों को टाला जा सकता है।

साथ ही कुछ ऐसी स्थितियाँ भी होती हैं जहाँ भीड़ जमा होती है—मसलन, कलेक्टरी या थाने पर किसानों का धरना—और यह भीड़ कुछ मुद्दों पर भावनात्मक रूप से उद्वेलित होती है। इन परिस्थितियों में बल-प्रयोग के फलस्वरूप गम्भीर व व्यापक दंगे की स्थिति पैदा हो सकती है। इन मामलों में बातचीत का रास्ता अख्तियार करना सबसे अच्छी रणनीति होती है—अपने सामनेवाले को बातचीत में इतना थका दें कि वह अपने आप शर्त मानने को तैयार हो जाए!

मुझे अपने एक एडीएम की याद आती है जो ऐसी स्थितियों में एक कुशल वार्ताकार थे। वह बिना रुके और शान्त रहकर अन्तहीन बातें करता रहता। एक मौका ऐसा भी आया जब वह 36 घंटे से ज्यादा समय तक बातचीत करते रहे। आखिरकार, थकान आ गई और प्रदर्शनकारियों ने बिना शर्त आत्मसमर्पण कर दिया। कभी-कभी कानून और व्यवस्था की स्थिति में नेताओं को अपने अनुयायियों को हिंसा के लिए उकसाने से रोकने के लिए बातचीत करते रहना एक उत्कृष्ट रणनीति होती है।

उपरोक्त बिंदु को उजागर करने के लिए मैं एक घटना बताना चाहूँगा जो तब घटी जब मैं डीएम गाजियाबाद था। एक बहुत शक्तिशाली किसान नेता ने माँगों की लम्बी सूची के साथ कलक्ट्रेट का घेराव किया और भाषण देना शुरू कर दिया जो स्वभाव से असभ्य और अपमानजनक था। अपने अधिकारियों की विपरीत सलाह के बावजूद मैं कार्यालय गया और पूरे दिन वहीं बैठा रहा। सिटी मजिस्ट्रेट और उनके समकक्ष पुलिस अधिकारी किसानों से बात करने और उन्हें ज्ञापन सौंपने और तितर-बितर होने के लिए मनाने की कोशिश करते हैं। इस दौरान हाथापाई हुई और हल्का लाठीचार्ज भी हुआ। इससे आन्दोलनकारी क्रोधित हो गए और उन्होंने तीन दिनों तक धरना जारी रखा। तीसरे दिन, उनका धैर्य टूटने लगा। वे चाहते थे कि डीएम लाठीचार्ज के लिए माफी माँगें और उन्हें आश्वासन दें कि उनकी माँगें पूरी की जाएँगी। मैंने जाने से इनकार कर दिया। फिर उन्होंने अनुरोध किया कि कोई अन्य अधिकारी आ सकता है। मैं फिर भी सहमत नहीं हुआ और इसके बजाय उनसे अपने प्रतिनिधियों को मुझसे बात करने के लिए भेजने के लिए कहा। वे आए लेकिन इस बात पर अड़े रहे कि सरकार का कोई प्रतिनिधि उनके बीच आए और माफी

माँगे। मैं सहमत नहीं हुआ और अन्ततः वे हार मान गए और यह कहते हुए चले गए कि वे दिल्ली तक मार्च करेंगे और प्रधानमंत्री को ज्ञापन देंगे! उनकी उत्तेजना अत्यधिक थकान के कारण ख़त्म हो गई थी। इसलिए, एक अच्छी कानून और व्यवस्था वार्ता की रणनीति यह है कि बहुत अधिक आक्रामक न हों, जल्दबाजी न करें, प्रतिद्वन्द्वी को केवल संयम से और लगातार हल्का दबाव डालकर परास्त करें।

एक अत्यन्त महत्त्वपूर्ण सिद्धान्त यह है कि आम तौर पर किसी अधिकारी को कम करके नहीं आँकना चाहिए। जहाँ एसएचओ से काम चल जाए वहाँ डीएम और एसएसपी को हाथ नहीं लगाना चाहिए। स्थानीय अधिकारी को समस्या के समाधान के लिए बुलाया जाना चाहिए। अगर जरूरत पड़े तब उससे ऊपर के अधिकारी को भेजा जाना चाहिए। प्रशासन की सामान्य नीति के अनुरूप हर स्तर के अधिकारी को समस्या का समाधान करने के मामले में पूरी स्वायत्तता दी जानी चाहिए। यह बात हमेशा याद रखनी चाहिए कि किसी जिले में डीएम निर्णायक अधिकारी होता है। अगर वह और एसएसपी सीधे किसी मामले में शामिल हो जाएँ तो फिर आगे की बातचीत के लिए कोई नहीं बचेगा। ऐसी स्थिति में उन्हें किसी एक रुख पर कायम रहना पड़ेगा। ऐसी स्थिति का फायदा उठाकर लोग हिंसा पर उतर आएँगे। इसके अतिरिक्त, कानून-व्यवस्था के मामले में हमेशा लचीलेपन का तत्त्व विद्यमान रहना चाहिए। अगर स्थितियाँ बिगड़ जाएँ तो उससे बच निकलने का रास्ता हमेशा मौजूद होना चाहिए। यह तभी सम्भव है जब डीएम शुरू में ही न कूद पड़े। उसे अपील-अदालत में अपनी सामान्य गतिविधियों में लगा रहना चाहिए।

यही कारण है कि डीएम को किसी मामले को व्यक्तिगत रूप में नहीं लेना चाहिए। यह डीएम बनाम जनता का मामला नहीं होना चाहिए। जनता में यही सन्देश जाना चाहिए कि डीएम निष्पक्ष है और सबकी बात सुनता है। अगर उसे गोलीबारी का आदेश देने जैसा कठोर निर्णय भी लेना पड़े तो उसे निष्पक्ष रहना चाहिए। ऐसे डीएम का जनता भी सम्मान करती है। साथ ही, अगर कोई सख्त फैसला भी करना पड़े तो जिला मजिस्ट्रेट को अपनी संवेदना को पीछे छोड़ देना चाहिए। उसका रवैया हमेशा ऐसा होना चाहिए जैसा अभिभावक का अपने बच्चों के प्रति होता है। पहली केस स्टडी में एक जवान छात्र की मृत्यु हुई। जिला मजिस्ट्रेट ने उसे अस्पताल पहुँचाने में तनिक भी देर नहीं की। उसने उस छात्र को पर्याप्त चिकित्सा सेवा मुहैया करवाने के मामले में भी पर्याप्त सावधानी बरती। कुछ दिन बाद डीएम उस मृत छात्र के परिवारवालों से मिलने उसके गाँव गया और उनके दुःख में सहभागी बना। उस परिवार ने कटुता भूलकर उस डीएम को अपने अभिभावक के तौर पर स्वीकार कर लिया। वे अभिभूत थे। डीएम ने अपने साथ किसी भी पुलिस बल को ले जाने से इनकार कर दिया है और परिवार के मुखिया के रूप में उनके दुख को साझा करने के लिए गए हैं। एक जिलाधिकारी के लिए करुणा और सहानुभूति

बहुत महत्त्वपूर्ण गुण हैं। भले ही डीएम ने गोली चलाने का आदेश दिया हो, लेकिन उन्होंने अपनी व्यावसायिक क्षमता के तहत ऐसा किया है और उन्हें किसी के प्रति कोई दुर्भावना नहीं रखनी चाहिए। तब उन्हें एक वास्तविक नेता के रूप में देखा जाता है और उन्हें भरपूर जनसमर्थन मिलता है।

बल-प्रयोग

सवाल उठता है कि कब और कितना बल प्रयोग किया जाना चाहिए? जाहिर है, जब जीवन और सम्पत्ति की रक्षा करने के सभी तरीके चूक जाएँ, तब अन्तिम उपाय के रूप में ही बल-प्रयोग करना चाहिए। साथ ही प्रशासन को कभी भी अनुशासन के साथ समझौता नहीं करना चाहिए। छोटे-मोटे फायदों के लिए असामाजिक तत्त्वों के साथ भी समझौता नहीं करना चाहिए। नियमतः सबसे पहले अश्रु गैस का प्रयोग करना चाहिए। लेकिन व्यवहार में ऐसा नहीं होता है। इसकी एक वजह यह है कि अश्रु गैस सदैव उपलब्ध नहीं रहती। बहरहाल, जब भी कोई प्रदर्शन हो या बेकाबू भीड़ जमा हो जाए तो उसे तितर-बितर करने के सबसे कारगर तरीकों में से एक है अश्रु गैस का इस्तेमाल।

भीड़ को तितर-बितर करने में लाठी चार्ज भी बहुत कारगर होता है। अगर सही समय पर और पूरी ताकत के साथ इसका प्रयोग किया जाए तो गोलीबारी की नौबत नहीं आएगी। चुनाव के दौरान एक जिले में डीएम और एसएसपी दूर-दराज के एक गाँव में पोलिंग बूथ के दौरे पर गए। वहाँ एक युवक को फर्जी वोट डालते हुए पकड़ा गया। उसे लाइन से बाहर निकालकर पीटा गया। इस पर जनता ने डीएम, एसएसपी और उनके पुलिस बल को घेर लिया। जनता गुस्से से चीख रही थी। वह युवक प्रधान का लड़का निकला। लोग आसपास गलियों से निकलकर वहाँ इकट्ठा होने लगे। भीड़ धीरे-धीरे उग्र हो रही थी। स्थिति को भाँपते हुए डीएम व एसएसपी ने लाठीचार्ज का सहारा लिया। इसकी अगुवाई खुद एसएसपी कर रहे थे। यह सब कुछ बहुत तेज व दृढ़निश्चय के साथ हुआ। पुलिस बल लोगों का पीछा करता हुआ उन्हें उनके घरों तक खदेड़ आया। तत्काल प्रधान व गाँव के बुजुर्गों ने शान्ति की अपील की और मामले को हल करने के लिए डीएम से बातचीत शुरू की। अगर लाठीचार्ज में विलम्ब किया गया होता तो भीड़ पत्थरों व ईंटों से पुलिस पर हमला बोल देती और इस तरह से गोलीबारी की नौबत आ जाती।

बहरहाल, एक बात बहुत महत्त्वपूर्ण है कि लाठीचार्ज का आदेश देने से पहले आप सुनिश्चित कर लें कि आपके पास पर्याप्त पुलिस बल है कि नहीं। क्योंकि अगर लाठीचार्ज नाकाम रहता है और पुलिस को पीछे हटना पड़ता है तो आपके सामने अप्रिय स्थिति खड़ी हो जाएगी। ऐसे में भीड़ का हौसला बुलन्द हो जाता है और पुलिस का मनोबल टूट जाता है। पुलिसवाले गुस्से में होते हैं और अपमानित

महसूस करते हैं। ऐसे में पुलिस वरिष्ठ अधिकारियों के आदेश के बिना ही गोलीबारी शुरू कर देती है।

हालाँकि गोलीबारी अप्रीतिकर होती है लेकिन अगर स्थिति बेकाबू हो जाए तो इसका आदेश देने से हिचकिचाना नहीं चाहिए। सही समय पर फायरिंग हो जाए तो बड़े दंगों और अधिक मौतों को रोका जा सकता है। जब गोलीबारी का रास्ता अख्तियार किया जाए तो यह कारगर होना चाहिए। लेकिन इस मामले में संयम भी बरतना चाहिए। यही कारण है कि गोलीबारी हमेशा किसी वरिष्ठ अधिकारी की देखरेख में होनी चाहिए। जब भीड़ भागने लगे तो फायरिंग रोक देनी चाहिए। हवा में गोली चलाना कभी भी अच्छा सिद्धान्त नहीं माना जाता है, लेकिन कोशिश यही होनी चाहिए कि नीचे की ओर फायरिंग की जाए। एक दलील यह भी दी जाती है कि लक्ष्यों को चुन-चुनकर गोली चलानी चाहिए। हालाँकि यह हत्या करने जैसा है लेकिन जब आप देखते हैं कि उकसानेवाले लोग भाग जाते हैं और निर्दोष मारे जाते हैं तब उकसानेवालों पर चुन-चुनकर गोली चलाना सही रहेगा। बहरहाल, यह हमेशा सम्भव नहीं होता है क्योंकि दंगाइयों के नेता गोलीबारी से पहले ही गायब हो जाते हैं और तनाव के उस माहौल में पुलिस भी अपने आपे में नहीं होती है।

कुल मिलाकर देखा जाए तो कानून-व्यवस्था की समस्या को चार श्रेणियों में बाँटा जा सकता है :

1. साम्प्रदायिक तनाव,
2. जातिगत विवाद,
3. छात्र-असन्तोष,
4. श्रमिक-उपद्रव।

इनमें से प्रत्येक समस्या अनूठी है और इन पर काबू पाने के तरीके भी भिन्न-भिन्न हैं।

साम्प्रदायिक तनाव

साम्प्रदायिक तनाव उस वक्त उभरता है जब दो सम्प्रदायों का धर्म के आधार पर ध्रुवीकरण हो जाता है और वे अपने मामूली झगड़ों की व्याख्या इसी आधार पर करने लगते हैं। हालाँकि साम्प्रदायिक तनाव की वजहों को लेकर बहुत सारे विचार हैं पर आम तौर पर पाया गया है कि साम्प्रदायिक दंगे निर्दोष या मामूली सी दिखनेवाली वजहों पर भड़के हैं। मसलन एक सम्प्रदाय के लड़के ने दूसरे सम्प्रदाय के लड़के को पीट दिया। लेकिन यह घटना दो सम्प्रदायों के बीच अन्दर-ही-अन्दर घुमड़ते तनाव और अविश्वास की अभिव्यक्ति मात्र है। एक छोटी-सी घटना पलीते में आग लगा देती है जिसका नतीजा विस्फोट की शक्ल में सामने आता है।

साम्प्रदायिक दंगों के पीछे कुछ बँधे-बँधाए ढर्रे हैं। गाँवों की अपेक्षा दंगे ज्यादातर शहरों और शहरी समूहों के बीच भड़कते हैं। शहरी जीवन के तनाव, बेरोजगारी, सामुदायिक ढाँचे का अभाव और शहरी जीवन का बेचारापन इसकी मुख्य वजहें हैं। ज्यादातर दंगों का कारण आर्थिक है। शहरों में दंगों के कई ऐसे उदाहरण मौजूद हैं जहाँ ज्यादातर लोग किसी व्यवसाय—विशेष से जुड़े हुए हैं, जैसे बुनकरी का धंधा। इसमें एक समुदाय बुनकरी से जुड़ा है तो दूसरा इसके व्यापार में संलग्न है। दोनों वर्गों की आय के बीच का फर्क लगातार बढ़ता रहता है। नतीजतन, एक वर्ग दूसरे वर्ग को शोषक के रूप में देखता है। आम तौर पर इस अहसास की अभिव्यक्ति 'वर्ग संघर्ष' के रूप में होनी चाहिए, लेकिन हमारे देश में ऐसा नहीं है। यहाँ ऐसे में दोनों समुदाय धार्मिक मतभेदों का आश्रय लेने लगते हैं। वे कहने लगते हैं कि इस शोषण का कारण उनके धर्म का अलग-अलग होना है जो पहनावे, बोल-चाल, अभिवादन के तरीकों और प्रार्थनाओं व धार्मिक त्योहारों के सार्वजनिक प्रदर्शनों में व्यक्त होता है। चूँकि धर्म एक भावनात्मक तत्त्व है इसलिए दोनों सम्प्रदाय अपनी भावनाओं की अभिव्यक्ति करना शुरू कर देते हैं और साम्प्रदायिक दंगों के हालात तैयार हो जाते हैं।

मेरे एक सहयोगी इसकी बहुत रोचक व्याख्या करते थे। वे इस पूरी स्थिति को एक पिरामिड के रूप में देखते थे। शुरुआत में साम्प्रदायिक तनाव का आधार केन्द्रित न होकर फैला होता है। क्रमशः यह संकुचित होने लगता है और कुछ खास मुद्दों पर सिमट जाता है। धीरे-धीरे तनाव गहराने लगता है और पिरामिड के शीर्ष पर पहुँच जाता है जहाँ दो छोटे-छोटे समूह खड़े होते हैं। ऐसे में मामूली से मामूली घटना भी विस्फोट करा देती है।

इसकी व्याख्या चाहे जिस भी तरह करें, वास्तविकता तो यह है कि इन घटनाओं के प्रति जिला प्रशासन को चाक-चौबन्द रहना चाहिए और तनाव को इतना नहीं बढ़ने देना चाहिए कि स्थिति विस्फोटक हो उठे।

यदि किसी जिले की आबादी मिली-जुली और बराबर प्रतिशतता (40:60 या 50:50) है और जिले का अतीत साम्प्रदायिक दंगों का रहा है तो जिलाधिकारी को किसी भी स्थिति को साम्प्रदायिक दृष्टिकोण से परखना होगा और उसी हिसाब से अपनी प्रतिक्रिया तैयार रखनी होगी।

साम्प्रदायिक दंगों के बारे में सबसे अच्छा तो यह है कि इन्हें होने ही न दिया जाए। इसके लिए किसी भी संवेदनशील जिले का कार्यभार सँभालने के साथ जिलाधिकारी को जिले में पहले हुए दंगों की रिपोर्ट का अध्ययन करना चाहिए और इसके लिए जिम्मेदार स्थानीय कारणों व लोगों के बारे में तहकीकात करनी चाहिए।

जिलाधिकारी को दोनों तरह के लोगों से सम्पर्क रखना चाहिए—प्रथम वे, जो साम्प्रदायिक भावनाओं को भड़काते हैं और दूसरे वे, जिनका इस्तेमाल प्रशासन स्थिति को नियंत्रण में रखने के लिए कर सकता है।

इसके पीछे सोच यह है कि लोगों की भावनाओं से जिलाधिकारी लगातार वाकिफ होता रहे। यदि कोई ऐसा विवाद होता है जो साम्प्रदायिक स्वरूप ले सकता है तो इसका निपटारा निर्णायक तौर से तुरन्त और कड़ाई से होना चाहिए। साथ ही दोनों पक्षों के समाज-विरोधी तत्त्वों के खिलाफ मुहिम लगातार जारी रखनी चाहिए और विभिन्न कानूनों के तहत ऐसे लोगों पर कार्रवाई की जानी चाहिए। इससे लोगों को यह अहसास होता है कि प्रशासन अपना काम बखूबी चलाना चाहता है। इसके अलावा ऐसी स्थिति में समाज-विरोधी तत्त्व छिप जाते हैं, नतीजतन जिले में शान्ति स्थापित हो जाती है।

ऐसी स्थिति के पनपने से पहले भी जिलाधिकारी को कुछ एहतियाती कदम उठाने चाहिए। जिलाधिकारी को चाहिए कि हर थाने में 'अमन कमेटियों' का गठन करे। आम तौर पर पाया यह गया है कि आम दिनों में 'अमन कमेटियों' को सही तरीके से गठित नहीं किया जाता है, इन्हें सक्रिय करने की जरूरत तब महसूस की जाती है जब दंगे भड़क उठते हैं। इसलिए बेहतर यही होगा कि इन्हें पहले से ही तैयार रखा जाए। अमन कमेटी के लोगों का चयन एडीएम या एडिशनल एसपी स्तर के अधिकारी द्वारा किया जाना चाहिए। इन अमन कमेटियों को अमन के वक्त भी सक्रिय रहना चाहिए।

अमन कमेटियों की बैठकें भी लगातार होती रहनी चाहिए ताकि अन्दर-ही-अन्दर उबल रहे मुद्दों को खुले में आने का मौका मिले। ये बैठकें लोगों के लिए अपनी भावनाएँ व्यक्त करने का जरिया होती हैं। इन्हें अगर पर्याप्त महत्त्व और जिम्मेदारी दी जाए तो इसके अद्भुत नतीजे निकल सकते हैं।

मेरे कुछ सहयोगियों ने महसूस किया है कि अमन कमेटियों में न सिर्फ सम्मानित और अच्छे नागरिक बल्कि मुश्किलें खड़ी करनेवाले लोगों को भी शामिल करना चाहिए। इससे इन लोगों पर नजर रखने में मदद मिलती है। इससे ये लोग आवाम की नजर के सामने रहते हैं। नतीजतन इनकी गतिविधियों पर कुछ हद तक अंकुश लग जाता है। अमन कमेटियों को किसी भी सूरत में प्रभावी बनाने के लिए इसमें सक्रिय लोग होने चाहिए, न कि अकर्मण्य किस्म के लोग।

साम्प्रदायिक रूप से संवेदनशील शहर में लोगों के दिमाग भी साम्प्रदायिक मसलों से घिरे रहते हैं और इसलिए लगातार तनाव बना रहता है। इससे निपटने के लिए कुछ जिला प्रशासनों ने एक अनूठा तरीका अपनाया है। इसके तहत लोगों का दिमाग इन मुद्दों से हटाने की कोशिश की जाती है। इस तरीके के अन्तर्गत कोई मुहिम या अभियान शुरू किया जाता है या फिर कोई ऐसा कार्यक्रम आयोजित किया जाता है जिसमें सभी की हिस्सेदारी हो।

शहरों में नगरपालिका से जुड़े मुद्दे सबसे अहम होते हैं। साम्प्रदायिक रूप से संवेदनशील शहर के एक जिलाधिकारी के कार्यों की एक अध्ययन-रिपोर्ट है। इस

अधिकारी ने बड़े पैमाने पर गृहकर में संशोधन करना शुरू किया जिससे शहर का हर व्यक्ति प्रभावित हुआ। जैसे-जैसे बढ़े हुए गृहकर के नोटिस भेजे गए, लोगों में उत्तेजना फैलती गई। लोगों के बीच इस मसले पर चर्चाएँ हुईं, वे जिलाधिकारी से मिले। प्रदर्शन और सार्वजनिक सभाएँ भी की गईं। संक्षेप में यह कि गृह-कर का मुद्दा लोगों के दिलो-दिमाग पर चढ़ गया और साम्प्रदायिक मसले नेपथ्य में चले गए।

इसी तरह अतिक्रमण-विरोधी अभियान से लोगों का ध्यान खींचा जा सकता है। बड़े पैमाने पर सफाई अभियान भी इस दिशा में मदद दे सकता है। बड़े स्तर पर हाकी, क्रिकेट टूर्नामेंटों का आयोजन भी सहयोगी साबित होता है। वास्तव में साल-भर खेल गतिविधियों का आयोजन करने से युवाओं को साम्प्रदायिकता से विमुख कर उनकी ऊर्जा को रचनात्मक क्षेत्र में सक्रिय होने का मौका मिलता है। वृहद स्तर पर सांस्कृतिक गतिविधियों का आयोजन करने से भी लोगों का ध्यान दूसरी सकारात्मक दिशा में अभिमुख करने में मदद मिलती है।

जिले में किसी घटना के चलते या किसी बाहरी घटना के नतीजतन जब भी कोई स्थिति साम्प्रदायिक मोड़ लेने लगती है तो कर्फ्यू लगाने और समाज-विरोधी तत्त्वों की गिरफ्तारी जैसे एहतियाती कदम तुरन्त उठाना सबसे सही है। सही समय पर एहतियाती कदम उठाकर प्रशासन कोई बड़ा दंगा होने से रोक सकता है। 6 दिसम्बर, 1992 की घटना के बाद जिलों में कराए गए अध्ययन की एक रिपोर्ट इसका स्पष्ट उदाहरण है। जहाँ कहीं जिला प्रशासन ने सही समय पर एहतियाती कर्फ्यू लगाया, समाज-विरोधियों की गतिविधियों पर अंकुश रखा, गिरफ्तारियाँ कीं, छापे मारे और अमन कमेटियों का गठन किया वहाँ प्रशासन को दंगा रोकने में कामयाबी मिली; पर जहाँ कहीं भी स्थिति को समझने में देर हुई, वहाँ दंगे भड़क उठे।

कर्फ्यू के बारे में मैं कुछ शब्द जरूर कहना चाहूँगा। यह एक अप्रिय किन्तु आवश्यक उपाय है जिसका इस्तेमाल प्रशासन को किसी भी विस्फोटक स्थिति से निपटने के लिए करना पड़ता है। कर्फ्यू के बारे में पहली बात तो यह है कि इसको कड़ाई से लागू करना चाहिए। इसके लिए पुलिस तैनाती की सही योजना और उनको स्थिति का सही ब्यौरा देना जरूरी है। वरिष्ठ अधिकारियों को दौरा करके इस बात की ताकीद करनी चाहिए कि कर्फ्यू का उल्लंघन न हो। प्रभावशाली व्यक्तियों के लिए भी इसमें कोई ढील नहीं दी जानी चाहिए।

लेकिन जिलाधिकारी को इस बात का ध्यान अवश्य रखना चाहिए कि ज्यादातर नागरिक शान्तिप्रिय होते हैं और कर्फ्यू उनकी रोजमर्रा की जिन्दगी में बाधा डाल सकता है। इसके अलावा बीमार और जरूरतमन्द लोग भी होते हैं। इसलिए कर्फ्यू का प्रभावी प्रबन्धन किया जाना चाहिए। ड्यूटी पर लगे कर्मचारियों को निर्देश दिया जाना चाहिए कि वे आम नागरिकों के समक्ष दृढ़ लेकिन विनम्र रहें और यदि कोई सचमुच मुसीबत में फँसा है तो उसकी मदद करें। रेलवे स्टेशनों पर फँसे यात्रियों

को पुलिस अपनी निगरानी में घर तक पहुँचा सकती है। बीमार लोगों को अस्पताल पहुँचाया जाना चाहिए। ऐसी स्थिति में चालित चिकित्सा दल को लोगों के घर-घर जाकर दवाइयाँ बाँटने की छूट दी जा सकती है। दूध, स्वास्थ्य सेवाओं और आवश्यक वस्तुओं की आपूर्ति सुनिश्चित की जानी चाहिए। चालित वैन दूध और आवश्यक वस्तुएँ पुलिस की सुरक्षा में घर-घर पहुँचा सकती है।

कर्फ्यू का दृढ़तापूर्वक पालन आवश्यक है पर साथ ही यह भी सुनिश्चित किया जाना चाहिए कि लोगों की जरूरी आवश्यकताएँ पूरी होती रहें। साथ ही, शरारती तत्त्वों के साथ ऐसा व्यवहार भी रहे कि उन्हें स्थिति की गम्भीरता का पूरा-पूरा अन्दाजा हो जाए। यह मुश्किल काम तभी सम्भव है जब वरिष्ठ अधिकारी व्यक्तिगत तौर पर इसमें शामिल हों और पूरा जिला एक टीम की तरह कार्य करे।

कर्फ्यू का हटाया जाना एक अत्यन्त महत्त्वपूर्ण निर्णय होता है। कर्फ्यू न तो बहुत जल्दी हटाया जाना चाहिए और न ही बहुत देर में। वस्तुतः प्रयास यह होना चाहिए कि स्थिति जल्दी से जल्दी सामान्य हो जाए।

दंगों के बाद लगाए गए कर्फ्यू की तुलना में दंगे से पहले सावधानी हेतु लगाए गए कर्फ्यू में जल्दी ढील दी जा सकती है। ढील सीमित समयावधि के लिए हो और इसका समय धीरे-धीरे बढ़ाया जाना चाहिए। मगर कर्फ्यू में ढील के दौरान प्रशासन को अधिकतम चौकसी बरतनी होगी। घटनाएँ दोबारा हो सकती हैं जिससे स्थिति और बिगड़ सकती है। चुस्त मोर्चाबन्दी, मोबाइल गश्त, संवेदनशील इलाकों में पुलिस की महत्त्वपूर्ण उपस्थिति और साथ-साथ विशेष रेडियो बुलेटिनों के जरिए लगातार दिलासा, फ्लैग मार्च और मैगाफोन भाषण आदि की कर्फ्यू के दौरान महत्त्वपूर्ण भूमिका है।

जातिगत विवाद

जातिगत विवाद को समझने, रोकने और उससे निबटने का तरीका वही है जो साम्प्रदायिक विवाद का है। सामान्यतः हर जिले में जातिगत तनाव का अपना इतिहास होता है और प्रशासन को अपनी ओर से यथासम्भव सूचनाएँ जुटाते रहना चाहिए। साम्प्रदायिक और जातिगत विवादों में एक बड़ा फर्क यह होता है कि जातिगत हिंसा ग्रामीण इलाकों—जैसे पिछड़े गाँवों में अधिक घटित हो सकती है। इसकी वजह यह है कि ढाँचागत विकास, शिक्षा के प्रसार, निचली जातियों के लिए नौकरी के अवसर, बाहरी संसार से सम्पर्क और सामंतवाद के समाप्त होने के कारण धीरे-धीरे सामाजिक बदलाव आता जा रहा है। ग्रामीण जीवन के स्थायी सन्तुलन में हलचल होने लगी है। जैसे-जैसे नए सन्तुलन की खोज होती है, जातिगत तनाव बढ़ने लगते हैं। ऐतिहासिक तौर पर प्रभुत्वशाली समुदाय सदियों पुराने सामाजिक रीति-रिवाजों में निचली जातियों द्वारा किसी भी बदलाव को बर्दाश्त नहीं करता।

इसका एकदम सटीक उदाहरण है जिला 'अ' में हुआ बड़ा जातिगत दंगा। उस गाँव में बड़ी जनसंख्या निचली जातियों की थी और इन परिवारों के कई सदस्य पास के एक शहर के एक उद्योग में काम करते थे। उनके परिवारों के कुछेक सदस्य सक्रिय सामाजिक कार्यकर्ता बन गए थे। इस समुदाय के एक युवा को बाहर एक अच्छी नौकरी मिल गई और वह विवाह करने के लिए गाँव वापस आया। उसने तय किया कि वह दूल्हे के रूप में घोड़े पर सवार होकर जाएगा। यह जातिगत रिवाजों का उल्लंघन था क्योंकि सिर्फ उच्च जाति के दूल्हे ही घोड़े पर बैठते थे। नतीजा यह हुआ कि बारात पर ऊँची जाति के लोगों ने हमला कर दिया और परिणाम हुआ एक बड़ा दंगा।

इससे जाहिर है कि परम्परागत सामाजिक ढाँचा टूटने की वजह से जातियों के बीच लगातार विद्वेष पनपता रहता है। कोई भी घटना टकराव का कारण बन सकती है। जिला 'ग' की एक घटना मेरी इस बात को प्रमाणित करती है। इस जिले में दो जातियों के बच्चों का झगड़ा बड़े स्तर पर लड़ाई, दंगे और लूटपाट का कारण बन गया। इन सभी तनावों की भविष्यवाणी काफी कठिन काम है और इसलिए इन्हें रोकना भी मुश्किल है। लेकिन अगर जातिगत झगड़े और तनाववाले गाँवों की पहचान कर ली जाए और उन पर लगातार नजर रखी जाए तो बड़ी घटना पर नियंत्रण किया जा सकता है। यदि लोग यह समझ लें कि प्रशासन निष्पक्ष और कड़े रुख वाला है तो वे डर के चलते हिंसा का सहारा नहीं लेते।

कई गाँवों में जातिगत झगड़े जमीन को लेकर शुरू होते हैं और धीरे-धीरे सुलगते रहते हैं। इन मामलों में प्रशासन को खुफिया तौर पर जानकारी इकट्ठी करते रहना चाहिए, तुरन्त प्रतिक्रिया करनी चाहिए, झगड़े का दृढ़ता से निबटारा करना चाहिए और आवश्यकता पड़ने पर बल-प्रयोग भी करना चाहिए। सामान्यत: इसके बाद कोई झगड़ा नहीं भड़केगा।

इस सम्बन्ध में राजस्व अधिकारियों के नेटवर्क—जैसे लेखपाल या पटवारी के जरिए प्राप्त जानकारी काफी उपयोगी साबित होती है। उन्हें गाँव के बारे में सबसे अधिक जानकारी होती है और जमीन के झगड़ों के मामले में ये लोग समस्या का सबसे बेहतर निबटारा कर सकते हैं। जातिगत हिंसा का मुकाबला कड़ाई से किया जाना चाहिए। ऐसे में बल-प्रयोग जरूरी है और नेताओं व गैर-सामाजिक तत्त्वों की बड़े स्तर पर गिरफ्तारी भी तुरन्त की जानी चाहिए। जाति के तत्त्व जिला प्रशासन और पुलिस में भी हैं। इसलिए यह आवश्यक है कि प्रशासन में जातिगत निष्पक्षता की छवि बनाई जाए।

ग्रामीण जीवन एक समुदाय में पारस्परिक सह-अस्तित्व का उदाहरण है और प्रत्येक व्यक्ति की पहचान समुदाय से होती है। इसके अलावा, जातिगत चेतना के बावजूद गाँव में कभी भी एक-दूसरे के प्रति शत्रुता की कोई बड़ी भावना नहीं होती

है। साथ ही, जीवन की गति और सामुदायिक समर्थन बर्तन को उबलने से रोकता है। यदि, और जब, दुर्लभ परिस्थितियों में कोई साम्प्रदायिक दंगा गाँवों तक फैल जाता है तो इसे रोकना बहुत मुश्किल होता है क्योंकि हर जगह पर्याप्त पुलिस बल तैनात नहीं किया जा सकता है। 2013 में यूपी के मुजफ्फरनगर में साम्प्रदायिक दंगे भड़क उठे जो गम्भीर रूप से गाँवों तक फैल गए। कई लोगों ने अपने गाँव के घर छोड़ दिए। वहाँ रहने वाले समुदाय के चेहरे पर गहरा साम्प्रदायिक भय था। एक डीएम को साम्प्रदायिक दंगे को शहरी से ग्रामीण इलाकों तक फैलने से रोकने के लिए हमेशा कदम उठाने चाहिए।

भूमि विवाद ग्रामीण क्षेत्रों में एक अत्यन्त सामान्य घटना है और अक्सर मानव शरीर के खिलाफ अपराध का मुख्य कारण है—हत्या, बलात्कार, छेड़छाड़, गम्भीर चोट आदि। जिलाधिकारी को इन भूमि विवादों को हल करने की एक प्रणाली विकसित करनी चाहिए। थाने व तहसील पर आने वाले अधिकांश प्रार्थना पत्र भूमि विवाद से सम्बन्धित होते हैं। थाना और तहसील दोनों स्तरों पर एक रजिस्टर तैयार किया जाना चाहिए जहाँ ऐसी शिकायतों को दर्ज किया जाना चाहिए और उनकी गम्भीरता या तीव्रता के अनुसार वर्गीकृत किया जाना चाहिए। इसके बाद, राजस्व और पुलिस अधिकारियों की एक संयुक्त टीम को गाँव का दौरा करना चाहिए, सम्बन्धित पक्षों को बुलाना चाहिए और मामले का समाधान करना चाहिए। कम तीव्रता वाले मामलों में लेखपाल और पुलिस उपनिरीक्षक जा सकते हैं; अधिक गम्भीर मामलों में थाने के स्टेशन हाउस ऑफिसर (एसएचओ) के साथ नायब तहसीलदार जा सकते हैं; तब एसडीएम और एसडीओ पुलिस अधिक गम्भीर प्रकृति के मामलों में भाग ले सकते हैं। जो विवाद अधिक गम्भीर रूप ले सकता है, उसमें डीएम और एसएसपी को शामिल किया जाना चाहिए, जिन्हें खुद गाँव का दौरा करना चाहिए। यदि इस प्रणाली को ठीक से लागू किया जाए तो यह सुनिश्चित हो जाएगा कि विवादों को बढ़ने नहीं दिया जाएगा और ऐसी स्थिति तक नहीं पहुँचने दिया जाएगा जहाँ कोई भी पक्ष हिंसा का सहारा ले सके। डीएम को केवल प्राप्त आवेदनों तक ही सीमित नहीं रहना चाहिए। अधिकारी संयुक्त रूप से गाँवों का दौरा कर यह पता लगाने का प्रयास करें कि क्या ऐसी कोई समस्या है और उनका समाधान करें। यह विधि बेहद सफल हो सकती है और मैंने व्यक्तिगत रूप से कई जिलों में इसका उपयोग किया है। इससे अपराध दर और कानून व्यवस्था की गड़बड़ी में कमी आती है।

छात्र-असन्तोष

इस प्रकार की कानून और व्यवस्था-सम्बन्धी गड़बड़ी उन शहरों में अधिक हो सकती है जहाँ विश्वविद्यालय होते हैं और जहाँ कॉलेज जानेवाले छात्रों की अच्छी-खासी संख्या होती है। हर विश्वविद्यालय की छात्र यूनियन होती है जिसका कोई-न-कोई

राजनीतिक झुकाव भी होता है। यूनियन और कॉलेज प्रबन्धन के बीच सम्बन्ध प्रायः सौहार्दपूर्ण नहीं होते। किसी-न-किसी मुद्दे पर आन्दोलन छिड़ा ही रहता है। लेकिन विश्वविद्यालय के किसी अन्दरूनी मामले में दखलन्दाजी जिला प्रशासन का कार्यक्षेत्र नहीं है। उनकी अधिकतर समस्याओं का हल दोनों पक्षों यानी कुलपति और छात्र यूनियन के हाथ में है। वस्तुतः प्रशासन को कैम्पस में तभी प्रवेश करना चाहिए जब कॉलेज-प्रबन्धन उन्हें ऐसा करने के लिए कहे।

प्रशासन आपातकाल जैसी स्थितियों में हिंसा और आगजनी आदि होने पर कैम्पस में भी प्रवेश कर सकता है।

यूनियनों के बीच प्रतिद्वंद्विता, यूनियनों का राजनीतिकरण, बढ़ती बेरोजगारी, मूल्यों का व्यापक पतन, सामाजिक बदलाव की प्रक्रिया के विरुद्ध दबा हुआ क्रोध छात्र-असन्तोष के कुछ मुख्य कारण होते हैं। समय के साथ-साथ कैम्पस में हिंसा में वृद्धि हुई है और अब यह हिंसा कैम्पस के बाहर भी आने लगी है। प्रशासन का ताल्लुक उसी हिंसा से है जो कैम्पस से बाहर आ पहुँचती है।

प्रायः आन्दोलनकारी छात्र कैम्पस छोड़ देते हैं और रास्ता जाम, वाहनों पर पथराव और सड़कों पर आगजनी वगैरह करने लगते हैं। ऐसे में जीवन और सम्पत्ति की सुरक्षा के लिए तथा आम जीवन की शान्तिपूर्ण रफ्तार बनाए रखने के लिए प्रशासन को हस्तक्षेप करना पड़ता है।

छात्रों से जुड़ी समस्याओं के निबटाने का तरीका साम्प्रदायिक उपद्रव या जातिगत दंगों के निबटारे से अलग होना चाहिए। यहाँ आपका सामना युवा लड़कों से होता है और इसलिए अन्तिम समय तक बल-प्रयोग से बचना चाहिए। आँसू गैस का इस्तेमाल किया जा सकता है और अगर स्थिति गम्भीर हो जाए तो लाठीचार्ज भी किया जा सकता है पर छात्रों पर गोली नहीं चलानी चाहिए। निश्चय ही कई बार स्थिति इतनी गम्भीर हो सकती है कि पुलिस को गोली चलानी ही पड़े पर ऐसा एकदम मजबूरी में ही किया जाना चाहिए। पुलिस गोलीबारी या लाठीचार्ज में अगर किसी छात्र की मौत हो जाती है तो प्रशासन जनता का समर्थन खो देता है। निर्दयी मानकर प्रशासन की निंदा की जाती है। वैसे भी छात्र उम्र के जिस दौर से गुजर रहे होते हैं, वे अपरिपक्व होते हैं और उन्हें हिंसा से ज्यादा सलाह की आवश्यकता होती है। इसलिए छात्र-उपद्रव का, दूसरी समस्याओं की तुलना में, नरमी से निपटारा करना चाहिए।

छात्र-असन्तोष से निपटते समय मूल बात यह ध्यान में रखनी चाहिए कि समस्या छात्रों और प्रशासन के बीच टकराव का रूप न ले पाए। कोशिश यही होनी चाहिए कि समस्या का निपटारा कैम्पस के भीतर ही हो जाए। अपने पद की मदद से झगड़े का शान्तिपूर्ण निपटारा किया जाना चाहिए। लेकिन ऐसे में उन गुंडा तत्त्वों पर कड़ी नजर रखनी चाहिए जो स्थिति का फायदा उठाते हुए छात्रों में घुल-मिल जाते हैं।

हाल ही में हमने सीएए (नागरिकता संशोधन अधिनियम) और एनआरसी (नागरिकों के लिए राष्ट्रीय रजिस्टर) के खिलाफ आन्दोलन के हिस्से के रूप में दिल्ली, अलीगढ़ और कुछ अन्य शहरों में बड़े पैमाने पर छात्र उपद्रव देखे हैं। पुलिस पर जामिया मिल्लिया कैम्पस की लाइब्रेरी में घुसकर छात्रों को पीटने के गम्भीर आरोप लगे थे। इसके बाद फिर से जेएनयू (जवाहरलाल नेहरू विश्वविद्यालय) में हिंसा हुई और पुलिस पर निष्क्रियता का आरोप लगा। ऐसी ही कहानी थी अलीगढ़ में। दरअसल पुलिस कुलपति की अनुमति के बिना विश्वविद्यालय परिसर में प्रवेश नहीं कर सकती और न ही उसे करना चाहिए और हर समय न्यूनतम बल का प्रयोग करना चाहिए। जिन जिलों में यूनिवर्सिटी हैं वहाँ विवि के वीसी से मिलना डीएम के काम का अहम हिस्सा है। उनके साथ सौहार्दपूर्ण सम्बन्ध बनाए रखें। छात्र अशांति के पहले संकेत पर जिला प्रशासन को वीसी, डीन और रजिस्ट्रार को अपने स्तर पर इसे हल करने के लिए दबाव डालना चाहिए। उन्हें पर्याप्त सुरक्षा कवच देना प्रशासन की जिम्मेदारी है। डीएम को महत्त्वपूर्ण छात्र नेताओं के साथ भी नेटवर्क बनाना चाहिए ताकि अशान्ति के समय छात्र उनकी बात सुनें।

श्रमिक-उपद्रव

जिन शहरों में उद्योग अधिक संख्या में हैं वहाँ मजदूर उपद्रव कानून और व्यवस्था में एक बड़ी बाधा का कारण होते हैं। ज्यादातर उद्योगों में मजदूर और प्रबन्धन एक-दूसरे को विरोधी मानते हैं। हालाँकि भागीदारी प्रबन्धन और मानव संसाधन विकास की तकनीकों के आगमन से इस स्थिति में बदलाव आ रहा है पर अधिकांश इकाइयों में बरसों पुराना रवैया जारी है। टकराव की स्थिति में आम तौर पर सामूहिक समझौते टूट जाते हैं और घेराव, हिंसा, हड़ताल और तालाबन्दी की नौबत आ जाती है।

किसी भी उद्योग में कई मजदूर यूनियनें होती हैं। इससे यूनियनों में प्रतिद्वंद्विता पनपती है। इसके अलावा बाहरी राजनीतिक तत्त्व खुद को इन यूनियनों का अध्यक्ष और सचिव बना लेते हैं। ये नेता उद्योगों की गत्यात्मकता को समझ नहीं पाते और अपने राजनीतिक लाभ के लिए टकराव की स्थिति को बढ़ावा देते हैं। इसी सोच के चलते वे तनख्वाह, बोनस, ओवरटाइम, यूनिफार्म और यहाँ तक कि कर्मचारियों के निलम्बन को मुद्दा बनाते हैं। इसका तात्पर्य यह नहीं है कि यूनियनों की माँगें जायज नहीं होतीं पर उनकी समस्याओं का निपटारा बातचीत के जरिए किया जा सकता है। दोनों पक्षों की ओर से पूर्व निर्धारित रवैये के चलते कई बार हल ढूँढ़ने में मुश्किल आती है।

मजदूर यूनियनें जब हड़ताल करती हैं तो वे इस आशय के नोटिस की एक प्रति जिला प्रशासन को भी भेजती हैं। इसे सिर्फ श्रम कार्यालय में भेज दिया जाता है और प्रशासन इसमें कोई दखल नहीं करता। लेकिन अगर प्रबन्धन और मजदूर

अपनी समस्या का समाधान करने में असफल रहते हैं तो दोनों पक्ष जिला प्रशासन के हस्तक्षेप की माँग करते हैं। मजदूर यूनियनें चाहती हैं कि प्रशासन उनकी ओर से हस्तक्षेप करे। प्रबन्धन चाहता है कि पुलिस फैक्टरी के चारों ओर घेरा डालकर उसकी सुरक्षा करे। ऐसे में प्रशासन को समझौते की रणनीति अपनानी चाहिए। जिले में श्रम आयुक्त के प्रतिनिधि को शान्ति स्थापित करने का प्रयास करना चाहिए। फैक्टरी के चारों ओर पुलिस की उपस्थिति भी आवश्यक है ताकि जीवन और सम्पत्ति को कोई नुकसान न पहुँचे।

आम तौर पर बातचीत के जरिए हल निकल आता है लेकिन निलम्बित या नौकरी से निकाले गए श्रमिकों की वापसी जैसे मुद्दों पर गतिरोध उत्पन्न हो जाता है। जब हड़ताल लम्बे अरसे तक चलती रहती है और इससे औद्योगिक शान्ति को खतरा उत्पन्न हो जाता है तब प्रशासन का हस्तक्षेप जरूरी हो जाता है। ऐसे में त्रिपक्षीय बातचीत की जाती है और प्राय: समस्या का हल निकल आता है।

प्रबन्धन हमेशा मानता है कि जिला प्रशासन मजदूरों का पक्ष ले रहा है। सच्चाई यह है कि गतिरोध की स्थिति में समझौता एकमात्र हल रह जाता है। ऐसे में मजदूर वर्ग को प्राय: उससे अधिक फायदा मिल जाता है जितना प्रबन्धन देना चाहता है। उधर मजदूरों का आरोप यह रहता है कि प्रशासन प्रबन्धन की तरफदारी कर रहा है—वे पुलिस की उपस्थिति और भारतीय आचार संहिता की धारा 144 के तहत सभाओं पर रोक को प्रशासन के पक्षपात का हिस्सा मानते हैं। प्रशासन को इस कठिन परिस्थिति में निष्पक्षता से हल तलाशना होता है। यह कानून और व्यवस्था-सम्बन्धी ऐसी समस्या है जहाँ बातचीत पर काफी समय लगाना पड़ता है और यहाँ इस बात का ध्यान रखना चाहिए कि बातचीत का नतीजा गतिरोध न हो।

बल-प्रयोग तभी होना चाहिए जब मजदूर हिंसा करें। कोशिश यही की जानी चाहिए कि बल के प्रदर्शन मात्र से ही स्थिति नियंत्रण में आ जाए, लेकिन मजदूर यूनियनों में घुसे असामाजिक तत्त्वों की पहचान कर उनसे कड़ाई से पेश आना चाहिए। यह कदम अपने-आप में ही औद्योगिक शान्ति स्थापित करने के लिए पर्याप्त होगा।

प्रशासन को उत्पादकता के प्रभाव और आर्थिक विकास के विस्तृत आयाम को ध्यान में रखना होता है। दीर्घकालिक दृष्टि व उद्देश्य के समक्ष अल्पकालिक दृष्टिकोण को दरकिनार कर देना चाहिए।

अभी जिन बातों का जिक्र किया गया है वे कानून-व्यवस्था-सम्बन्धी उपद्रवों के मुख्य क्षेत्र हैं। फिर भी उत्तेजित लोगों का समूह जहाँ कहीं इकट्ठा होता है, कानून और व्यवस्था की समस्या वहाँ मौजूद रहती ही है। यह समस्या स्वत:स्फूर्त भी हो सकती है—किसी कत्ल की प्रतिक्रिया, ट्रक से कुचलकर किसी बच्चे की मृत्यु या फिर पुलिस हिरासत में किसी की मौत। ऐसे में सड़क पर भीड़ इकट्ठा हो जाती है और पथराव तथा आगजनी शुरू कर देती है। अकसर यह जान-बूझकर

और राजनीतिक मकसद से किया जाता है। एक समूह कुछ लोगों को जमा कर लेता है और उत्तेजक नारेबाजी शुरू कर देता है। इस तरह एक जुलूस बन जाता है। ऐसे मामले अकसर गुटों के संघर्ष का रूप ले लेते हैं।

रास्ता जाम करना, रेल पटरियों पर धरना देना और अधिकारियों का घेराव करना किसी भी जिले में विरोध के मुख्य तरीके हैं जिन्हें अकसर इस्तेमाल किया जाता है। इन हालात में प्रशासन को यह ध्यान रखना चाहिए कि आम नागरिक को कोई असुविधा न हो, साथ ही प्रशासन को लोगों की वाजिब शिकायतों को लेकर संवेदनशील भी रहना चाहिए।

एक सक्रिय, चौकस और संवेदनशील प्रशासन जो ईमानदारी, सख़्ती और निष्पक्षता के लिए भी समान हो, कानून-व्यवस्था से सम्बन्धित किसी भी समस्या का एकमात्र हल है।

आपराधिक प्रशासन

जिले में जिलाधिकारी का सीधा वास्ता कानून व प्रशासन से है पर जिले के आपराधिक प्रशासन का मुखिया भी वही है। हालाँकि यह सच है कि वह रोजमर्रा के आपराधिक जाँच-सम्बन्धी मामलों और थानों के कामकाज में शामिल नहीं होता है लेकिन वह सभी मामलों में लोगों के प्रति जवाबदेह होता है। कत्ल की कोई वारदात हो या फिरौती के लिए किसी का अपहरण, ऐसे मामलों पर जिलाधिकारी का घेराव आम बात है।

अपराध के बढ़ते आँकड़े जिला प्रशासन की प्रतिष्ठा में बट्टा लगा देते हैं। इससे बचने का एक जाँचा-परखा तरीका है—प्रभावी निरोधक कदम उठाना। हर थाने में हिस्ट्रीशीटर अपराधियों और असामाजिक तत्त्वों की फेहरिस्त रहती है, इसकी समीक्षा और संशोधन लगातार की जाती रहनी चाहिए। इलाके के थानाधिकारी को इन लोगों की गतिविधियों पर नजर रखनी चाहिए। यदि ऐसे लोग किसी शरारत की कोशिश करते हैं तो तुरन्त कार्रवाई की जानी चाहिए।

आपराधिक प्रक्रिया संहिता की धारा 107/116, 109, 110, 133 और 145 का यदि प्रभावी रूप से इस्तेमाल किया जाए तो अपराध पर निश्चित रूप से अंकुश लगाया जा सकता है। धारा 107/116 सबसे अचूक अस्त्रों में है पर समय के साथ इसकी धार कम होती जा रही है। इसकी खास वजह यह है कि मामले लम्बित पड़े रहते हैं और छह महीने बाद खुद-ब-खुद खारिज हो जाते हैं क्योंकि किसी की गिरफ्तारी तक भी हो नहीं पाती। इसलिए लोगों की नजरों में इस धारा की कोई अहमियत नहीं रह गई है। वास्तव में थाना इंचार्ज इतने में ही सन्तोष कर लेता है कि धारा 107/116 के तहत उसने 'अ' संख्या में मामले दर्ज किए हैं। इसके बाद वह कार्यकारी मजिस्ट्रेट की ओर से जारी नोटिसों तक को भी भिजवाने में रुचि नहीं लेता।

मेरी दृढ़ सोच यह है कि असरदार तरीके से इस्तेमाल किया जाए तो धारा 107/116 काफी प्रभावी उपाय है। सबसे पहली बात तो यह है कि थाना इंचार्ज से धारा 107/116 के तहत रिपोर्ट भेजने से पहले खुद को पूरी तरह से आश्वस्त कर लेना चाहिए। इस सूची में लोगों को अन्धाधुन्ध नहीं ठूँस लेना चाहिए। ऐसा देखा जाता है कि इस सूची में बूढ़े, बच्चे और शारीरिक रूप से विकलांग लोग भी शामिल होते हैं। नोटिस जारी करने से पहले कार्यकारी मजिस्ट्रेट से भी सन्तुष्टि कर लेनी चाहिए कि वह मामला सही है। कई बार थाना इंचार्ज रिपोर्ट सिर्फ इसलिए भी भेजते हैं कि एहतियाती कार्रवाई का ग्राफ बढ़ा-चढ़ाकर दिखा सकें। मजिस्ट्रेट को रिपोर्ट की विषयवस्तु को भली-भाँति जाँचना चाहिए। थाना इंचार्ज की ओर से भेजे गए हर मामले में नोटिस जारी करना न तो अनिवार्य है और न ही उपयुक्त।

एक बार नोटिस जारी हो जाने पर थाना इंचार्ज को चाहिए कि वह उसके क्रियान्वयन को सुनिश्चित करे। यह मेरा तजुर्बा रहा है कि ज्यादातर नोटिस तो बाँटे ही नहीं जाते हैं और कुछ भेजे भी जाते हैं तो काफी देर से। वितरण के बाद भी 90 फीसदी मामलों में पुलिस की ओर से कोई सबूत नहीं जुटाया जाता। नतीजतन छह महीने बाद केस खुद-ब-खुद खारिज हो जाता है। ऐसी हालत में एक शक्तिशाली कदम का प्रभाव काफी कम हो जाता है। पुलिस की भी एक वाजिब दिक्कत है। वह यह कि मामले बहुत अधिक होते हैं और सम्भव नहीं है कि हर मामले में एसओ और एसआई पेश हो। लेकिन इस समस्या का भी निपटान मुमकिन है बशर्ते कि कार्यकारी मजिस्ट्रेट हफ्ते में एक दिन किसी थाना-विशेष के लिए तय कर दे। तब एसओ के लिए यह सम्भव होगा कि वह उस दिन अदालत में पेश हो सके और अपने थाने से सम्बन्धित सभी मामलों में सबूत दर्ज करा सके। यदि ऐसा किया जाए और धारा 107/116 के तहत साठ फीसदी से अधिक लोगों को अमन की बहाली के लिए गिरफ्तार किया जाए तो यह धारा जिले में अपराध और कानून-व्यवस्था-सम्बन्धी अशान्ति पर सचमुच काबू पा सकती है।

अपराध दंडसंहिता की धारा 110 भी एक प्रभावी हथियार है। यह उन तत्त्वों के विरुद्ध इस्तेमाल की जाती है जो दोष-सिद्धि से बच जाते हैं और आदतन समस्या पैदा करते रहते हैं। इस धारा की मदद से ऐसे लोगों को गिरफ्तार किया जा सकता है और तगड़ी जमानत थोपी जा सकती है। इसके अलावा असामाजिक तत्त्वों के विरुद्ध 'गुंडा एक्ट' काफी असरदार है। इसके तहत असामाजिक तत्त्वों को एक साल तक जिला-बदर किया जा सकता है। यहाँ पर महत्त्वपूर्ण यह है कि पुलिस की रिपोर्ट इस कानून के प्रावधानों के अनुसार हो और पुलिस अपने सबूत समय पर पेश कर दे। अगर सिर्फ दो-चार ऐसे लोगों को जिला-बदर कर दिया जाए तो इसका असर व्यापक रूप में हितकारी होता है। कुछ ऐसे भी जिलाधिकारी हुए हैं जिन्होंने इस कानून का इस्तेमाल अपने जिले में अपराध रोकने के लिए किया है।

मौजूदा दौर के अपराधी ढीठ होते जा रहे हैं। उनके पास ढेरों सम्पर्क हैं और पैसे की ताकत भी। वे लोगों को इस हद तक आतंकित कर देते हैं कि उनके खिलाफ गवाही देने के लिए कोई आगे ही नहीं आता। वे समाज के लिए खतरा हैं और उन पर नियंत्रण का एकमात्र रास्ता 'राष्ट्रीय सुरक्षा कानून (एनएसए) और 'गैंगस्टर कानून' के जरिए ही निकलता है। एनएसए के तहत किसी मामले को कामयाबी तक पहुँचाने के लिए सभी जरूरी दस्तावेज उपलब्ध होने चाहिए और सभी आवश्यक निर्देशों का पालन होना चाहिए। एनएसए का प्रयोग किसी के खिलाफ करने से पहले जिलाधिकारी को मामले पर अच्छी तरह गौर कर लेना चाहिए। इस बारे में कुछ लोगों की दलील है कि देश के साधारण कानूनों में पर्याप्त प्रावधान हैं। उनका मानना है कि एनएसए जैसे कानून क्रूर हैं और इनका इस्तेमाल नहीं किया जाना चाहिए। पर सच्चाई यह है कि जब जिलाधिकारी या वरिष्ठ पुलिस अधीक्षक देखते हैं कि सबूतों के अभाव में सभी मामलों में बरी किया अपराधी खुला घूम रहा है और लोगों को आतंकित कर रहा है तब एनएसए के प्रावधानों का इस्तेमाल करने के अलावा और कोई उपाय नहीं बचता।

जिले में अपराध की स्थिति की समीक्षा हर तीन साल में अपराध-सम्बन्धी आँकड़ों के आधार पर होती है। आम तौर पर आँकड़ों में गिरावट आने पर मान लिया जाता है कि अपराध काबू में हैं लेकिन यह स्थिति अकसर भ्रामक हो सकती है। बेहतर आँकड़े दिखाने की कोशिश में थाना इंचार्ज प्राथमिक सूचना रिपोर्ट (एफआईआर) ही दर्ज नहीं करते। जिला प्रशासन को ऐसी प्रवृत्तियों को हतोत्साहित करना चाहिए। एफआईआर अवश्य दर्ज की जानी चाहिए। जिलाधिकारी को एफआईआर दर्ज न किए जाने की अनेक शिकायतें मिलती हैं, इन्हें गम्भीरता से लिया जाना चाहिए। जिलाधिकारी यदि प्रथमदृष्ट्या सन्तुष्ट हो तो उसे एफआईआर दर्ज करने का आदेश दे देना चाहिए या फिर इसके विकल्प के रूप में वह किसी वरिष्ठ अधिकारी को जाँच का निर्देश दे सकता है और उसे एफआईआर दर्ज कराने को कह सकता है। इस बात का भी ध्यान रखना चाहिए कि मामलों को दर्ज न करने की प्रवृत्ति अल्पसंख्यकों और दबे-कुचले तबके के हितों के विपरीत काम करती है।

इस सन्दर्भ में एक जिले का जिक्र प्रासंगिक है, जहाँ अपराध पर नियंत्रण पा लिया गया था, अपराधी भागते फिर रहे थे और कानून-व्यवस्था पर पूरी तरह प्रशासन का नियंत्रण था। लेकिन गुजरे साल के मुकाबले अपराध-सम्बन्धी आँकड़ों में बढ़ोत्तरी मामूली ही हुई थी। इसका कारण यह था कि जिलाधिकारी और वरिष्ठ पुलिस अधीक्षक ने एफआईआर दर्ज किए जाने पर विशेष जोर दिया था। कहने का अभिप्राय यह है कि लोगों में विश्वास जमाने और इंसाफ देने के लिए एफआईआर जरूर दर्ज की जानी चाहिए।

मेरा मानना है कि अपराध पर उस समय नियंत्रण हो जाता है जब लोग मानने लगते हैं कि पुलिस अपराधियों पर काबू पाने के लिए दृढ़प्रतिज्ञ है। जब कार्यभार किसी ऐसे प्रशासन के हाथ में आता है तब अपराधी या तो ठंडे पड़ जाते हैं या फिर जिला छोड़ देते हैं।

सबसे महत्त्वपूर्ण यह है कि बड़े अपराधियों, माफिया डॉन और दूसरी तरह से शक्तिशाली हुए लोगों के विरुद्ध कार्रवाई अवश्य की जाए। इससे प्रशासन को लोगों का जोरदार समर्थन मिलता है और जिले की कानून और व्यवस्था-सम्बन्धी स्थिति पर उनकी पकड़ मजबूत हो जाती है।

1991 में, मैं डीएम गाजियाबाद के पद पर तैनात था और मेरे पास एसएसपी के रूप में एक बहुत ही शानदार अधिकारी शैलजा कान्त मिश्रा थे। हमें मुख्यमंत्री कल्याण सिंह ने गाजियाबाद में माफिया के आतंक पर अंकुश लगाने और हाई प्रोफाइल अपराधियों के खिलाफ कार्रवाई करने का आदेश दिया था। गाजियाबाद, उस समय, जंगली पश्चिम के रूप में कुख्यात था जहाँ अपराध जीवन का तरीका था। हमने मजिस्ट्रेट और पुलिस के प्रयासों का समन्वय किया, आपराधिक प्रक्रिया अदालत की सभी निवारक धाराओं, हथियार अधिनियम और उत्पाद शुल्क अधिनियम जैसे विशेष अधिनियमों का उपयोग किया और गुंडा अधिनियम, गैंगस्टर अधिनियम और राष्ट्रीय सुरक्षा अधिनियम (एनएसए) का उदारतापूर्वक उपयोग किया। हमने सर्वश्रेष्ठ निरीक्षकों को थानों के एसओ के रूप में तैनात किया और टीम को नेतृत्व प्रदान किया। हमने एक अपराधी के साथ अपराधी जैसा व्यवहार किया, भले ही वह सत्तारूढ़ दल से जुड़ा हो। इसमें हमें मुख्यमंत्री का जबरदस्त सहयोग मिला। एक बार एक सांसद ने एसएसपी पर अपने द्वारा गिरफ्तार किए गए एक अपराधी को इस आधार पर रिहा करने के लिए दबाव डालना शुरू कर दिया कि वह व्यक्ति सत्तारूढ़ दल का एक महत्त्वपूर्ण पदाधिकारी था। एसएसपी और मैंने मिलकर मुख्यमंत्री को उनके अगले दिल्ली दौरे पर इस बारे में जानकारी दी। अगले ही दिन सीएम ने सांसद को हमारे सामने बुलाया और जमकर खरी-खोटी सुनाई। सांसद नाराज़ हो गए, माफ़ी माँगी और उसके बाद वस्तुतः दृश्य से गायब हो गए। स्वाभाविक रूप से, इस तरह के समर्थन से हमने अपराधियों पर कड़ी कार्रवाई की। कुछ बहुत प्रमुख माफिया नेता गिरफ्तारी से बच रहे थे। हमें उनकी सम्पत्ति की कुर्की के आदेश मिले और हमने इसे बेरहमी से अंजाम दिया। नतीजा यह हुआ कि अपराधी और माफिया गाजियाबाद जिला छोड़कर आसपास के राज्यों में चले गये। गाजियाबाद के निवासी शहर छोड़कर अपने घर लौट आए थे। सम्पत्ति की कीमतें बढ़ गईं। अचानक गाजियाबाद जिले में एक बार फिर से जीवन्त प्रगतिशील जिले की शुरुआत हो गई। यह उदाहरण दिखाता है कि एक डीएम और एसएसपी की टीम अपने पीछे राजनीतिक इच्छाशक्ति के साथ क्या कर सकती है। अगर वे

ऐसे लोगों की स्थिति, कनेक्शन या राजनीतिक सम्बद्धता पर विचार किए बिना अपराधियों के खिलाफ कार्रवाई करते हैं।

दरअसल, राजनीतिक हस्तक्षेप के कारण कानून-व्यवस्था को सबसे ज्यादा नुकसान होता है। यह प्रवृत्ति दुर्भाग्य से समय के साथ बढ़ी है और अक्सर सत्ताधारी दल के राजनेता पुलिस को अपनी निजी सेना मानते हैं जिसे उनके राजनीतिक प्रतिद्वंद्वियों के खिलाफ तैनात किया जाता है। मुझे याद है कि जब मैं डीएम इलाहाबाद था तब चुनाव हुए थे और एक नई राजनीतिक व्यवस्था सत्ता में आई थी। जल्द ही सत्तारूढ़ दल के एक बहुत शक्तिशाली मंत्री ने एसएसपी को अपने राजनीतिक प्रतिद्वन्द्वियों की एक सूची दी और उनसे एनएसए या गैंगस्टर एक्ट के तहत मामला दर्ज करने को कहा। एसएसपी इस बात से परेशान थे कि इन लोगों पर इन अधिनियमों का प्रावधान नहीं है। हमने संयुक्त मोर्चा बनाने का फैसला किया और मंत्रियों के निर्देशों का पालन नहीं किया। इसकी सजा मिली। अधिकांश जिलों में डीएम और एसएसपी को अब नियमित रूप से इस समस्या का सामना करना पड़ता है। कई लोग अपनी जिला पोस्टिंग बरकरार रखने के लिए कमर कस लेते हैं लेकिन इस प्रक्रिया में कानून और व्यवस्था पर उनकी पकड़ काफी कमजोर हो जाती है और अन्ततः समाज को नुकसान उठाना पड़ता है।

इन दिनों एक निंदनीय प्रवृत्ति दिखाई दे रही है कि डीएम या एसएसपी मौके पर कार्रवाई नहीं करते हैं और गृह मंत्रालय या यहाँ तक कि मुख्यमंत्री के कार्यालय से परामर्श नहीं करते हैं। यह विशेष रूप से तब किया जाता है जब कुछ जाति-आधारित पार्टियाँ सत्ता में होती हैं और अपराधी "सत्तारूढ़ जाति" से सम्बन्धित होता है। इससे जिला प्रशासन की बदनामी होती है क्योंकि नागरिकों द्वारा उन्हें तटस्थ या निष्पक्ष नहीं माना जाता है। साथ ही, यदि अपराधी 'सही' जाति के हों तो यह अपराधियों को खुली छूट देता है। यह प्रशासन के मूल सिद्धान्त के विरुद्ध है। मौके पर मौजूद व्यक्ति—डीएम या एसएसपी—स्थिति को जानता है और यह तय कर सकता है कि बल प्रयोग करना है या नहीं। हाल के दिनों में मुझे यह जानकर निराशा हुई कि कुछ जिलाधिकारी बल प्रयोग पर निर्णय लेने से पहले राज्य मुख्यालय से परामर्श करने की कोशिश कर रहे हैं। जब मैं मुख्य सचिव था तब ऐसे कई मामले मेरी जानकारी में आए और मैंने ऐसे अधिकारियों को फटकारा।

एक और महत्त्वपूर्ण उपाय है—एफआईआर में नामजद लोगों की तुरन्त गिरफ्तारी। आम तौर पर एफआईआर में नामजद अनेक लोगों की गिरफ्तारी कभी नहीं होती। इन सभी वांछित लोगों की गिरफ्तारी के लिए अभियान चलाया जा सकता है। इस बारे में एसओ को व्यक्तिगत तौर पर जिम्मेदार माना जाना चाहिए। इसके बड़े नतीजे निकल सकते हैं। एक ऐसे जिले का मामला मेरे ध्यान में आता है जहाँ कानून-व्यवस्था की हालत काफी बिगड़ी हुई थी। पुलिस के रिकॉर्ड में ग्यारह सौ

से ज्यादा वांछित लोग थे। दो महीने से अन्दर-अन्दर इनमें से नौ सौ को गिरफ्तार कर लिया गया। कानून और व्यवस्था की स्थिति पूरे तौर पर बदल गई।

कानून-व्यवस्था की स्थिति में सबसे महत्त्वपूर्ण भूमिका एसओ की होती है। वह अपने इलाके का सबसे शक्तिशाली व्यक्ति होता है। वह रिपोर्ट दर्ज करता है, लोगों को गिरफ्तार करता है, निरोधात्मक कार्रवाइयाँ करता है और इलाकों में गश्त लगाता है। एक थाना क्षेत्र की कानून और व्यवस्था उसके व्यक्तित्व पर निर्भर करती है। उसे अपने इलाके से सम्बन्धित सारी गुप्त सूचनाएँ मिलती हैं और अपराधियों की हरकतों के बारे में पूरी जानकारी भी रहती है; पर दु:ख की बात यह है कि उनमें से कई ऐसा नहीं कर पाते हैं क्योंकि उनके लिए अच्छा काम करने की बजाय दूसरे कई काम ज्यादा महत्त्वपूर्ण हो जाते हैं। उनके खिलाफ जनता की मुख्य शिकायत प्राय: भ्रष्टाचार की रहती है।

मगर जिला प्रशासन आराम से बैठकर एसओ को अपनी इच्छा और स्वार्थ के हिसाब से काम करने की छूट नहीं दे सकता। जिलाधिकारी और वरिष्ठ पुलिस अधीक्षक के लिए सबसे निर्णायक कार्य है—एसओ को काम करने के लिए प्रेरित करना। यह मुश्किल काम नहीं है। इसके लिए सबसे पहले शीर्ष स्तर पर ईमानदारी की जरूरत है। यदि शीर्ष प्रशासन भ्रष्ट है तो वह एसओ पर कभी नियंत्रण नहीं रख सकेगा। दूसरे, अगर कार्य भली-भाँति नहीं चल रहा है तो प्रशासन को सजा देने में पूरी कड़ाई बरतनी चाहिए।

एक सब-इंस्पेक्टर के कैरियर में सबसे महत्त्वपूर्ण पड़ाव थाने का चार्ज सँभालना होता है। उसके लिए इससे ज्यादा अपमानजनक कोई सजा नहीं हो सकती कि उसे लाइन (लाइन हाजिर) में भेज दिया जाए। मुझे यह बात कभी समझ में नहीं आई कि एसआई लाइन हाजिर होने को इतनी बड़ी सजा क्यों मानते हैं। पुलिस लाइन में माहौल अच्छा होता है, अफसर अपने परिवार के साथ वहाँ रह सकता है और उपयोगी काम भी कर सकता है। फिर भी ऐसी पोस्टिंग (तैनाती) के साथ अक्षमता और अधिकारों से अलग होने का लांछन जुड़ा रहता है। ऐसी स्थिति में एसओ को नियंत्रित करने के लिए यह कदम जिला प्रशासन के हाथों में एक हथियार है। एसओ के सामने उनका काम भली भाँति स्पष्ट कर दिया जाना चाहिए। इलाके में कानून-व्यवस्था और अपराध के लिए जिम्मेदारी एसओ की होनी चाहिए। यदि वे ऐसा नहीं कर पाते हैं तो उन्हें लाइन जाना ही होगा।

यदि इसका कड़ाई से पालन किया जाए तो यह सुनिश्चित हो सकता है कि श्रेष्ठतम व्यक्ति ही थाने का इंचार्ज रहे और बढ़िया नतीजे दे।

एसएचओ के पद पर बहुत अधिक राजनीतिक हस्तक्षेप की संभावना रहती है। सत्ताधारी दल के प्रतिनिधि और मंत्री अपनी पसन्द के अधिकारियों की तैनाती चाहते हैं और एसएसपी और डीएम पर काफी दबाव बनाते हैं। अक्सर सत्ताधारी

दल भी उम्मीद करते हैं कि कुछ खास जातियों के अधिकारी ही एसएचओ के पद पर तैनात किए जाएँ। यूपी में हालात ऐसे हो गए हैं कि जिले में कुछ SHO, SSP से भी ज्यादा ताकतवर होते हैं और उनका ट्रांसफर कराने की क्षमता रखते हैं। मैंने कई प्रतिभाशाली अधिकारियों को एक जिले में अपनी पोस्टिंग बरकरार रखने के लिए इन दुखद स्थितियों से जूझते देखा है।

एक बार जब मैं उत्तर प्रदेश के मुख्यमंत्री का सचिव था तो एक शक्तिशाली मंत्री एक थानेदार को अपने जिले से बाहर स्थानांतरित करने और उसकी जगह किसी विशेष व्यक्ति को नियुक्त करने के लिए मुख्यमंत्री से सम्पर्क करते रहे। मुख्यमंत्री ने उन्हें मेरे पास बुलाया और मंत्री मुझ पर दबाव बनाते रहे। आखिरकार, मैंने एक दिन उनसे पूछा कि एक SHO उनके लिए इतना महत्त्वपूर्ण कैसे है। मैंने उनसे कहा कि मैं डीएम और एसएसपी से बात करूँगा और वे उनके मुद्दों के प्रति उत्तरदायी होंगे। मंत्री ने मुझे स्पष्ट रूप से बताया कि उनका चुनाव एसएचओ पर निर्भर था। वर्तमान वाला उचित था और इसलिए उसके लिए कोई फायदा नहीं था। वह एक विशेष व्यक्ति को इसलिए चाहते थे क्योंकि तब यह SHO उनके राजनीतिक विरोधियों के खिलाफ कार्रवाई करेगा और उनके समर्थकों के खिलाफ कभी कार्रवाई नहीं करेगा। इससे उनकी छवि बनेगी और जिले तथा लोग उनकी अपार शक्ति को महसूस कर उनकी ओर आकर्षित होंगे। आखिरकार मैंने समझौता कर लिया।

वर्तमान एसएचओ का तबादला कर दिया गया लेकिन हमने मंत्री को वह स्थान नहीं दिया जो उन्होंने माँगा था। जिला प्रशासन ने उनके स्थान पर दूसरे ईमानदार अधिकारी की तैनाती कर दी। मंत्री नाराज़ थे लेकिन चुप रहे क्योंकि हमने मुख्यमंत्री को पर्याप्त जानकारी दे दी थी।

जिलाधिकारियों को इस राजनीतिक हस्तक्षेप को सँभालने के लिए अपनी चातुर्य और संचार कौशल का उपयोग करना होगा जो कानून और व्यवस्था को खराब कर सकता है। इसके अलावा यदि जिले के सभी अधिकारी इसी तरह का व्यवहार करें तो राजनेता हार मान लेंगे। वह तब सफल होता है जब एक डीएम उसे हर चीज में समायोजित करने को तैयार होता है, भले ही इससे प्रशासन खराब हो।

यह भी बात दीगर है कि एक सशक्त एवं प्रभावी एसओ अपने अधिकार क्षेत्र में अपराध पर अंकुश लगा सकता है और अपराधियों में ईश्वर का भय पैदा कर सकता है। लेकिन उन्हें डीएम और एसएसपी के समर्थन की जरूरत है। मुझे याद है कि जब मैं डीएम इलाहाबाद था तो वहाँ एक एसओ थे जो बिलकुल ईमानदार, बहुत मजबूत और कुशल थे। उनके अधिकार क्षेत्र में सत्तारूढ़ दल के प्रति निष्ठा रखने वाला एक बहुत प्रसिद्ध माफिया नेता था। इस एसओ ने माफिया सरगना के खिलाफ कार्रवाई करते हुए उसके और उसकी टीम के खिलाफ कई मुकदमे दर्ज कराए।

हालाँकि, माफिया ने अपने राजनीतिक सम्बन्धों और धनबल का इस्तेमाल कर उस क्षेत्र के डीआइजी और आइजी पर एसओ का तबादला कराने का दबाव बनाया। एसएसपी एक प्रतिभाशाली, चतुर अधिकारी थे, जिन्होंने नरम रुख अपनाने से इनकार कर दिया और अपनी परेशानी मेरे साथ साझा की। मैंने भी एसओ का समर्थन किया और हमने वरिष्ठ अधिकारियों के खिलाफ एकजुट होकर मोर्चा खोल दिया। हम एसओ को बचाने में सफल रहे और नतीजा यह हुआ कि माफिया सरगना की आपराधिक गतिविधियाँ कुछ वर्षों के लिए रुक गईं। हमारे कानूनों में पर्याप्त शक्तियाँ हैं और एसओ के पास अपराधियों को भगाने के लिए भी पर्याप्त शक्तियाँ हैं। डीएम और एसएसपी को ऐसे अधिकारियों को अपना पूरा समर्थन देना चाहिए।

किसी शहर, जिले या राज्य में कानून व्यवस्था या अपराध की स्थिति धारणा का विषय है। यह अपराध के आँकड़ों या डेटा का सवाल नहीं है। लोग ऐसा ही महसूस करते हैं। कानून का उल्लंघन, छोटे-मोटे अपराध, छेड़छाड़, महिलाओं से छेड़छाड़, दुकानदारों और व्यापारियों से जबरन वसूली की छोटी-छोटी घटनाएँ लोगों के मानस पर बहुत बड़ा नकारात्मक प्रभाव डालती हैं। दिनदहाड़े हत्या, सामूहिक बलात्कार, अपहरण जैसे सनसनीखेज अपराध के प्रतिकूल प्रभाव से इनकार नहीं किया जा सकता है, लेकिन जो प्रशासन कानून के छोटे उल्लंघन को नियंत्रित कर सकता है, वह अपराधियों के बीच धारणा के कारण बड़े अपराधों को रोक सकता है और नागरिकों को उनकी सुरक्षा के बारे में आश्वस्त कर सकता है। कानून और व्यवस्था का सबसे बड़ा संकेतक यह है कि क्या कोई महिला शाम को बिना किसी खतरे के अकेले बाहर निकल सकती है। यातायात और नगरपालिका कानूनों के खुलेआम उल्लंघन से पता चलता है कि लोग आम तौर पर कानून का पालन नहीं करते हैं जब तक कि उन्हें दंडात्मक कार्रवाई का डर न हो। मैंने देखा है कि भारत में लोग बेखौफ होकर लाल बत्ती पार कर जाते हैं, लेकिन वही व्यक्ति जब विदेश जाता है तो यातायात कानूनों का पालन करने में बेहद ईमानदार होता है। जिला प्रशासन को यह सुनिश्चित करना होगा कि जिलों में कानून का पालन करने वाली संस्कृति बनी रहे।

हाल के वर्षों में और विशेष रूप से निर्भया कांड के बाद महिलाओं के खिलाफ अपराध की घटनाओं में वृद्धि हुई है और बेहद सतर्क मीडिया के कारण ऐसे अपराध देश भर में हंगामा मचाते हैं। जिलाधिकारी और उनके एसएसपी को पूरी पुलिस को इसकी गम्भीरता के बारे में जागरूक करना होगा। त्वरित एफआईआर दर्ज कर तुरन्त जाँच शुरू की जाए और दोषियों को जल्द से जल्द गिरफ्तार किया जाए। पुलिस बल में महिलाओं के शामिल होने से मदद मिलेगी। महिलाओं के खिलाफ अपराध सबसे खतरनाक और निन्दनीय कृत्य है और जिला प्रशासन की अप्रभावी प्रतिक्रिया जिलाधिकारियों की छवि को हमेशा के लिए धूमिल कर सकती है।

कानून और व्यवस्था का ज्यादातर प्रभाव मनोवैज्ञानिक होता है। लोगों को सुरक्षा का अहसास होना चाहिए। आँकड़ों का कोई महत्त्व नहीं है। लोगों में सुरक्षा का अहसास पुलिस गश्त, पुलिस की त्वरित कार्रवाई और लोगों की नजरों में आए स्थानीय गुंडों के खिलाफ कार्रवाई के जरिए सुनिश्चित किया जाता है। बड़े शहरों में चेन खींचने, महिलाओं के साथ छेड़खानी और गुंडों द्वारा जबरन वसूली की घटनाएँ यदि बिना रोक-टोक के चलती रहती हैं तो लोग असुरक्षित महसूस करते हैं, फिर चाहे किसी दूसरे क्षेत्र में प्रशासन कितना ही अच्छा काम क्यों न कर ले। यदि इसके खिलाफ कड़ी कार्रवाई की जाती है तो लोग अपनी रोजमर्रा की जिन्दगी अमन से बिता सकते हैं। बाजार में, सड़कों पर और सार्वजनिक स्थानों पर गुंडागर्दी का शमन सख्ती से किया जाना चाहिए।

आपराधिक न्याय प्रणाली

कानून तोड़नेवालों को सजा दिए जाने पर कानून-व्यवस्था और अपराध-नियंत्रण निर्भर करता है। लेकिन जिलाधिकारी की हैसियत से जब आपराधिक मामलों की समीक्षा की जाती है तो यह स्पष्ट हो जाता है कि दोष साबित होने का प्रतिशत दस फीसदी से भी कम है। इस कारण अपराधी ढिठाई से पेश आने लगते हैं। उन्हें इस बात का पूरा यकीन होता है कि जुर्म करने के बाद वे साफ बरी हो जाएँगे।

इस सम्बन्ध में मुझे एक घटना याद आती है। एक प्रधान मेरे पास आया। उसका बेटा कत्ल के एक मामले में अभियुक्त था। मैंने सोचा कि वह मुझसे इसलिए मिलने आया है कि वह मुझे अपने बेटे के बेकसूर होने का यकीन दिला सके। लेकिन उलटे उसने यह कबूल किया कि उसके बेटे ने यह अपराध किया है। वह मुझसे दो चीजें चाहता था। एक तो पुलिस उसके बेटे को गिरफ्तार न करे और उसको कोर्ट में समर्पण की इजाजत दी जाए। प्रधान को डर था कि पुलिस उसके बेटे को पीटेगी। दूसरी वह चाहता था कि सरकार उसके बेटे की जमानत अर्जी का सख्ती से विरोध न करे। मुझे काफी हैरानी हुई। लेकिन मैंने मामले में आगे जाँच करने का फैसला किया। मैंने प्रधान से पूछा कि क्या आपको इस बात का डर नहीं है कि आपके बेटे को सारी जिन्दगी जेल में काटनी पड़ेगी? उसने सीधा-सा जवाब दिया, "मैं एक अच्छा वकील तय करूँगा और मामला सालों खिंचेगा और उसके बाद सबूत के अभाव में मेरे बेटे को रिहा कर दिया जाएगा।"

आज उस नजरिए को बड़े पैमाने पर स्वीकार कर लिया गया है। इस रवैये के चलते कानून तोड़नेवालों का डर खत्म हो गया है। ऐसा कहने का उद्देश्य हमारी आपराधिक न्याय प्रणाली की आलोचना करना नहीं है, वास्तव में यह प्रणाली तो न्यायशास्त्र के पश्चिमी कानूनों पर आधारित है जिसमें कहा गया है कि एक भी बेकसूर को सजा नहीं होनी चाहिए। सजा दिलाने के लिए सरकार को अपना मामला

बिना किसी शक-शुबहे के साबित करना होगा। यह प्रणाली व्यक्ति की स्वतंत्रता सुनिश्चित करती है। उसके मूलभूत अधिकारों की रक्षा करती है और वास्तव में प्रशंसनीय है। जो इस प्रणाली की आलोचना करते हैं, उन्हें एक ऐसी स्थिति की कल्पना करनी चाहिए जहाँ उनका कोई करीबी रिश्तेदार किसी गलत मामले में फँस गया हो और फिर निष्पक्ष तरीके से मुकदमा चलाए बिना उसे सजा दे दी गई हो। मुझे विश्वास है कि इसके बाद ऐसे आलोचक इस प्रणाली में निहित दर्शन से सहमत होंगे।

लेकिन इस बात से भी इनकार नहीं किया जा सकता है कि व्यवहार में व्यवस्था ऐसे एक मुकाम पर पहुँच गई है जहाँ अपराधियों पर कोई रोक-टोक नहीं है और कानून और व्यवस्था की स्थिति पर बुरा असर पड़ रहा है। जिला स्तर पर आपराधिक न्याय-प्रशासन से जुड़े तीन मुख्य तंत्र हैं—**जिला अदालत, पुलिस** और **जिलाधिकारी**। इनमें तालमेल के लिए 'निगरानी सेल' के जरिए एक श्रेष्ठ प्रक्रिया बनाई गई है। जिला जज इसका चेयरमैन है और जिलाधिकारी व पुलिस अधीक्षक इसके दूसरे सदस्य हैं। इस 'निगरानी सेल' की बैठक महीने में एक बार होनी चाहिए और मामलों पर गौर किया जाना चाहिए। यदि इन बैठकों का आयोजन सही तरीके से किया जाए तो बेहतर नतीजे सामने आ सकते हैं। अकसर न्यायपालिका और पुलिस एक-दूसरे पर कसूर थोपते रहते हैं लेकिन इन बैठकों का मूल मकसद खामियों को दूर करने के तरीके ढूँढ़ना होना चाहिए। इस मंच का इस्तेमाल प्रत्येक शाखा की समस्याओं को समझने में किया जाना चाहिए। पुलिस कहेगी कि किसी निश्चित दिन सरकारी गवाह आए, पर उनसे जिरह नहीं की गई। इसके जवाब में कहा जाएगा कि कई तारीखों पर सरकारी गवाह नहीं पेश हुए और इस तिथि पर भी देर से पहुँचे। नतीजतन सुनवाई स्थगित करनी पड़ी। चाहे जो कुछ भी हो, मुझे लगता है कि इन बैठकों के दौरान रोजमर्रा की कई समस्याएँ सामने आती हैं और बैठक के दौरान उनके हल भी मिल जाते हैं। 'निगरानी सेल' का यदि सही तरीके से इस्तेमाल किया जाए तो मामलों में यकीनन सुधार लाया जा सकता है।

मेरे अनुभव में, मैंने हमेशा मॉनिटरिंग सेल को एक मूल्यवान संस्थान पाया है। हर जिले में मैंने इसे एक अनौपचारिक मामला बनाया जहाँ हर पहलू पर खुलकर चर्चा हो सके। हम परिवारों के साथ या तो जिला न्यायाधीश या एसएसपी या डीएम के आवास पर रात्रिभोज के लिए मिलते थे। फिर चर्चा एजेंडे की कठोर सीमाओं से परे होती और तीनों मिलकर जिले की कानून-व्यवस्था और आपराधिक स्थिति पर स्वतंत्र और स्पष्ट चर्चा करते। बेहद उपयोगी जानकारी का आदान-प्रदान होता और तीनों घटके एक ही तरंगदैर्घ्य पर होते। वास्तव में, ये अनौपचारिक बैठकें और सामाजिक मेल-जोल अक्सर सद्भाव और टीम भावना पैदा करके किसी जिले के सबसे पेचीदा मामलों को हल कर देते हैं। हाल के समय में, मैंने जिला

न्यायपालिकाओं और कार्यकारी मजिस्ट्रेट और पुलिस बल के बीच तनाव और संघर्ष की घटनाएँ देखी हैं। यहाँ तक कि अक्सर ऐसे मामले सामने आते थे जहाँ सीजेएम (मुख्य न्यायिक मजिस्ट्रेट) या अतिरिक्त जिला न्यायाधीश ने डीएम और एसपी की टीम से जुड़े अधिकारियों के खिलाफ एफआईआर दर्ज करने का आदेश दिया था। इससे बहुत अधिक ख़राब माहौल पैदा होता है और जिले में कानून व्यवस्था की स्थिति पर प्रतिकूल प्रभाव पड़ता है। यदि डीएम डीजे के साथ उत्कृष्ट सम्बन्ध बनाए रख सकें तो ऐसी स्थिति नहीं आएगी। एक जिले में शामिल होने पर मैंने उसे आधिकारिक और सामाजिक रूप से डीजे को बुलाने के लिए नियुक्त किया। इससे सौहार्दपूर्ण सम्बन्ध सुनिश्चित करने में काफी मदद मिली।

सबसे महत्त्वपूर्ण बात यह है कि सरकारी मामला सही तरीके से रखा जाना चाहिए। इसकी निगरानी के लिए जिला स्तर पर प्रक्रिया मौजूद है पर उसको उपेक्षित किया जा रहा है। रिहाई के हर मामले में डिस्ट्रिक्ट गवर्नमेंट काउंसिल (डीजीसी क्रिमिनल) की ओर से एक रिपोर्ट दाखिल की जानी चाहिए जिसमें रिहाई के कारण दिए गए हों। इन कारणों का ध्यान से अध्ययन किया जाना चाहिए और उन्हें जिलाधिकारी के सामने पेश किया जाना चाहिए। अगर पुलिस अपनी ड्यूटी निबाहने में नाकाम रही है तो मामला एसएसपी के सामने उठाया जा सकता है। यदि केस ठीक से नहीं लड़ा गया तो 'स्टेट काउंसिल' को जिम्मेदार ठहराया जा सकता है। मगर मैंने पाया है, अधिकतर ज़िलों में ये रिपोर्टें आनी बन्द हो गई हैं और आती भी हैं तो कोई उनका विश्लेषण करने की तकलीफ नहीं उठाता।

यहाँ डीजीसी या एडीजीसी के पदों पर उचित व्यक्ति की नियुक्ति निर्णायक तत्त्व है। इनके चुनाव का एक सही तरीका है जिसके तहत इनकी कार्यकुशलता के बारे में एक रिपोर्ट जिला जज के पास ले जाई जाती है ताकि समग्रता में उनकी योग्यता का अन्दाजा लगाया जा सके।

यदि यह आकलन निष्पक्षता से किया जाए तो श्रेष्ठतम उम्मीदवार का चुनाव सुनिश्चित माना जा सकता है। पर दुर्भाग्य से डीजीसी के पद का कमोबेश पूरी तरह से राजनीतिकरण हो गया है। स्टेट काउंसिलें सत्ताधारी राज्य सरकार की इच्छा पर काम करती हैं। इस विकार को दुरुस्त करने की आवश्यकता है।

पुलिस तंत्र भी जाँच को अपेक्षाकृत कम अहमियत देता है। एसओ और उसका दल वीआईपी ड्यूटी में ही मशरूफ रहता है। किसी मामले की जाँच के लिए उनके पास समय बहुत कम रहता है। नतीजतन अरसे तक केस उन्हीं के पास पड़े रहते हैं। आम तौर पर न तो सही अभियुक्त को गिरफ्तार किया जाता है और न ही सही सबूत जुटाए जाते हैं। जब कोर्ट में एक बार केस शुरू हो जाता है तो अदालत में लाने और सबूत पेश करने को एसओ करीब-करीब एक बोझ की तरह मानता है। वास्तव में वह सरकारी गवाहों को नोटिस भेजने तक का कष्ट नहीं उठाता है।

इस समस्या से उबरने के लिए एक उपाय यह सुझाया गया है कि जिला स्तर पर ही नहीं, बल्कि थाने के स्तर पर भी जाँच की एक वैकल्पिक मशीनरी विकसित की जाए। मामलों की जाँच केवल इस मशीनरी के मार्फत हो और एसओ व उनके दल को वीआईपी ड्यूटी तथा कानून-व्यवस्था से निपटने के लिए मुक्त कर दिया जाए। सैद्धान्तिक रूप से यह सुझाव अच्छा है क्योंकि यह सुनिश्चित करता है कि जाँच को प्राथमिकता मिले और सरकारी केस सही तरीके से तैयार हो, पर यह महसूस किया गया है कि ऐसे किसी कदम का नतीजा सम्पूर्णता में लाभप्रद नहीं होगा। अगर एसओ अपराध की जाँच और लोगों की गिरफ्तारी में शामिल नहीं होगा तो उसके पद से जुड़ी ताकत कम हो जाएगी। तब वह इलाके की एक बड़ी ताकत नहीं रह पाएगा। इससे अपराध रोकने और कानून-व्यवस्था बनाए रखने की उसकी योग्यता में भी रुकावट आएगी। नतीजतन बरसों से चले आ रहे 'थाना' नाम की संस्था को धक्का लगेगा।

डीएम और एसपी को न केवल दर्ज की गई एफआईआर और की गई गिरफ्तारियों की संख्या का विश्लेषण करके थानों के प्रदर्शन की निगरानी करनी चाहिए, बल्कि उन्हें भरे गए आरोप पत्रों की संख्या या बन्द की गई जाँच और उस समय अवधि की भी निगरानी करनी चाहिए जिसके भीतर यह किया गया है। अभियोजन शाखा और जिला सरकारी वकील (आपराधिक) के साथ अदालतों में मामलों की स्थिति की भी निगरानी की जानी चाहिए।

इन हालात से निपटने का एकमात्र रास्ता यही लगता है कि थानों को मजबूत किया जाए। दूसरे अधिकारियों समेत एडीशनल सब-इंस्पेक्टर को भी अतिरिक्त अधिकार देने होंगे। एसओ के पास पूरा चार्ज होगा पर उसकी टीम पहले से बड़ी होगी। ऐसा होने पर वह एसआई को दूसरे कामों से हटाकर अपराध की जाँच में मुस्तैद कर सकेगा। वाहन, संचार और रिकॉर्ड-संग्रहण के मामलों में थानों में आधुनिक व बेहतर सुविधाएँ होनी चाहिए। अपराध के किसी मामले की बेहतर जाँच में कम्प्यूटर भी भारी मददगार साबित हो सकता है।

पुलिस हिरासत में मौत

पुलिस हिरासत में मौत बहस का बहुत ही प्रासंगिक मुद्दा है। यह अब तक की गई बहस का ही एक नतीजा है। यह बात मुझे हैरान किए रहती है कि आज के दौर में भी पुलिस अपराध की जाँच के लिए जो एकमात्र तरीका अख्तियार करती है वह है सन्दिग्ध लोगों और असामाजिक तत्त्वों की गिरफ्तारी और शारीरिक प्रताड़ना और यहाँ तक कि 'थर्ड डिग्री' तरीकों के बल पर उनसे अपराध कबूल कराना। जाँच की तकनीकों के इस्तेमाल के जरिए अपराध की पहचान, पड़ताल और गिरफ्तारी की किसी व्यवस्था का अनुसरण नहीं किया जाता। अपराध विज्ञान

के संस्थान केन्द्रीय स्तर पर और साथ-साथ राज्यों में भी स्थापित किए गए हैं। मेरा मानना है कि पुलिस के सभी अफसरों को विधि सम्बन्धी विज्ञान और जाँच की तकनीकों के बारे में विस्तृत प्रशिक्षण दिया जाना चाहिए। थाने और जिलों के ढाँचे का आधुनिकीकरण किया जाना जरूरी है। आवश्यक उपकरण, सहायक सामग्री और जाँच के लिए जरूरी अन्य चीजें उपलब्ध कराई जानी चाहिए। इसकी मदद से पुलिस स्टेशनों में अत्याचार की जगह तर्क को स्थापित करने में मदद मिलेगी।

मगर पुलिस स्टेशनों में अभियुक्तों और अपराधियों की पिटाई का एक और कारण भी है। जैसाकि हम पहले विचार कर चुके हैं, अपराध साबित होने की दर दस फीसदी से भी कम है। करीब-करीब अपराधी पक्के तौर पर मानकर चलता है कि उसका अपराध साबित नहीं हो पाएगा। इसका मतलब यह कि उसे जेल नहीं जाना पड़ेगा। ऐसे में कानून का कोई डर नहीं रह जाता और वह कोई निरोधक तंत्र भी नहीं बन पाता। अपराधी को केवल इस बात की चिन्ता रहती है कि पुलिस हिरासत में उसका क्या होगा। इसलिए आज के दौर में पुलिस स्टेशनों में पिटाई ही अपराध रोकने का एक बड़ा कारक है। जिस जिले में एसएसपी और उसकी टीम बड़े पैमाने पर यह कार्रवाई करती है वहाँ दुर्भाग्य से अपराध नियंत्रण में रहता है और आतंक का मनोविज्ञान काम करने लगता है।

पर अपराध नियंत्रण से इस प्रकार के कदमों को न्यायोचित नहीं ठहराया जा सकता है। इस अत्याचार को खतम करना ही होगा। हमें अपनी जाँच के तौर-तरीकों में सुधार करना होगा और यह सुनिश्चित करना होगा कि आपराधिक न्याय-प्रणाली इस तरह काम करे कि किसी निर्दोष को तकलीफ न उठानी पड़े।

इसके अतिरिक्त पुलिस-अत्याचार पुलिस हिरासत में मौत का कारण भी है। यह एक गम्भीर मामला है। यहाँ सवाल मानवाधिकारों के हनन का है और इससे कड़ाई के साथ निपटा जाना चाहिए। ऐसी कोई घटना होने पर जिलाधिकारी को तुरन्त एसओ के खिलाफ कत्ल के आरोप में एफआईआर दर्ज कराने की पहल करनी चाहिए और जिम्मेदार एसओ को गिरफ्तार कराना चाहिए। कई पुलिस अफसर इस कदम का विरोध करते हैं क्योंकि उन्हें लगता है कि इससे पुलिस बल का हौसला गिरेगा, पर यहाँ सवाल पुलिस में हौसले और मानवाधिकार के बीच चुनाव का है। वास्तव में यह प्रश्न बल के हौसले का भी नहीं है। हौसला बनाए रखने के लिए किसी भी बल को सिरफिरी बर्बरता की छूट नहीं दी जा सकती है। इसलिए पुलिस हिरासत में मौत के मामलों का कड़ाई से निपटारा होना चाहिए।

उसी तरह पुलिस को अपराधियों का एनकाउंटर करने की खुली छूट नहीं दी जानी चाहिए। कानून की उचित प्रक्रिया का पालन करना होगा। इसके अलावा मुठभेड़ की अनुमति देने से आप अक्सर उन्हें मुठभेड़ के लक्ष्य का पीछा करते हुए पाते हैं। अक्सर छोटे अपराधियों को ही गोली मार दी जाती है जबकि बड़ी

मछलियाँ बच जाती हैं। हालाँकि, जघन्य अपराधों में आप देखते हैं कि पुलिस द्वारा अपराधियों का सामना करने में अक्सर नागरिकों का बहुत बड़ा समर्थन मिलता है। अभी हाल ही में आंध्र प्रदेश में भयानक बलात्कार का मामला सामने आया था जहाँ पुलिस अधिकारी को कथित दोषियों का एनकाउंटर करना पड़ा था। पूरे देश और मीडिया ने उनकी सराहना की। हालाँकि, यह एक बहस का मुद्दा है और मुठभेड़ को एक अन्तिम हथियार के रूप में इस्तेमाल किया जाना चाहिए। असल में दोष आपराधिक न्याय प्रणाली का है जहाँ मामलों में अनावश्यक देरी होती है। हाल ही में निर्भया के बलात्कारियों को सात साल से अधिक समय तक चले मुकदमे के बाद फाँसी मिली, जिससे देश का धैर्य समाप्त हो गया था। कानूनी प्रणाली अपील और अधिकार को सुनने और कानूनी रूप से प्रतिनिधित्व करने की अनुमति देती है। ऐसा ही होना चाहिए, लेकिन जघन्य अपराधों में मामले को तेजी से ट्रैक किया जाना चाहिए, हाल ही में एक राज्य में एक बलात्कारी को अपराध के दो महीने के भीतर दोषी ठहराया गया था। त्वरित न्याय से आपराधिक न्याय प्रणाली में लोगों का विश्वास काफी बढ़ेगा।

पुलिस और दंडनायक गण (मैजिस्ट्रेसी) का सम्बन्ध

जिले का कार्यभार सँभालनेवाले अधिकारी के दिमाग में यह मुद्दा सबसे ऊपर रहता है। विशेष अर्थों में इसमें सबसे महत्त्वपूर्ण प्रश्न जिलाधिकारी और पुलिस अधीक्षक के सम्बन्ध से जुड़ा होता है। वास्तविकता यह है कि दोनों के सम्बन्ध बहुत अच्छे नहीं होते हैं। परेशानी की बात यह है कि पुलिस और मजिस्ट्रेसी के सभी स्तरों में धीरे-धीरे यह मतभेद फैल जाते हैं। इसके फलस्वरूप समन्वय और सहयोग का अभाव हो जाता है जिससे कानून और व्यवस्था से जुड़ी समस्याओं के सही निपटारे पर असर पड़ता है।

इसके अतिरिक्त इसके और भी दुष्प्रभाव हैं—जनता पर प्रतिकूल असर और अनैतिक तत्त्वों द्वारा इस स्थिति का फायदा उठाया जाना। वास्तव में जैसे ही कोई अधिकारी जिले का कार्यभार सँभालता है, यह तत्त्व जिलाधिकारी व पुलिस अधीक्षक के बीच झगड़े के बीज बोने की कोशिश शुरू कर देते हैं। ये लोग कहानियाँ बनाएँगे, स्थितियों और प्रतिक्रियाओं की गलत व्याख्या करेंगे और अधिकारी पर हावी होने की कोशिश करेंगे। यदि सम्बन्धित अधिकारी को बिना तथ्यों की जाँच किए प्रतिक्रिया करने की आदत है या वह कही गई हर बात पर यकीन कर लेता है तो गलतफहमी शुरू हो जाती है और जल्दी ही एक बड़े विवाद का रूप ले लेती है।

कुछ साल पहले एसपी की सालाना रिपोर्ट जिलाधिकारी लिखा करता था। जाहिर है, ऐसे में एसपी पर जिलाधिकारी का सहज ही नियंत्रण होता था और दोनों के सत्ता के समानांतर केन्द्रों के रूप में काम करने की सम्भावना कम थी। अब यह

व्यवस्था बदल दी गई है। अधिकतर जिलाधिकारी चाहते हैं कि उन्हें यह अधिकार वापस मिल जाए क्योंकि उन्हें लगता है कि वे अधिकार के बिना ही दायित्व की अवांछनीय स्थिति में फेंक दिए गए हैं। कानून के मुताबिक पुलिस आपराधिक प्रशासन का मुखिया होती है, जबकि कानून और व्यवस्था सम्बन्धी किसी भी गड़बड़ी के लिए सरकार जिलाधिकारी को पूरी तरह जिम्मेदार मानती है। हम आए दिन ऐसी कई स्थितियाँ देखते हैं जहाँ दंगा होने पर सबसे पहले जिलाधिकारी का तबादला किया जाता है। इसीलिए यह मत दिया जाता है कि जिलाधिकारी को एसपी पर वर्चस्व दिया जाना चाहिए।

जाहिर तौर पर इस मुद्दे पर मजिस्ट्रेसी और पुलिस की अपनी-अपनी सोच है। मैं खुद भी पूरी तरह इस मुद्दे पर पूर्वाग्रह से मुक्त होने का दावा नहीं कर सकता, क्योंकि मैं मजिस्ट्रेसी से सम्बन्ध रखता हूँ। पुलिस की दलील है कि जिलाधिकारी से उसकी शक्तियाँ छीन ली जाएँ क्योंकि पुलिस अपने बूते कानून-व्यवस्था चला सकती है। उनका मानना है कि वैसे भी ज्यादातर काम वे ही करते हैं। दूसरी ओर यह मत है कि हमें ऐसी व्यवस्था नहीं चाहिए जहाँ हम पुलिस को असीमित शक्ति दे सकते हों---हम पुलिस-राज की ओर नहीं बढ़ सकते और इसलिए कार्यकारी मजिस्ट्रेसी को शक्ति दी जाती है ताकि रोक रहे और सन्तुलन बना रहे।

इन मुद्दों का निर्णय एक स्वतंत्र इकाई को करना होता है, पर यहाँ जोर देनेवाली बात यह है कि कानून व व्यवस्था के संचालन में जो कमी आ रही है उसके उपाय तलाशने हैं!

जिलाधिकारी और एसपी के बीच अनबन आम तौर पर अहम के टकराव का नतीजा होती है। छोटे-छोटे मुद्दों पर रिश्ते खराब होने शुरू हो जाते हैं। यदि दोनों अधिकारियों के पास चीजों को देखने का विस्तृत दृष्टिकोण है तो टकराव से हमेशा बचा जा सकता है। इस सबकी शुरुआत पहले दिन से ही हो जाती है। जिले का कार्यभार सँभालने पर जिलाधिकारी उम्मीद करता है कि एसपी सरकारी तौर पर उससे मिलने आए और सामाजिक तौर पर घर पर मिलने पहुँचे। कई पुलिस अफसर ऐसा करने से बचते हैं और ज्यादा-से-ज्यादा बात फोन पर ही करते हैं। इससे तनाव पैदा होते हैं। खुद मुझे कोई कारण नजर नहीं आता कि जाकर मिलने के मुद्दे को मातहती के तौर पर देखा जाए। यह काम सौहार्दपूर्ण और दोस्ताना जज्बे से किया जा सकता है। एक अनूठे मामले में एसपी कई दिन तक जिलाधिकारी से मिलने नहीं गया। जिलाधिकारी ने वायरलेस पर घोषणा की कि वह एसपी से मिलने आ रहा है और वह चल पड़ा। जब तक भौंचक एसपी खुद को सँभाल पाता, जिलाधिकारी उसके दफ्तर पहुँच गया। इस तरह जिलाधिकारी ने एक नए तरीके से अपनी बात कह दी और उसके बाद दूसरे मुद्दों पर एसपी ने भी अपने अहम को दरकिनार कर दिया। स्थिति स्पष्ट है—जिला स्तर पर जिलाधिकारी प्रशासन का मुखिया है।

परम्परा है कि यदि जिला जज जिले में जिलाधिकारी से पहले हैं तो जिलाधिकारी जिला जज से मिलने जाएगा। जिले के दूसरे अफसर जिलाधिकारी से मिलने जाएँगे।

टकराव का दूसरा दौर जिलाधिकारी की स्टाफ मीटिंग से शुरू होता है। जिलाधिकारी उम्मीद करता है कि एसपी खुद मीटिंग में शामिल हो। एसपी हमेशा न आने का बहाना तलाश लेता है। वह अपना प्रतिनिधि भेज देता है। इस तरह के लोगों की कोई कमी नहीं है जो जिलाधिकारी के पास जाएँ और कह सकें, "एसपी तो आपकी बैठकों तक में नहीं आता, आपका पुलिस पर कोई नियंत्रण नहीं है।" जिलाधिकारी तत्काल दो तरह से प्रतिक्रिया करता है--या तो वह मीटिंग में एसपी के प्रतिनिधि पर चीखता है और उससे एसपी के न आने की कैफियत माँगता है या फिर वह एसपी को गुस्से-भरा पत्र भेजता है। अपनी ओर से एसपी भी अक्खड़ जवाब भेजता है और युद्ध का एलान हो जाता है।

वास्तविकता यह है कि जिलाधिकारी स्टाफ मीटिंग महीने में एक बार आयोजित की जाती है। इस मीटिंग में आपराधिक मामलों में बरी होने का प्रतिशत और कानून व व्यवस्था-सम्बन्धी कार्य, सरकारी काउंसिल के कामकाज, मामलों में बरी होने का प्रतिशत और कानून व व्यवस्था-सम्बन्धी मुद्दों पर बहस की जाती है। मीटिंग की तिथि आम तौर पर तय होती है। इसलिए एसपी के लिए समय निकालकर मीटिंग में आना मुश्किल नहीं है। ये बैठकें एसपी को मैजिस्ट्रेसी-सम्बन्धी समस्याओं के करीब लाती हैं और पुलिस बल के बेहतर प्रबन्धन में उसकी मदद करती हैं। अपनी ओर से जिलाधिकारी को इतना अवश्य करना चाहिए कि वह पुलिस से जुड़े मुद्दों पर मीटिंग में पहले बहस कर ले और फिर एसपी को जाने दे। उसे एसपी को बेकार में बैठाए नहीं रखना चाहिए, जबकि वह खुद राजस्व अदालत-सम्बन्धी आँकड़ों को जाँच रहा हो।

ऐसे भी मौके हो सकते हैं जब एसपी सचमुच व्यस्त हो। ऐसे में वह केवल एक अदद फोन कर जिलाधिकारी को सूचित कर सकता है और जिलाधिकारी को भी शालीनता से यह बात मान लेनी चाहिए। साथ ही बैठक के लिए एसपी को अपने से तुरन्त कनिष्ठ को मीटिंग में भेजना चाहिए। कई बार एसपी अपने से काफी कनिष्ठ अधिकारी को मीटिंग में भेज देता है। इससे जाहिरा तौर पर जिलाधिकारी खुद को अपमानित महसूस करता है। सुचारु रूप से कार्य चलाने के लिए यह आवश्यक है कि इतने वरिष्ठ अधिकारी को बैठक में भेजा जाए जो इसमें अपना योगदान दे सके।

यह बात जिलाधिकारी की किसी भी बैठक पर लागू होती है। लेकिन जिलाधिकारी को फोन पर वरिष्ठ पुलिस अधीक्षक से बात कर बैठक की तारीख आम सहमति से तय कर लेनी चाहिए। वास्तव में अगर दोनों के बीच सम्पर्क का रास्ता खुला है तो टकराव की आशंका कम हो जाती है। लिखित की तुलना में मौखिक संवाद पर ज्यादा जोर रहना चाहिए। पत्र व्यवहार हमेशा रिश्तों में जटिलता को बढ़ाता ही है।

वास्तव में, मैंने कानून-व्यवस्था पर एक अलग बैठक करने की एक प्रणाली तैयार की, जिसमें केवल डीएम और एसपी और उनकी टीम मौजूद थी। जिस बैठक में बाकी सभी अधिकारी मौजूद हों, वहाँ एसएसपी को बुलाने की जरूरत नहीं है। इसके अलावा कानून-व्यवस्था और अपराध नियंत्रण में भी कई गोपनीय मुद्दे हैं, जिन पर खुलकर चर्चा नहीं की जा सकती। इसके अलावा, एक अलग बैठक सभी मुद्दों पर विस्तार से चर्चा करने का अवसर देती है और कार्यकारी मजिस्ट्रेट और पुलिस के बीच मित्रता की भावना पैदा करने में भी मदद करती है।

अगली बड़ी तनातनी एसओ की तैनाती और तबादले से शुरू होती है। पुलिस-कानून में प्रावधान है कि इसके लिए जिलाधिकारी की मंजूरी ली जानी चाहिए। अकसर देखा गया है कि एसपी यह पसन्द नहीं करता। उसे लगता है कि वह बल का मुखिया है और तैनाती और तबादले करना उसका विशेषाधिकार होना चाहिए। जिलाधिकारी पुलिस कानून के प्रावधानों का हवाला देता है और जब उससे विचार-विमर्श नहीं किया जाता है तो खुद को अपमानित महसूस करता है। ऐसी स्थिति भी देखी गई है जहाँ एसपी आदेश जारी कर देता है और जिलाधिकारी को यह जानकारी प्रेस के जरिए मिलती है। बदले में जिलाधिकारी पत्र जारी कर देता है जिसमें प्रायः यह माँग की जाती है कि एसपी के आदेश को रद्द कर दिया जाए, और इस तरह मामला हाथ से निकल जाता है।

कुछ एसपी आदेश पारित कर देते हैं और उसकी एक प्रति (मूल प्रति नहीं) जिलाधिकारी के पास भेज देते हैं। इस प्रति में लिखा रहता है—'यह आदेश जिलाधिकारी की सहमति से जारी किए गए हैं।' कुछेक एसपी तो ऐसा भी नहीं करते। तकरीबन कोई भी एसपी लिखित में जिलाधिकारी की सहमति नहीं लेता है।

लेकिन हकीकत तो यह है कि पुलिस-एक्ट में एसओ की पोस्टिंग में जिलाधिकारी की सहमति का प्रावधान है। एसपी को इसे प्रतिष्ठा का प्रश्न नहीं बना लेना चाहिए। यह सच हो सकता है कि एसओ के रोजमर्रा के कामकाज का निरीक्षण एसपी ही करता है पर जिलाधिकारी को यह औज़ार दिया गया है ताकि आपराधिक प्रशासन के मुखिया के नाते वह अपनी ड्यूटी पूरी कर सके। एसओ वह धुरी है जिसके चारों ओर पूरा आपराधिक प्रशासन घूमता है। यदि जिलाधिकारी का एसओ पर कोई नियंत्रण नहीं है तो वह कानून और व्यवस्था सुनिश्चित नहीं कर सकता।

अधिकतर अनुभवी और परिपक्व एसपी इस मामले को सुलझाने का काफी साफ-सुथरा तरीका अख्तियार करते हैं। वे जिलाधिकारी के साथ फोन पर व्यक्तिगत रूप से मिलकर बात करते हैं और उसे थानेदारों के प्रस्तावित तबादलों के बारे में बताते हैं। आम तौर पर जिलाधिकारी एसपी के प्रस्तावों से सहमत होता है। इसके बाद आदेश पारित कर दिया जाता है और आदेश में यह लिखा रहता है कि इसे जिलाधिकारी की पूर्व सहमति से जारी किया जा रहा है। मुझे काफी तजुर्बेदार एसपी

ने बताया था कि उन्हें अभी तक ऐसा एक भी जिलाधिकारी नहीं मिला जो उनके प्रस्तावों से असहमत हुआ हो।

जिलाधिकारी और एसपी के बीच टकराव बचकानी और अपरिपक्व बातों को लेकर होता है। यह महिला क्लब से शुरू हो सकता है या कौन पहले फोन करे, किसकी कार आगे जाती है या फिर किसी मीटिंग में एसपी की कुर्सी कहाँ रखी हुई है। अगर जिलाधिकारी यह मानकर चलता है कि एसपी उसकी बात नहीं सुनेगा और वाजिब इज्जत नहीं देगा तो वह वहम का शिकार हो जाता है और एसपी की हर गतिविधि को नकारात्मक तरीके से लेता है। इससे बचने के लिए विस्तृत सोच व खुले दिमाग का होना चाहिए। सामाजिक व आधिकारिक संवाद खुला और लगातार होना चाहिए। इससे टीम भावना बनाने में मदद मिलती है।

पुलिस फोर्स आज भी जिलाधिकारी की बात सुनती है और उसकी इज्जत करती है। लेकिन एसडीएम और दूसरे मजिस्ट्रेटों के लिए समस्या कहीं अधिक उलझी हुई है। स्थानीय एसओ एसडीएम से मिलने तक नहीं जाता। इस समस्या का मूल अपराध प्रक्रिया संहिता (सीपीसी) में सन् 1973 में किए गए संशोधन में है जिसके तहत विशेष कानूनों, जैसे—जुआ कानून, आबकारी कानून, आर्म्स एक्ट के तहत मुकदमा चलाने का अधिकार कार्यकारी मजिस्ट्रेटों से छीनकर ज्यूडीशियल मजिस्ट्रेटों को दे दिया गया। इसमें कानून व व्यवस्था-सम्बन्धी जिम्मेदारियों के अलावा एसओ का एसडीएम से कम ही वास्ता पड़ता है। मैं शिद्दत से इस बात को महसूस करता हूँ कि इस मुद्दे को बहस के जरिए सुलझाने की आवश्यकता है। विशेष कानून कार्यकारी मजिस्ट्रेटों को लौटा दिए जाने चाहिए।

लेकिन आज भी एसडीएम अपने इलाके में प्रभावी बने रहने के लिए उपलब्ध शक्तियों का इस्तेमाल कर सकता है। एसडीएम के लिए यह अनिवार्य नहीं है कि वह धारा 107/116 के तहत रिपोर्ट किए गए हर मामले में रिपोर्ट जारी करे। यह उसकी संतुष्टि पर निर्भर करता है और यदि वह आश्वस्त नहीं है तो रिपोर्ट वह एसओ को वापस भेज सकता है। एसडीएम को हर थाने के लिए तिथि भी नियत कर लेनी चाहिए और पुलिस के सबूत पर जोर देना चाहिए। निश्चित तौर पर थाना-विशेष से सप्ताह में एक दिन तो कोई आ ही सकता है। यदि कोई सबूत न मिले तो एसडीएम को कार्रवाई खारिज करने की भी छूट है। इसके तहत आनेवाले थानों पर एसडीएम का नियंत्रण हो जाता है। वह केवल एक 'रबर स्टैंप' बनकर रहने के लिए नहीं है।

एसडीएम से यह अपेक्षा की जाती है कि अपने अधिकार-क्षेत्र के तहत आनेवाले थानों का मुआयना करे। आम तौर पर यह काम अनियमितता से किया जाता है। एसडीएम के लिए उचित यही होगा कि वह थानों का अच्छी तरह निरीक्षण करे। इससे वह पुलिस पर अपनी पकड़ बनाए रख पाएगा।

लेकिन पारस्परिक समन्वय हर समस्या का समाधान होता है। अगर जिलाधिकारी और एसपी की नहीं बन रही है तो इस बात से निचले स्तर के कर्मचारी भी वाकिफ हो जाते हैं। नतीजतन किसी भी स्तर पर कोई समन्वय नहीं रह पाता। यह व्यवस्था आज जिस स्थिति से गुजर रही है उसमें जिलाधिकारी व एसपी की ओर से परिपक्व नजरिए की आवश्यकता है। उन्हें यह अहसास होना चाहिए कि यदि वे एक-दूसरे का सम्मान करें और एक-दूसरे के पूरक हों तभी कानून और व्यवस्था का प्रभावी प्रशासन सम्भव है। इसके लिए अहं की पोटली को सन्दूक में बन्द कर देना होगा।

जिलाधिकारी और एसपी की ओर से भाईचारे का अतिरिक्त प्रदर्शन दोनों के लिए लाभप्रद होगा। इसका बहुत अच्छा असर पड़ता है। जिलाधिकारी और एसपी को इस बात पर जोर देना चाहिए कि सभी मजिस्ट्रेट और पुलिस अधिकारी एक-दूसरे का सम्मान करें और एक-दूसरे के पूरक हों। एसडीएम और एडिशनल एसपी, एसडीएम और सीओ यदि साथ रहते हों तो उनका आपस में निकट का सम्बन्ध स्थापित होगा। जिलाधिकारी और एसपी तब यह सन्देश दे पाएँगे कि कानून और व्यवस्था मिली-जुली जिम्मेदारी है।

मैंने यह पाया है कि सभी पुलिस अफसरों और मजिस्ट्रेटों की महीने में एक सरकारी मीटिंग कराने से समन्वय में मदद मिलती है। इसके अलावा सामाजिक आयोजन लोगों को जोड़ने में काफी अहम भूमिका निभाते हैं।

पुलिस के साथ सम्बन्ध का मुद्दा जिलाधिकारी के काम के सबसे महत्त्वपूर्ण पक्षों में है। वह नेता है और यदि समन्वय का अभाव है तो जनता के बीच जिलाधिकारी की बदनामी होगी और सरकार भी उसे अक्षम समझती है। लोगों की आकांक्षाओं और अधिकारों तथा पुलिस बल के मनोबल के बीच हर समय एक नाजुक-सा सन्तुलन बनाए रखना होता है। जिलाधिकारी को एकदम सही-सही मात्रा में अपनी बात पर जोर देना चाहिए—यदि वह बिलकुल जोर नहीं देता तो पुलिस पर कोई रोक-टोक नहीं रहेगी और वह प्रशासन के हर पहलू पर हावी होने की कोशिश करने लगेगी। यदि जिलाधिकारी ज्यादा जोर देता है तो अनबन की स्थिति खड़ी हो सकती है। आज के दौर की व्यवस्था में जिलाधिकारी की ओर से अच्छे सन्तुलन की काफी आवश्यकता है। उसके व्यक्तित्व पर और उसके प्रतिपक्ष के रवैये पर काफी कुछ निर्भर करता है।

मैं बाबरी मस्जिद के विध्वंस के बाद 6 दिसम्बर, 1992 के अपने अनुभव को बताना चाहूँगा कि अगर मजिस्ट्रेट और पुलिस मिलकर काम करें तो कानून और व्यवस्था को सँभालना कितना प्रभावी हो सकता है। मैं डीएम आगरा के रूप में तैनात था और अरविंद जैन के रूप में मेरे पास एक बहुत ही सक्षम एसएसपी थे। उस मनहूस दिन दोपहर के करीब बाबरी मस्जिद गिराए जाने की ख़बरें आने लगीं और कुछ ही घंटों के भीतर यह काम पूरा हो गया। आगरा एक बेहद संवेदनशील

जिला था जहाँ कुछ साल पहले ही भीषण साम्प्रदायिक दंगे हुए थे। दोनों समुदायों में शरारती नेता थे जो अपने समुदाय को संगठित कर हिंसा पैदा कर सकते थे। मैंने तुरंत अपने एसएसपी से संपर्क किया और हमने शहर में गश्त शुरू कर दी। लोग जगह-जगह जमा हो रहे थे और हम उनका मूड जानने और शांति की अपील करने के लिए उनसे बात करने के लिए रुके। हमने प्रभावशाली नेताओं की एक बैठक बुलाई और उनसे शान्ति बनाए रखने के लिए समुदायों के भीतर जाने को कहा। दोनों समुदायों के सदस्यों वाली शांति समितियाँ तुरन्त सक्रिय हो गईं। सभी संवेदनशील स्थानों पर पुलिस की तैनाती की गई। गश्त के लिए कार्यकारी मजिस्ट्रेट और उनके पुलिस समकक्षों की टीमें बनाई गईं। हमने स्थानीय प्रांतीय सशस्त्र कांस्टेबुलरी बटालियन से बल बुलाया और बल का प्रदर्शन करने के लिए उन्हें शहर के चारों ओर घुमाया। यह गश्त आधी रात तक चलती रही और हमने कर्फ्यू नहीं लगाने और अगले दिन का इन्तजार करने का फैसला किया। हालाँकि, मुझे रात में एक प्रतिक्रिया मिली कि अल्पसंख्यकों में जबरदस्त आक्रोश है और कभी भी कोई बड़ी घटना हो सकती है। रात करीब एक बजे हमने आगरा के नौ थाना क्षेत्रों में कर्फ्यू लगाने का फैसला किया। रात में व्यवस्था की गई। पुलिस बल की तैनाती की रूपरेखा तैयार की गई और उन्हें विस्तृत जानकारी दी गई। रात में ही दोनों समुदाय के उपद्रवियों को प्रतिबन्धात्मक धाराओं के तहत गिरफ्तार कर लिया गया। हमारे प्रयासों से लाभ हुआ क्योंकि अगले दिन आसपास के जिलों में हिंसा भड़कने के कारण आगरा शांति का नखलिस्तान बना रहा।

मेरे एसएसपी और मैंने यह देखने के लिए मिलकर काम किया कि पुलिस बल कर्फ्यू लागू करने के लिए अनावश्यक बल का सहारा न ले। साथ ही मैंने अपने अधिकारियों की पूरी टीम के साथ मिलकर लोगों को दूध, आवश्यक वस्तुओं और दवाओं की आपूर्ति सुनिश्चित करने की एक प्रणाली बनाई। बीमारों को अस्पतालों तक ले जाया गया या डॉक्टर उनके घरों में उनसे मिलने गए। इन उपायों से आम नागरिकों के बीच आपसी विश्वास का माहौल बना और हमें मीडिया के साथ-साथ उनका भी समर्थन मिला। शान्ति का माहौल बनाया गया जो तब भी भंग नहीं हुआ जब श्री आडवाणी, श्री जोशी, उमा भारती और अन्य सभी शीर्ष राजनीतिक नेताओं को आगरा जेल भेज दिया गया। उस समय आगरा में इन लोगों की उपस्थिति एक सम्भावित विस्फोटक स्थिति थी लेकिन हम शांति बनाए रखने में सक्षम थे क्योंकि लोगों को प्रशासन की निष्पक्षता और तटस्थता पर विश्वास था। स्थिति का यह सफल प्रबन्धन केवल इसलिए सम्भव हो सका क्योंकि डीएम और एसएसपी और उनकी पूरी टीम ने एकजुट होकर स्थिति को नियंत्रित करने का काम किया। मेरा विचार बिल्कुल स्पष्ट है कि अगर डीएम और एसपी आपसी समन्वय से काम करें तो ऐसी कोई स्थिति नहीं है, जिससे वे निपट नहीं सकते।

हाल ही में यूपी में लखनऊ और नोएडा में पुलिस कमिश्नर प्रणाली लागू की गई है। भारत के कई बड़े शहरों में यह व्यवस्था है। आईएएस अधिकारी आम तौर पर इस कदम का विरोध करते हैं जबकि आईपीएस अधिकारी इसका समर्थन करते हैं। आईपीएस इसे अपनी शक्तियों को कमजोर करने के रूप में देखते हैं जबकि आईएएस इसे उन्हें और अधिक शक्तिशाली बनाने के रूप में देखते हैं। यह पुलिस को कई वरिष्ठ और शक्तिशाली पद देता है लेकिन इसमें कोई संदेह नहीं है कि यह जिला मजिस्ट्रेट के संस्थानों के अधिकार को बहुत कम कर देता है। मेरा मानना है कि इसे आईएएस या आईपीएस अधिकारियों के रंगीन चश्मे से देखने के बजाय नागरिकों के दृष्टिकोण से इसकी जाँच की जानी चाहिए। वैसे भी, अपराध के पहलू पर लगभग विशेष रूप से पुलिस द्वारा ध्यान दिया जाता है। कानून व्यवस्था के मामले में ही डीएम सामने आते हैं। पुलिस आयुक्त प्रणाली के समर्थकों का तर्क है कि यह पुलिस को एक समान एकीकृत कमान देता है जो उन्हें कानून और व्यवस्था को बेहतर ढंग से सँभालने में सक्षम बनाएगा। यह तर्क, मेरी राय में, भ्रामक है क्योंकि ऐसा अवसर दुर्लभ होता है जब कोई डीएम कर्फ्यू लगाने या बल प्रयोग का आदेश देने या एसएसपी की सिफारिश पर निवारक धाराओं के तहत कार्रवाई करने की अनुमति नहीं देता है। अगर डीएम और एसएसपी के बीच सम्बन्ध अच्छे हों तो कभी कोई समस्या नहीं होती। इसके अलावा, डीएम की संस्था नियंत्रण और संतुलन की एक प्रणाली स्थापित करती है जो लोकतंत्र में आवश्यक है। यदि नागरिक पुलिस कार्रवाई से नाखुश है तो उसके पास वैकल्पिक उपाय होना चाहिए। इसके अलावा, एक नागरिक किसी समस्या को लेकर पुलिस के बजाय डीएम और मजिस्ट्रेट के पास जाने में अधिक सहज होता है क्योंकि पुलिस की मानसिकता बल उन्मुख होती है। बाहरी देशों का उदाहरण दिया गया है लेकिन यह पूरी तरह ठीक नहीं बैठता क्योंकि इन देशों में डीएम की संस्थाओं का कोई समानान्तर नहीं है। इसके अलावा, न्यूयॉर्क या लन्दन जैसे शहरों में भी पुलिस आयुक्त मेयर के नागरिक नियंत्रण में काम करता है।

मुझे लगता है कि इस मामले में अलग-अलग विचार होंगे। मैं बड़े शहरी कस्बों में पुलिस व्यवस्था के स्तर को उन्नत करने के पक्ष में हूँ। वरिष्ठ रैंक के पुलिस आयुक्त हों और अधिक पुलिस अधिकारी तैनात हों। एक बड़े शहर को अर्ध-शहरी जिला मुख्यालय से बहुत अलग तरीके से सँभालने की जरूरत है। पुलिस बल को बेहतर ढंग से सुसज्जित, आधुनिकीकरण, अधिक वाहन और उपकरण तथा बेहतर रहने और काम करने की स्थिति प्रदान करने की आवश्यकता है। हालाँकि, डीएम की संस्था को कानून और व्यवस्था के मामलों में अपनी बात जारी रखने की अनुमति दी जानी चाहिए। ऐसा डीएम और मजिस्ट्रेट को उत्पाद अधिनियम, मनोरंजन अधिनियम, हथियार अधिनियम, गुंडा अधिनियम, गैंगस्टर अधिनियम और

राष्ट्रीय सुरक्षा अधिनियम जैसे विभिन्न अधिनियमों के तहत अपनी शक्तियों को जारी रखने की अनुमति देकर किया जा सकता है। नागरिकों को बेहतर अपराध नियंत्रण, कानून व्यवस्था एवं सुरक्षा मिलनी चाहिए। इसे एक सेवा बनाम दूसरी सेवा का मुद्दा बनाने के बजाय नीति निर्माताओं के दिमाग में उनका हित सर्वोपरि होना चाहिए।

यूपी जैसे राज्यों में पुलिसिंग के स्तर में निश्चित रूप से काफी सुधार की जरूरत है। सबसे पहले कांस्टेबल और सब-इंस्पेक्टर के स्वीकृत पदों को निष्पक्ष और पारदर्शी तरीके से भरा जाना चाहिए। हमारी पुलिस हमेशा कर्मियों की गम्भीर कमी से जूझती है और भारत में पुलिस और जनसंख्या का अनुपात बहुत निचले स्तर पर है। इसके अलावा वीआईपी (मंत्रियों और महत्त्वपूर्ण राजनीतिक पदाधिकारियों) को गनर, छाया, एस्कॉर्ट और प्रतिभूतियाँ प्रदान करने की संस्कृति ने समस्या को और भी जटिल बना दिया है। इन कर्तव्यों में पुलिस बल का बहुत सारा हिस्सा बर्बाद हो जाता है जो मुख्य रूप से वीआईपी लोगों के अहंकार को पूरा करता है और इसे स्टेटस सिम्बल के रूप में लिया जाता है। अधिक से अधिक पुलिस कर्मियों को सक्रिय ड्यूटी पर तैनात किया जाए। एक और बात जो मैंने देखी है कि कुछ समय तक वीआईपी के साथ रहने के बाद पुलिस अधिकारी अपनी पुलिसिंग प्रवृत्ति खो देते हैं और अक्सर आलसी और भ्रष्ट हो जाते हैं।

पुलिस पर अक्सर लोगों के साथ अभद्र व्यवहार करने और डराने-धमकाने का आरोप लगाया जाता है, जिसके परिणामस्वरूप नागरिक पुलिस स्टेशन जाने से डरते हैं। इसका समाधान पुलिस बल के उचित प्रशिक्षण से किया जा सकता है। वर्तमान में, नए रंगरूटों को अक्सर कमी के कारण बिना किसी प्रशिक्षण के सीधे क्षेत्र में भेज दिया जाता है, स्वाभाविक रूप से, उनके व्यवहार और प्रदर्शन में बहुत सारी कमियाँ रह जाती हैं। साथ ही, एसएसपी और अन्य पुलिस अधिकारियों के लिए यह महत्त्वपूर्ण है कि वे अपने बल के सच्चे नेता के रूप में कार्य करें और वास्तव में उनकी व्यक्तिगत और आधिकारिक समस्याओं की देखभाल करें और उनके साथ मानवीय व्यवहार करें। हाल ही में दिल्ली में पुलिस ने अपने ही वरिष्ठों के खिलाफ विद्रोह कर दिया क्योंकि उन्हें उनसे उचित व्यवहार की उम्मीद नहीं थी। यह पुलिस नेतृत्व की विफलता है। इसके अलावा, पुलिस कर्मियों का कल्याण एक प्राथमिक मुद्दा होना चाहिए और प्रत्येक कमांडिंग अधिकारी को छोड़ने की स्थिति, बैरकों और पुलिस लाइनों से चिन्तित होना चाहिए जहाँ पुलिस कर्मी रहते हैं और प्रशिक्षण लेते हैं। ये स्वच्छता कारक हैं लेकिन बल से सर्वश्रेष्ठ लाने के लिए आवश्यक हैं।

टेक्नोलॉजी गेम चेंजर है। डीएम और एसएसपी वास्तव में अपराधियों की ट्रैकिंग, अपराधों पर काबू पाने और साइबर अपराधों से निपटने में सुधार के लिए प्रौद्योगिकी का उपयोग कर सकते हैं। लेकिन आखिरकार बुनियादी पुलिसिंग का

कोई विकल्प नहीं है, जैसे बीट कांस्टेबल की प्रणाली का पुनरुद्धार, जो यूपी में अधिकार क्षेत्र के क्षेत्र के बारे में सब कुछ जानता है, हाल ही में हमने यूपी-100 प्रणाली लागू की है जिसे अब यूपी-112 कहा जाता है। जिससे कॉल मिलने के 20 मिनट के अन्दर यूपी-100 की गाड़ी पुलिस बल के साथ अपराध या उपद्रव स्थल पर पहुँच जाएगी। इस तकनीकी हस्तक्षेप को सफल बनाने के लिए डीएम और एसपी के बीच घनिष्ठ सहयोग की आवश्यकता है क्योंकि इसका विरोध पुलिस थाने के अलावा अन्य कोई भी नहीं कर रहा है।

आखिरकार, डीएम को यह एहसास होना चाहिए कि एसएसपी उनके बल का कप्तान है। डीएम को एसएसपी के अधिकार में हस्तक्षेप करने वाला कोई काम नहीं करना चाहिए और उन्हें हर सम्भव सहयोग देना चाहिए। डीएम और एसपी के बीच आपसी विश्वास, सम्मान और सौहार्द अपराध और कानून व्यवस्था को नियंत्रित करने का सबसे अच्छा तरीका है।

संक्षेप में कानून और व्यवस्था बनाए रखने के लिए हाजिरजवाबी, स्थिति को परखने की क्षमता, लोगों के बारे में मालूमात और सही वक्त पर कार्रवाई करने की क्षमता की आवश्यकता है। जिलाधिकारी को किसी भी मसले पर व्यक्तिगत तौर पर नहीं शामिल होना चाहिए। उसे हमेशा सही और निष्पक्ष पर्यवेक्षक के रूप में पेश किया जाना चाहिए। कठोरता से कभी भी हल नहीं तलाशा जा सकता है। इसके लिए खुले और लचीले नजरिए की आवश्यकता है। सबसे ज्यादा जिस एक गुण की आवश्यकता है, वह है ठंडा दिमाग—संकट के समय एक सुलझा हुआ दिमाग।

विकास प्रशासन

जिलाधिकारी के प्रमुख कार्यों में से एक है विकास कार्यों के क्रियान्वयन का निरीक्षण और प्रबन्धन। हमारी कल्याणकारी राज्य-व्यवस्था में संसाधन की योजनाओं, निर्धनता उन्मूलन के कार्यक्रमों, रोजगार के अवसर पैदा करने और शिक्षा तथा स्वास्थ्य की सुविधाएँ जुटाने में सरकार का सक्रिय हस्तक्षेप रहता है। नीतियों का निर्माण तो राज्य-स्तर पर होता है पर उनके अमल की कसौटी जिला है।

ग्रामीण विकास की योजनाओं पर करोड़ों रुपए खर्च किए जा रहे हैं। अगर इनका सही इस्तेमाल हो तो ग्रामीण परिदृश्य में आमूल-चूल परिवर्तन आ सकता है लेकिन बड़ी संख्या में सरकारी और गैर-सरकारी व्यक्ति अपने निहित स्वार्थ विकसित कर लेते हैं। नतीजतन योजनाएँ उन लोगों तक पहुँचती ही नहीं हैं जिनके लिए बनाई गई हैं। भ्रष्टाचार ने हर कदम पर अपना शिकंजा फैला रखा है। नतीजतन ग्रामीण विकास के लिए किए गए निवेश पर लाभ की मात्रा काफी दयनीय है। जिला प्रशासक के सामने सबसे बड़ी चुनौती यह होती है कि परियोजना का खाका आयोजन और क्रियान्वयन इस तरह से किया जाए कि वह लक्षित समूह को सबसे ज्यादा फायदा पहुँचाए।

विकास के लिए सांगठनिक ढाँचा

जिलाधिकारी काफी व्यस्त होता है। जिलाधिकारी के समय के बारे में किए एक सर्वे से पता चला है कि वह अपने समय का ज्यादातर हिस्सा लोगों से मिलने, कानून और व्यवस्था, वीआईपी ड्यूटी, बैठकों में और विभिन्न योजनाओं के समन्वय में बिताता है। विकास-कामों के लिए उसके पास अपने वक्त का 20 फीसदी से भी कम समय बचता है। बेशक यह दर हर जिले में अलग-अलग है। छोटे जिलों में जहाँ कानून और व्यवस्था-सम्बन्धी समस्याएँ कम होती हैं वहाँ विकास कार्यों में जिलाधिकारी ज्यादा वक्त दे सकता है, लेकिन इन जिलों में भी वह व्यक्तिगत तौर पर क्रियान्वयन के सभी पक्षों पर नजर नहीं रख सकता है। उसे विकास कार्यों से जुड़े अधिकारियों की अपनी टीम का हौसला बढ़ाना पड़ता है, योजनाओं के प्रभावी निरीक्षण के लिए व्यवस्था विकसित करनी होती है और चुनिंदा जगहों पर

खुद जाकर जाँच-पड़ताल करनी होती है। यही एकमात्र तरीका है जिससे विकास परियोजनाओं के क्रियान्वयन को सुनिश्चित कर सकता है।

उत्तर प्रदेश के लगभग सभी जिलों में सीडीओ (चीफ डेवलपमेंट ऑफिसर—मुख्य विकास अधिकारी) होता है। वह या तो भारतीय प्रशासनिक सेवा (आईएएस) का अधिकारी होता है या वरिष्ठ पीसीएस (प्रान्तीय नागरिक सेवा) होता है या फिर बीडीओ कैडर से तरक्की कर इस पद पर पहुँचा होता है। उसे ही ग्रामीण विकास के सभी कार्यक्रमों के बीच समन्वय करना होता है। जिलाधिकारी उसी के जरिए काम करता है और उसे पूरा सहयोग देता है। सीडीओ के दफ्तर में एक डीडीओ (जिला विकास अधिकारी) और एक जिला ग्रामीण विकास एजेंसी का परियोजना निदेशक होते हैं। साथ ही कृषि, बागबानी, पशुपालन और पंचायत राज वगैरह के प्रमुख भी होते हैं। हालाँकि सीडीओ विकास शाखा का प्रमुख होता है लेकिन इन अधिकारियों पर सीडीओ का सीधा नियंत्रण नहीं है। इन पर नियंत्रण रखना उसके लिए काफी मुश्किल काम है। इनसे काम कराने के लिए सीडीओ को जिलाधिकारी के प्रभुत्व का इस्तेमाल करना पड़ता है। दूसरे विकास अधिकारियों की तुलना में सीडीओ के पद को ज्यादा अधिकार देना फायदेमन्द होगा।

जिला-स्तर पर विकास-सम्बन्धी ज्यादातर कार्यों के लिए पीडब्ल्यूडी, सिंचाई, ट्यूबवेल, जलनिगम और तकनीकी विभागों के बीच समन्वय की आवश्यकता होती है। ये विभाग विकास के लिए उपलब्ध धनराशि में से सबसे अधिक संसाधनों का इस्तेमाल करते हैं लेकिन कभी भी अपने खर्च का विस्तृत ब्यौरा नहीं पेश करते। सीडीओ को उनकी रोजमर्रा की प्रगति के सम्बन्ध में कोई जानकारी नहीं रहती लेकिन जिलाधिकारी और सीडीओ कार्य की गुणवत्ता के लिए जिम्मेदार हैं। इन विभागों पर किसी का सीधा प्रभुत्व नहीं होता है। बावजूद इसके इनके कार्यों को नियंत्रित करने के लिए समन्वय समितियों की व्यवस्था विकसित की गई है। फिर भी जिलाधिकारी के सक्रिय दखल और सहयोग के बिना सीडीओ के लिए इन पर किसी भी प्रकार नियंत्रण रख पाना बहुत मुश्किल है। इन विभागों को चूँकि जिला-कोष से धन दिया जाता है इसलिए धन न जारी करने की शक्ति का इस्तेमाल इन्हें नियंत्रित करने के तरीके के तौर पर किया जाता है।

ऊपर के विवेचन से पता लगता है कि हालाँकि सीडीओ का पद महत्त्वपूर्ण है पर अभी तक यह ओहदा पर्याप्त ताकतवर नहीं है। उसे अपना प्रभुत्व जिलाधिकारी के जरिए हासिल करना पड़ता है। काफी हद तक इससे बचा नहीं जा सकता है। लेकिन कम-से-कम सीडीओ को उसके विकास विभागों पर पूरा नियंत्रण तो दिया जा सकता है। सरकारी मामलों को लेकर उसे अपने ही डीडीओ और परियोजना निदेशक से लड़ते देखना विडम्बनापूर्ण है। विकास-क्रम में सीडीओ की भूमिका के महत्त्व को हमें स्वीकार करना ही होगा।

बीडीओ (ब्लॉक डेवलपमेंट ऑफिसर) वह धुरी है जिसके चारों ओर पूरा विकास-प्रशासन घूमता है। सन् 1952 में जब सामुदायिक विकास की शुरुआत हुई थी तब 'विकास इकाई' के तौर पर ब्लॉक (खंड) बनाए गए थे। ऐसा करते हुए गाँव को काफी छोटा और जिले को काफी बड़ा समझा गया। सामान्यतः एक ब्लॉक की जनसंख्या एक लाख होती है और ब्लॉक एक विकास केन्द्र की भूमिका निबाहने की स्थिति में होता है। ब्लॉक का प्रमुख बीडीओ होता है। कृषि, सहकारी संघ, पंचायत, सांख्यिकी और दूसरे क्षेत्रों में उसकी मदद के लिए कई एडीओ होते हैं। अन्ततः गाँव के स्तर पर वीएलओ (ग्राम स्तर अधिकारी) और पंचायत सचिव होते हैं।

शुरुआती दौर में बीडीओ काफी प्रेरित व्यक्ति थे जो अपना काम एक मिशन के तौर पर करते थे। वह मुख्यतः कृषि का विस्तार कर रहे थे—उनका उद्देश्य गाँवों में बदलाव का था जबकि आज के दौर में विस्तार का काम उनकी प्राथमिकताओं में कहीं है ही नहीं। उन पर हर तरह के काम थोप दिए गए हैं और मिशनरी उत्साह पूरी तरह गायब हो गया लगता है।

एक उत्साही जिलाधिकारी के पास विकास के नए-नए कई विचार होते हैं। उसके उत्साह का कोई ओर-छोर नहीं होता है। लेकिन यह भी तय है कि बीडीओ से मीटिंग के बाद वह काफी बौखलाया हुआ बाहर आएगा। आप महसूस कर सकते हैं कि ज्यादातर बीडीओ वह बात समझ नहीं रहे हैं जो बात उनसे की जा रही है। नए विचारों को स्वीकार करने में उनकी कोई दिलचस्पी नहीं है, उनका एकमात्र मतलब आँकड़ों यानी लक्ष्य की प्राप्ति से है। वे लक्ष्य की प्राप्ति का वायदा करते हैं और इसे पूरा भी करते हैं। वास्तव में यह मजाक का विषय है कि बीडीओ के पास एक क्षण में लक्ष्य प्राप्ति का कोई भी आँकड़ा पेश करने की क्षमता होती है। वह सिर्फ यह जानना चाहता है कि आप क्या चाहते हैं।

मौजूदा दौर में बीडीओ पर काफी बोझ है। सरकार की ओर से शुरू किसी भी योजना के क्रियान्वयन का केन्द्रबिन्दु बीडीओ होता है। बीजों के वितरण, आईआरडीपी (समेकित ग्रामीण विकास परियोजना) के अमल, राष्ट्रीय बचत और साथ ही परिवार नियोजन के लक्ष्य को पूरा करने सम्बन्धी कार्यों में बीडीओ शामिल होता है। परिणामतः बीडीओ प्रायः एक घबराया-सा शख्स होता है जिसे यह पता नहीं होता कि उससे क्या उम्मीद की जा रही है। ब्लॉक में सुचारु रूप से कामकाज चलाने के लिए जिलाधिकारी की ओर से बीडीओ को उद्देश्यों की प्राथमिकता के साथ साफ तौर पर निर्देश देने की भी जरूरत है। यदि ऐसा नहीं किया जाता है तो बीडीओ अकसर अपने पर थोपी गई ढेरों योजनाओं का जवाब निष्क्रियता के रूप में देता है।

इनमें से ज्यादातर योजनाओं पर अमल तयशुदा विभागों के अधिकारियों को करना होता है। जिला स्तर पर बीडीओ की जवाबदेही होती है, पर इन अधिकारियों

पर उसका कोई सीधा प्रभुत्व और नियंत्रण नहीं होता। इससे बीडीओ के कामकाज में बाधा पड़ती है। ऐसी स्थितियाँ भी दुर्लभ नहीं हैं जब अपने ब्लॉक में बीडीओ एडीओ (सहकारी) या एडीओ (पंचायत) से काम नहीं निकाल पा रहा हो। ऐसे में उसके पास जिले के विभागीय प्रमुखों को पत्र भेजने के अलावा दूसरा कोई चारा नहीं होता, पर उसके पत्रों का असर ज्यादा नहीं था, क्योंकि इन अफसरों को अपने मातहतों का समर्थन करने की आदत सी पड़ गई है। इस सबके चलते बीडीओ काफी हताश हो जाता है। इस ढाँचे से कुछ सार्थक नतीजे पाने के लिए बीडीओ में और अधिक अधिकार निहित करने होंगे। ऐसा होने तक जिलाधिकारी को उसे काफी समर्थन देना होगा।

लक्ष्यों पर जोर विकास-प्रक्रिया के लिए अभिशाप रहा है। बीडीओ बीज और उर्वरकों के वितरण, मनरेगा के कार्यान्वयन, राष्ट्रीय ग्रामीण आजीविका मिशन, स्वयं सहायता समूह, गरीबों के लिए आवास, शौचालयों के निर्माण और कई अन्य ग्रामीण विकास पहलों में शामिल है। सरकारी स्तर से हर महीने मूल्यांकन के फार्म आते रहते हैं और जिलाधिकारी, सीडीओ और बीडीओ पर काफी दबाव रहता है। लक्ष्य पूरा करने की दौड़ में योजना, प्रोजेक्ट और मौका-मुआयना-सम्बन्धी पहलू उपेक्षित कर दिए जाते हैं। इससे गुणवत्ता प्रभावित होती है। वास्तव में जिला स्तर पर बीडीओ की अधिकतर बैठकें आँकड़ा इकट्ठा करने के लिए होती हैं। एक के बाद एक बीडीओ खड़े होते हैं और लक्ष्यों की तुलना में अपने कार्य-प्रदर्शन के आँकड़े देते हैं। यदि लक्ष्य प्राप्ति का उनका प्रतिशत कम है तो उनकी खिंचाई की जाती है और महीने के आखिर तक उन्हें एक निश्चित आँकड़ा पूरा करने को कहा जाता है। बीडीओ यह कहना सीख गया है, "यह काम हो जाएगा।" और काम हो भी जाता है। हालाँकि इसका अन्दाजा लगाया जा सकता है कि यह काम कैसे होता है। ब्लॉक स्तर के अधिकारी के उत्साह को कुंद करने की यह एक और वजह है।

हर योजना के तहत नियमित रूप से वक्तव्यों की सूची भेजनी होती है और इसमें बड़े पैमाने पर कागजी कार्यवाही शामिल होती है। ऐसी सभी रिपोर्टों का आरम्भ बीडीओ से होता है। यह अस्वाभाविक नहीं है कि एक बीडीओ अपना ज्यादातर वक्त रिपोर्ट और वक्तव्य एकत्र करने में ही बिता देता है। जो भी समय बचता है उसमें या तो वह मुआयने की तैयारी करता है या फिर बैठक में हाजिरी देता है।

ढेरों अधिकारी ब्लॉक का मुआयना करते हैं और उनमें से कई बीडीओ को मीटिंग के लिए बुलाते हैं। नतीजतन बीडीओ के पास अपने क्षेत्र के दौरे, योजनाओं पर अमल के निरीक्षण और ग्रामीण विकास के बारे में सोचने का समय नहीं बचता। वह एक ऐसी अवांछनीय स्थिति में होता है जिसमें उसका अपने वक्त और प्रयासों पर कोई नियंत्रण नहीं होता है। डिस्ट्रिक्ट अफसर को इस बात पर जोर देना चाहिए कि

महीने में बीडीओ की सिर्फ एक साझा बैठक की इजाजत दी जाए। उसे अधिकारियों की ओर से बिना वजह किए जा रहे मुआयनों को भी हतोत्साहित करना चाहिए। जिला मुख्यालय की सांख्यिकी मजबूत करके रिपोर्ट और आँकड़े माँगने के दस्तूर को भी कम किया जा सकता है। वास्तव में राज्य सरकार को भी अपने तरीके और ब्लॉक स्तर से शुरू हुई रिपोर्टों को तार्किक बनाने की जरूरत है। यह भी कुछ हद तक सम्भव है। इस समस्या का हल है ब्लॉक स्तर पर सम्पूर्ण सांख्यिकी विभाग की उपस्थिति। बीडीओ को कागजी कार्यवाही से छुटकारा दिलाने की आवश्यकता है ताकि वह क्षेत्र में अपनी जिम्मेदारी का ठीक से निर्वाह कर सके।

कम्प्यूटर के आगमन ने ब्लॉक और जिला स्तर पर निगरानी परिदृश्य को बहुत बदल दिया है। अब सभी योजनाओं और परियोजनाओं के लिए एक विस्तृत कम्प्यूटर आधारित सूचना प्रणाली तैयार की गई है और तदनुसार रिपोर्ट तैयार की जाती है। बीडीओ और उनके स्टाफ को इस काम में प्रशिक्षित किया गया है और एक कम्प्यूटर ऑपरेटर की सेवाएँ भी दी गई हैं। इस कम्प्यूटरीकृत निगरानी प्रणाली ने रिसाव को बहुत कम कर दिया है और निगरानी और नीति निर्माण के लिए विश्वसनीय डेटा उपलब्ध कराया है।

एक जिले में मैंने पाया कि कुछ बीडीओ ऐसे भी थे जिनका अपने काम को लेकर उत्साह था, जबकि कुछेक ऐसे भी थे जिनसे मिलकर Dead Wood की याद आती थी। करीब से जाँच करने पर पता चला कि पहली श्रेणी में नवनियुक्त बीडीओ शामिल थे जबकि दूसरे वे बीडीओ थे जो अपने कैरियर के उत्तरार्ध में चल रहे थे। समय के साथ इन अधिकारियों ने कहीं अपनी प्रेरणा व उत्साह को खो दिया था। यह बात मेरे सामने और भी जोरदार तरीके से तब साबित हुई जब मैं एक ऐसे बीडीओ से मिला जिसके साथ मैं आठ साल पहले काम कर चुका था।

वह मेरा श्रेष्ठतम बीडीओ था—युवा, सक्रिय, उत्साही और अपने काम के प्रति प्रतिबद्धता की भावना लिए। बड़े पैमाने पर वह दौरे किया करता था और अपने कार्य के प्रदर्शन में उसे गौरव का अहसास होता था। आठ साल बाद जब मैं उसी अधिकारी से मिला तो उसे हिलाना भी मुश्किल था। वह अपनी कुर्सी से हिलने को तैयार ही नहीं था। वह हर बात पर बहस कर रहा था और उसने अपने व्यक्तित्व में नकारात्मक रवैया विकसित कर लिया था।

मैंने उसे अपने दफ्तर बुलाया और उसे सहज करने के बाद इस बारे में उससे प्रश्न किया। उसने अपने कंधे उचकाए, हाथ फैलाए और कहा, "इसका क्या फायदा है सर! मैंने अपने कैरियर की शुरुआत बीडीओ की हैसियत से की थी और जब अपने कैरियर के अन्तिम छोर पर मेरी तरक्की की जाएगी तो भी मैं बीडीओ ही रहूँगा। दूसरे लोग जिन्होंने काम नहीं किया है उन्हें भी मेरे साथ तरक्की दे दी जाएगी।"

इस घटना से यह बात जोरदार तरीके से सामने आती है कि अपने काम को बखूबी ढंग से निभाने के लिए बीडीओ कैडर के पास कोई वास्तविक प्रेरणा नहीं है। उनके लिए एक सुस्पष्ट तरक्की नीति बनाई जानी चाहिए। निकट भविष्य में उन्हें तरक्की की सम्भावना दिखाई देनी चाहिए। साथ ही मुझे महसूस होता है कि तरक्की की इस नीति में प्रदर्शन के मूल्यांकन भी निहित होने चाहिए। ग्रामीण विकास के अधिक्रम में बीडीओ एक महत्त्वपूर्ण कड़ी है और इस स्तर पर एक उदासीन और असन्तुष्ट अधिकारी स्वीकार नहीं किया जा सकता है।

बीडीओ का दफ्तर बिचौलियों, ठेकेदारों और दलालों का पसन्दीदा अड्डा हो गया है क्योंकि ब्लॉक के जरिए अब काफी मात्रा में धनराशि भेजी जाती है। विभिन्न राजनीतिक पार्टियों का बिल्ला लगाए ऐसे लोग अपनी सनक के मुताबिक बीडीओ से जबरिया काम निकालने की कोशिश करते हैं। चाहते हुए भी बीडीओ इनका विरोध करने की स्थिति में नहीं होता है। ऐसे में उसे डिस्ट्रिक्ट अफसर की ओर से ढेर सारा समर्थन दिए जाने की जरूरत है।

बीडीओ के कामकाज में यह दखलन्दाजी उस स्थिति में और भी स्पष्ट हो जाती है जहाँ बिचौलिए, दलाल या ठेकेदार, इनमें से किसी एक वर्ग से ब्लॉक प्रमुख सम्बन्ध रखता है और उसका हर चीज में निहित स्वार्थ होता है। ब्लॉक प्रमुख क्षेत्र समिति (ब्लॉक विकास कमेटी) का मुखिया होता है और उसे बीडीओ की वार्षिक गोपनीय रिपोर्ट (एसीआर) में अपनी टिप्पणी लिखने का अधिकार भी होता है। यह व्यवस्था अपने-आप श्रेष्ठतम है। इससे लोगों के प्रति बीडीओ की जवाबदेही सुनिश्चित होती है। फिर भी समस्या तब आती है जब प्रमुख ईमानदार नहीं होता। ऐसे मामले में डिस्ट्रिक्ट अफसर के पास बीडीओ के खिलाफ शिकायतों की बाढ़ आ जानी तय है। अगर ऐसा करने पर बीडीओ को हटाने में सफलता नहीं मिलती तब ब्लॉक प्रमुख बीडीओ की वार्षिक गोपनीय रिपोर्ट में अपनी ओर से गम्भीर नकारात्मक टिप्पणी कर देता है। मैंने कई मामलों में ऐसा होते देखा है। यदि बीडीओ ईमानदारी और मेहनत से काम कर रहा है तो उसे पूरे समर्थन की आवश्यकता है। जिलाधिकारी के तौर पर मैंने यह सुनिश्चित किया कि बीडीओ के एसीआर से उसके पक्ष में काफी अच्छी रिपोर्ट दर्ज की जाए और प्रमुख की ओर उठाए गए सभी मुद्दों का जवाब दिया जाए। यदि ऊपर जिक्र किए गए पक्षों को ध्यान में रख बीडीओ को मजबूत स्थिति में रखा जाए तो वह अपने सहायक विकास अधिकारी (एडीओ), ग्राम स्तरीय अधिकारी (बीएलओ) और पंचायत सचिव पर अपना नियंत्रण रख सकता है। बीएलओ महत्त्वपूर्ण अधिकारी है। विभिन्न योजनाओं के तहत लाभान्वितों के चयन का उसे अधिकार होता है और वह आपको बैंक से कर्ज दिला सकता है। इसलिए यह सुनिश्चित किया जाना जरूरी है कि उसके अधिकारों का इस्तेमाल सरकारी

नीतियों के अनुसार हो, न कि इन अधिकारों का इस्तेमाल वह व्यक्ति विशेषों को संरक्षण देने में करे।

यह सुनिश्चित करने के लिए ब्लॉक स्तर पर एक मजबूत निगरानी तंत्र और वरिष्ठ अफसरों की ओर से गहन दौरों की जरूरत है।

इधर कुछ वर्षों में पंचायत राज विभाग काफी अधिकार सम्पन्न हुआ है और लगभग सत्ता के समानांतर केन्द्र के रूप में कार्य करता है। मैंने उत्तर प्रदेश में एडीओ पंचायत और बीडीओ के बीच सत्ता संघर्ष की एक घटना को नोटिस किया। इस मामले में एडीओ पंचायत ने अपने को बीडीओ का अधीनस्थ होने से इनकार किया और उसने कहा कि वह सीधे जिला पंचायत राज अधिकारी (डीपीआरओ) को अपने काम की रिपोर्ट प्रस्तुत करेगा। इस सत्ता संघर्ष के केन्द्र में राज्य वित्त आयोग और केन्द्र सरकार द्वारा सीधे ग्राम पंचायतों को दिए जाने वाले फंड व विकास कार्यों का विकेन्द्रीकरण था। ग्राम पंचायतों को अब प्रचुर मात्रा में फंड उपलब्ध हैं। बीडीओ राज पंचायत विभाग, बीडीओ और यहाँ तक कि सीडीओ को भी इसमें शामिल किए बगैर सीधे इस फंड की निगरानी करना चाहता है। जिला पंचायत राज अधिकारी (डीपीआरओ) जिले में काफी प्रभावशाली अधिकारी हो गया है। यह विवाद राज्य स्तर तक पहुँचा जहाँ पंचायत राज विभाग को ग्रामीण विकास विभाग से अलग कर दिया गया। यह मामला इतना जटिल हो गया कि दोनों विभागों में जो कि विकास के लिए एक साथ मिलकर काम करने को दृढ़ संकल्पित थे उनमें कोई तालमेल नहीं रह गया। विकास की योजनाओं व कार्यक्रमों को जमीनी स्तर पर लागू नहीं किया जा सका। आजकल सम्मिलन या मेल-मिलाप एक चर्चित शब्द है और इसके लिए एक समन्वयकर्ता अधिकारी की आवश्यकता है। कलेक्टर या मुख्य विकास अधिकारी (सीडीओ) जिला स्तर पर समन्वय का यह कार्य पूरा करते हैं। लेकिन विकास कार्यों की बुनियादी इकाई ब्लॉक है और इसलिए ब्लॉक स्तर पर सरकारी योजनाओं को समन्वित करने में बीडीओ की ही नेतृत्व कारी भूमिका होती है।

उत्तर प्रदेश में एक बड़ी समस्या बड़े पैमाने पर ग्राम विकास अधिकारियों का अभाव था। इस अभाव की पूर्ति के लिए पंचायत सचिवों को ग्राम विकास अधिकारी (वीडीओ/वीएलओ) की तरह अनेक गाँव में काम में लगाया जाता है। इसके बावजूद एक कर्मचारी आधा दर्जन से अधिक गाँवों के कार्य को देखता है और कठिनाई से ही लाभार्थियों के चयन में या जनता के बीच सरकारी योजनाओं के प्रचार-प्रसार में समय दे पाता है। दुर्भाग्य से ग्रामीण विकास विभाग (रूरल डेवलपमेंट डिपार्टमेंट) शीघ्रातिशीघ्र खाली पदों को भरने में काफी सावधान है। वहाँ भ्रष्टाचार के आरोपों का अतिरेक है और उनकी जाँच जारी है तथा अधिकारी उसे टालना चाहते हैं।

यह भी सच है कि ग्रामीण विकास से सम्बन्धित हर बात चाहे लाभार्थियों का चयन हो, योजना का चयन हो या स्वयं सहायता समूह का गठन हो, सारे मामले नीचे पहुँचकर ग्राम विकास अधिकारी के पास ही जाते हैं। उनके पास न तो इन कार्यों को सही तरीके से हल करने के लिए समय है न योग्यता। परिणामस्वरूप बहुत ही रद्दी किस्म के और कल्पना से परे परिणाम हासिल होते हैं। हमें ग्राम विकास अधिकारियों को भली प्रकार प्रशिक्षित करना चाहिए और खाली जगहों पर नियुक्तियाँ करनी चाहिए ताकि वह सन्तोषजनक कार्य कर सकें।

जिला ग्रामीण विकास अभिकरण (डीआरडीए)

अधिकांश राज्यों में जिला बोर्ड (जिला परिषद) ग्रामीण विकास संरचना के शीर्ष पर है। उत्तर प्रदेश में नहीं है जहाँ कलेक्टर की भूमिका आज भी सबसे महत्त्वपूर्ण है। प्रधानमंत्री आवास योजना (पीएमएवाई), मुख्यमंत्री आवास योजना (सीएमएवाई), संसद निधि और विधायक निधि (एमपी एलएडी और एमएलए विकास निधि) जैसी महत्त्वपूर्ण योजनाओं की निगरानी डीआरडीए (जिला ग्रामीण विकास एजेंसी) नामक एक समिति द्वारा की जाती है। कलेक्टर इस एजेंसी का अध्यक्ष होता है जिसके सदस्य के रूप में सभी सांसद, विधायक और अन्य अधिकारी होते हैं लेकिन आम तौर पर सीडीओ ही इन बैठकों की अध्यक्षता करता है। कुछ वर्ष पहले डीआरडीए एक बहुत मजबूत संस्था हुआ करती थी जब यह ग्रामीण विकास से सम्बन्धित अधिकांश योजनाओं को नियंत्रित करती थी लेकिन आज यह संस्था गिरावट में है लेकिन अभी भी जन प्रतिनिधियों के साथ चर्चा के लिए महत्त्वपूर्ण मंच बनी हुई है।

आम तौर पर डीआरडीए की बैठकों में तीखी बहसों और विवादों का मंजर होता है। इन बैठकों को जिलाधिकारी को बेहद चतुराईपूर्ण तरीके से निपटाना पड़ता है वास्तव में डीआरडीए की बैठकों में लगातार बना रहनेवाला मुद्दा फंड का बँटवारा है जो सड़क और दूसरे निर्माण कार्यों के लिए आता है। हर विधायक प्रोजेक्ट हथियाना चाहता है। इसके लिए आम तौर पर यह तरीका निकाला जाता है कि फंड का जनप्रतिनिधियों के बीच बराबर बँटवारा कर दिया जाए। इससे सबको सन्तुष्टि अवश्य मिल सकती है पर संसाधनों का समुचित आबंटन सम्भव नहीं है। विकास कार्यों पर नियंत्रण और निर्देशन के बारे में एक जिलाधिकारी के पास अपने विचार होते हैं। पर फंड के इस तरह बँटवारे से जाहिर है कि विकास प्रक्रिया पर जिलाधिकारी का कोई नियंत्रण नहीं और वह महज दर्शक की भूमिका में रह जाता है। जनप्रतिनिधि के बौद्धिक स्तर और उसके अधिकारों के बारे में कोई सवाल नहीं उठाया जा सकता है; पर विधायक की अपनी प्राथमिकताएँ होती हैं। दबाव होते हैं। अक्सर ऐसा होता है कि सन्तुलित विकास नहीं हो पाता।

बी-जिले में कलेक्टर को इस दुविधा का सामना करना पड़ा। जिन गाँवों में सड़कें नहीं थीं वह उन्हें अच्छी सड़कों से जोड़ना चाहते थे इसके अतिरिक्त वह नई कच्ची सड़कें बनाने के बजाय पहले से बनी कच्ची सड़कों को पक्का करना चाहते थे। परन्तु विधायक अपने द्वारा पेश की गई योजनाओं पर ही फंड खर्च करने का दबाव बना रहे थे। विधायक द्वारा पेश किए गए प्रस्ताव पर सरसरी नजर डालने से ज्ञात होता था कि वह अपने दिमाग में जो मानक बनाए थे वह प्रस्तावों से मेल नहीं खाता था।

कलेक्टर ने विधायक को विश्वास में लेने का निश्चय किया, उनको अलग से बुलाकर समस्या को चिन्हित किया। वह भी कलेक्टर के तरीके से सहमत हुए। कलेक्टर ने विचार रखा की विधायक तदनुसार प्रस्ताव प्रस्तुत करें। विधायक ने विरोध किया परन्तु वह उक्त विचार से सहमत थे कि वह हमेशा अपनी जनता से कहते हैं कि यह कमेटी का निर्णय था और इसलिए वह जनता की सहायता नहीं कर सके। विधायक कारणों को समझे और अपने ऊपर पड़ने वाले दबाव का जवाब देने का रास्ता भी निकाला। दूसरी मीटिंग में जिला ग्रामीण विकास एजेंसी (डीआरडीए) के मानकों के अनुसार ही प्रस्ताव आए।

यह उदाहरण दर्शाता है कि कमेटी पर अपनी इच्छा थोपने या फिर मसले को छोड़ देने के बजाय यदि कलेक्टर सही तरीके से योजना बनाते हैं और जनप्रतिनिधियों से उनका बेहतर तालमेल है तो वह उन्हें समझा सकते हैं और जिला ग्रामीण विकास एजेंसी (डीआरडीए) जैसी संस्थाओं के माध्यम से तार्किक विकास किया जा सकता है। कलेक्टर का काम कमेटी को दिशा प्रदान करना है। उनको एक तार्किक हल विकसित करना होता है और प्रयत्न करना है कि जनप्रतिनिधि स्वयं इस योजना में शामिल हों।

योजना को लागू करने की गति और गुणवत्ता पर निगरानी रखने के लिए जिला ग्रामीण विकास एजेंसी (डीआरडीए) एक उपयोगी संस्था है। विभिन्न विभागों के अधिकारियों को जमीनी सच्चाई जानने वाले जनप्रतिनिधियों को जवाब देना होता है। कलेक्टर का महत्त्वपूर्ण कार्य इन मीटिंग को बेहतर ढंग से संचालित करना होता है। मीटिंग में अक्सर जनप्रतिनिधि अधिकारियों पर निजी हमले करने लगते हैं और अभद्र भाषा तक उतर आते हैं। इसे किसी भी कीमत पर रोका जाना चाहिए। जवाबदेह होने का मतलब यह नहीं है कि आप किसी व्यक्ति को निशाना बनाकर अभद्र भाषा का प्रयोग करें। यदि जिलाधिकारी मीटिंग में इस तरह के हमले से अपने अधिकारी की रक्षा नहीं करता तो उसकी टीम बिखर जाएगी और उसे उचित परिणाम नहीं मिलेगा।

जो भी हो कलेक्टर को डीआरडीए की मीटिंग को इस तरह से व्यवस्थित करना है कि सरकार की गाइडलाइन के अनुसार विकास सम्बन्धी तार्किक निर्णय

हो सकें। ऐसे भी कलेक्टर हैं जो इन संस्थाओं में जनप्रतिनिधियों की उपस्थिति से परेशान होते हैं और कहते हैं कि सब कुछ उनकी इच्छा से होता है और कलेक्टर का कोई नियंत्रण नहीं होता।

एक खास किस्म की डीआरडीए की मीटिंग जनप्रतिनिधियों द्वारा कलेक्टर और उसके अधिकारियों पर उग्र आक्रमण से शुरू होती है और वह आक्रामक होते जाते हैं। वे एक दूसरे से बहस करते हैं चिल्लाते हैं और अधिकारियों पर आरोप लगाते हैं परिणामस्वरूप कलेक्टर और उनकी टीम रक्षात्मक स्थिति में आ जाती है और उनको तसल्ली देने लगती है। ऐसी स्थिति में डीआरडीए में उपलब्ध फंड को सही तरीके से लक्षित नहीं किया जा सकता।

मीटिंग में सामान्य माँग विभिन्न क्षेत्रों में स्त्रोतों के समान बँटवारे की होती है। जहाँ एक तरफ यह माँग सामान्य रूप से स्वीकार होती है वहीं दूसरी तरफ जिले के विकास के लिए अधिक धन निवेश करने वाली आवश्यक योजनाएँ भी होती हैं। उदाहरण के लिए जिले में एक दुग्ध शीतलन प्लांट लगाने का प्रस्ताव है। सभी जनप्रतिनिधि इसका विरोध करेंगे परन्तु जिलाधिकारी को इसके लिए लोगों को तैयार करना होता है कि यह जिले के विकास के लिए आवश्यक बुनियादी ढाँचे की बात है और इसे लागू करवाना होता है। किसी भी परिस्थिति में उसे सरकार की गाइडलाइंस के विरुद्ध कोई भी निर्णय नहीं लेना चाहिए।

यहाँ एक नई प्रवृत्ति है कि जनप्रतिनिधि एक खास योजना पर दबाव देते हैं और जिस एजेंसी से वह काम कराना चाहते हैं उसका नाम भी प्रस्तावित करते हैं।

हकीकत में अधिकारियों, दलालों और जनप्रतिनिधियों के बीच स्वार्थ सिद्धि का गठजोड़ बन जाता है। विभिन्न विभागों के अधिकारी डीआरडीए के फंड का ज्यादा-से-ज्यादा हिस्सा पाने के लिए किसी भी हद तक गिरने को तैयार रहते हैं। भूमि संरक्षण महकमे के एक अधिकारी का मामला याद पड़ता है जिसके प्रोजेक्ट से मैं सहमत नहीं था। मुझे उसकी उपयोगिता पर ही सन्देह था। वह अधिकारी रोजाना मेरे कार्यालय में आकर मेरे सामने अपने प्रोजेक्ट के कसीदे पढ़ा करता था। आखिरकार मैंने जब उसे साफ बोल दिया कि उसके प्रोजेक्ट में मेरी दिलचस्पी नहीं है तो उसने विधायकों और मंत्रियों से सिफारिश करवाई। मैं टस से मस नहीं हुआ और अपने पूर्व फैसले पर अड़ा रहा। मेरी स्थिति का जरा अन्दाजा लगाइए, डीआरडीए की अगली बैठक में मेरे सारे मातहत, विधायक और दूसरे विभागों के अफसरान उसके प्रोजेक्ट की जी-जान से हिमायत कर रहे थे, फिर भी मैं अड़ा रहा और प्रोजेक्ट को स्वीकार नहीं किया। उसी शाम वह अधिकारी रोता हुआ मेरे पास आया और अपने बड़े परिवार की दुहाई देते हुए मदद की गुहार लगाई। इस पूरे प्रकरण में मैं जुगुप्सा के भाव से इतना भर गया कि कोई प्रतिक्रिया ही व्यक्त नहीं कर पाया।

अपने-आप में यह अकेला किस्सा नहीं है। विभिन्न विभागों के अधिकारियों को ऐसा करते पाना आम बात है। इससे उनकी असलियत जाहिर हो जाती है। जनप्रतिनिधियों को पता रहता है कि ये अधिकारी जनता के पैसों का दुरुपयोग कर रहे हैं। ऐसे में जैसे ही जनप्रतिनिधियों के हितों के विपरीत कुछ होता है तो वे सम्बन्धित अधिकारियों पर बरस पड़ते हैं और उन्हें अनाप-शनाप कहने लगते हैं। और ऐसे अफसरों में यह नैतिक साहस भी नहीं होता कि पलटकर कुछ जवाब दे सकें। डीआरडीए की बैठक को एक जिलाधिकारी तभी सँभाल सकता है जब उसके पास वह नैतिक साहस हो जोकि सही इरादों तथा पूर्ण निष्ठा से आता है।

फिर भी व्यवस्था में भ्रष्टाचार है, जिसको पूरी तरह से तो नहीं हटाया जा सकता पर दबाया जरूर जा सकता है। इसके लिए लगातार निगरानी की जरूरत है। मेरे मातहत एक नौजवान सीडीओ था। उसने मुझे बताया कि एक दफा उसके प्रोजेक्ट डायरेक्टर ने हिचकिचाते हुए बताया कि सीडीओ का हिस्सा एक फीसदी होता है पर उसमें मोल तोल सम्भव है। प्रोजेक्ट डायरेक्टर ने सीडीओ को समझाना चाहा कि उसका हिस्सा तो लिया ही जाएगा, भले ही वह उसे कबूल करे या न करे। उस सीडीओ ने तो इनकार कर दिया पर इससे व्यवस्था की कार्यप्रणाली का खुलासा जरूर हो गया।

इस भ्रष्टाचार और सरकारी धन के बेजा इस्तेमाल को रोकने के लिए डीआरडीए को ज्यादा सक्षम बनाने की आवश्यकता है। डीआरडीए को एक तकनीकी प्रकोष्ठ से लैस करने की जरूरत है। इस प्रकोष्ठ का काम यह होगा कि वह डीआरडीए को योजनाएँ सौंपे जाते वक्त उनका अवलोकन करे, पर योजनाओं को जाँचने-परखने का हक उसे नहीं होना चाहिए।

तकनीकी प्रकोष्ठ को जाँचने-परखने का अधिकार इसलिए नहीं होना चाहिए क्योंकि इस विषय में योजनाएँ लानेवाले विभागों की तकनीकी कुशलता पर विश्वास करना होगा। हालाँकि प्रकोष्ठ के रूप में एक और स्तर बढ़ाने की जरूरत नहीं है पर इसके जरिए योजनाओं को ठीक तरह से समझा जा सके। यही इसकी आवश्यकता है इस प्रकोष्ठ पर इससे ज्यादा गुरुतर दायित्व यह है कि वह योजना का मूल्यांकन उसके वास्तविक क्षेत्र में जाकर करे और समय-समय पर अपनी रिपोर्ट दे। यह तकनीकी जाँच-पड़ताल फंड के दुरुपयोग को रोकने के लिए जरूरी है।

जिला योजना

जिला योजना जिले की विकास आवश्यकताओं के लिए धन मुहैया कराती है। जिला योजना व कार्यान्वयन कमेटी अधिकारियों और जनप्रतिनिधियों को मिलाकर बनती है, जो योजनाओं के लिए धन का बँटवारा निर्धारित करती है। हाल ही तक इसके अध्यक्ष एडीएम होते थे पर अब इसके प्रमुख जिला परिषद् के चेयरमैन होते हैं।

उत्तर प्रदेश में जिला योजना समिति का मुखिया सरकार का एक मंत्री होता है। प्रत्येक जिले का एक मिनिस्टर प्रभारी होता है जो मीटिंग की अध्यक्षता करता है और उसमें जिला परिषद के अध्यक्ष विधायक और सांसद सदस्य होते हैं। इस तरह की व्यवस्था का दुर्भाग्यपूर्ण परिणाम है कि मंत्री लम्बे समय तक मीटिंग ही नहीं बुलाते और विलम्ब के कारण जिलों को योजनाओं का लाभ नहीं होता। इस व्यवस्था को समाप्त करना ही उचित है। जिले की किसी भी योजना को निर्धारित समय में पूरा कर लिया जाना चाहिए ताकि वार्षिक बजट में यह प्रदर्शित हो सके। जिले की योजना और बजट बनाने वालों के बीच उत्पन्न असन्तोष से सारा कार्य व्यर्थ हो जाता है।

वर्षों की योजनाओं के बाद इसका अहसास हुआ कि पूरी तरह स्थानीय वास्तविकताओं, आवश्यकताओं और कठिनाइयों को समझ पाना राज्य या केन्द्र के स्तर पर मुश्किल है। इस समस्या का स्वाभाविक जवाब था विकेन्द्रीकरण। उस वक्त दलील दी गई थी कि योजनाओं के बारे में 'नीचे से ऊपर' का दृष्टिकोण अपनाया जाना चाहिए बजाय 'ऊपर से नीचे'। इस दृष्टिकोण से जिला योजना के विचार ने जन्म लिया। तब यह सोचा गया था कि इस उद्देश्य को हासिल करने के लिए एक ऐसी प्रक्रिया विकसित की जाए जिसमें वित्तीय अधिकारों का विकेन्द्रीकरण हो और सम्पूर्ण बजट का समुचित विभाजन हो।

सन् 1981 में पहली दफा जिला योजना की शुरुआत हुई थी। उस समय इसे लेकर काफी उत्साह था और जिलाधिकारियों ने बैठकों का दौर शुरू कर योजनाओं की प्राथमिकताएँ तय कीं और फंड का बँटवारा किया। कई अधिकारियों ने खुद ही योजना का मसौदा तैयार किया। जिला योजना कमेटी की ओर से तैयार प्रस्ताव को क्षेत्रीय कमेटी के सामने पेश किया गया, जिसके मुखिया कमिश्नर होते हैं। फिर इसे राज्य-स्तर पर भेजा गया। मुझे याद है, जब जिला योजना की यह अवधारणा पेश की गई थी तब मैं चमोली (एक पहाड़ी जिला) के डीएम के रूप में कार्यभार सँभाल रहा था। जबरदस्त उत्साह था। उस समय निर्वाचित पंचायत संस्थाएँ क्रियाशील नहीं थीं और एक जिलाधिकारी को सभी अधिकारियों से परामर्श करने के बाद एक योजना तैयार करने का काम सौंपा गया था। हमने वास्तव में इस अभ्यास में बहुत मेहनत की है और इस काम से हमें जबरदस्त संतुष्टि मिली है। प्रारम्भिक वर्ष में जिलों द्वारा तैयार की गई योजना को राज्य सरकार ने गंभीरता से लिया।

समय गुज़रने के साथ-साथ यह देखा गया है कि जिला स्तर की इस आज़ादी का उल्लंघन हुआ है। राज्य स्तर के सभी विभाग अपनी योजनाओं की फेहरिस्त तैयार करते हैं और फिर इसे निचले स्तर पर सरका देते हैं। नतीजतन जिला स्तर पर नई योजनाओं को लाने का लचीलापन नहीं बचा। इससे भी बदतर तो यह है कि राज्य की ओर से प्रायोजित योजनाएँ जिला योजनाओं पर थोप दी जाती हैं। इसलिए

वास्तविक स्थिति में कोई फर्क नहीं आया है। वास्तव में राज्य क्षेत्र की कई योजनाएँ हर साल जिला योजना में भेजी जाती हैं। यह काफी कुछ ऐसा ही है जिसमें हर चीज का निर्णय राज्य स्तर पर लिया जाता है और रस्म अदायगी पूरा करती है—जिला योजना कमेटी। मेरा मानना है कि राज्य सरकार को जिला योजना की तैयारी के लिए दिशानिर्देश देने तक ही सीमित रहना चाहिए और नियमित विभागीय योजनाओं को जिला योजना में शामिल नहीं करना चाहिए, जिससे स्थानीय पहल का दायरा काफी कम हो जाएगा। साथ ही राज्य स्तर पर नियोजन एवं वित्त विभाग समन्वय बनाकर जिला योजना को मूर्त रूप दें। उचित ढंग से की गई जिला योजना किसी जिले के विकास पर गहरा और सकारात्मक प्रभाव डाल सकती है।

ऐसे में जिला स्तर के कमोबेश सभी अधिकारियों को लगा कि राज्य की दखलन्दाजी करने और जिला योजना पर अपनी योजना थोपने की प्रवृत्ति समय के साथ बढ़ रही है और यह जिला योजना के अन्तर्निहित भाव के विरुद्ध है।

एक और मुद्दा नजरों में चढ़ा कि आवंटित राशि का पचास फीसदी से ज्यादा हिस्सा पगारों पर खर्च होता है। परिणामस्वरूप, राज्य योजना का दृष्टिगोचर प्रभाव सीमित है; पर इस दिशा में कुछ नहीं किया जा सकता क्योंकि कोई तो कर्मचारियों को तनख्वाह देगा। एक प्रवृत्ति, जिसे खतम किया जाना चाहिए, योजनाओं को राज्य-स्तर पर बदलने और संशोधित करने की है। इस प्रवृत्ति का सहारा जिला योजना कमेटी के सभी सदस्य लेते हैं। इससे एक बार प्रतीत होता है कि संसाधनों का बँटवारा जरूरत के आधार पर नहीं होता है।

जिला योजना के निर्माण में जिलाधिकारी की अहम भूमिका होती है। योजनाओं के बारे में उसका दृष्टिकोण एक नेता का होना चाहिए। उसे टीम को सही तरीके से दिशा देनी चाहिए, नहीं तो योजना का निर्माण दुरुस्त नहीं हो पाएगा। उसे दो दलों से आते हुए दबावों का प्रतिरोध करना होगा। पहला दल है जनप्रतिनिधियों का। जनप्रतिनिधियों के लिए सड़कों और भवनों के निर्माण की योजनाओं का समर्थन करना स्वाभाविक है क्योंकि इनका चाक्षुष प्रभाव होता है। जनप्रतिनिधियों में वानिकी, पशुपालन व पोषण जैसी जरूरी योजनाओं की आलोचना करने का रवैया भी होता है। यहाँ पर जिलाधिकारी को हस्तक्षेप कर एक सन्तुलन बनाना चाहिए। स्थानीय आवश्यकताओं को ध्यान में रखते हुए उसे प्राथमिकताएँ निर्धारित करनी होंगी और फिर अपनी टीम को अपने दृष्टिकोण से सहमत कराना होगा।

दूसरा दबाव है उन विभागों का जो सरकारी धन का ज्यादा-से-ज्यादा हिस्सा हड़प जाना चाहते हैं। ये अपनी योजनाओं की सिफारिश करते हैं, राज्य-स्तर के सचिवों की मदद लेते हैं और जनप्रतिनिधियों के साथ सक्रिय गोलबन्दी करते हैं। एक बार फिर जिलाधिकारी को दिशा देने के लिए तार्किकता का सहारा लेना होगा।

परम्परागत दृष्टिकोण का सहारा कभी नहीं लेना चाहिए। कई एक जिलों में विभाग बने-बनाए ढर्रे पर अपनी योजनाएँ तैयार करके भेजते हैं। मसलन, उनके प्रस्तावों का बजट गुजरे साल के मुकाबले दस फीसदी ज्यादा होगा। जिला सांख्यिकी अधिकारी इन प्रस्तावों को सारणीबद्ध करता है और फिर अपनी इच्छा से अतिरिक्त राशि को काट देता है। उसका मुख्य ध्येय सांख्यिकीय आधार पर योजना को सन्तुलित बनाने का होता है; पर योजना का महत्त्व इससे कहीं ज्यादा है। यह विकास के सबसे उपयुक्त औजारों में से एक है।

हर जिले की कोई-न-कोई बुनियादी समस्या रहती है—जैसे कि पीने का पानी, सिंचाई, स्वास्थ्य या शिक्षा। जिलाधिकारी को इसका मूल्यांकन करना चाहिए और फंड के बँटवारे या एक बड़ा हिस्सा इन विभागों को जाना चाहिए। यह एक सतर्क निर्णय होना चाहिए। सिर्फ यही तरीका संसाधन के सर्वोत्तम बँटवारे के लिए उपयुक्त है। स्वाभाविक है कि जिला योजना को विकास का एक प्रभावी उपकरण बनाने के लिए जिलाधिकारी को काफी योजनाबद्ध तरीके से चलना होगा और पहल करनी होगी।

कार्यान्वयन में खामी

विकास की योजनाओं के पीछे सोच सही है और यदि इनको ठीक तरह से अमल में लाया जाए तो वास्तविक अर्थों में विकास सम्भव है; पर विकास प्रक्रिया के मौजूदा ढाँचे में काफी खामियाँ हैं। ढाँचागत वजहों का तो मैं पहले ही जिक्र कर चुका हूँ। इसका समुचित विश्लेषण कुछ चुनिंदा कार्यक्रमों पर गौर करके सम्भव होगा।

जिन दिनों मैं जिलाधिकारी था उस समय 20 सूत्री कार्यक्रम, एकीकृत ग्रामीण विकास योजना (आईआरडीपी) और जवाहर रोजगार योजना को निर्देशित और निगरानी करना था। आज यह कोई भी योजना नहीं है परन्तु इन योजनाओं में विकास के लिए विकसित किए गए शासन के सिद्धांत आज भी वही हैं। इनमें सबसे महत्त्वपूर्ण मनरेगा की योजना है।

महात्मा गांधी राष्ट्रीय ग्रामीण रोजगार गारंटी अधिनियम (मनरेगा)

एक परिवार के रोजगार चाहने वाले एक वयस्क व्यक्ति को वर्ष में 100 दिन काम देने की एक महत्त्वपूर्ण योजना सरकार द्वारा वर्ष 2006 में प्रारम्भ की गई थी। बेरोजगारों के जॉब कार्ड तैयार होने थे। सभी रोजगार चाहने वाले पात्र बेरोजगार लोगों के जॉब कार्ड निश्चित रूप से तैयार होना एक बड़ा महत्त्वपूर्ण कार्य था। जॉब कार्ड धारक यदि रोजगार चाहता है और उसने आवेदन किया है तो अधिनियम के अनुसार उसे 15 दिन के अन्दर रोजगार देना सरकार का कर्तव्य था और ऐसा न होने पर वह बेरोजगारी भत्ते का हकदार होगा। मेरा अनुभव है कि अपवादस्वरूप ही

किसी व्यक्ति ने बेरोजगारी भत्ते की माँग की हो या उसे बेरोजगारी भत्ता मिला हो। वे अक्सर ही समुचित मजदूरी न मिलने की अनेक प्रकार की शिकायतें करते थे। अब इस प्रकार की कमियों को दूर करने के लिए 15 दिन के अन्दर इलेक्ट्रॉनिक भुगतान से लाभार्थी की मजदूरी उसके खाते में जाना अनिवार्य कर दिया गया है। इसके बावजूद ऐसी शिकायतें हैं कि ग्राम प्रधान अक्सर जॉब कार्ड धारक से अपना हिस्सा ले लेते हैं। कलेक्टर को निश्चित रूप से इस प्रकार के भ्रष्ट व्यवहार को नियंत्रित करने के लिए कोई व्यवस्था बनानी चाहिए। यदि कोई शिकायत प्राप्त होती है तो उस सम्बन्ध में जल्दी-जल्दी जाँच और मौके का मुआयना करने से उसे रोकना सम्भव हो सकता है। जॉब कार्ड धारक को उसकी मजदूरी का पूरा पैसा मिलना बहुत ही आवश्यक है।

अधिनियम के अनुसार बेरोजगार जॉब कार्ड धारक को एक वर्ष में 100 दिन का कार्य दिया जाएगा। मजदूरी की दर बहुत अधिक नहीं है लेकिन यह न्यूनतम मजदूरी अधिनियम से जुड़ी है और हर वर्ष भारत के विभिन्न राज्यों की सरकारों द्वारा मजदूरी की दर घोषित की जाती है। गत वर्ष उत्तर प्रदेश में मजदूरी की दर ₹182 प्रति दिन थी जोकि विशेष रूप से कोरोना महामारी के समय के बाद बढ़ाकर ₹201 प्रतिदिन की गई है।

यहाँ पर मैं जोड़ना चाहूँगा कि मनरेगा की योजना वास्तव में रणनीति में परिवर्तन करने वाली योजना रही है। ऐसा विश्वास किया जाता है कि वर्ष 2009 में यूपीए सरकार की सत्ता में पुनः वापसी इस योजना के लाभों पर हुई। 2014 में एनडीए की सरकार के सत्ता में आने के बाद शुरुआत में इस योजना के बारे में कुछ संकोच था परन्तु शीघ्र ही सरकार ने इसके महत्त्व को समझा और इसे न सिर्फ जारी रखा बल्कि इसे हर वर्ष बढ़ाती गई। अभी-अभी कोरोना महामारी ने पूरे देश को हिला दिया जब अपने कामों से बेरोजगार होकर निरन्तर प्रवासी मजदूरों का अपने गाँवों में आना जारी था। वह गरीबी और निराशा का शिकार थे। मनरेगा की योजना ने इस परिस्थिति में बचाव का रास्ता निकाला। उत्तर प्रदेश और बिहार सहित अनेक राज्यों ने जहाँ से सर्वाधिक प्रवासी मजदूर दूसरे राज्यों में मजदूरी करने जाते हैं वहाँ बड़े पैमाने पर मनरेगा के द्वारा रोजगार के अवसर उपलब्ध कराए गए और हर जिलाधिकारी को निर्देशित किया गया कि वह विशेष अभियान चलाकर इन प्रवासी मजदूरों को जॉब कार्ड व रोजगार उपलब्ध कराएँ। इस प्रकार प्रवासी मजदूरों की बड़ी परेशानी को हल किया गया और यह दर्शाता है कि आर्थिक आपातकाल के दौरान यह योजना किस प्रकार एक वरदान साबित हो सकती है।

मनरेगा से पहले भी रोजगार सम्बन्धी योजनाएँ थीं परन्तु मनरेगा को उनके अनुभव के आधार पर तैयार किया गया। इससे पूर्व राष्ट्रीय ग्रामीण रोजगार स्कीम (एनआरईपी) और ग्रामीण रोजगार गारंटी स्कीम (आर एल ई जीपी) थीं। मनरेगा

संसद के एक अधिनियम से नियंत्रित है इसलिए यह पहले की किसी भी ऐसी स्कीम से ज्यादा समग्र और सम्भावनामय है।

मनरेगा की मुख्य खासियत उसका रोजगारपरक होना है और यह उत्पादक परिसम्पत्तियों के निर्माण पर केन्द्रित नहीं है। यह सही है कि इस योजना का बुनियादी उद्द्देश्य रोजगार पैदा करना है परन्तु रोजगार के द्वारा ग्रामीण परिसम्पत्तियों का निर्माण भी आवश्यक है। हाल के वर्षों में भारत सरकार ने इस समस्या पर ध्यान दिया है और अब मनरेगा के अन्तर्गत अनेक परियोजनाएँ शृंखलाबद्ध की गई हैं। अब मनरेगा के अन्तर्गत करीब 250 तरह के कार्य स्वीकृत हुए हैं जिन को 4 श्रेणियों में बाँटा जा सकता है।

'ए' श्रेणी में प्राकृतिक संसाधनों का प्रबन्धन (नेशनल रिसोर्स मैनेजमेंट) से सम्बन्धित गाँव में तालाबों का निर्माण, पानी के स्रोतों का रखरखाव व मरम्मत, लघु सिंचाई के काम और चेक बाँध आदि आते हैं।

'बी' श्रेणी में व्यक्तिगत लाभार्थियों से सम्बन्धित काम जैसे घरों का निर्माण, भूमि विकास और कम्पोस्ट खाद के लिए खत्तों का निर्माण आदि आते हैं।

'सी' श्रेणी में जीवनयापन के लिए कार्यों की योजनाएँ आती हैं, और 'डी' श्रेणी में ग्रामीण परिसम्पत्तियों वाले काम जैसे सड़क और शौचालय निर्माण आदि आते हैं।

राज्य स्तर पर किसी भी गाँव की निजी और सार्वजनिक आवश्यकताओं का विभाजन कर प्रत्येक गाँव के लिए श्रम का बजट तैयार किया जाता है। इन कार्यक्रमों को ग्रामीण विकास सचिव की देखरेख में लागू किया जाता है और ग्रामीण विकास कमिश्नर इसके लिए निजी तौर पर जिम्मेदार होते हैं। वरिष्ठ अधिकारी के रूप में अतिरिक्त कमिश्नर मनरेगा के नेतृत्व में एक टीम इनकी सहायता करती है। उत्तर प्रदेश में जिलाधिकारी ही जिला का कार्य समन्वयक होता है और सहायक जिला कार्यक्रम समन्वयक के रूप में सीडीओ उनकी सहायता करते हैं। वर्तमान में ग्रामीण विकास योजना में जिलाधिकारी की भूमिका वाला यह सबसे महत्त्वपूर्ण कार्य है। पात्र श्रमिकों के लिए जॉब कार्ड सुनिश्चित कराना उनकी जिम्मेदारी है और हर ग्राम के कार्यक्रमों की सूची उपलब्ध है जहाँ मजदूरों को लगाया जाना है। किसी भी प्रकार की गड़बड़ी के बगैर मजदूरी सीधे मजदूरों के बैंक अकाउंट में जाती है। जिलाधिकारी के लिए व्यक्तिगत तौर पर जमीनी स्तर पर इन योजनाओं का निरीक्षण करना आवश्यक है। सरकार की गाइडलाइन के अनुसार काम सम्पन्न हो और फंड का समुचित उपयोग हो इसके लिए वह अपने अधिकारियों की टीम के साथ नियमित सारे कार्यों का मूल्यांकन करते हैं। योजनाओं का मूल्यांकन आमतौर पर श्रम बजट में श्रम दिवसों के निर्माण और फंड कितने प्रतिशत प्रयोग हुआ है, इसके आधार पर होता है, ताकि वित्तीय प्रगति को चिन्हित किया जा सके और फंड की

आवश्यकता दर्शाई जा सके। केन्द्र और राज्य सरकारों द्वारा फंड की आपूर्ति करने में आमतौर पर देर होती है, इससे लम्बी अवधि तक मजदूरी का भुगतान न होने से एक दुखद स्थिति पैदा होती है और योजना भी प्रभावित होती है।

मनरेगा के साथ अन्य विकास की योजनाओं को सम्मिलित करने में जिलाधिकारी की प्रतिभा प्रदर्शित होती है। उत्तर प्रदेश में कृषि उत्पादन आयुक्त के पद पर रहते हुए मैंने जिला फतेहपुर (उत्तर प्रदेश) के जिलाधिकारी को कई वर्षों से सूखी पड़ी एक नदी को पुनर्जीवित करने के लिए मनरेगा योजना का प्रयोग करने के लिए समझाया। उन्होंने नदी तट पर किसानों द्वारा भूमि पर किए गए अनधिकृत कब्जों को हटवाया और मनरेगा के फंड का उपयोग कर 36 किलोमीटर दूरी तक नदी की तलहटी को मजदूरों से साफ करवाया और उसके आसपास वनीकरण करवाया। पहली बार वर्षा होते ही सारी नदी पानी से भर गई। यह मनरेगा की योजना के साथ अन्य योजनाओं के सम्मिलन का एक क्लासिक उदाहरण है। नदी के पुनर्जीवन की इस अद्वितीय योजना को प्रधानमंत्री द्वारा अवार्ड प्रदान किया गया और यह अनोखा प्रयोग मनरेगा योजना के साथ अन्य योजनाओं को सम्मिलित करने से ग्रामीण क्षेत्र को लाभान्वित करने के लिए समर्पित था।

उत्तर प्रदेश में प्रमुख सचिव के पद पर काम करते हुए मुझे बुंदेलखंड के भयानक सूखे का सामना करना पड़ा। भयानक सूखे के समय बुंदेलखंड में मौजूद श्रमिकों और बाहर से वापस आने वाले प्रवासी श्रमिकों को रोजगार उपलब्ध कराने के लिए हमने बड़े पैमाने पर मनरेगा योजना को लागू करवाया। प्राथमिकता के आधार पर जॉब कार्ड तैयार करवाए गए और योजना को लागू करने के लिए अभियान चलाया गया। सूखा प्रभावित इन जिलों के लिए उपलब्ध लेबर बजट को हम लोगों ने लागू किया और सूखे से निपटने में तथा गरीबों की भूख मिटाने में यह एक लाभदायक प्रयोग साबित हुआ। मनरेगा योजना के अन्तर्गत बड़ी मात्रा में फंड उपलब्ध है और योजना को सही तरीके से लागू कर जिलाधिकारी एक सन्तोषजनक प्रभाव पैदा कर सकते हैं। यह ध्यान देने योग्य है कि प्रत्येक जॉब कार्ड धारक को वर्ष में 100 दिन काम देने का प्रावधान बना है फिर भी औसत तौर पर लोगों को बहुत कम 40 से 60 दिन ही काम मिलता है। यह साबित करता है कि इस योजना को लागू करने में काफी सम्भावनाएँ छिपी हैं। भारत सरकार ने कंप्यूटर आधारित विस्तृत निगरानी योजना बनाई है जिससे हर सूचना का रिकॉर्ड रहता है और योजना के लक्ष्य की पूर्ति सुनिश्चित की जाती है।

जमीन के मालिक किसानों को अक्सर ही इस योजना की आलोचना करते हुए सुना जाता है कि मनरेगा ने मजदूरों की मजदूरी बढ़ा दी है। इससे मजदूर उधर चले जाते हैं और भूमिहीन मजदूर खेतों में कार्य करने के लिए उपलब्ध नहीं होते। यह अपने आप में कोई बुरी चीज नहीं है क्योंकि अधिक मजदूरी मिलने से मजदूरों

का जीवन-स्तर सुधरेगा। कृषि कार्य में मजदूरों की कमी को मनरेगा के अन्तर्गत उन्हें कृषि कार्य में अनुमति प्रदान कर इस समस्या का हल निकाला जा सकता है। योजना को लागू करने में समस्याएँ हो सकती हैं परन्तु ग्रामीण विकास के लिए यह एक बड़ी महत्त्वपूर्ण योजना है और हर वर्ष इसके लिए भारी बजट आवंटन होता है।

राष्ट्रीय ग्रामीण आजीविका मिशन (एनआरएलएम)

यह मिशन ग्रामीण अंचल के गरीबों को जीवनयापन के अवसर प्रदान करने पर केन्द्रित है और एक जीवक्षम आर्थिक इकाई के रूप में महिलाओं के स्वयंसहायता समूहों की परवर्ती योजना है। यह योजना गरीबी विरोधी एक बड़ा उपाय है। इसे सही तरीके से लागू करने के लिए जिलाधिकारी और उसकी टीम को काफी कल्पनाशील और नेतृत्व-कुशल होना चाहिए। महिलाओं के स्वयं सहायता समूह बनाने की प्रक्रिया उन्हें जागरूक करने, उनका चुनाव करने फिर उन समूहों को अनेक कौशल और अनुवांशिक कामों में प्रशिक्षण देने और फिर आमदनी वाले कामों के लिए बैंक से कर्ज लेने के लिए उत्साहित किया जाता है। यदि यह योजना ग्राम विकास अधिकारी या पंचायत सचिव के द्वारा लागू करने पर छोड़ दी जाए तो यह गरीबी पर जरा सा भी आघात किए बगैर अनेक निरर्थक मीटिंगों और लक्ष्य निर्धारण करने में समाप्त हो जाएगी। इस योजना में महिला समूहों को प्रोत्साहित करने के लिए अतिरिक्त संवाद कौशल होना चाहिए ताकि उन्हें अपने जीवनयापन के स्रोतों को क्रमशः विकसित करने के लिए तैयार किया जा सके। एक कलेक्टर जो जनता के साथ काम करने में कुशल है, वह इस अहम योजना को लागू करने में बड़ा गुणात्मक परिवर्तन ला सकता है। यह अवश्य ही ध्यान रखना चाहिए कि इस योजना को मिशन की भावना के साथ लागू करना चाहिए और इसके लिए राज्य स्तर पर ऐसे सभी प्रयासों को समन्वित करने के लिए एक मिशन निदेशक भी होता है।

प्रधानमंत्री आवास योजना (पीएमजीएसवाई)

भारत सरकार ने सभी नागरिकों को 2022 तक मकान उपलब्ध कराने की घोषणा की है। यह एक बहुत ही महत्त्वकांक्षी और आवश्यक योजना है तथा बड़े पैमाने पर ग्रामीण क्षेत्र में घरों का निर्माण हो रहा है। एक कमरा एक रसोईघर और एक स्नानघर वाले घर के लिए दो लाख से अधिक रुपयों की व्यवस्था की गई है। इस योजना में सम्पूर्ण ग्रामीण भारत के स्वरूप को बदल दिया है और अब कच्चे मकानों की जगह ईंट-गारा से बने मकान दिखाई देते हैं। विभिन्न राज्य सरकारें इस योजना का अपना संस्करण लागू कर रही हैं। उदाहरणस्वरूप उत्तर प्रदेश में लोहिया आवास योजना के लिए प्रति आवास तीन लाख से अधिक धनराशि उपलब्ध कराई जा रही है। यहाँ दो कमरे, सौर ऊर्जा और फर्श निर्मित किया हुआ मकान उपलब्ध

कराया जा रहा है। इन योजनाओं की निगरानी में जिलाधिकारी और मुख्य विकास अधिकारी प्रमुख भूमिका निभाते हैं। वे सही लाभार्थी के चुनाव और समय से फंड उपलब्धता सुनिश्चित कराते हैं। निर्माण कार्यों की निरन्तर समीक्षा होती है। कुछ कलेक्टरों ने अपनी प्रतिभा का इस्तेमाल करते हुए प्रधानमंत्री आवास योजना के तहत पेयजल, शौचालय और बिजली जैसी बुनियादी सुविधाओं से युक्त कॉलोनियों का निर्माण भी करवाया है।

प्रधानमंत्री ग्राम सड़क योजना (पीएमजीएसवाई)

अनेक वर्षों से गाँव को मुख्य सड़क से जोड़ने की योजना सरकार का मुख्य विषय रहा है। वर्तमान प्रधानमंत्री ग्राम सड़क योजना उसी का अगला रूप है। सर्वप्रथम 1000 की आबादी वाले सभी गाँवों पर ध्यान केन्द्रित किया गया। उसके बाद 500 से 1000 आबादी वाले गाँवों को इस योजना में शामिल किया गया और फिर ढाई सौ से 500 आबादी वाले गाँवों को मुख्य सड़क से जोड़ा जाएगा। अभी तक 500 से अधिक जनसंख्या वाले लगभग सभी गाँवों को मुख्य सड़क से जोड़ा जा चुका है और अब इस योजना का अन्तिम भाग पूरा होना है। क्योंकि यह योजना किसानों के उत्पाद को बाजार तक लाने, शिक्षा सम्बन्धी सुविधाएँ उपलब्ध कराने और कई अन्य प्रकार से उनके जीवन में सहायक है अत: यह ग्राम विकास के लिए एक महत्त्वपूर्ण योगदान है। सड़कों के निर्माण में किसी भी राज्य में अनेक एजेंसियां काम कर रही हैं इसलिए किसी भी कलेक्टर के लिए इन एजेंसियों के साथ कार्यों की नियमित समीक्षा बहुत महत्त्वपूर्ण कार्य है ताकि अच्छी गुणवत्ता की सड़कें निर्धारित समय में निर्मित हों और काम में दोहराव न हो। योजना को बेहतर ढंग से लागू करवाना सर्वाधिक महत्त्वपूर्ण कार्य है और इसी कार्य में एक सक्षम और कुशल जिलाधिकारी अपनी प्रतिभा का प्रयोग कर तुलनात्मक रूप से बहुत अच्छे परिणाम प्राप्त कर सकता है।

स्वच्छ भारत मिशन (एसबीएम)

2 अक्टूबर, 2019 को भारत को खुले में शौच से मुक्त घोषित करना वर्तमान समय की एक बड़ी सफलता की कहानी है। यह कार्यक्रम भारत के प्रधानमंत्री के निर्देशन में उनकी जबरदस्त राजनीतिक इच्छाशक्ति का परिणाम है। उन्होंने इस विषय में अपनी दृष्टि की घोषणा वर्ष 2014 में की थी। वर्ष 2014 से 2019 तक भारत सरकार ने शौचालय बनवाने, जनता के व्यवहार में परिवर्तन लाने और उनमें शौचालय के प्रयोग की मानसिकता तैयार करने के लिए एक बहुत बड़ी पहलकदमी की। जिलाधिकारी इस सारे कार्यक्रम के केन्द्रक थे और उनकी कष्टसाध्य निगरानी का परिणाम है कि समय से लक्ष्य पूरा हुआ और लोगों की

चेतना में भी परिवर्तन हुआ है। सफलता की यह कहानी दर्शाती है कि जिलाधिकारी का नेतृत्व आश्चर्यजनक कार्य करवा सकता है। भारत को खुले में शौच से मुक्त करने का दूसरा फेज प्रक्रिया में है। इसका उद्देश्य पहले फेज की सफलताओं को स्थायित्व प्रदान करना और यह सुनिश्चित करना है कि लोग अपनी पुरानी आदतों पर पुनः वापस न आएँ। लोगों के व्यवहार में परिवर्तन लाना और उसे स्थायित्व प्रदान करना बहुत महत्त्वपूर्ण है और इस कार्य के लिए कलेक्टर और उनकी टीम को प्रमुख भूमिका निभानी होगी।

स्वच्छ पेयजल

ग्रामीण अंचल में स्वच्छ पेयजल के प्रोजेक्ट लागू हुए कुछ समय हो चुका है लेकिन जो स्थिति आज भी है उसे मात्रा या गुणवत्ता की दृष्टि से सन्तोषजनक नहीं कहा जा सकता। एक कलेक्टर के रूप में जब भी हम लोग गाँव का दौरा करते हैं वहाँ अधिक हैंडपम्प लगवाने की प्रमुख माँग हमारे सामने आती है। यह स्पष्ट रूप से दर्शाता है कि आम लोगों में पानी की उपलब्धता उनके जीवन के साथ कितनी गहराई से जुड़ी है। एक कलेक्टर के रूप में मेरा अनुभव है कि जब भी मैंने गाँव का दौरा किया मुझे हैंडपम्प या तो प्रधान के घर के पास या किसी प्रभावशाली व्यक्ति के घर के पास लगा मिला। यह और कुछ नहीं केवल ग्रामीण क्षेत्र में व्याप्त सत्ता के असमान ढाँचे का प्रतिबिम्ब है। यदि कलेक्टर और उनकी टीम इस बारे में सजग नहीं है तो गरीब लोगों की आबादी को स्वच्छ पेयजल का संकट बना रहेगा। गर्मी के मौसम में यह और भी आवश्यक हो जाता है क्योंकि हैंडपम्प सूखने लगते हैं या खराब हो जाते हैं और पानी की माँग बढ़ जाती है। सूखे के समय विशेष तौर पर यह समस्या बड़ी हो जाती है। कलेक्टर को हर एक हैंडपम्प की स्थिति पर निगरानी करनी होती है और सुदूर गाँव में टैंकरों के जरिए पानी की आपूर्ति करानी होती है। हर गाँव को पाइपलाइन के जरिए जल पहुँचाने का एक आदर्श लक्ष्य हमारे सामने होता है। उत्तर प्रदेश में इस तरह की अनेक योजनाएँ पारित हुईं परन्तु ग्रामीण क्षेत्र में विद्युत की कम आपूर्ति के कारण वे सफल नहीं हो सकीं। कई गाँवों को जल की आपूर्ति एक साथ करने की योजना में ग्रामवासियों के आपसी झगड़ों के कारण पानी की पाइप लाइनों को नुकसान हुआ और लक्ष्य से बहुत कम जल पहुँचाया जा सका। अभी भारत के प्रधानमंत्री ने ग्रामीण क्षेत्र के हर घर तक पेयजल पहुँचाने के उद्देश्य से पेयजल मिशन योजना की शुरुआत की है। इसी प्रकार का एक उच्चस्तरीय प्रोग्राम तेलंगाना राज्य में लागू किया गया है। कलेक्टर तथा अन्य अधिकारियों द्वारा स्वच्छ भारत अभियान में प्राप्त अनुभव इस जल जीवन मिशन के कार्यक्रम में उपयोगी भूमिका निभा सकते हैं और इस महत्त्वकांक्षी योजना को सुचारू रूप से लागू करने में भी उनकी महत्त्वपूर्ण भूमिका होगी।

ग्रामीण क्षेत्र में आम आदमी के स्वास्थ्य को प्रभावित करने वाली एक जटिल समस्या जल में आर्सेनिक, फ्लोराइड या भारी तत्वों का होना है। इस प्रकार की स्थानिक समस्याओं को चिन्हित करने और नागरिकों को दूषित जल के दुष्प्रभाव से बचाने के लिए जिलाधिकारी उपचारात्मक उपायों में व्यस्त रहते हैं। जल की नियमित जाँच और उसकी समय-समय पर गुणवत्ता के विषय में कलेक्टर का ध्यान देना बहुत जरूरी है। पानी के मामले की आपूर्ति करने वाली एजेंसियों के विवेक पर नहीं छोड़ा जा सकता। जल जीवन मिशन के पीछे प्रधानमंत्री की सर्वोच्च इच्छाशक्ति है इसलिए हम आशा कर सकते हैं कि 2024 तक हर घर तक नल से जल पहुँचाने का लक्ष्य पूरा होगा और यह मीलों दूर से परिवार के लिए पानी लाने वाली घरेलू महिलाओं के लिए एक बड़ा वरदान साबित होगा।

सिंचाई योजना

किसानों के लिए सिंचाई की व्यवस्था करना जिलाधिकारी की चिन्ता का एक बड़ा विषय है। किसानों को फसल की सिंचाई करने के समय समुचित जल न प्राप्त हो तो वह बहुत विक्षुब्ध हो जाते हैं। अधिकांश जिलों के गाँवों में राज्य सरकार के ट्यूबवेल हैं परन्तु उनमें से अनेक ट्यूबवेल विद्युत या मिकैनिकल कारण से खराब रहते हैं। कलेक्टर को नियमित रूप से इस पर निगाह रखनी होती है कि ट्यूबवेल लम्बे समय तक खराब न रहें और उनकी मरम्मत का काम प्राथमिकता के स्तर पर पूरा हो। उत्तर प्रदेश में निजी ट्यूबवेल बड़े पैमाने पर सिंचाई की व्यवस्था में योगदान देते हैं। इनका उपयोग अधिकांश समय बिजली की आपूर्ति पर निर्भर करता है। विगत कुछ वर्षों में बिजली की आपूर्ति में काफी सुधार हुआ है। विद्युत की समुचित सप्लाई न होने पर किसान जेनरेटरों का प्रयोग करते हैं। इससे उनकी उत्पादकता की लागत बढ़ती है। आजकल सौर ऊर्जा से चालित पावर वाटर पम्प उपलब्ध हैं और सरकार इस पर भारी छूट दे रही है। कलेक्टर को इस योजना पर अवश्य ध्यान देना चाहिए।

कई राज्यों में सिंचाई के स्रोत 40% से भी कम हैं और वहाँ कृषि वर्षा पर आधारित है। उत्तर प्रदेश राज्य में भी बुंदेलखंड एक ऐसा ही क्षेत्र है। सरकार ने वाटर शेड योजना और चेक डैम योजना बनाई है जो पानी को एकत्र करने और उसे सिंचाई के लिए समुचित तरीके से प्रयोग करने वाली महत्त्वपूर्ण योजनाएँ हैं। वाटर शेड योजना कन्वर्जेंस के सिद्धांत पर आधारित है और थोड़ी जटिल है। इन कार्यक्रमों को सफल बनाने में कलेक्टर को स्वयं प्रयास करने होंगे अन्यथा फंड का दुरुपयोग होगा।

जहाँ नहरों से सिंचाई की सुविधा उपलब्ध है वहाँ भी किसानों के वास्तविक खेतों तक सिंचाई जल न पहुँचने की समस्या है। हर वर्ष नहरों से गाद निकालने

का एक बड़ा कार्यक्रम लागू होता है ताकि सिंचाई का जल नहर के अन्तिम छोर तक पहुँच सके। जिलाधिकारी को स्वयं नहर के अन्तिम छोर के गाँव का मुआयना करना चाहिए और सुनिश्चित करना चाहिए कि कोई भी आदमी बीच में अपने निजी स्वार्थ में नहर का कटाव न करे। सिंचाई के लिए क्षमता निर्मित करने और उसके वास्तविक प्रयोग के बीच हमेशा भारी अन्तर रहता है। नहर को किसानों के खेतों से जोड़ने वाले नालों का निर्माण नहर व्यवस्था का कमांड एरिया विकसित करना कहा जाता है। क्षेत्र की कृषि उत्पादकता को उन्नत करने के लिए यह कार्य अति आवश्यक है। इस कमांड एरिया को विकसित करने में जिलाधिकारी की बड़ी भूमिका होती है। जल स्रोतों के तेजी से सूखने के कारण वर्तमान योजना में जल के प्रयोग में कुशलता बहुत महत्त्वपूर्ण है। जल की हर बूँद कीमती है और भारत सरकार की योजना बूँद-बूँद पानी के उपयोग पर लक्षित है। कई राज्यों में लोग इस बात से अपरिचित हैं कि पानी एक अपर्याप्त संसाधन है और किसान अधिक पानी के प्रयोग वाली फसलें उगा रहे हैं तथा जिन फसलों में बहुत अधिक पानी की जरूरत नहीं है वहाँ भी खेतों को पानी से भर देते हैं। फुहारा विधि से पानी छिड़काव कर और बूँद-बूँद पानी से सिंचाई करने की संभावनाओं का अभी अधिक प्रयोग नहीं हुआ है। सिंचाई के परम्परागत तरीकों से केवल पानी ही बर्बाद नहीं होता बल्कि भूमि की उत्पादकता भी घट जाती है। एक लीडर के रूप में जिलाधिकारी गाँव में मीटिंग आयोजित कर किसानों को जल के संरक्षण, उसके उत्पादकतापूर्ण और मितव्ययी प्रयोग के बारे में संवेदनशील बना सकते हैं।

जल से सम्बन्धित एक और समस्या भूजल में निरन्तर कमी और अधिक से अधिक गाँवों और ब्लॉकों को अधिक जल शोषित या संकट पूर्ण घोषित होना भी है। एक बार फिर यहाँ जिलाधिकारी नेतृत्वकारी भूमिका निभाते हुए किसानों को परिस्थिति के बारे में समझा सकते हैं और वर्षा के पानी के एकत्रीकरण और इसी प्रकार की योजनाओं के सम्बन्ध में विभिन्न योजनाओं से फंड को इस कार्य में प्रयोग कर सकते हैं। सरकार ने हाल ही में 'कैच द रेन' नाम का एक जनान्दोलन शुरू करने का सोचा है। इसका लक्ष्य वर्षा के पानी को संरक्षित कर भूमिगत जल को 'रिचार्ज' करना है।

कृषि

भारत प्रमुख रूप से कृषि अर्थव्यवस्था वाला देश है। उत्तर प्रदेश में सकल राज्य घरेलू उत्पाद (जीएसडीपी) का 25% कृषि क्षेत्र से आता है और लगभग 60% आबादी का जीवन कृषि पर आधारित है। ऐसी ही स्थिति भारत के अन्य राज्यों की भी है। कृषि क्षेत्र में उत्पादन को बढ़ाने और किसानों को उनके उत्पाद का अच्छा मूल्य सुनिश्चित करने से ही गरीबी उन्मूलन सम्भव है। कृषि क्षेत्र में भी विगत कुछ वर्षों में बड़ा परिवर्तन हुआ है। अब कृषि में लागत सामग्री की उपलब्धता

की समस्या कम है बल्कि भंडारण और बाजार की समस्या अधिक है। जब मैं कलेक्टर के रूप में सेवाएँ दे रहा था तब हम लोगों को किसानों के लिए बीज, खाद, पानी और कर्ज तथा कृषि लागत की अन्य चीजों की व्यवस्था करने का लक्ष्य दिया जाता था। उस समय सामान्य तौर पर खेती में प्रयोग होने वाली चीजों खासकर खाद की कमी होती थी। खाद के भंडारण, कालाबाजारी का खतरा बना रहता था जिसे रोकने के लिए कलेक्टर और उसकी टीम पर जाँच-पड़ताल और दबिश तथा सुचारु वितरण की व्यवस्था विकसित करने की जिम्मेदारी होती थी।

फसलों के उचित मूल्य प्राप्त करने के लिए किसान गेहूँ, चावल और लगभग 20 अन्य अनाजों के लिए सरकार द्वारा निर्धारित न्यूनतम समर्थन मूल्य (एमएसपी) का लाभ पाने का प्रयास करते हैं । पंजाब, हरियाणा, पश्चिमी उत्तर प्रदेश, मध्य प्रदेश और तेलंगाना जैसे राज्यों में सरकार द्वारा मुख्य रूप से गेहूँ और धान की खरीद होती है। इन राज्यों में खरीद केन्द्र की गतिविधियों का सफलतापूर्वक कार्यान्वयन सम्पूर्ण रूप से कलेक्टर के नेतृत्व पर निर्भर है। किसानों को अपना उत्पाद बेचने के लिए अधिक दूरी न तय करना पड़े इसके लिए जिला कलेक्टर खरीद केन्द्रों की संख्या और उनका स्थान निर्धारित करता है। इसके बाद स्टाफ और अनाज तौलने आदि के लिए आवश्यक उपकरणों की व्यवस्था होती है। कलेक्टर को अनाज भरने के लिए बोरों (बैग) और खरीद केन्द्रों पर फंड की नियमित व्यवस्था सुनिश्चित करनी होती है। उसके बाद अनाज के भंडारण और उसकी देखरेख का प्रश्न आता है।

किसानों को वास्तविक लाभ पहुँचाने के लिए एक बहुत उच्च स्तरीय निगरानी टीम की आवश्यकता होती है जो बिचौलियों के भ्रष्टाचार को रोक सके। यह कहना अतिशयोक्ति न होगी कि सम्पूर्ण खाद्य सुरक्षा की व्यवस्था कलेक्टर द्वारा खरीद व्यवस्था को भली प्रकार व्यवस्थित करने पर निर्भर होती है। जिला प्रशासन उन मंडियों की भी देखरेख करता है जहाँ किसान अपना उत्पाद बेचने आते हैं। मंडी समितियों को निर्वाचित करने की व्यवस्था है लेकिन अक्सर ही इसके अतिरिक्त यह जिम्मेदारी जिला प्रशासन की होती है। एक अन्वेषक जिलाधिकारी वास्तव में मंडियों को एक बेहतर बाजार स्थल बना सकते हैं। किसान को उसके उत्पाद का अच्छा मूल्य प्राप्त हो इसके लिए उत्पादों को छाँटने, श्रेणीकरण, सफाई और उनके मूल्य में वृद्धि करने जैसी गतिविधियाँ सम्भव हैं।

किसानों के लिए डेयरी उद्योग भी आमदनी का बड़ा साधन है। कृषि के सामान्य उत्पादन के साथ-साथ पशुपालन के द्वारा किसानों की आमदनी में वृद्धि की जा सकती है। पशुओं को समुचित चारा और पशु चिकित्सा सहायता के साथ-साथ कृत्रिम गर्भाधान के जरिए पशुओं की नस्ल उन्नत करने के कार्य में भी जिलाधिकारी महत्त्वपूर्ण भूमिका निभा सकते हैं। किसानों को दूध के समुचित मूल्य के लिए उसका शीतलन, परिवहन और उसके मूल्य में वृद्धि आवश्यक है। अमूल

का मॉडल इसका एक क्लासिक उदाहरण है। एक प्रतिभाशाली कलेक्टर इस क्षेत्र में एक सम्पूर्ण शृंखला विकसित कर किसानों की आमदनी में क्रान्ति पैदा कर सकते हैं। यही बात मुर्गी पालन और मत्स्य पालन के लिए भी सही है, जो किसान उद्यमिता की भावना रखते हैं और कुछ बड़ा करना चाहते हैं उनके लिए कलेक्टर बैंकों से समन्वय स्थापित कर कर्ज की व्यवस्था करा सकते हैं।

बैंक

यदि बैंक सही समय पर सही व्यक्ति को धन उपलब्ध करा सकें तो वे विकास का महत्त्वपूर्ण और आवश्यक स्रोत हो सकते हैं। किसान क्रेडिट कार्ड (केसीसी) किसानों को निर्धारित समय के लिए उचित मात्रा में कर्ज देने का एक मेकैनिज्म है। कलेक्टर को अपने जिले में सभी किसानों के क्रेडिट कार्ड तैयार कराने के लिए जिले के सभी बैंकों से अवश्य ही समन्वय स्थापित करना चाहिए। उन्हें देखना चाहिए कि सरकारी विकास योजनाओं के विभिन्न लाभार्थियों को बैंकों से कर्ज़ उपलब्ध हो। हर जिले में एक समन्वय समिति होती है जिसमें जिलाधिकारी और बैंकों की तरफ से लीड बैंक के मैनेजर कृषि और ग्रामीण विकास के लिए दिए गए वित्त की समय-समय पर समीक्षा करते हैं।

पिछड़े राज्यों में कर्ज अदा करने की स्थिति बहुत खराब है और कलेक्टर को जिला स्तर की योजनाओं के लिए बैंक को और अधिक कर्ज देने के लिए तैयार करना चाहिए। वह कुछ व्यावहारिक और बैंकों के लायक योजनाएँ तैयार करने में सहायक हो सकते हैं। कुछ वर्ष पूर्व भारत के प्रधानमंत्री ने वित्तीय समावेशन के विचार से अधिकांश लोगों के बैंक खाता खोलने के लिए एक जन-धन योजना लागू की थी। वित्तीय समावेशन विकास का एक खास और आवश्यक घटक है। यह देखा गया कि इस योजना की सफलता भी बैंकों की पहल, कलेक्टर की समन्वय की योग्यता, समझाने-बुझाने की क्षमता और गतिशीलता पर निर्भर थी। कलेक्टर को अपने राजस्व वसूली के अधिकार का प्रयोग करते हुए बैंकों का कर्ज वसूल करने में सहायता करनी चाहिए।

शिक्षा

यदि हम युवाओं को उच्च गुणवत्ता की शिक्षा प्रदान कर सकें तो भारत अपनी बड़ी जनसंख्या का लाभ उठा सकता है। दुर्भाग्यवश भारत के ग्रामीण क्षेत्रों में सरकारी स्कूलों और कालेजों की शिक्षा का स्तर बहुत अच्छा नहीं है और वहाँ से बड़ी संख्या में निकलने वाले शिक्षित युवा बेरोजगारों की फौज में शामिल हो रहे हैं और अपराध और गुंडागर्दी आदि में अपनी शक्ति का प्रदर्शन करते हैं। लगभग हर गाँव में एक प्राथमिक स्कूल है। सरकार द्वारा शिक्षा के क्षेत्र में प्रदान की गई अनेक

सुविधाएँ व्यवहार में लागू नहीं होती। कलेक्टर को स्कूलों की समस्या को समझने और उनका हल निकालने के लिए निरीक्षण अवश्य करना चाहिए। एक अच्छे कलेक्टर को मिड डे मील और विद्यार्थियों को निशुल्क पुस्तकों और यूनिफॉर्म की सुविधाओं पर निगरानी रखने की व्यवस्था विकसित करनी चाहिए। उसे सुनिश्चित करना चाहिए कि स्कूल प्रबन्धन समिति ठीक से काम करें और गाँव के अध्यापक शिक्षण कार्य में शामिल हों और उचित तरीके से छात्रों को शिक्षा प्रदान करें। एक सतर्क जिलाधिकारी स्कूलों में अध्यापकों की अनुपस्थिति पर नियंत्रण कर सकता है और यह अध्यापकों व छात्रों दोनों के लिए एक बड़ा संकेत होगी। कलेक्टर को शिक्षा की उपलब्धियों को जानने के लिए यथासम्भव अधिक से अधिक स्कूलों का निरीक्षण करना चाहिए। कलेक्टर या उसकी टीम को छात्रों से पुस्तक पढ़वाने और गणित के प्रश्नों को हल करवा कर देखना चाहिए। कलेक्टर की एक बड़ी जिम्मेदारी किसी भी प्रकार की धोखाधड़ी या कदाचार के बगैर परीक्षा सम्पन्न कराना है। कलेक्टर को स्वयं सामने आकर संगठित शक्तिशाली शिक्षा माफिया गिरोहों के खिलाफ सख्त कदम उठाकर परीक्षा सम्पन्न करानी होती है। मेरे विचार से शिक्षा का विषय कलेक्टर की प्राथमिकताओं में से एक अवश्य होना चाहिए।

स्वास्थ्य

गरीबों व अन्य लोगों को स्वास्थ्य सुविधाएँ उपलब्ध कराना कलेक्टर की चिन्ता का एक और महत्त्वपूर्ण क्षेत्र है। जिले में मुख्य चिकित्सा अधिकारी (सीएमओ) स्वास्थ्य प्रशासन का प्रमुख होता है लेकिन यदि जिलाधिकारी जिला अस्पताल के कार्यकलापों में शामिल हो तो स्वास्थ्य सेवाओं में काफ़ी सुधार हो सकता है। उसके द्वारा कभी-कभी अस्पताल के निरीक्षण करने से अस्पताल व शौचालयों की सफाई तथा मरीजों की सुविधाओं में सुधार होता है। सरकारी अस्पतालों में मुफ्त दवा और इलाज की सुविधा उपलब्ध है परन्तु कुछ डॉक्टर भ्रष्ट गतिविधियों में शामिल हो जाते हैं और अपने फायदे के लिए मरीजों को नर्सिंग होम जाने का लालच देते हैं। अस्पताल में दवाएँ उपलब्ध नहीं हैं, यह कहकर उन्हें अस्पताल के आसपास स्थित मेडिकल स्टोरों पर भेज देते हैं। इस सब पर भी निगरानी रखने की आवश्यकता है। भ्रष्टाचार की इन गतिविधियों को रोकना और जनता को समुचित स्वास्थ्य सेवा उपलब्ध कराना कलेक्टर का कर्तव्य है।

मातृ एवं शिशु स्वास्थ्य के साथ-साथ स्वास्थ्य विभाग की क्षय रोग (टीबी) उन्मूलन ऐसी स्वास्थ्य सम्बन्धी अनेक योजनाएँ हैं। कलेक्टर के हस्तक्षेप से यह योजनाएँ बेहतर और गुणवत्तापूर्ण तरीके से लागू होती हैं। जिला कलेक्टर के नेतृत्व में संचालित पोलियो उन्मूलन अभियान के द्वारा पोलियो की समाप्ति इसका एक बहुत अच्छा उदाहरण है।

जिले के प्राथमिक स्वास्थ्य केन्द्रों (पीएचसी) पर डॉक्टरों की अनुपस्थिति भी एक बड़ी समस्या है। प्राथमिक स्वास्थ्य केन्द्रों पर सुविधाएँ तो पहले से ही कम हैं और डॉक्टरों की अनुपस्थिति इसे और जटिल बना देती है। कलेक्टर और उनकी टीम इनका निरीक्षण और निगरानी कर गरीबों को मिलने वाली स्वास्थ्य सेवाओं में एक आश्चर्यजनक बदलाव कर सकते हैं। इंदौर (मध्य प्रदेश) जिले के कलेक्टर ने पहलकदमी लेकर वहाँ के डॉक्टरों, नागरिकों, अस्पताल से स्वास्थ्य सेवाएँ लेने वालों तथा नगर के प्रसिद्ध लोगों को लेकर रोगी कल्याण समिति (आरकेएस) का निर्माण किया। इस समिति के माध्यम से उन्होंने फंड एकत्र करवाया और अस्पताल के इंफ्रास्ट्रक्चर को विकसित किया। इस प्रकार जिला अस्पताल का कायाकल्प हुआ और रोगी कल्याण समिति शब्द सरकार के स्वास्थ्य सम्बन्धी नीति कोष में शामिल हुआ। राष्ट्रीय स्वास्थ्य मिशन जिसे पहले राष्ट्रीय ग्रामीण स्वास्थ्य मिशन (एनआरएचएम) के नाम से जाना जाता था, स्वास्थ्य सेवाओं की व्यवस्था व सेवाओं के सामुदायीकरण में एक मिशन की तरह कार्य करने वाला क्रांतिकारी कदम है। कलेक्टर को इन योजनाओं को लागू करने में एक मुख्य समन्वयकर्ता के रूप में जिला स्तर पर मुख्य भूमिका निभानी होती है। कलेक्टर की अध्यक्षता वाली कमेटी द्वारा डॉक्टर और स्टाफ की अस्पताल में भर्ती संविदा के आधार पर होती है। राष्ट्रीय स्वास्थ्य सेवा मिशन उन्हें स्वास्थ्य सेवाओं में शानदार उन्नति करने का अवसर प्रदान करता है। इसके द्वारा मातृत्व और शिशु की मृत्यु दर में बहुत कमी आई है और सामुदायिक सेवा कर्मी के रूप में आशा (एएसएचए) कर्मचारियों की एक महत्त्वपूर्ण संस्था खड़ी हुई है।

अनेक पिछड़े और सम्भावनामय जिले कुपोषण से ग्रसित होते हैं। कलेक्टर को स्वयं सामने आकर पोषण मिशन को लागू करना चाहिए। उन्हें अपने जिले में कुपोषण को समाप्त करने या कम से कम कुपोषण की घटनाओं को कम करने का लक्ष्य निर्धारित करना चाहिए। इस लक्ष्य पूर्ति के लिए उसे अपनी प्रतिभा और दक्षता का प्रयोग कर स्वास्थ्य, पोषण और स्वच्छता विभाग की योजनाओं से फंड प्राप्त करना चाहिए।

उद्योग और आधारभूत संरचना

औद्योगिक विकास का विषय सामान्य तौर पर राज्य के अधिकार क्षेत्र में रहता है परन्तु एक कलेक्टर जिले में मौजूद उद्योगों की देखभाल करते हुए, नए उद्योगों के लिए भूमि चिन्हित कर व प्रस्ताव पेश कर इसमें अपना स्थान बना सकता है। अपने नेतृत्व में जिला स्तर पर एक अधिकारसम्पन्न कमेटी का गठन कर व्यापार और उद्योग सम्बन्धी व्यक्तियों की समस्याओं का समाधान करते हुए नए उद्योगों के लिए भूमि चिन्हित कर वह इस विषय में योगदान प्रदान कर सकता है। कलेक्टर

को अपने जिले में आधारभूत संरचना विकसित करने पर ध्यान देना चाहिए। उन्हें नई सड़कों, निर्माणाधीन सड़कों, निर्माणाधीन नए भवनों और सड़कों की देखरेख और आधारभूत संरचना के निर्माण का मूल्यांकन अवश्य ही करना चाहिए। इन कामों में उन्हें लोक निर्माण विभाग (पीडब्ल्यूडी) को सही नेतृत्व व निर्देशन प्रदान करना चाहिए। उन्हें नहीं भूलना चाहिए कि सड़कें किसी भी जिले के विकास के स्तर और प्रशासन की गुणवत्ता की प्रत्यक्ष सूचक होती हैं। मुझे 22 माह के रिकॉर्ड टाइम में 328 किलोमीटर लम्बे लखनऊ-आगरा एक्सप्रेस वे के निर्माण का व्यक्तिगत अनुभव है। कलेक्टरों द्वारा निर्धारित समय में किसानों से मोलभाव कर निर्विवाद रूप से भूमि अधिग्रहण करने और दृढ़ता से इस काम में लगने से ही यह सम्भव हुआ था। औद्योगिक और आधारभूत संरचना की योजनाओं को शीघ्रता से सफल बनाने में कलेक्टरों द्वारा भूमि अधिग्रहण का कार्य बहुत महत्त्वपूर्ण है। विद्युत आपूर्ति में भी कलेक्टर की बड़ी भूमिका होती है। किसी भी जिले में विद्युत आपूर्ति में बाधा पड़ने पर जनता अत्यधिक उत्तेजित और आंदोलनरत हो जाती है और कभी-कभी तो कानून-व्यवस्था की स्थिति भी बिगड़ जाती है। मुझे आगरा के जिलाधिकारी के पद पर नियुक्ति मिलते ही अग्निपरीक्षा देनी पड़ी थी। मेरे कार्यभार सँभालते ही उसी रात विद्युत आपूर्ति से क्रोधित नागरिकों ने रात-भर मेरे निवास का घेराव किया था। कलेक्टर को जनता की तरफ से विद्युत आपूर्ति के विषय को राज्य सरकार के सामने अवश्य रखना चाहिए। वर्तमान में शहरी व ग्रामीण क्षेत्र में विद्युत आपूर्ति की स्थिति तुलनात्मक रूप से अच्छी है।

शहरी विकास

बड़े जिलों का शहरी विकास म्युनिसिपल कमिश्नर के अधिकार क्षेत्र में होता है परन्तु छोटे कस्बों और अर्ध शहरी जिला मुख्यालयों की समस्याओं का जिम्मेदार कलेक्टर भी होता है। जब एक निर्वाचित संस्था निलम्बित हो जाती है परन्तु निर्वाचित स्थानीय सरकार अस्तित्व में रहती है तब यह और भी ज्यादा स्पष्ट हो जाता है। शहर के कूड़े की सफाई और उसका निष्पादन, जलापूर्ति, सीवर व्यवस्था, पानी की निकासी, सड़क और गलियों के मुद्दे सभी कलेक्टर के समक्ष आते हैं। जल और वायु प्रदूषण रोकना ऐसे महत्त्वपूर्ण विषय हैं जिनकी अनदेखी कलेक्टर नहीं कर सकता।

समाज कल्याण

वृद्धावस्था पेंशन, विधवा पेंशन, दिव्यांग पेंशन और साथ ही साथ छात्रों को छात्रवृत्ति देने जैसी अनेक समाज कल्याण की योजनाएँ हैं जिन पर कलेक्टर को निगरानी रखनी चाहिए। उसे देखना चाहिए कि सभी पात्र लाभार्थियों को योजनाओं का लाभ

मिले तथा किसी भ्रष्टाचार के बगैर धन लाभार्थियों के खातों में ट्रांसफर होता रहे। यह योजनाएँ सर्वाधिक गरीब लोगों के लिए हैं इसलिए इनके लागू होने में किसी भी प्रकार का भ्रष्टाचार ईशनिंदा के समान है। एक सजग जिलाधिकारी इन योजनाओं के जरिए सीधे गरीबों को लाभ पहुँचा सकता है।

विकास योजनाओं की यह सूची संकेत मात्र है और सरकार की अनेक योजनाओं और प्रोजेक्ट्स को अपने नेतृत्व में लागू करने के लिए कलेक्टर को समन्वय स्थापित करना होता है। कलेक्टर पर बहुत अधिक दबाव होता है और उसे तमाम योजनाओं के बीच जिले की परिस्थिति और प्रकृति के अनुसार प्राथमिकता तय करना है। यह बड़े सम्मान की बात है कि राज्य स्तरीय तमाम योजनाओं का दबाव होने के बावजूद कलेक्टर अपनी गतिशीलता, शक्ति और नव अन्वेषण की प्रकृति के सहारे जिले में नई पहल लेते हैं।

कार्यान्वयन की गुणवत्ता

सभी योजनाओं के द्वारा जनता को वास्तविक लाभ प्राप्त हो इसलिए उनके कार्यान्वयन पर कलेक्टर द्वारा ध्यान देना अति आवश्यक है। योजना कार्यों की गुणवत्ता सुनिश्चित करने के लिए उन्हें तीसरी पार्टी से मूल्यांकन कराना चाहिए। मैं महसूस करता हूँ कि वर्ष-भर इनके मूल्यांकन के लिए व्यवस्था होनी चाहिए। यह कार्य स्टेट प्लैनिंग इंस्टीट्यूट जैसी संस्थाओं के द्वारा भी स्वतंत्र रूप से किया जा सकता है। स्पष्ट होना चाहिए कि जहाँ कहीं भी भारी अनियमितताएँ मिलें वहाँ जिला नेतृत्व द्वारा स्वयं किए गए कार्य की रिपोर्ट की प्रस्तुति स्वीकार नहीं होनी चाहिए। वास्तव में यह एक नकारात्मक पहलू है और इसके लिए जिला स्तरीय अधिकारी को जिम्मेदार ठहराना चाहिए। यह तभी सम्भव हो सकता है जब एक अधिकारी यह महसूस करे कि उसके कामों का वार्षिक प्रदर्शन उसके कार्यान्वयन की उन्नत गुणवत्ता पर निर्भर करता है।

वास्तविक मूल्यांकन और गुणवत्ता पर जोर का जिला स्तर पर कोई विकल्प नहीं। योजनाधीन निवेश को जिलाधिकारी और उसके सीडीओ को देना होगा। उन्हें फिर सम्बन्धित अधिकारियों को राह दिखानी होगी और साफ तौर पर यह जता देना होगा कि उनसे क्या उम्मीद की जा रही है। प्रोजेक्ट और कार्यक्रमों के कार्यान्वयन में सोच-विचार वाला यही हिस्सा नदारद है। होता यह है कि लक्ष्यों की भूल-भुलैया में उद्देश्य को भुला दिया जाता है।

जिलाधिकारी, सीडीओ, जिला स्तर के बाकी अधिकारी और एसडीएम द्वारा किया गया मुआयना सुनिश्चित और उद्देश्यपूर्ण होना चाहिए। मसूरी अकादमी के निदेशक ने एक अध्ययन किया और पाया कि जिलाधिकारी विकास कार्य को सिर्फ अपना 15 फीसदी समय देता है। इससे अन्दाजा लगाया जा सकता है कि

कितनी कम गुणवत्ता की पड़तालें की जाती हैं। यही सीडीओ और बीडीओ तक के लिए सच है। सभी स्टाफ अधिकारी बन चुके हैं और लाइन का कार्य गाँव-स्तर का अधिकारी ही सँभालता है। वास्तविक विकास तभी सम्भव है यदि ये अधिकारी अपने टेबल छोड़कर क्षेत्र का दौरा करें।

निरीक्षण की यह संस्कृति तकनीकी विभागों के सन्दर्भ में एकदम उपेक्षित हो चुकी है। ऐसा बहुत कम देखा जाता है कि जल निगम का कोई अधिकारी हैंडपम्प का मुआयना कर रहा है या फिर ट्यूबवेल विभाग का अधिकारी ट्यूबवेल को चेक कर रहा है। मुख्य समस्या यह है कि एसडीओ या जूनियर इंजीनियर जैसे निचले स्तर के अधिकारी, जो तहसील और ब्लॉक मुख्यालय पर नियुक्त हैं, ये भी वहाँ नहीं रहते और कम ही मिलते हैं। अपनी शिकायतों को लेकर आम लोगों का इनसे मिल पाना दुश्वार ही है। इससे स्थिति कम गुणवत्तावाले नतीजों और जनता की ठंडी प्रतिक्रिया की बनती है। इसका जवाब यह है कि विभागीय प्रमुख अपने मातहतों के फील्डवर्क का अच्छी तरह से निरीक्षण करे। वरिष्ठ अधिकारियों की ओर से आकस्मिक पड़ताल और डीफॉल्टर्स के खिलाफ कार्रवाई से यह योजना सफल हो सकती है।

अपने प्रशिक्षित व योग्य स्टाफ की ओर से जिलाधिकारी को मिलनेवाले सहयोग पर ही यह बात निर्भर करती है कि किस हद तक सही तरह से कार्यक्रमों का निरीक्षण हो सकेगा। कई निर्माण कार्यों की सही प्रकार से परख तकनीकी रूप से दक्ष व्यक्ति ही कर सकता है। इसलिए एक अधिशासी अभियंता के स्तर के अधिकारी के नेतृत्व में एक तकनीकी टीम को डीआरडीए से जोड़ना एक फिजूल विचार नहीं होगा। इस तकनीकी शाखा से जिलाधिकारी व सीडीओ के सीधे नेतृत्व में काम करना चाहिए। इस टीम को काम के आकलन को जाँचना-परखना चाहिए और क्षेत्रगत प्रभावीकरण के काम में जिलाधिकारी की मदद करनी चाहिए।

दूसरी सबसे जरूरी चीज यह है कि विभिन्न विभागों के प्रतिभासम्पन्न अधिकारियों को प्रतिनियुक्ति के आधार पर डीआरडीए में लाया जाए। इसके प्रेरक के रूप में इनको बेहतर सेवा स्थिति तथा पगार में इजाफा इत्यादि दिए जा सकते हैं। इसके अलावा सम्बन्धित अधिकारियों का रवैया बदलना होगा और इन्हें समुचित उपायों से संचालित करना होगा। पीडी, डीडीओ, बीडीओ जैसे अधिकारी व अन्य को प्रोजेक्ट के मूल्यांकन जैसे विषयों में प्रशिक्षित करना होगा। इन अधिकारियों को इस तरह तैयार करना होगा कि ये आर्थिक विकास के प्रतिनिधि की भूमिका का निर्वाह कर सकें।

हमने देखा है कि विकास प्रक्रिया में विभिन्न विभागों की हिस्सेदारी होती है। इनमें से ज्यादातर विभाग जिलाधिकारी के सीधे नियंत्रण में नहीं होते। जिलाधिकारी का अधिकार सिर्फ इसी बात से तय होता है कि फंड का संचालन उसके जरिए

होता है और दूसरे, कानून-व्यवस्था व सुरक्षा मदद के लिए सबको जिलाधिकारी का सहारा लेना पड़ता है। यह एक मानव प्रबन्धन का प्रश्न है कि तकनीकी विभागों के साथ जिलाधिकारी किस हद तक तालमेल बैठा पाता है और किस सीमा तक उनका नेतृत्व कर सकता है। एक बार जिलाधिकारी विकास कार्यों पर आयोजित बैठक में भाषण दे रहा था। भाषण के दौरान उसने पाया कि एक विभाग का अधिशासी अभियंता बैठक में मौजूद नहीं है। दरयाफ्त करने पर पता लगा कि वह आराम से अपने दफ्तर में बैठा हुआ था। बुलाने पर वह आया, लेकिन अकड़ से पेश आया। जिलाधिकारी ने अपना आपा खो दिया और ताकीद करते हुए कहा कि सलीके से पेश आएँ वरना दफ्तर से बाहर निकल जाएँ। इस पर अभियंता उठकर चलता बना।

तमतमाए हुए जिलाधिकारी ने अभियंता के इस रवैये के बारे में सचिव को एक बहुत ही कड़ा पत्र लिखा; पर कुछ हुआ नहीं। इसका सन्देश एकदम साफ है कि जिलाधिकारी एक नितांत अकेला अधिकारी है। उसे ऊपर से समर्थन मिलने की गुंजाइश काफी कम है। इसलिए उसे काम इस तरह से करना चाहिए कि इस तरह की स्थिति ही न उपजे क्योंकि अन्ततः मात उसी को खानी पड़ती है।

इसी के साथ-साथ कुछ जिलाधिकारी इस पूर्वधारणा के साथ काम करते हैं कि वे ही ईमानदार हैं और बाकी सारे इंजीनियर भ्रष्ट हैं। मैंने एक जिलाधिकारी को अपनी अँगुली एक इंजीनियर की तोंद में कोंचते हुए देखा और यह बोलते हुए सुना कि उसे पता है कि उसने (इंजीनियर ने) काली कमाई से इसको (तोंद) कैसे भरा है। स्वाभाविक है कि इस घटना से नाराजगी की एक बड़ी लहर दौड़ गई और जिलाधिकारी ने सभी तकनीकी अधिकारियों का समर्थन खो दिया।

एक जिलाधिकारी को परिपक्व तरीके से व्यवहार करना चाहिए। उसे मामलों को निजी स्वरूप नहीं देना चाहिए और इसी के साथ उसे कार्यक्रमों के बारे में अधिकारियों से सूचनाएँ निकाल लेनी चाहिए। उसे साथ जाकर इन अधिकारियों के काम का निरीक्षण भी करना चाहिए। जिलाधिकारी चाहे तो जनता से सूचनाएँ एकत्र कर कभी भी इन विभागों को नियंत्रित कर सकता है।

रोजमर्रा के मुलाकाती जिलाधिकारी को रोजाना ऐसी तमाम जानकारियाँ देते हैं जो जिलाधिकारी के लिए कारगर हथियार हो सकती हैं। इन सब बातों को कहने का आशय यही है कि जिलाधिकारी को जानकारी, सूचना, व्यवहार-पटुता और मानव प्रबन्ध के कौशल का इस्तेमाल कर तकनीकी विभागों को नियंत्रित करना होगा।

फिर भी ऊपर बताई गई व्यवस्था सन्तोषजनक नहीं है और सही नतीजा पाने के लिए जिलाधिकारी का सभी लाइन विभागों पर वर्चस्व स्थापित करना होगा। कम-से-कम यह तो किया जा सकता है कि जिलाधिकारी विकास से सम्बन्धित

सभी अधिकारियों के बारे में सालाना टिप्पणी दे और यह टिप्पणी अधिकारियों की सलाना रिपोर्ट का हिस्सा हो।

जिला परिषद, क्षेत्र समिति और पंचायती राज

विकास की गतिविधि नियंत्रित करने का जो लोकतांत्रिक ढाँचा है वह इस समय उत्तर प्रदेश में ज्यादा प्रभावी नहीं है। बुनियादी तौर पर तीन स्तर होते हैं—ग्राम पंचायत, क्षेत्र समिति तथा जिला परिषद्।

सैद्धांतिक रूप से ग्राम पंचायत एक संस्था होती है पर वास्तव में इस पर एक आदमी का वर्चस्व होता है। इस पर प्रधान का वर्चस्व रहता है। मौजूदा हालात तो यह है कि गाँव का प्रभुत्व ढाँचा सामाजिक भेदभाव, असमानता और ऊँच-नीच से संचालित है। व्यवस्था के इस ढाँचे का मुखिया प्रधान है। पंचायत के बाकी सदस्य खामोश बने रहते हैं और ग्राम के स्तर पर प्रधान की ही चलती है। पिछले कुछ दशकों में प्रधान और ग्राम पंचायत की भूमिका काफी बढ़ गई है। विभिन्न विकास योजनाओं की बहुत सारी धनराशि सीधे ग्राम पंचायत को हस्तान्तरित की जाती है। ग्राम पंचायत को केन्द्रीय एवं राज्य वित्त आयोग की धनराशि भी आवंटित की जाती है। ग्राम स्तर पर बहुत सारा विकास प्रधान द्वारा किया जा सकता है और लगभग सभी सम्पत्तियों का रख-रखाव इन फंडों से किया जा सकता है। इससे ऐसी स्थिति भी पैदा हो गई है जहाँ प्रधान पद के लिए कड़ा मुकाबला होता है और प्रधान के स्तर पर भ्रष्टाचार के कई मामले सामने आते हैं। कलेक्टर को हस्तक्षेप कर प्रधान के खिलाफ कार्रवाई के साथ ही जाँच भी करानी होगी। इस विसंगति के बावजूद यह एक स्वागत योग्य प्रवृत्ति है क्योंकि ग्राम पंचायत स्थानीय विकास के मुद्दों को सँभालने के लिए सबसे अच्छी स्थिति में है।

क्षेत्र समिति का अध्यक्ष ब्लॉक प्रमुख होता है और सभी प्रधान व विभाग इसके सदस्य होते हैं। मुझे लगता है कि तीन महीने में एक दफा मिलनेवाली यह समिति जनता के प्रतिनिधियों द्वारा विकास-प्रक्रिया पर नियंत्रण बनाए रखने का एक असरदार हथियार हो सकती है। हालाँकि बैठकें बुलाई जाती हैं पर इनकी उपयोगिता न के बराबर है। बीडीओ और कुछ अन्य अधिकारियों को छोड़कर बाकी सभी अधिकारी इन बैठकों से दूर ही रहते हैं। ऊर्जा, सिंचाई, पेयजल और सड़क निर्माण निर्णायक मुद्दे होते हैं। यही विभाग बीडीसी (क्षेत्र समिति बैठक) को नजरन्दाज करते हैं। इसका कुल नतीजा यह होता है कि प्रधान आपस में ही शोर-शराबा करते हैं, कुछ प्रस्ताव पारित किए जाते हैं और मामला वहीं खत्म हो जाता है। अगर जिलाधिकारी कुछ बैठकों में खुद मौजूद रहे तो स्थिति में काफी फर्क पड़ेगा। जिलाधिकारी के साथ बैठक में विभागीय अधिकारी भी पहुँचेंगे। जिन बैठकों में जिलाधिकारी नहीं जा पाते, वहाँ की हाजिरी का मुआयना कर मसले में

कड़ाई से पहल की जा सकती है। मैंने अनुभव किया है कि ऐसे कदमों का असर होता है और अधिकारी बीडीसी में उपस्थित होते हैं। सिर्फ इतना भर ही करने से अधिकारियों में उत्तरदायित्व की भावना बढ़ती है और उन्हें अपने कार्य-प्रदर्शन के बारे में ज्यादा चौकन्ना रहना पड़ता है। यह स्तर अब और ज्यादा अप्रासंगिक हो चुका है क्योंकि विकास योजनाओं के लिए उन्हें धन नहीं दिया जाता उनका काम बस पर्यवेक्षण करना रह गया है।

फिर भी बीडीसी में उपस्थिति के आँकड़ों से कोई खास फर्क नहीं पड़ता क्योंकि इसमें पारित होने वाले प्रस्तावों पर शायद ही कभी अमल होता हो। यह प्रस्ताव अधिकारियों व जिला परिषद को भेजे जाते हैं। इन प्रस्तावों को अमल में लाने के लिए जिला परिषद के पास कोई संसाधन व अधिकार नहीं होते। ये बस धराशायी हो जाते हैं। वैसे यह दिलचस्प बात है कि बीडीसी में प्रधान अपने गाँवों की समस्याओं को पेश करते हैं और कुछ प्रस्तावों को आगे सरकाते हैं। पर फंड वाली जगह, मसलन डीआरडीए या जिला-योजना बैठकों में बीडीसी के प्रस्तावों पर खास तवज्जो नहीं दी जाती है। इन बैठकों में विधायक मौजूद रहते हैं और इन्हीं के प्रोजेक्ट को अहमियत दी जाती है। विधायक और प्रमुख या प्रधानों के गुट विशेष की भी आपस में नहीं बनती है। इसलिए बीडीसी के पारित प्रस्ताव संसाधनों के बँटवारे के आधार नहीं बन पाते हैं। इससे बीडीसी को लगता है कि वह एक निरर्थक संस्था है और अधिकारी भी उसे कम ही महत्त्व देते हैं।

उत्तर प्रदेश के जिला परिषद के पास संविधान संशोधन के बाद अब काफी वित्तीय और प्रशासनिक शक्तियाँ हैं। हाल ही में जिला परिषद के चेयरमैन को जिला योजना कमेटी का अध्यक्ष बनाया गया है और वह ग्रामीण विकास योजनाओं में अहम भूमिका निभाता है।

विकास के कार्यान्वयन के लिए ढाँचा किस तरह का होना चाहिए? वर्तमान दृष्टिकोण का एक विकल्प है—जिला परिषद को अधिकार व शक्ति देना और तीन स्तरीय ढाँचे को एक सच्चाई में बदलना।

यह काम कर्नाटक व महाराष्ट्र जैसे राज्यों में पंचायत राज संशोधन के तहत किया जा चुका है। यह प्रणाली अब हर जगह अपनाई जाएगी। इसके तहत ग्राम पंचायत स्तर तक वित्तीय शक्तियों का वास्तविक प्रतिनिधित्व होगा। पर नौकरशाहों में इसे लेकर संशय की प्रवृत्ति होती है। सम्भव है कि उन्हें लगता है कि ऐसा होने से उनकी शक्ति कम हो जाएगी, लेकिन यह सच नहीं है। यह जनता की समस्याओं को समझने में ज्यादा व्यावहारिक दृष्टिकोण देगा। यह दृष्टिकोण विभिन्न विभागों के बीच सामंजस्य स्थापित करने में एक अच्छा मंच बनेगा और अपने मूल रूप में बीडीओ, सीडीओ और जिलाधिकारी को विकास-प्रक्रिया में ज्यादा शक्ति और ज्यादा नियंत्रण देगा।

विकास : एक वैकल्पिक दृष्टिकोण

यह वैकल्पिक दृष्टिकोण इस विचार को स्वीकार करता है कि गाँव को विकास की इकाई बना दिया जाना चाहिए। इससे जुड़ी दूसरी अवधारणा यह है कि विकास की प्रेरक शक्ति गाँव से ही आनी चाहिए। हर चीज के लिए प्रशासन पर निर्भर रहने की बजाय गाँव आत्मनिर्भर हो जाए।

इस तरह का एक प्रयोग लेखक ने किया। अव्यवस्थित तरीके से एक ब्लॉक के कुछ गाँवों का चुनाव किया गया। इन गाँवों के लोगों में से कुछ दलों का गठन किया गया, जिनको ब्लॉक स्तर पर प्रशिक्षित किया गया और इन्हें गाँवों में वापस भेजा गया, ताकि ये दल अपने गाँव में विकास की योजना बना सकें। चार दिन गाँवों में बिताने के बाद हर दल ने अपनी रिपोर्ट दी। अचम्भे की बात है कि कितनी अच्छी तरह से इन दलों की ओर से समस्याओं को रखा गया था और निदान के ठोस उपाय सुझाए गए थे। इस मुकाम पर पहुँचने के बाद सिर्फ गाँवों को फंड के हस्तांतरण का काम बाकी रहा।

ग्राम-स्तर पर काफी समझदारी और जागरूकता होती है। जरूरत है तो सिर्फ इसकी कि उन्हें अपनी स्थिति पर नियंत्रण मिले, उन्हें इसमें शामिल किया जाए और दिशा दी जाए। ग्राम पंचायत के सदस्यों को ब्लॉक स्तर पर प्रशिक्षित किया जा सकता है और फिर गाँव वापस जाकर वहाँ के लिए एक विकास-योजना तैयार करने को कहा जा! सकता है। हर ग्राम योजना में स्कूल भवन की छोटी-मोटी मरम्मत, हैंडपम्प की मरम्मत आदि मामूली चीजें शामिल होंगी। इन सबके लिए फंड सीधा पंचायत को दिया जाएगा। इसके अलावा भी और जरूरतें हो सकती हैं जिनके लिए काफी ज्यादा धन की जरूरत होती है। इन्हें क्षेत्र समिति के सामने पेश किया जा सकता है और प्राथमिकता तय करने के बाद जिला परिषद तक पहुँचाया जा सकता है। इस स्तर पर डीआरडीए और जिला योजना के अन्तर्गत इन कार्यक्रमों के लिए फंड का बँटवारा हो सकता है। अगर यह तरीका अपनाया जाए तब ग्राम स्तर पर प्रभाव छोड़नेवाला विकास होगा। बेशक कुछ धन गाँवों को आपस में जोड़नेवाली सड़कों और एक से अधिक गाँवों को शामिल करनेवाले कार्यक्रमों के लिए अलग से रखा जा सकता है।

सड़क, ट्यूबवेल, स्कूल तथा हैंडपम्प जैसी सम्पत्ति खड़ी की जा सकती है और फिर इसे गाँव समुदाय को संचालित और रख-रखाव के लिए सौंपा जा सकता है। इसका एक अच्छा उदाहरण है राज्य के ट्यूबवेल। इस तरह की शिकायतें हमेशा मिलती रहती हैं कि ट्यूबवेल ऑपरेटर गायब है, ट्यूबवेल काम नहीं कर रहा है। इनसे छुटकारा पाया जा सकता है, बशर्ते कि गाँव समुदाय को संचालन व रख-रखाव के लिए जिम्मेदार बनाया जाए। यह बात हैंडपम्प के लिए भी सच होगी।

एक छोटी समस्या होती है, गाँववालों को जल निगम के मिस्तरी के लिए हफ्तों इन्तजार करना पड़ता है। क्यों न ग्राम पंचायत ही मरम्मत का कार्यभार सँभाले? दूर-दराज के क्षेत्रों में भी कई मिस्तरी मिल जाते हैं। इसके अलावा भी विभिन्न प्रकार के प्रशिक्षण कार्यक्रमों के तहत गाँवों के नौजवानों को हैंडपम्प मरम्मत की ट्रेनिंग दी जा सकती है। वास्तव में ऐसा हो भी रहा है। बाँदा जिले में महिलाओं को हैंडपम्प मरम्मत का प्रशिक्षण दिया गया है और वे अपने गाँवों के हैंडपम्पों की मरम्मत कर आराम से चला रही हैं।

यही बात गाँवों के स्कूलों और सड़कों पर भी लागू होती है। ग्राम पंचायत को धन-राशि उपलब्ध होती है तो उन्हें नियमित रूप से मरम्मत का काम कराना चाहिए। इस तरह से सम्पत्ति का बेहतर प्रबन्ध किया जा सकता है।

रख-रखाव के अतिरिक्त गाँव समुदाय को अपने स्कूल, बाल विकास केन्द्र और स्वास्थ्य केन्द्रों का भी ध्यान रखना होगा।

प्राथमिक स्कूलों में एक चिरस्थायी समस्या यह है कि अध्यापक ही नहीं आते। इस पर अंकुश लगाना शिक्षा अधिकारी का दायित्व है, पर वे हर जगह तो उपस्थित नहीं हो सकते। मैंने एक जिले में पाया कि उपस्थिति 40 फीसदी तक कम थी। महीने-भर तक अभियान चलाया गया जिसमें एसडीएम, बीडीओ और दूसरे अधिकारी भी शामिल थे। अनुपस्थित पाए गए अध्यापकों को कड़ा दंड दिया गया। इससे उपस्थिति 90 फीसदी तक पहुँच गई। लेकिन इस निरीक्षण को लगातार चला पाना सम्भव नहीं है क्योंकि दूसरे भी तमाम काम करने के लिए हैं। अगर बड़े-बूढ़ों की कोई कमेटी या फिर ग्राम शिक्षा कमेटी सक्रिय रूप से प्राइमरी स्कूलों में अध्यापकों की उपस्थिति और पढ़ाई के स्तर पर नजर रखे तो स्थिति में सुधार आ जाएगा। यह सच है कि इन कमेटियों को कुछ अधिकार देना होगा। मिसाल के लिए यदि यह कमेटी किसी शिक्षक के खिलाफ शिकायत करती है तो उस पर तत्काल कार्रवाई जरूरी है। इसी तरह से गाँवों को आईसीडीएस सेंटर, स्टॉक मैन सेंटर और स्वास्थ्य केन्द्रों की गतिविधियों में हिस्सेदारी करनी चाहिए।

इस सोच को वैचारिक व संस्थागत स्वरूप देने के लिए एक कार्यक्रम चलाया गया है—समुदाय आधारित अभिसरण सेवा। यह कार्यक्रम कुछ चुनिंदा जिलों में चलाया जा रहा है। मुझे ऐसा लगता है कि इस कार्यक्रम का दृष्टिकोण अपनाया जाए और सभी गाँवों में आत्मसात किया जाए तो ग्रामीण विकास को एक नई सार्थक दिशा मिलेगी।

ग्रामीण विकास का केन्द्र-बिन्दु हैं गाँव के गरीब। किसी ग्रामीण विकास को तब तक सफल नहीं कहा जा सकता जब तक वह गरीबों और सुविधाविहीन तबके के सामाजिक व आर्थिक विकास को नहीं ला पाता। पर यही लोग हैं जोकि अपने खुद के विकास की सोच में शामिल नहीं होते। वे खुद-मुख्तारी की तहजीब को

अपनाते नहीं हैं बल्कि इनमें मदद के लिए प्रशासन की ओर हाथ फैलाने की प्रवृत्ति है। यह स्थिति एकदम असन्तोषजनक है और यह कभी खुद से गतिमान होनेवाली विकास प्रक्रिया की ओर नहीं ले जा सकती है।

इसी सन्दर्भ में पंचायती राज को लेकर संविधान में प्रस्तावित संशोधन का महत्त्व बढ़ जाता है। यह बुनियादी तौर पर सही वक्त पर चुनाव की संवैधानिक गारंटी, अनुसूचित जनजाति व महिलाओं के आरक्षण की ओर इंगित करता है। इसके अतिरिक्त राज्यों में प्रस्तावित यह संशोधन राज्यों में एक वित्तीय आयोग स्थापित करेगा जो पर्याप्त संसाधनों पर पंचायती राज के नियंत्रण को सुनिश्चित करेगा।

इस विधेयक के अन्तर्गत दूसरी चीजों के अलावा हर गाँव में एक ग्रामसभा, गाँवों के स्तर पर पंचायत का गठन, गाँवों की पंचायत और जिला परिषद की सभी सीटों के लिए सीधा चुनाव और हर स्तर पर पंचायत की 50 फीसदी से ज्यादा सीटों के लिए चुनावों का प्रावधान है। इसके अतिरिक्त अनुसूचित जाति व जनजाति के उनकी जनसंख्या के अनुपात में आरक्षण और इनमें महिलाओं के लिए कम-से-कम एक-तिहाई सीटों के आरक्षण की व्यवस्था है।

यह विधेयक पंचायतों को और भी अधिकार व शक्ति प्रदान करता है। मसलन, स्थानीय प्रशासन पर टैक्स, ड्यूटी, टोल और फीस लगाने की, इकट्ठा करने की और विनियोग करने की शक्ति देता है। यदि इन अधिकारों को दबाया जाता है तो छह महीने के भीतर दोबारा चुनाव करवाने की शक्ति भी देता है।

यह प्रावधान और पंचायत राज के संविधान का पुनर्निर्माण आज के मिथ को एक सच्चाई की शक्ल दे देगा। ग्राम स्तर पर एक सच्ची प्रतिनिधि संस्था उभर आएगी जिसके पास गाँव की समस्याओं को सुलझाने के लिए पर्याप्त साधन होंगे। लोकतांत्रिक विकेन्द्रीकरण वास्तव में आधारभूत स्तर तक पहुँच जाएगा। निस्सन्देह यह निर्धनता दूर करने के कार्यक्रमों में लोगों की हिस्सेदारी को सुनिश्चित करेगा। सतत विकास के लिए शक्तिशाली संस्थाओं का होना आवश्यक है। इन्हें सक्षम प्रबन्धन, प्रेरित लोगों के साथ सटीक नीतियों, बिधेयकों और प्रेरणाओं से भरपूर समर्थ माहौल की आवश्यकता है पर इस सबका कोई परिणाम नहीं निकलेगा यदि गाँव के शक्ति-ढाँचे में बदलाव नहीं आता है। ऐसी हालत में कुछ मुट्ठी-भर लोग जोकि सामाजिक और आर्थिक रूप से असरदार हैं अपनी चलाते रहेंगे और सत्ता के सारे फल वे ही खाएँगे। ऐसी स्थिति में जिलाधिकारी को एक महत्त्वपूर्ण किरदार की भूमिका अदा करनी है। उसे सामाजिक परिवर्तन के प्रतिनिधि की भूमिका अदा करनी होगी और पंचायती राज के संचालन में इस तरह से सहयोग करना होगा कि सबके हितों का प्रतिनिधित्व हो पाए।

लेकिन जिलाधिकारी इस लक्ष्य को सिर्फ अपनी सरकारी टीम के सहारे ही नहीं प्राप्त कर सकता है, उसे गैर-सरकारी संगठनों (एनजीओ) का भी सहारा लेना

होगा। सेवा-आपूर्ति के विस्तार और कार्य क्षमता बढ़ाने में गैर-सरकारी संगठन जिलाधिकारी की काफी मदद कर सकते हैं। किसी भी जिले में काफी स्वयंसेवी संस्थाएँ होती हैं। इनमें से कुछ प्रतिबद्ध होती हैं, जबकि ज्यादातर पर यह बात लागू नहीं होती। लेकिन कई जिलाधिकारी एक सिरे से सभी एनजीओ को भ्रष्ट मानकर उनके खिलाफ कार्रवाई करने की गलती कर बैठते हैं। इस सन्दर्भ में उन्हें अपनी सूझ-बूझ का इस्तेमाल करना होगा और जैसे ही वह इस बात से सहमत हो जाएँ कि फलाँ एनजीओ अच्छी और अपने कार्य के प्रति गम्भीर है, जिलाधिकारी को उसे अपना पूरा समर्थन देना चाहिए। ऐसे एनजीओ की भूमिका को जिलाधिकारी को स्वीकार करना चाहिए और उसे मजबूती देनी चाहिए। एनजीओ उपयुक्त और विश्वासयोग्य होती हैं। साथ ही खोज-परक दृष्टिकोण के साथ प्रयोग करने को तत्पर और योग्य होती हैं। प्रशासन को उन्हें सहयोगी बना लेना चाहिए। कुछ विशेष एनजीओ शिक्षा और जनजागरण के क्षेत्र में बहुत बढ़िया काम कर सकती हैं।

खास बात यह है कि लोग अपने बारे में सोचें। पर सालों के वंचन ने उन्हें जड़ कर दिया है। उन्हें इस खोल से बाहर निकालना होगा। गाँवों से लोगों को निकालना और उन्हें प्रशिक्षित करना बहुत जरूरी है। इससे प्रशिक्षण के दौरान इनके रवैये और व्यवहार में परिवर्तन लाना होगा। स्वयंसेवी संस्थाएँ इस बारे में काफी कुछ कर सकती हैं यदि उन्हें जिलाधिकारी का समर्थन हो।

एक जिले में एक एनजीओ ने स्वःसहयोग के प्रयोग की शुरुआत की, जोकि काफी प्रशंसनीय था। उसने बीस गाँव चुने, इन गाँवों में बैठक बुलवाई और हर गाँव में समस्याओं को सुलझाने के लिए एक कमेटी गठित करवाई। शारीरिक रूप से सक्षम गाँव के सभी पुरुष व महिलाएँ इस कमेटी के सदस्य थे। इन कमेटियों ने यह तय किया कि इसके सदस्य अपनी कमाई का एक निश्चित अंश एक साझा कोष में डालेंगे। इसका परिणाम यह हुआ कि ग्राम स्तर पर ही फंड उपलब्ध हो गए। फिर ये कमेटियाँ आपस में मिल-बैठकर यह तय करती थीं कि इस फंड का इस्तेमाल कैसे किया जाए। समुदाय की छोटी-छोटी समस्याएँ इसी तरह सुलझाई जाती थीं। उन्हें किसी चीज के लिए प्रशासन का मुँह नहीं जोहना पड़ता था। इस प्रयोग ने कम-से-कम यह तो हासिल किया कि लोगों ने अपनी क्षमता को पहचाना और उनमें स्वःसहयोग का रवैया विकसित हुआ।

जिलाधिकारी अपने पद की हैसियत की वजह से एक नेता होता है और उसके लिए यह मुश्किल नहीं होता कि वह लोगों को अपने नक्शे-कदम पर चला ले। मुझे जिला 'अ' के एक गाँव का मामला याद पड़ता है। वहाँ का प्रधान काफी प्रबुद्ध था। वह अपने गाँव में सड़कें और नालियाँ बनवाना चाहता था। वह इस प्रस्ताव के साथ मेरे पास आया। मैंने उससे बोला कि मेरे पास इस काम के लिए फंड नहीं है पर यदि गाँव के लोग श्रमदान के लिए तैयार हों तो ईंटों के लिए फंड मुहैया करा

सकता हूँ। कुछ हफ्तों बाद मुझे इस गाँव में आमंत्रित किया गया। गाँववालों ने काम शुरू कर दिया था और निर्माण के लिए प्रस्तावित जमीन पर से अतिक्रमण हटा दिया था और सड़कों की खुदाई शुरू कर दी थी। मैंने ईंटों के लिए फंड जल्दी से जल्दी जारी कर दिया। यह गाँव जिले में ऐसा पहला गाँव बन गया जहाँ की हर गली पक्की ईंटों से बनी थी। इस सबकी प्राप्ति इसलिए सम्भव हुई क्योंकि प्रशासन और आम जनता ने मिलकर काम किया।

विकास में एक निर्णायक मुद्दा संगठन का है। तमाम विभाग भिन्न-भिन्न कार्यक्रमों को कार्यान्वित कर रहे हैं—यहाँ तक कि क्षेत्र-स्तर के 18 अधिकारी अपने विभागों के कार्यक्रमों के लिए गाँव का दौरा करते हैं। इनमें से कई कार्यक्रम तो आपस में जुड़े हुए हैं। आईसीडीएस कार्यक्रम के तहत बच्चों को पौष्टिक खाना दिया जाता है। क्या इस कार्यक्रम को स्वास्थ्य कार्यक्रम से अलहदा संचालित किया जाना चाहिए? इस विखंडीकरण से भ्रम पैदा होता है और विभागीयकरण की प्रवृत्ति बढ़ती है। जरूरत है कार्यक्रमों में सम्बद्धता व एकीकरण की।

संगठन ही समय की पुकार है। सभी सम्बन्धित स्रोतों को आपस में मिला दिया जाए, यही अच्छा होगा। लेकिन प्रशासन-प्रवृत्ति ठीक इसके उलट है—विखंडीकरण और विभागीकरण को प्राथमिकता दी जा रही है। हर कार्यक्रम अब एक अलग निदेशक या सचिव के जरिए चलाया जा रहा है। जिला स्तर पर सीडीओ की शक्ति को काफी कम कर दिया गया है। बीडीओ का भी शिक्षा और स्वास्थ्य कार्यक्रमों से कोई सरोकार नहीं रहा।

विकास का केन्द्रबिन्दु मानव को बनाना होगा और मानव संसाधन के लिए बनाए गए सभी कार्यक्रमों को एकबद्ध करना होगा। प्रशासन के स्तर पर इन सभी कार्यक्रमों के आंतरिक सम्बन्ध व रिश्तों को ध्यान में रखते हुए इनकी नीति योजना बनाई जा सकती है। इनको सही तरह से संगठित करने के लिए जिलाधिकारी को जिला स्तर के विभागों के ऊपर और ज्यादा अधिकार देने होंगे। लेकिन वास्तविक संगठन उस वक्त तक मुमकिन नहीं है जब तक ग्राम समिति, ब्लॉक समिति और जिला बोर्ड सही तरह से काम न शुरू कर दें। दरअसल ये ऐसी संस्थाएँ हैं जो कार्यक्रमों का इस्तेमाल करती हैं। लिहाजा कार्यक्रमों के अन्तर्सम्बन्धों को ये भली भाँति परख पाती हैं तो इसी हिसाब से माँग भी करेंगी। इससे सरकारी एजेंसियों के बीच सम्बद्धता बढ़ेगी।

भ्रष्टाचार

विकास प्रशासन की इस बहस को खत्म करने से पहले इसके सबसे बड़े अवरोधक का जिक्र करना होगा—वह है भ्रष्टाचार। भ्रष्टाचार सभी विकास-कार्यों के लिए अभिशाप है। हमारे देश में संसाधनों की कोई कमी नहीं है पर निहित स्वार्थ से

जुड़े दल विकास-कार्यों के फंड में से ही चोरी कर रहे हैं। पहले विकास विस्तार पर केन्द्रित था लेकिन जब यह सोच बदली और कार्यक्रमों की मंजूरी, कर्ज और सब्सिडी की शुरुआत हुई तो पूरी व्यवस्था ही हिस्सा बँटाने के लिए उमड़ पड़ी। लाभान्वित, सरकारी अधिकारी और बैंकर—ये इस हिस्सा-बाँट में शामिल हैं। हालाँकि सभी भ्रष्ट नहीं हैं, फिर भी यह प्रवृत्ति बढ़ रही है

जिलाधिकारी के लिए सबसे उत्तम समाधान यह होगा कि वह हर चीज का खुलासा कर दे—वह लोगों को बताए कि कितना धन आया है और वह कैसे खर्च होनेवाला है। प्रधानमंत्री ग्राम सड़क योजना के तहत बननेवाली हर सड़क पर एक बोर्ड लगा देना चाहिए जिस पर उस सड़क के लिए आवंटित राशि, निर्माण करानेवाली एजेंसी का नाम, लम्बाई तथा बाकी ब्यौरा लिखा होना चाहिए। यह लोगों को इस बात के लिए प्रोत्साहित करेगा कि खुद ही जाँच-पड़ताल करें और यदि कोई धाँधली पता चलती है तो उसकी रिपोर्ट करें। आम जनता को ज्यादा-से-ज्यादा सूचना देना ही भ्रष्टाचार का जवाब है।

वरिष्ठ अधिकारियों की ओर से सख्त जाँच-पड़ताल के अलावा और कोई विकल्प नहीं है। यह पड़ताल व्यवस्थित तथा अव्यवस्थित निगरानी का मिश्रण होना चाहिए। जहाँ पर भी भ्रष्टाचार सामने आता है, वहाँ मिसाल कायम करने के लिए दंड देना होता है। यह एक निवारक के रूप में कार्य करेगा।

अन्तत: जब लोग जिम्मेदार हो जाएँ तथा विकास प्रक्रिया में भाग लेने लगें तब भ्रष्टाचार पर अंकुश लगाया जा सकता है। भ्रष्टाचार तभी पनपता है जब शक्ति कुछ ही व्यक्तियों के हाथों में सिमटी रहती है।

जिलाधिकारी के काम का सबसे अहम पहलू विकास प्रशासन का काम होता है। वह योजना बना सकता है, उसको अमल में ला सकता है, मुआयना कर सकता है और नतीजा भी खुद देख सकता है। उसके काम का यह हिस्सा सबसे ज्यादा सन्तोष देता है। जिलाधिकारी के पास अपने क्षेत्र की जरूरतों को मापने के लिए अभी भी काफी सम्भावनाएँ हैं। वह अपनी रचनात्मकता को इस्तेमाल कर कार्यक्रम और प्रोजेक्ट शुरू कर सकता है। उसे आम जनता को पूरी तरह से इसमें हिस्सेदार बनाना चाहिए। आम जनता ही सूचना और जानकारी का स्रोत है। वर्तमान व्यवस्था में विकास कार्यक्रमों को नेतृत्व तथा दिशा प्रदान करने का दायित्व पूरी तरह से जिलाधिकारी पर है।

राजस्व प्रशासन

'कलेक्टर' (Collector) शब्द का आशय एक ऐसे व्यक्ति से है जिसे राज्य के लिए धन एकत्र करने का कार्य सौंपा गया हो। पुराने जमाने में राज्य के वित्त का एक प्रमुख स्त्रोत भू-राजस्व होता था। भू-राजस्व के ठीक ढंग से मूल्यांकन और उसे एकत्र करने के लिए संहिताकरण, अभिलेखन, सर्वेक्षण और भूमि प्रबन्धन की व्यवस्था की आवश्यकता थी। यह राजस्व प्रशासन का नाभिक था।

इन दिनों भू-राजस्व का इतना महत्त्व नहीं रहा। लेकिन राजस्व प्रशासन का महत्त्व अभी भी बना हुआ है। राजस्व एकत्र करने के लिए अधिकारों का एक विस्तृत ब्यौरा बनाया गया था। तहसीलदार, नायब तहसीलदार, सुपरवाइजर, कानूनगो और लेखपाल के प्रतिनिधित्व में राजस्व एकत्र करनेवाली एजेंसियाँ गाँवों का गहन दौरा करती थीं ताकि उनके पास भूमि के हर टुकड़े की प्रकृति और उस पर उगाई जानेवाली फसल का विस्तृत ब्यौरा हो। नतीजतन यह एक ऐसा दल होता था जिसका गाँवों में रहनेवाले लोगों के साथ सबसे ज्यादा सम्पर्क था और चूँकि भूमि का प्रबन्धन भी यही लोग करते थे, लिहाजा सबसे ज्यादा शक्ति भी उन्हीं के पास होती थी। यही वजह थी कि राजस्व प्रशासन का महत्त्व कम नहीं हुआ। इसीलिए चुनाव संचालन, जनगणना, कृषि उत्पादन के आँकड़ों के संग्रहण, भूमि सुधार कार्यक्रमों के अमल में और प्राकृतिक आपदा के वक्त यही टीम सबसे ज्यादा असरदार साबित होती है।

यह प्रशासन का एक ऐसा क्षेत्र है जिसमें जिलाधिकारी के पास अन्तिम शक्ति होती है। सालों से जिलाधिकारी पर काम का इतना बोझ होता है कि उससे निबटने के लिए उसे कई सारे अतिरिक्त जिलाधिकारियों (एडीएम) की जरूरत होती है। नतीजा यह कि एक ही जिले में आपको मिलेंगे—अतिरिक्त जिलाधिकारी (प्रशासन), अतिरिक्त जिलाधिकारी (राजस्व) इत्यादि। आगरा या इलाहाबाद जैसे बड़े जिलों में जिलाधिकारी के काम में हिस्सा बँटाते हुए नौ-नौ एडीएम या अतिरिक्त जिलाधिकारी पाए जा सकते हैं। कुछ जिलों में मुख्य राजस्व अधिकारी का पद भी बना दिया गया है। यह अधिकारी जिलाधिकारी के केस वर्क का बोझ सँभालता है और राजस्व व्यवस्था का ध्यान रखता है।

इसकी अगली महत्त्वपूर्ण कड़ी होता है तहसीलदार। दिलचस्प बात यह है कि तहसीलदार शब्द का मतलब भी वही होता है जो जिलाधिकारी का होता है। तहसील राजस्व प्रशासन की आधारभूत इकाई होती है। उत्तर प्रदेश में तहसील सब-डिविजन के बराबर होती है। एसडीएम के तहसील में रहने के आग्रह के चलते अब तहसीलदार की शक्ति काफी कम हो चुकी है। आजकल एसडीएम तहसीलदार की तरह ही काम करता है और लोग अपनी छोटी-से-छोटी शिकायत लेकर एसडीएम के पास ही पहुँच जाते हैं। यह एक खामी हो सकती है पर यह विकेन्द्रीकरण की भावना के अनुरूप है। एसडीएम की मौजूदगी का मतलब है कि आम आदमी को तहसील स्तर पर ही एक काफी वरिष्ठ अधिकारी सुलभ हो जाता है। स्वाभाविक है कि तहसील में रहने से एसडीएम, जिसे डिप्टी साहेब कहा जाता है, के बाद की चकाचौंध कम हो जाती है। कई एक डिप्टी जिलाधिकारी शिकायत करते हैं कि गुजरे वक्त में जब एसडीओ तहसील में निरीक्षण के लिए पहुँचता था तो इसे एक बड़ी घटना माना जाता था। तब तहसील अपनी तरफ से अच्छे से अच्छा प्रदर्शन करने की कोशिश करती थी। लेकिन अब तहसील का स्टाफ एसडीओ को लेकर ज्यादा तनाव में नहीं रहता। वह मानकर चलता है कि एसडीओ भी उन्हीं में से एक है और उसके निरीक्षण व आदेशों को ज्यादा महत्त्व नहीं दिया जाता। पर सच्चाई यह है कि इस दस्तूर को अब पलटा नहीं जा सकता और यह मान लेना होगा कि तहसीलदार की क्षमता कम करने के बावजूद तहसील में एसडीओ की मौजूदगी प्रशासन के विकेन्द्रीकरण की दिशा में महत्त्वपूर्ण कदम है।

राजस्व अदालत के कामकाज

खेतिहर जमीन के मालिकाना दावे और हदबन्दी से सम्बन्धित विवाद राजस्व अदालत के सामने पेश होते हैं। यह राजस्व अधिकारी के कार्य का सर्वाधिक महत्त्वपूर्ण हिस्सा होता है और यह उसे ग्रामीण भारत के जीवन निर्वाह के मुख्य आधार-भूमि-पर अत्यधिक शक्ति प्रदान करता है।

मुझे याद पड़ता है कि जब मैं प्रोबेशन (प्रशिक्षण) के दौर से गुजर रहा था और अदालती कामकाज सीखना चाहता था तो एक 'अनुभवी' एसडीओ ने मुझे कोने में ले जाकर नसीहत दी कि मुझे कोर्ट के कामकाज को लेकर नाहक परेशान नहीं होना चाहिए। यह काम सुर्खियों में आने लायक नहीं होता। यह काम पूरी तरह नीरस होता है और इसमें कठिन परिश्रम की जरूरत होती है पर इससे लोगों पर कोई असर भी नहीं बन पाता है। उसने मुझे सलाह दी कि एक एसडीओ और जिलाधिकारी की हैसियत से यह मेरे लिए बेहतर होगा कि मैं अपना वक्त उचित मूल्य की दुकानों (फेयर प्राइस शॉप) की जाँच और नियम भंग करनेवालों के विरुद्ध रिपोर्ट दर्ज कराने में लगाऊँ। इस काम को अखबारों में काफी जगह मिलेगी और

प्रतिष्ठा बढ़ेगी। दूसरी तरफ कोई भी अखबार मेरे द्वारा निपटाए गए मामलों की गिनती पर कभी कोई खबर नहीं देगा।

उनको दोषी नहीं ठहराया जाना चाहिए क्योंकि वे सच ही बोल रहे थे। कई राजस्व अधिकारी इसी सिद्धान्त का अनुसरण करते हैं। लेकिन मुझे लगता है कि ऐसे अधिकारी अपने कार्यभार को पूर्णता में नहीं देख पाते हैं। यह सच है कि अदालती कामकाज में चकाचौंध कम है पर यह एक राजस्व अधिकारी की शक्ति का मूल स्रोत है। यह उसका बुनियादी काम है और यह उसे आम जनता के करीबी सम्पर्क में लाता है। उसे पता चलता है कि जमीन के रिकॉर्ड का प्रबन्धन कैसे किया जाता है और राजस्व प्रशासन के बारे में उसकी जानकारी तरोताजा रहती है। अधिकारी का काम यह नहीं है कि वह अखबारों की सुर्खियों में आने के लिए काम करे। उसे गुमनाम और शान्त रहते हुए अपनी योग्यता साबित करनी चाहिए। अदालती कामकाज तहसीलदार, एसडीओ और यहाँ तक कि जिलाधिकारी की ड्यूटी का भी एक महत्त्वपूर्ण हिस्सा है और इसकी उपेक्षा नहीं की जानी चाहिए।

गाँव सभा की भूमि से जुड़े दाखिल-खारिज और अतिक्रमण के मामलों का फैसला तहसीलदार करता है। भूमि के मालिकाना हकदावों का फैसला एसडीओ करता है। एसडीओ की अदालत के फैसले के खिलाफ अपील कमिश्नर के यहाँ की जाती है। इन मसलों में अपील का अन्तिम मुकाम राजस्व बोर्ड होता है। यह सही है कि हर स्तर पर मामलों की विचाराधीनता की निगरानी की जाती है पर आँकड़ों पर सरसरी निगाह डालने से पता चलता है कि मामलों की संख्या में कोई कमी नहीं आती। वास्तव में सबसे परेशान करनेवाला पहलू यह है कि बिना किसी वजह के सालों तक मामलों को लम्बित रखा जाता है। ऐसा ही एक मामला मुझे याद पड़ता है। जब मैं जिलाधिकारी था तो यह मामला मेरी अदालत में पेश हुआ। यह केस सिर्फ एक अर्जी की बिना पर छह साल से लटका हुआ था जिसके निपटारे में सिर्फ दो मिनट का वक्त लगता।

जिलाधिकारी के पास अदालती कामकाज के लिए ज्यादा वक्त नहीं होता और आम तौर पर मुख्य राजस्व अधिकारी और अतिरिक्त जिलाधिकारी ही उसके अदालती कामकाज को सँभालते हैं। फिर भी ज्यादातर जिलाधिकारी हफ्ते में एक या दो दिन अदालत लगाते हैं। इसके दौरान जिलाधिकारी के सामने एक अदालत से दूसरी अदालत में स्थानांतरित किए जानेवाले मामले पेश किए जाते हैं। अदालत को जिलाधिकारी कितना महत्त्व देता है, इसे वह अपने उदाहरण द्वारा पेश कर सकता है। जिलाधिकारी के अदालती कामकाज में रुचि लेने का साफ सन्देश उसके अधीनस्थ अधिकारियों पर पड़ता है, जिससे उसके मातहत अफसर भी अदालत में बैठने लगते हैं। यह एक सचाई है कि यदि अधिकारी कोर्ट के काम को ज्यादा समय देगा तो मामलों का निबटारा ज्यादा संख्या में हो सकेगा।

अधीनस्थ अदालतों के निरीक्षण के वक्त यदि किसी भी फाइल पर नजर मारी जाए तो अदालती कामकाज के ज्यादातर दिनों में ऑर्डर शीट में यह लिखा मिलेगा कि प्रिसाइडिंग अफ़सर प्रशासकीय ड्यूटी में व्यस्त हैं। इससे कोर्ट पर अधिकारी का नियंत्रण कम होता है और इसका सबसे ज्यादा खामियाजा भुगतता है—याचिकाकर्ता। इस स्थिति के चलते सब-डिविजन-स्तर पर दो राजस्व अधिकारियों की तैनाती का विचार पनपा है। इनमें से एक का दायित्व सिर्फ अदालती कामकाज निपटाने का है लेकिन इससे प्रशासनिक समस्याएँ पैदा होंगी और यह एसडीओ के अधिकारों को कम करेगा। फिर भी यह तर्क देना गलत होगा कि प्रशासनिक काम काफी बढ़ गया है और उस सब-डिविजन में सहयोग देना बहुत जरूरी है जहाँ केसों की संख्या में बेहिसाब इजाफा हो गया है। आम तौर पर जिला मुख्यालय में कुछ उप जिलाधिकारी उपलब्ध होते हैं। अतिरिक्त एसडीओ बनाकर इन्हें कुछ केस सौंपे जा सकते हैं। फिर भी एसडीओ और तहसीलदार के सामने अदालती कामकाज को प्राथमिकता देने के अलावा और कोई विकल्प नहीं है। बेशक तहसीलदार के अदालती कामकाज में नायब तहसीलदार हिस्सा बँटाता है।

हर महीने जिलाधिकारी की स्टाफ बैठक में विभिन्न अदालतों में चल रहे मामलों पर गौर किया जाता है। बेहतर होगा कि निम्नलिखित को ध्यान में रखें :

1. इस बात का खयाल रखना होगा कि अदालतों में दाखिल केसों के मुकाबले निपटाए जानेवाले केसों का अनुपात ज्यादा हो।
2. छह महीने से ज्यादा के कुल विचाराधीन केसों के मुकाबले दूसरे सभी लम्बित केसों का अनुपात कम होना चाहिए।
3. मेरिट पर निपटाए केसों के अनुपात को ध्यान में रखना चाहिए।
4. सबसे पुराने विचाराधीन केसों की समीक्षा करनी चाहिए।

एक अच्छी तसवीर पेश करने के लिए कई अदालतें आँकड़ों के खेल का सहारा लेती हैं। कई अदालतें मामले को तब तक स्वीकार नहीं करतीं जब तक उन्हें यह न लगे कि इसे निपटा लिया जाएगा जबकि कुछ दूसरी अदालतें सम्बन्धित व्यक्तियों की गैरहाजिरी में ही मामले पर फैसला सुना देती हैं ताकि उनके निपटाए केसों के आँकड़ों में वृद्धि हो। वरिष्ठ अधिकारियों द्वारा कड़ाई के साथ अदालतों का मुआयना ही इस समस्या से बाहर निकलने का एकमात्र रास्ता है। मुकदमों की संख्या की जाँच बीच-बीच में करते रहना चाहिए। इससे अदालती कामकाज की स्थिति को समझने में सहायता मिलेगी।

मुकदमों के लम्बे समय तक विचाराधीन रहने के पीछे अधिकारीगण तमाम वजहें गिनाते हैं। सबसे आम वजह वकीलों के असहयोग की गिनाई जाती है। वकील इनकी राय में हमेशा आगे की तारीखें लेने के चक्कर में रहते हैं और जरा-सा अवसर मिलते ही हड़ताल पर चले जाते हैं। कुछ हद तक यह सच भी है मगर पूरी तरह नहीं। यह

सच है कि हड़ताल बार-बार होती है। यह भी सच है कि वकील मामलों की सुनवाई पर बार-बार तारीखें पड़वाते हैं। लेकिन वकील अदालत का रवैया भी देखते हैं। यदि प्रिसाइडिंग अधिकारी हर मौके पर अदालत से गैरहाजिर रहेगा तो उससे इस बात की उम्मीद नहीं की जा सकती है कि तारीख बढ़वानेवाली अर्जियों पर वह कड़ाई बरतेगा। ज्यादातर अदालती कामकाज पर यदि अधिकारी मौजूद रहे और मामलों को जल्दी निपटाने में रुचि दिखाए तो वकील भी उसी की शैली में ढल जाएँगे।

मुझे एक किस्सा याद पड़ता है जब मैं नया-नया एसडीओ बना था। मेरी अदालत में विचाराधीन केसों की संख्या बहुत ज्यादा थी। मैंने नियम बना लिया कि सुबह 11 बजे अदालत पहुँच जाऊँ और दोपहर दो बजे तक रुकूँ। सारा प्रशासकीय काम इसके बाद ही देखता। धीरे-धीरे मामले निपटने लगे। लेकिन मैंने पाया कि एक वरिष्ठ और सम्मानित वकील कई मामलों की वकालत कर रहे थे। उनके जूनियर की ओर से हमेशा ही तारीख बढ़वाने की अर्जी पेश कर दी जाती थी। मैंने इस पर सख्ती से पेश आने का फैसला किया और अर्जियों को खारिज करना शुरू कर दिया। कुछ दिन बाद वे वकील साहब मेरे पास आए। उन्होंने मेरी कार्रवाई पर विरोध जताया। पता यह चला कि वे वकालत हाईकोर्ट में करते थे, लिहाजा इस कोर्ट के लिए उनके पास समय ही नहीं बचता था। मैंने उनसे साफ कह दिया कि मेरी अदालत का वादी दूसरी किसी भी अदालत के वादी जितना ही महत्त्वपूर्ण है। वकील साहब की एक बड़ी शिकायत यह भी थी कि प्रिसाइडिंग अधिकारी कभी भी कोर्ट की कार्यवाही सही वक्त पर शुरू नहीं करता था और अदालत भी नियमित नहीं बैठती। इसकी वजह से उनका समय नष्ट होता था। मैंने उन्हें बताया कि मैं रोजाना सुबह साढ़े दस बजे अदालत की कार्यवाही शुरू कर दूँगा और उनके मामलों पर पहले सुनवाई कर उन्हें मुक्त कर दूँगा ताकि वे हाईकोर्ट जा सकें।

यह व्यवस्था काफी सफल रही। इसका नतीजा यह हुआ कि एक ही महीने में वरीयता क्रम से राजस्व के सौ मामलों पर फैसला सुना दिया गया।

मुझे सबसे ज्यादा सन्तुष्टि तब हुई जब वही वकील सालों बाद एक सामाजिक समारोह में मुझे मिले। वे मेरे पास आए और एसडीओ के रूप में मेरे कार्य के लिए मुझे मुबारकबाद दी। उन्होंने वहाँ मौजूद सभी लोगों को बताया कि यदि व्यवस्था उस तरह चले तो वादी को समय पर न्याय मिलना बहुत आसान हो जाएगा।

अभिप्राय यह है कि जैसे-जैसे मामले सालों-साल खिंचे चले जाते हैं, बेचारे वादी की तकलीफ बढ़ती जाती है। अदालती दौड़-धूप में वह काफी समय और पैसा खर्च करता है और देरी होने से न्यायिक व्यवस्था पर से उसका यकीन खतम हो जाता है। यह प्रिसाइडिंग अधिकारी और वकील—दोनों की जिम्मेदारी है कि लोगों को समय पर न्याय दिया जाए। इस लक्ष्य को ध्यान में रखते हुए अदालत को मामलों में होनेवाली देरी को कम करने के लिए सचेत प्रयास करना होगा।

सबसे बेहतर रास्ता यह है कि तारीख को बिना अर्जी के न दिया जाए। इन आवेदनों की कीमत काफी ज्यादा होनी चाहिए, सिवाय तब के जब वकील बीमार हो। तारीख टलवाते वक्त करीब की तारीख ही दी जानी चाहिए साथ ही ऑर्डर-शीट पर यह दर्ज कर देना चाहिए कि अब और तारीखें नहीं दी जाएँगी। इससे मुकदमों की सुनवाई में होनेवाले विलम्ब की समस्या पर लोगों का ध्यान खिंचेगा। और मुवक्किल का वकील पर दबाव बढ़ेगा जिससे मामले जल्दी निपटाए जा सकेंगे।

पुराने मामले पेचीदा होते हैं और अधिकारियों की प्रवृत्ति नए मामलों पर ध्यान देने और पुराने मामलों को पड़े रहने देने की होती है। इसकी कड़ाई से निगरानी होनी चाहिए। साल-भर से ज्यादा पुराने मामलों का सख्ती से अनुवर्तन करना चाहिए। सालों से चले आ रहे तरीके के तहत तीन सबसे पुराने मामलों की सूची तैयार कर ली जाती है लेकिन इससे वांछित परिणाम हासिल नहीं हो पाता। एक पद्धति यह भी है कि लम्बित सबसे पुराने मामलों को रद्द कर उन्हें मौजूदा तारीख में संगृहीत कर दिया जाए। पर इससे अच्छा तरीका यह है कि हर साल के मामलों को इकट्ठा लेकर उनका क्रमशः परीक्षण किया जाए।

प्रिसाइडिंग अधिकारी को केस डायरी खुद ही सँभालनी चाहिए। उसे दिन-भर के मामलों पर नजर डालनी चाहिए और पुराने मामलों को लाल निशान से रेखांकित कर देना चाहिए। जैसे ही वह अदालत में बैठे, इन मामलों की सुनवाई शुरू करा देनी चाहिए। यदि किसी मामले पर तारीख देनी ही हो तो कोई करीबी तारीख ही दें। इस तरह दबाव बढ़ता है और पुराने मामले जल्दी से निपटा दिए जाते हैं।

मुकदमों में देरी कराने की एक बहुत ही खिजानेवाली तरकीब है जिलाधिकारी के सामने स्थानांतरण आवेदन प्रस्तुत करना। यदि कोई भी वादी किसी मामले में देरी करवाना चाहता है तो वह इस तरकीब का सहारा लेता है। हालाँकि इनमें कुछ ऐसे सच्चे मामले भी होते हैं जिनमें अदालत की निष्पक्षता पर सन्देह होता है। पर ये कम ही होते हैं। ऐसे आवेदनों को लम्बित नहीं रहने देना चाहिए और यदि जिलाधिकारी कड़ाई से काम लेता है तो केस तबादलेवाले आवेदनों की संख्या कम हो जाती है।

अदालत में भ्रष्टाचार एक बहुत ही गम्भीर मर्ज है जिसकी जाँच जिलाधिकारी और उसकी टीम को गम्भीरता से करनी चाहिए। यह दिलचस्प बात है कि लोग अदालतों में पेशकार और अहलमद बनना चाहते हैं और इसके लिए गुटबाजी करते हैं। मैंने एक पेशकार को यकीन में लेकर उससे पूछताछ की। उसने सहजता से कबूल किया कि इस पद का मतलब है पगार से ज्यादा कमाना।

यहाँ पर भ्रष्टाचार के दो स्तर देखे जा सकते हैं। एक वह, जिसमें पेशकार किसी के पक्ष में फैसला करवाने के लिए पैसा लेता है। कभी-कभी यह काम बिचौलिया या कोई वकील भी कर सकता है। दूसरा है—बख्शीश का दस्तूर जिसमें वादी पेशकार और चपरासी को चढ़ावा देता है।

मुझे याद पड़ता है जब मैं एसडीओ था। एक शाम डाक बँगले में मेरी एक काफी सम्मानित वकील के साथ बैठक हुई। थोड़ी इधर-उधर की बातचीत के बाद एक ऐसे मामले पर उसने बात शुरू की जिसे उसी दिन उसने मेरी अदालत में पेश किया था। इस पर मैंने उससे कहा कि मैंने यह मामला अदालत में सुन लिया है और अब इस पर बात नहीं करना चाहता। मैंने उसे यह भी बताया कि मामले पर निर्णय मैंने ले लिया है। फिर उसने मुझसे यह जानना चाहा कि निर्णय किसके पक्ष में लिया गया है। वह यह नहीं चाहता था कि निर्णय उसके ही पक्ष में हो पर निर्णय के बारे में वह जानना चाहता था। मैंने बताने से साफ मना कर दिया और उससे चले जाने की गुजारिश की। सारे मामले की जाँच के बाद मुझे पता चला कि उसने मुवक्किल को इस बात का भरोसा देकर अतिरिक्त रकम वसूली थी कि एसडीओ से बाद में मिलकर वह उसके पक्ष में फैसला करा देगा। यदि निर्णय वास्तव में उसके हक में होता तो वह मुवक्किल को कहता कि यह उसने करवाया। यदि ऐसा नहीं होता तो वह कहता कि प्रिसाइडिंग अधिकारी ने दूसरे पक्ष से ज्यादा पैसा खा लिया।

अदालत के पेशकार भी ऐसा ही करते हुए पाए गए हैं। जब मैं एसडीओ था, मुझे याद पड़ता है कि मेरा अधिकतर वक्त केस फाइलों को पढ़ने और फैसले सुनाने में जाता था।

इस बात का पता जब मेरे वरिष्ठ अधिकारियों को चला तो एक शाम जिलाधिकारी ने, जो एक सम्मानित बुजुर्ग थे, मुझे बुलाया। इधर-उधर की पूछताछ के बाद उन्होंने मुझसे साफ पूछा—क्या यह सच है कि मैं फैसलों पर बहुत ज्यादा वक्त खर्च करता हूँ। सहमति व्यक्त करने पर उन्होंने मेरी पीठ थपथपाई और कहा कि फैसला तो पेशकार लिखता है, तुम्हें तो सिर्फ यह संकेत-भर करना होता है कि तुम किसके पक्ष में फैसला चाहते हो। यह सुन उस वक्त तो मैं स्तब्ध रह गया था लेकिन समय के साथ मैंने पाया कि ज्यादातर ऐसा ही होता है। खास तौर से उन जिलाधिकारियों के लिए जिनके पास वक्त की कमी है। पर मेरा दृढ़ विश्वास यह है कि ऐसा कभी नहीं करना चाहिए। इससे भ्रष्टाचार का जिन्न बोतल से निकल आता है। पेशकार पैसे कमाएगा और अधिकारी बदनाम होगा। इसके अलावा फैसला सुनाना एक पवित्र कर्तव्य भी होता है क्योंकि अदालत का काम न्याय देना ही होता है। अगर न्याय देने में पेशकार सक्षम होता तो प्रिसाइडिंग अधिकारी की जरूरत ही नहीं थी।

यदि ऐसी धाँधली न भी की जाए तो पेशकार एक शक्तिशाली शख्स होता है जो वादी को तंग करता है और पैसे बनाता है। उसके पास दो शक्तियाँ हैं—एक तारीख देने का अधिकार और दूसरे, प्रिसाइडिंग अधिकारी के सामने किसी विशेष मुकदमे को किसी समय-विशेष पर रखने का अधिकार।

एक नौजवान एसडीओ की हैसियत से मैंने पेशकार से ये दोनों अधिकार लेकर भ्रष्टाचार को जड़ से उखाड़ने की कोशिश की। मुकदमों की सुनवाई की

तारीख देना और केस डायरी का काम मैंने अपने हाथ में ले लिया। मैं सबसे पुराने मामलों पर लाल निशान लगाता और उनकी सुनवाई सबसे पहले करता। मेरी गैरहाजिरी में किसी मुकदमे की तारीख नहीं टाली जाती थी। किसी काम की वजह से यदि मैं अदालत नहीं पहुँच पाता था तो मैं कोई एक तारीख घोषित कर उसे नोटिस बोर्ड पर लगवा देता था। मैंने खुली अदालत में यह बोलने का नियम भी बना लिया कि किसी भी मुवक्किल/वादी को किसी को खुश करने की जरूरत नहीं है और यदि उसे कोई सन्देह हो तो समाधान के लिए मेरे पास आए। यह तरीका कामयाब रहा। ईमानदारी और प्रतिबद्धता की एक सामान्य छवि बनने लगी। यहाँ तक कि मेरा पेशकार, जो रिटायरमेंट के करीब था, एक दिन मेरे पास आया और मुझे मुबारकबाद देते हुए बोला कि उसने अब तक की नौकरी में ऐसी सत्यनिष्ठता कभी नहीं देखी। कल्पना कीजिए कि मुझे कैसा धक्का लगा होगा जब एक दिन मैंने पाया कि चार बजे के बाद वादी और उसके वकील अदालत आते थे और पेशकार से मिलते थे। वादी और वकीलों को अपने मामले की तारीख पता होती थी, फिर भी वे पेशकार से दरयाफ्त करते और अर्दली को बख्शीश देते थे। इससे जाहिर होता है कि कुछ चीजें संस्थागत स्वरूप ले चुकी होती हैं जिन्हें पूरी तरह तोड़ पाना मुश्किल होता है। इससे लोगों की मानसिकता के बारे में भी पता चलता है। उन्हें लगता है कि प्रिसाइडिंग अधिकारी कितना भी ईमानदार क्यों न हो, पेशकार को हाथ में रखना ही चाहिए।

जिन बातों का जिक्र अभी किया गया है, उनका आशय यह कहना नहीं है कि व्यवस्था बदली नहीं जा सकती है; बदली जा सकती है। ऊपर उल्लिखित घटना में बड़े भ्रष्टाचार को जड़ से उखाड़ दिया गया। अपनी ट्रेनिंग के दौरान एक अधिकारी की अदालत में मैंने ऐसे बेहूदा दृश्य देखे हैं जहाँ अदालत के कमरे में ही अर्दली वादी से पैसे वसूलता और जेब में डालता था। सिक्के पर सिक्के गिरने की आवाज इस बात का प्रमाण थी कि वहाँ क्या चल रहा है। इस धक्के से अभी मैं उबर भी न पाया था कि मैंने देखा कि जाने से पहले वकील पेशकार की तरफ जा रहे थे और मैंने अनुभव किया कि अदालत के सामने टेबल के नीचे से लेन-देन चल रहा है। इस तरह का रवैया पनपेगा ही यदि प्रिसाइडिंग अफसर भ्रष्टाचार को दबाने के लिए कोई कदम नहीं उठाता। बख्शीश का दस्तूर सम्भवतः रहेगा पर वसूली का भ्रष्टाचार खतम हो जाएगा, अलबत्ता प्रिसाइडिंग अफसर भ्रष्टाचार दबाने के लिए कदम उठाए। यह अपने में एक बड़ी उपलब्धि होगी।

जहाँ तक सम्भव हो निर्णय तय तारीख को ही सुनाना चाहिए। इसमें देरी की वजह से बेवजह की अटकलें लगाई जाती हैं। इसके अतिरिक्त स्टेनो को निर्देश निर्णय की तारीख के करीब ही देना चाहिए। यदि डिक्टेशन पहले दे दिया जाएगा तो स्टेनो पैसा बना सकता है।

इसका मतलब यह नहीं है कि अदालती कामकाज पूरे अविश्वास के माहौल में चले; पर अदालत के बारे में लोगों की राय इतनी खराब हो चुकी है कि यह जरूरी है कि लोगों को न्याय का होना और अदालत की प्रक्रिया प्रकट रूप में दिखाई पड़े।

उत्तर प्रदेश के पूर्वी क्षेत्र में अदालत पर काम का बोझ बहुत ज्यादा होता है। एसडीओ की ऐसी कोई अदालत नहीं है जिसके पास पन्द्रह सौ से कम मुकदमे हों। यह इसलिए है क्योंकि लोगों का तेवर मुकदमेबाजी का रहता है और कई-कई मामले दर्ज किए जाते हैं। मुवक्किलों को ऐसा करने के लिए प्रोत्साहित कर वकील भी इस प्रवृत्ति को बढ़ावा देते हैं। ये मुकदमे काफी खर्चीले और समय ज़ाया करनेवाले होते हैं, और कई बार सालों तक इनका कोई नतीजा नहीं निकलता। निस्सन्देह इस समस्या पर काबू पाने का एक उपाय यह है कि केस को दर्ज करने के मामले पर नियंत्रण किया जाए। अगर मामलों को दर्ज किए जाने के समय ही उनका सावधानीपूर्वक परीक्षण कर लिया जाए तो मामलों की संख्या खुद-ब-खुद कम हो जाएगी। यदि विवादों को अदालत से बाहर निपटाने की कोशिश की जाए तो और भी उपयोगी होगा।

पूर्वी उत्तर प्रदेश के एक जिले में मैंने एक प्रयोग किया जो वहाँ सफल रहा और मेरा मानना है कि यह प्रयोग दूसरे किसी भी जिले में खरा उतर सकता है। गाँव-स्तर पर लेखपाल एक शक्तिशाली शख्सियत होती है। इस प्रयोग में उसकी शक्ति को काम में लाया जा सकता है। मैंने लेखपालों की एक बैठक बुलाई और उन्हें उनके हलके के मामलों की एक सूची थमाई। फिर उनसे कहा गया कि इन मामलों से सम्बन्धित पक्षों से मिलें और समझौता कराने का प्रयास करें। इस काम की हर महीने समीक्षा की जाती थी। हैरतअंगेज तौर पर इस तरह से पचास फीसदी केस निपटा दिए गए। प्रयोग का दूसरा चरण यह था कि लेखपाल ने यह खबर फैलाई कि यदि किसी को कोई समस्या है तो पहले उससे आकर मिले और जब कोई आता तो लेखपाल उसे सलाह देता कि वह अदालत के बाहर ही अपना मामला निपटा ले। यह तरकीब काम कर गई और मुकदमे दर्ज कराने की संख्या में कमी आई।

दाखिल खारिज के सामान्य मामलों को 45 दिन के अन्दर अवश्य ही पूरा कर देना चाहिए। उत्तर प्रदेश में राज्य स्तर पर दाखिल खारिज 45 दिनों के अन्दर अनिवार्य बना दिया गया था। इससे दाखिल खारिज के मामलों को निपटाने में आश्चर्यजनक वृद्धि हुई और जनता को बहुत राहत मिली। यद्यपि अभी भी बड़ी संख्या में पुराने केस पड़े हैं क्योंकि पूर्ववर्ती अधिकारियों ने कोर्ट के कार्य को प्राथमिकता नहीं दी और इस या उस बहाने से निरन्तर तारीखें पड़ती रहीं। प्रमुख सचिव होते हुए मैं आश्चर्यचकित था कि लोग मेरे पास सालों से लम्बित पड़े मामलों को लेकर आते थे और डीएम या एसडीएम से उनके निष्पादन करवाने का निवेदन करते थे। जमीनों की निशानदेही या बँटवारे जैसे साधारण मामले भी जो एक या दो सुनवाई

में हल किए जा सकते थे सालों से लम्बित पड़े थे। इस तरह मुद्दई निर्धारित तारीख पर कचहरी आते और निराश होकर लौट जाते। इससे जिला प्रशासन के बारे में खराब छवि बनती है और यह अवधारणा बड़ी बलवती होती है कि सरकार कोई काम नहीं करती। कलेक्टरों को कोर्ट के काम को सर्वोच्च प्राथमिकता देनी चाहिए अन्यथा देर-सवेर यह अधिकार भी उनके हाथों से चला जाएगा। उत्तर प्रदेश के उच्च न्यायालय में इससे सम्बन्धित एक याचिका पहले से ही पड़ी हुई है।

कंप्यूटरीकरण ने न्यायालय के काम में गुणात्मक परिवर्तन किया है। पारदर्शिता के साथ साथ इसने पीठासीन अधिकारी के हाथों में बड़ा नियंत्रण दिया है। अब न्यायालय के कामों में हर स्तर पर निगरानी करना बहुत सरल और पारदर्शी हो गया है। आधुनिकीकरण से वादियों को बहुत सुविधा प्राप्त हुई है।

राजस्व संग्रह

अंग्रेजों के वक्त राजस्व संग्रह जिलाधिकारी की मुख्य जिम्मेदारी होती थी। हालाँकि अब इसका महत्त्व कम हो गया है फिर भी इसकी अभी जरूरत है क्योंकि प्रशासन चलाने के लिए राज्य को संसाधनों की आवश्यकता तो होती ही है।

दो तरह के बकाये संगृहित किए जाते हैं—मुख्य व अन्य। मुख्य बकाया में भू-राजस्व और सिंचाई का पट्टा होता है जबकि अन्य बकायों में बैंक का बकाया, बिजली, बिक्री का बकाया इत्यादि होते हैं। इन बकायों को इकट्ठा करने का जरिया तहसील है।

तहसीलदार यह काम नायब तहसीलदार व अमीनों की मदद से करता है। अंग्रेजों ने कर-संग्रह की एक सक्षम व्यवस्था स्थापित की और इसके नियम भी बना दिए थे। यह व्यवस्था आज दुरुस्त तरीके से काम कर रही है।

भू-राजस्व को अब मुख्य कर नहीं माना जाता। वास्तव में इससे अब न के बराबर ही धन एकत्र हो पाता है। अब इस राजस्व को बनाए रखने की जरूरत पर भी सवाल उठाए जाने लगे हैं। यह सच है कि इस राजस्व का फायदा न के बराबर है पर दूसरी ओर इससे एक ऐसी व्यवस्था भी बनी रहती है जिसमें राजस्व अधिकारियों को जमीन मालिकाना हक के विस्तृत रिकॉर्ड को बनाए रखना होता है। इन रिकॉर्डों में गाँव के विस्तृत नक्शे बनाए जाते हैं और भूमि के हर टुकड़े के मालिक, फसल, सिंचाई का स्रोत इत्यादि के बारे में पूरी जानकारी दर्ज रहती है। इस तरह से रिकॉर्ड को बनाने और इन आधारों पर भू-राजस्व के संग्रहण के लिए अधिकारियों को गाँवों का दौरा करना पड़ता है। इससे एक ऐसी व्यवस्था बनती है, जिसमें ग्राम स्तर की हर गतिविधि की जानकारी और उस पर निगाह रहती है। यही भू-राजस्व संग्रहण का महत्त्व है। और इसलिए मुझे लगता है कि राजस्व का यह स्रोत जारी रहना चाहिए।

इसके अतिरिक्त संग्रहण का यह तंत्र बाकी विभागों के बचे हुए उन बकायों को भी वसूल करता है जो ये विभाग नहीं कर पाते। यह एक बड़ी राशि होती है और सिर्फ भू-राजस्व संग्रहण एजेंसी इन्हें इकट्ठा कर सकती है क्योंकि इस एजेंसी के पास दूसरे बकायों को भू-राजस्व के रूप में वसूलने की शक्ति होती है। यह इसलिए भी मुमकिन है क्योंकि इस प्रक्रिया के तहत यह एजेंसी बकायेदार को गिरफ्तार कर सकती है, बकायेदार की सम्पत्ति कुर्क कर सकती है और नीलाम कर सकती है। यह राजस्व एजेंसी के पास बची-खुची शक्ति का मुख्य स्रोत है और यह उन्हें जिला स्तर पर बहुत ज्यादा वजन देता है।

हालाँकि राजस्व संग्रहण की व्यवस्था और प्रक्रिया सुपरिभाषित है पर इनका अनुसरण सही तरीके से नहीं होता। निगरानी करनेवाले अधिकारी अपने दायित्वों का निर्वाह ठीक से नहीं करते। यदि वे थोड़ी-सी भी रुचि लें तो संग्रहण जरूर अच्छा हो। मुझे याद पड़ता है, जब मैं एक जिले में जिलाधिकारी था, मैंने पाया कि भारी मात्रा में बकाया पड़े थे और साल-दर-साल इनमें इजाफा हो रहा था। दरयाफ्त करने पर तहसीलदार का जवाब होता था कि उसके पीछे एक गुट काम कर रहा है जिसकी वजह से कुर्क जायदाद की बोली लगाने के लिए कोई भी आगे नहीं आता है। मैंने तहसीलों का विस्तृत निरीक्षण शुरू किया। जैसे-जैसे मैं फाइलें पलटता गया, यह हकीकत सामने आई कि बहुत सारी फाइलें तो छुई तक नहीं गई थीं और काफी सारी फाइलें सालों से निरीक्षण अधिकारी की टिप्पणी व आदेश के अभाव में पड़ी हुई थीं। इसके अतिरिक्त कुर्क जायदाद को नीलाम करने के बारे में कोई प्रचार तक नहीं किया गया था। यह साफ था कि तहसील के स्टाफ से बड़े बकायादारों की साँठ-गाँठ थी। हर मामले की फौरन समीक्षा कराई गई। एसडीओ ने नियमित रूप से फाइल पर आदेश पारित किए और अखबारों में नीलामी के बारे में विस्तृत प्रचार कराया गया। नतीजतन संग्रह दोगुना हो गया। इसमें भी दो तरह की धाँधलियाँ घुस आईं—कुर्क सम्पत्ति की एकदम ही कम दाम पर नीलामी और दूसरे जिन सम्पत्तियों की कुर्की नहीं की गई, उन पर जबरन कब्जा। इसके लिए जिलाधिकारी के स्तर पर सक्रिय निगरानी और सख्त मुआयने की जरूरत होती है।

आम तौर पर पाया जाता है कि छोटे बकायेदारों को गिरफ्तार कर लिया जाता है जबकि बड़े हाथ से निकल जाते हैं। जबकि होना चाहिए इससे एकदम उलट। इसकी जरूरत है कि सभी बकायेदारों (दस हजार से ज्यादावालों) की सूची बनाई जाए और उनके खिलाफ कड़ी कार्रवाई की जाए। पचास हजार से ज्यादा के बकायेदारों का केस जिलाधिकारी को खुद देखना चाहिए। अमीनों की करगुजारी तय होती है। यह वह राशि है जो अमीन हर महीने एकत्रित करते हैं। यदि इसकी सख्ती से निगरानी की जाए तो यह हमेशा अच्छा नतीजा देगा।

अच्छी मात्रा में भू-राजस्व में संग्रहण का मतलब है चाक-चौबन्द राजस्व

मशीनरी। और इसका अर्थ है—अच्छा प्रशासन। इसलिए जिलाधिकारी को इस काम में पर्याप्त समय देना चाहिए।

राजस्व प्रशासन का सम्बन्ध भूमि सुधार के साथ भी है। उत्तर प्रदेश में चकबन्दी का काम खत्म ही हो चुका है। सिवाय इसके कि ऊपरी अदालत से लौटाए गए कुछ केस अभी भी बचे हुए हैं और कुछ बची हुई जमीन है जिसे बाँटा जाना है। सिंचाई की सुविधाओं के काफी बढ़ जाने के कारण चकबन्दी का पुनर्मूल्यांकन करने के लिए बोर्ड लगातार निर्देश देता रहता है लेकिन इसको लेकर निचले स्तर के अधिकारियों में विरोध का रवैया आम है। यदि जिलाधिकारी इस मामले में निजी तौर पर दिलचस्पी नहीं लेता है तो कुछ न करने की प्रवृत्ति बनी रहेगी।

आजकल प्रमुख गतिविधियाँ हैं—आवास निर्माण, कृषि और वृक्षारोपण के लिए जमीन का अलाटमेंट। पर वृक्षारोपण का कार्यक्रम अच्छा नहीं चल पा रहा है क्योंकि अधिकतर लोगों ने भूमि का इस्तेमाल वृक्षारोपण की बजाय खेती के लिए कर लिया है। ग्राम समुदायों की बहुत ही थोड़ी भूमि अब बाँटने के लिए बची है। जहाँ तक आवास निर्माण के लिए दी गई भूमि का सवाल है, गहन जाँच से पता चलेगा कि पचास फीसदी से ज्यादा ऐसी जमीन इस काम के लिए इस्तेमाल नहीं हो रही। इसका एक कारण यह है कि ऐसी भूमि गाँव से दूरी पर होती है, दूसरे इसे जरूरतमन्द व्यक्ति को नहीं दिया जाता। तीसरा कारण यह है कि गरीब लोग आवंटित जमीन पर कब्जा लेने में सफल नहीं हो पाए हैं।

पट्टे पर दी गई जमीन पर ग्राही को कब्जा दिलाने के लिए निरन्तर अभियान चलाए जाते हैं लेकिन गाँव का सामाजिक ढाँचा ऐसा है कि निश्चित रूप से शक्तिशाली जमीन-मालिक और दबदबा रखनेवाली जमात—दोनों में भूमि पर कब्जा बनाए रखने की प्रवृत्ति होती है। अगर ऐसी घटनाएँ बार-बार होती हैं तो इसका इलाज है—वरिष्ठ अधिकारियों के दौरे और पुलिस कार्रवाई। ग्राही को जमीन पर कब्जा दिलवाना भूमि सुधार का जरूरी हिस्सा है और इसे लेखपाल की सनक और मर्जी पर नहीं छोड़ा जाना चाहिए। तहसीलदार, एसडीओ और जिलाधिकारी को इस विषय में निजी तौर पर ध्यान देना चाहिए। हाल ही के सालों में एक प्रवृत्ति विकसित हुई है कि कब्जे के बारे में ऊपर गलत जानकारी पहुँचाई जाए। यदा-कदा वरिष्ठ अधिकारी भी इस प्रवृत्ति को प्रोत्साहित करते हैं। जब मैं सब-डिविजनल अधिकारी था तो मुझे भी ऐसी ही एक घटना का दुखद अनुभव हुआ। सरकार ने आवंटियों को कब्जा दिलवाने के लिए एक समयबद्ध कार्यक्रम शुरू किया था। मैंने इसे एक पवित्र दायित्व की तरह स्वीकार किया और गाँव-गाँव घूमकर इस काम की देख-रेख की। मैंने पाया कि वास्तव में गरीब आदमी के कब्जे में जमीन नहीं थी। लाभार्थी को वापस कब्जा दिलवाने के लिए मुझे एफआईआर दर्ज करवाने और अतिक्रमणकारियों को गिरफ्तार करवाने जैसे कड़े कदम उठाने पड़े। डिविजनल

कमिश्नर (मंडलायुक्त) के स्तर पर एक बैठक बुलाई गई। इसमें पता लगा कि सभी सब-डिविजनों में सौ फीसदी लाभार्थियों को कब्जा दिलाया गया जबकि मेरे सब-डिविजन में पचहत्तर फीसदी का आँकड़ा पेश किया। इसके लिए मुझे कड़ी डाँट पड़ी। मैंने खड़े होकर उत्तेजित स्वर में अपना पक्ष आगे रखा। मैंने जोर देकर कहा कि कोई सब-डिविजन बेहतर स्थिति नहीं दिखा सकती बशर्ते कि उसने सचमुच में काम किया हो क्योंकि सामाजिक सच्चाइयाँ तो हर जगह वही हैं। लेकिन यह दलील चल नहीं पाई और मुझे कड़ी फटकार सुननी पड़ी।

उसी शाम अपना पक्ष साफ करने के लिए मैं अलग से जिलाधिकारी से मिला। उसने थोड़ी देर मेरी बात सुनी और फिर पीठ थपथपाते हुए कहा—'तुम एक निष्कपट और मेहनती अधिकारी हो लेकिन तुम्हें दुनियादारी सीखनी होगी।' दुनियादारी का मतलब यह था कि जैसा दूसरे करते हैं वैसा ही मैं भी करूँ। इससे मुझे बड़ा धक्का लगा। यह किस्सा मैंने अपने तहसीलदार को सुनाया। वे 'मैंने तुम्हें बताया ही था' के अन्दाज में मुस्कुराए। मेरे साथ मिलकर उन्होंने व्यवस्था की भर्त्सना की। पर एक सप्ताह के बाद उन्होंने मुझे एक रिपोर्ट भेजी कि सभी लाभार्थियों को जमीन पर कब्जा दिला दिया गया है। मैंने दुनियादार होने का फैसला करते हुए रिपोर्ट पर दस्तखत कर दिए। साथ ही कब्जा दिलाने की मुहिम छेड़े रखी।

इस मामले का मर्म यह है कि एसडीओ या जिलाधिकारी को यह मुद्दा गम्भीरता से लेना होगा। उसके पास हर गाँव के लिए रिकॉर्ड होना चाहिए और उसे गाँव के दौरे पर वरिष्ठ अधिकारियों को भेजना चाहिए। इन वरिष्ठ अधिकारियों से प्रमाण पत्र लेकर इस हिसाब से उनका दायित्व तय कर देना चाहिए।

सालों से राजस्व एजेंसियाँ इधर-उधर के विभिन्न मसलों में इस तरह संलग्न हो गई हैं कि अपने मूल दायित्व को भुला बैठी हैं। आप देखेंगे कि लेखपाल परिवार कल्याण और राष्ट्रीय बचत योजना लक्ष्य की पूर्ति में जुटे हुए हैं और भू-सम्बन्धी अपनी पड़ताल और भू-रिकॉर्ड के प्रबन्धन को नजरन्दाज कर चुके हैं। खतौनी में उत्तराधिकारी का नाम दर्ज करना एक अत्यन्त महत्त्वपूर्ण काम है। यह हक से सम्बन्धित दस्तावेज है। इसमें जमीन के मालिक के नाम के साथ जमीन की पैमाइश और नम्बर दर्ज करते हैं। इसके आधार पर कोई शख्स सम्बन्धित भूमि के टुकड़े पर अपना दावा कर सकता है। मालिक के निधन पर इस रिकॉर्ड (खतौनी) में उसके उत्तराधिकारी का नाम दर्ज किया जाता है। यह उम्मीद की जाती है कि यह नियमित रूप से किया जानेवाला एक काम है और इसे पूरा करने की जिम्मेदारी लेखपाल और सुपरवाइजर कानूनगो की है दुर्भाग्य से यह दायित्व कभी भी सही ढंग से पूरा नहीं किया जाता है जब तक कि वरिष्ठ अधिकारी गाँव के दौरे पर न जाएँ और सबके सामने खतौनी को न पढ़ें। निरीक्षण के दौरान मुझे ऐसे मामलों का पता लगा जिसमें एक व्यक्ति को

मरे बीस साल हो गए थे और खतौनी में उसके उत्तराधिकारी का नाम अब तक दर्ज नहीं किया गया था।

यह देखकर काफी हैरानी होती है कि कैसे गाँव में सब लोग एक-दूसरे को जानते हैं। जैसे ही आप गाँव के बड़े-बूढ़ों के सामने खतौनी पढ़ते हैं, वे सब कुछ मुँहजबानी ही बता देंगे कि कोई व्यक्ति जीवित है या गुजर गया, उसकी कितनी सन्तानें हैं और यहाँ तक कि उसके बच्चों के नाम भी। मुझे कभी-कभी लगता है कि यदि यही बात शहर की किसी कालोनी में तलाशने की कोशिश की जाए तो मिलेगा कि वहाँ एक आदमी दूसरे से वाकिफ नहीं, उसके परिवार और बच्चों को जानने की बात तो बहुत दूर की है। ग्राम स्तर पर समुदाय की इस एकता का एक खास सौन्दर्य है।

शीतकालीन दौरे

जिलाधिकारी और उसके राजस्व संग्रह अधिकारियों का शीतकालीन दौरा एक अनूठी अवधारणा है। यह परम्परा राज (ब्रितानी) के गौरवशाली दिनों से चली आ रही है असल में इसके पीछे तर्क यह था कि यहाँ की गर्मियाँ बहुत तेज होती थीं और मानसून में अन्दरूनी इलाकों का दौरा मुश्किल होता था। 15 नवम्बर से मार्च तक मौसम ठीक रहता है। अंग्रेजों ने इसी अवधि में गाँवों के निरीक्षण को मुफीद पाया।

यह सचमुच बहुत रोमांचक होता था। तम्बू-कनातें और घर की जरूरी चीजें एक बैलगाड़ी पर लाद दी जाती थीं। कर्मचारियों व अधिकारियों का कारवाँ जिलाधिकारी के साथ चलता था। आम तौर पर इन दौरों में जिलाधिकारी अपनी पत्नी के साथ होते थे। यह दंपति घोड़े या हाथी पर सवार होते थे। पड़ाववाली जगह पर भारी पैमाने पर आयोजन होते थे—स्विस कॉटेज लगाए जाते थे जिनमें कालीन बिछे होते थे और उनमें बिस्तर तथा गद्दे लगे होते थे। काम के साथ आनन्द का भी मिश्रण रहता था। दिन के समय विस्तृत निरीक्षण होता था और शिकार आदि के लिए भी समय निकाला जाता था।

शीतकालीन दौरों का दस्तूर अभी भी बना हुआ है पर उसका परिदृश्य काफी बदल चुका है। सड़कें बना दी गई हैं और जिले के किसी भी भाग में अब गाड़ी से दो घंटे में आम तौर पर पहुँचा जा सकता है। स्विस कॉटेज पड़े-पड़े सड़-गल चुके हैं और अब किसी जिले में मुश्किल से ही कोई स्विस कॉटेज दिखता है। अधिकारी एक-दो दिन के लिए गेस्टहाउस में ठहरते हैं और आस-पास के क्षेत्रों का दौरा करके लौट आते हैं। बाघ के शिकार का तो सवाल ही नहीं उठता।

शीतकालीन दौरे के बारे में राजस्व बोर्ड ने विस्तृत निर्देश जारी किए हैं। इसका सार यह है कि निरीक्षण अधिकारी को गाँव में कमोबेश सभी कुछ जाँचना होता है—हैंडपम्प काम कर रहे हैं या नहीं, ठीक तरह से चल रहे हैं कि नहीं, गाँववालों

को मिट्टी का तेल मिल पा रहा है या नहीं, वगैरह-वगैरह। यह उम्मीद की जाती है कि जिलाधिकारी पैंतालीस दिनों का दौरा करेगा और एसडीओ साठ दिन का। लेकिन आजकल मुख्यालय पर लगातार बैठक इत्यादि की वजह से काम का दबाव इतना ज्यादा है कि कम-से-कम जिलाधिकारी के लिए इस अवधि तक दौरे पर रहना नामुमकिन है। उसके एडीएम उसके दौरे की अवधि में हिस्सा बँटाते हैं। कई बार मैं किसी एक जगह पर तीन-चार दिन तक का कैंप डालने का निर्णय ले चुका हूँ। पर हमेशा ही ऐसा होता है कि कैंप डालने के दूसरे ही दिन कोई ऐसा सन्देश आ जाता है, जिसका मतलब होता है कि मुझे जिला मुख्यालय तुरन्त लौटना होगा।

वर्तमान व्यवस्था में यह उपयुक्त होगा कि सिर्फ सर्दियों की बजाय पूरे साल भर दौरों का सिलसिला जारी रखा जाए। सप्ताह में एक दिन दौरे के लिए आसानी से निकाला जा सकता है। जाड़ों में इस समय को बढ़ाया जा सकता है। विकास कार्यक्रमों के आने के साथ यह जरूरी हो आता है कि गुणवत्ता बनाए रखने के लिए गाँवों का दौरा साल भर जारी रखा जाए।

दौरों के समय रात में ठहरने के बारे में क्या खयाल है? क्या आज इसकी कोई प्रासंगिकता है? पूरे दिन काम करने के बाद अधिकारी वापस लौट कर आ सकता है। लोग उसे दिन-भर देखते हैं। रात्रि कैंप से कुछ ज्यादा फर्क नहीं पड़ता है। मैंने देखा है कि सूरज ढलने के बाद बहुत ही कम आगंतुक मिलने आते हैं। दूसरी ओर इससे तहसील के कर्मचारी खिदमत में ही फँसे रह जाते हैं। पर मैं यह भी नहीं कहूँगा कि रात्रि-पड़ाव का दस्तूर खत्म कर दिया जाना चाहिए। ग्रामीण क्षेत्र में जाकर जिलाधिकारी के ठहरने का एक मनोवैज्ञानिक असर होता है। इसके अलावा रात्रि-पड़ाव पर जोर यह तय करता है कि अधिकारी तय अवधि का न्यूनतम हिस्सा जरूर पूरा करे जिसे वह नजरन्दाज करता है।

लेखपाल के रिकॉर्ड—खसरा और खतौनी जिलाधिकारी के शीतकालीन दौरों में ही जाँचे जाते हैं। भूमि सुधार कार्यक्रमों पर हुए अमल की तसदीक भी मौके पर ही कर ली जाती है। विभिन्न विकास कार्यक्रमों के लाभान्वितों को बुलाया जाता है और शिनाख्त की पुष्टि की जाती है। गाँव की सड़कें, स्कूल, ट्यूबवेल, नहर इत्यादि की जाँच की जाती है।

ब्लॉक, तहसील और थाने का मुआयना किया जाता है। इन जगहों के कर्मचारी रिकॉर्ड तैयार करके रखते हैं। कई अधिकारियों में सरसरी निरीक्षण करने की प्रवृत्ति होती है। बेहतर यही होगा कि इन रिकॉर्डों के पीछे झाँककर देखा जाए। फाइल और रजिस्टर खुलवाकर देखने चाहिए। ताकि कार्य का वास्तविक स्तर सामने आए। निजी तौर पर मुझे लगता है कि दफ्तर को कम समय देना चाहिए और मौके पर पहुँचकर वास्तविकता को देखने में ज्यादा वक्त देना चाहिए। यह बात विशेष तौर पर विकास कार्यक्रमों के लिए सही है। रिकॉर्ड में आँकड़े यह दर्शा सकते हैं

कि कमजोर तबके के लिए सौ घरों का निर्माण करा दिया गया है। पर मौके का मुआयना यह दिखा सकता है कि इनमें से चालीस फीसदी मकान अधबने ही हैं।

इसके अतिरिक्त इससे ज्यादा-से-ज्यादा लोगों से मिलने और उनकी समस्याओं को सुनने का अवसर मिलता है। यदि दूसरे विभागों के सम्बन्धित अधिकारी भी ऐसे वक्त मौजूद हों तो फैसला उसी स्थान पर किया जा सकता है। सबसे अच्छा यह होगा कि तहसील के नक्शे को देखकर वास्तव में आंतरिक गाँवों का चुनाव किया जाए। एसडीओ रहते हुए मुझे याद पड़ता है, मैं एक बार एक ऐसे ही गाँव में गया था जो वास्तव में दूरस्थ माना जा सकता है। वहाँ जाने के लिए लकड़ी के लट्ठे पर बैठकर एक नदी को पार करना होता था। मेरे आने पर गाँव जैसे पूरी तरह स्तब्ध रह गया।

उन्होंने मुझे एक चारपाई दी और मुझे घेरकर बैठ गए। पता चला कि उस गाँव में एक लेखपाल तक कभी नहीं आया था। गाँव के सीधे-सादे लोग यह तक नहीं जानते थे कि कौन सी समस्याएँ मुझे बताई जाएँ। एक नौजवान आया, और उसने मुझे बताया कि उसकी बीवी उसे छोड़ गई है। वह चाहता था कि मैं उसकी पत्नी की वापसी में उसकी मदद करूँ—इससे भी पहले उसने मुझसे यह जानना चाहा कि उसे उसको वापस लाना भी चाहिए या नहीं। उन्हें लग रहा था कि 'साहब' के पास हर सवाल का जवाब है। मैंने कोशिश करके उसे कुछ बातें कहीं, लेकिन मुझे यकीन नहीं है कि मैं उसे सन्तुष्ट कर पाया हूँगा।

दूरदराज के इलाकों में जाने और वहाँ प्रवास करने पर कई विचित्र और दिलचस्प अनुभव होते हैं। ऐसे ही एक दौरे में मेरा सामना एक बुढ़िया से हुआ जो रो रही थी और अस्पष्ट ढंग से कुछ कह रही थी। मेरा अर्दली और पुलिस सब-इंस्पेक्टर उसे धकियाकर बाहर करने की कोशिश कर रहे थे। उस बूढ़ी महिला को इस बात का दुःख था कि सब लोग उसे पागल समझते हैं और कोई उसकी बात नहीं सुनता। यह सुनकर मैंने अपने स्टाफ से अलग हटने को कहा और बुढ़िया को बुलाकर उसकी समस्या के बारे में पूछा। उसने अपनी लड़की का फोटो दिखाते हुए बताया कि उस इलाके से बिहार में साँप का तमाशा दिखाने गए सँपेरों के दल ने उसकी लड़की को अगवा कर लिया है। उसने उस गाँव का नाम भी बताया जहाँ उसकी लड़की को रखा गया था। बुढ़िया ने यह भी बताया कि उसने स्थानीय दरोगा से फरियाद की थी, लेकिन सुनवाई नहीं हुई। दरोगा ने कहा कि लड़की रजामन्दी से सँपेरों के साथ आई है। दरअसल, बुढ़िया की शिकायत सुनने के बाद जब मैंने दरोगा को इस बाबत दरयाफ्त करने के लिए बुलाया तो उसने मुझे भी यही जवाब दिया और यह भी बताया कि बुढ़िया ने अपना दिमागी सन्तुलन खो दिया है।

बहरहाल, मैंने दरोगा और तहसीलदार को बुढ़िया के बताए हुए गाँव जाने का आदेश दिया। मैंने इन दोनों अधिकारियों को निर्देश दिया कि वे लड़की से अकेले

में बात करें और अगर वह लड़की वहाँ नहीं रहना चाहती तो उसे लेकर आएँ। मुझे बहुत आश्चर्य हुआ जब कुछ ही घंटों में ये दोनों अधिकारी लड़की को लेकर लौट आए। इन लोगों ने बताया कि लड़की को चारपाई से बाँधकर रखा गया था। बाद में इस सम्बन्ध में गिरफ्तारियाँ भी हुईं। बुढ़िया की खुशी का तो ठिकाना ही नहीं था। मैंने माँ-बेटी को कुछ धन देकर बिहार जानेवाली ट्रेन में बिठा दिया। जितना सन्तोष मुझे इस घटना से हुआ, इतना बहुत कम घटनाओं से हुआ।

कहने का अभिप्राय यह है कि इस तरह के दौरों में हमें उन ढेर सारी समस्याओं से रूबरू होने का मौका मिलता है जिनके बारे में जिला मुख्यालय में बैठा जिलाधिकारी कभी नहीं जान पाएगा। इससे आप अपने इलाके की जनता को बेहतर ढंग से समझ सकते हैं, और अपने मातहतों की कार्यशैली के बारे में जान सकते हैं। सबसे बड़ी बात तो यह कि इस तरह के दौरों से आपके अन्दर एक ऐसी समझ पैदा होती है जो अन्यथा सहजता से हासिल नहीं हो सकती है।

लेकिन इस तरह के दौरों में एक पेंच भी है। होता यह है कि दौरों का सारा बोझ तहसील स्टाफ पर आ पड़ता है। ऐसे में भोजन आदि के ताम-झाम का सारा खर्च या तो तहसील को उठाना पड़ता है या फिर स्थानीय जमींदार पर दबाव डालकर इसकी व्यवस्था की जाती है। इस प्रवृत्ति पर बाकायदा अंकुश लगाने की जरूरत है। अपने शुरुआती कार्यकाल में मैं रसद और रसोइया साथ लेकर रवाना होता था। और पड़ाव पर पहुँचकर रसोइया ही मेरे लिए खाना बनाता था। हालाँकि यह तरीका बहुत असुविधाजनक है और बहुधा अव्यावहारिक भी लगता है। ऐसे ही एक दौरे की बात है। मैं रात के 11 बजे पड़ाव स्थल पर पहुँचा। चूँकि मैंने तहसील स्टाफ को पहले ही ताम-झाम न फैलाने की खास हिदायत दी थी, लिहाजा उन लोगों ने कोई व्यवस्था नहीं की थी। पड़ाव पर पहुँचने के आधे घंटे के बाद जब मैं अपने कमरे से बाहर निकला तो देखता हूँ कि मेरा चपरासी जलावन के लिए लकड़ी चुन रहा है। उस बूढ़े चपरासी ने मुझसे कहा कि जो लोग लीक से हटकर चलने की कोशिश करते हैं, उनका यही हश्र होता है।

इन परिस्थितियों में सबसे अच्छा तरीका यही है कि तहसील स्टाफ को सादा भोजन तैयार करने की हिदायत दे दी जाए। यह भी ध्यान रखना चाहिए कि दौरों के इन्तजाम के लिए जिलाधिकारी का स्टाफ किसी से कोई वसूली न करे। बेहतर तो यही होता है कि आप भोजन के लिए भुगतान कर दें। लेकिन अगर आप खाने का बिल माँगेंगे तो वह आपको नहीं दिया जाएगा। बहुत जोर देने पर बिल दिया भी गया तो आपके सामने पाँच रुपए का हास्यास्पद बिल पेश कर दिया जाएगा। लिहाजा सबसे अच्छा तरीका यही है कि आप अपने और अपने स्टाफ के भोजन आदि के खर्च का एक मोटा अनुमान लगाकर एकमुश्त भुगतान कर दें। यह भुगतान हमेशा सार्वजनिक रूप से किया जाए अन्यथा सम्बन्धित व्यक्ति उसे अपनी जेब

में भी रख सकता है। ये बातें बेशक छोटी-छोटी हैं, लेकिन इनका असर व्यापक होता है। और जिला स्तर पर प्रशासन का काम ही है जनता में सही संकेत भेजना।

जिलाधिकारी की स्टाफ मीटिंग

एडीएम, एसडीएम और तहसीलदारों के साथ मासिक समीक्षा बैठक करने का पहला अनुभव मुझे एक प्रोबेशनर के रूप में मिला। हालाँकि बैठक के लिए भारी-भरकम तैयारी की गई थी लेकिन विचार-विमर्श के केन्द्र में सामान्य मुद्दे ही छाए रहे। जिलाधिकारी ने किसी खास तहसील में राजस्व की कम वसूली पर चिन्ता जताई, और एसडीओ, तहसीलदार ने इस पर स्पष्टीकरण दिया और जल्दी ही राजस्व में आई कमी को पूरा करने का वादा किया। लिहाजा, दिन-भर चली बैठक के बाद मुझे अहसास हुआ कि कुछ भी ठोस नहीं हुआ।

जिलाधिकारी की स्टाफ मीटिंग एक ऐसी संस्था है जिसे प्रभावशाली बनाने की जरूरत है। कानून-व्यवस्था और अभियोजन की समीक्षा को छोड़ भी दिया जाए तो इस बैठक में राजस्व प्रणाली के अध्ययन का भी मौका मिलता है। इस बैठक को प्रभावशाली बनाने के लिए सबसे पहले प्रोफॉर्मा को अपटुडेट करते हुए इन्हें सरल व युक्तिसंगत बनाया जाए। काफी मात्रा में सूचनाएँ जुटाई जाती हैं लेकिन सब कुछ अव्यवस्थित रूप में होता है। इन सूचनाओं के आधार पर न तो समस्याओं की पहचान की जा सकती है और न ही लक्ष्य निर्धारित किए जा सकते हैं। समस्याओं को दूर करने के लिए खास कार्य-योजना बनाने में भी इन सूचनाओं से मदद नहीं मिलती है। दरअसल एक ही तरह की सूचनाओं का उपयोग करते हुए राजस्व बोर्ड, कमिश्नर और स्टाफ मीटिंग के लिए अलग-अलग प्रोफॉर्मा बनाए जाते हैं। ऐसे में सबसे अच्छा उपाय यही है कि एक मानक फॉर्मेट बनाया जाए ताकि कागजी काम का बोझ कम हो। फॉर्मेट की संख्या कम-से-कम हो लेकिन इनमें महत्त्वपूर्ण निष्पादन सूचकांकों और पिछले तीन साल के आँकड़ों से इनकी तुलना का स्पष्ट उल्लेख होना चाहिए। संग्रहण और अदालती कार्य जैसे महत्त्वपूर्ण मामलों में विशिष्ट माहवार लक्ष्य निर्धारित किए जा सकते हैं। इन सब कामों में सम्बन्धित एसडीएम, तहसीलदार से भी सलाह-मशविरा किया जा सकता है। अगर इन लक्ष्यों की सख्त निगरानी की जाए तो ठोस नतीजे सामने आएँगे।

जिलाधिकारी का कार्यालय विभिन्न प्रभारी कार्यालयों के माध्यम से काम करता है। इनमें से प्रत्येक कार्यालय को अपने लिए एक विस्तृत और वस्तुनिष्ठ योजना बनानी चाहिए और यह समयबद्ध होनी चाहिए। इनकी निगरानी इस ढंग से होनी चाहिए ताकि इनमें कायदे से दिशा-बोध पैदा हो।

बैठक का तरीका भी बहुत महत्त्वपूर्ण होता है। ये बैठकें निर्दिष्ट और विशिष्ट होनी चाहिए, न कि अस्पष्ट और सामान्य। इन बैठकों में व्यक्तियों के बजाय

समस्याओं और मुद्दों का परीक्षण होना चाहिए। बैठकों का ब्यौरा कायदे से रिकॉर्ड किया जाना चाहिए। आमतौर पर बैठकों के कार्य-विवरण सरसरी तौर पर तैयार किए जाते हैं और हर महीने एक ही विवरण पेश किया जाता है। जिलाधिकारी को इस बात का ध्यान रखना चाहिए कि फैसलों को दर्ज किया जाए और प्रत्येक बैठक इन फैसलों पर की गई कार्रवाई की समीक्षा के साथ शुरू होनी चाहिए।

संक्षेप में कहा जाए तो यह कि मासिक समीक्षा बैठकों को प्रासंगिक और प्रभावी बनाना है तो जिलाधिकारी को अपनी ओर से पहल करनी ही होगी।

जिला मुख्यालय

जिलाधिकारी के कार्यालय को जिला मुख्यालय कहा जाता है। आम तौर पर जिला मुख्यालय किसी ऐतिहासिक भवन में स्थित होता है जिसके चारों ओर सत्ता और महत्त्व की आभा विद्यमान होती है। जिला मुख्यालय के क्लर्क अपनी भूमिका से बखूबी वाकिफ होते हैं और उन्हें इस बात का अहसास होता है कि सरकार की कार्य-प्रणाली उनके चारों ओर घूमती है।

राजस्व सहायक, न्यायिक सहायक, राजस्व रिकॉर्ड कीपर, मुख्य राजस्व अकाउंटेंट और नाजिर जिला मुख्यालय के कतिपय महत्त्वपूर्ण पद होते हैं। ऑफिस सुपरिंटेंडेंट इस टीम का मुखिया होता है जिसे अब वरिष्ठ प्रशासनिक अधिकारी के रूप में जाना जाता है। अन्य विभागों के मुकाबले जिला मुख्यालय के क्लर्क अपना काम बखूबी जानते हैं। इनकी नोटिंग व ड्राफ्टिंग उच्च श्रेणी की होती है। इनके बारे में एक और महत्त्वपूर्ण बात यह है कि ये जिलाधिकारी को धोखा नहीं देते हैं। ये अपनी नोटिंग में तथ्यों को तोड़-मरोड़कर पेश नहीं करते हैं और हमेशा सही सरकारी आदेशों का उल्लेख करते हैं। इनके द्वारा पेश किए गए पत्रों के प्रारूप इतने अच्छे ढंग से तैयार किए जाते हैं कि आम तौर पर आपको इनमें कोई बदलाव करने की जरूरत महसूस नहीं होती है। दरअसल आप इन्हें यह कहते हुए सुन सकते हैं, 'मैंने पत्र का प्रारूप पेश किया और जिलाधिकारी को इसमें अल्पविराम लगाने की भी जहमत नहीं उठानी पड़ी।' ये अपनी सामर्थ्य और जानकारी से वाकिफ होते हैं और अपनी भूमिका के महत्त्व से लबरेज होते हैं। कहा जाता है कि एक जिलाधिकारी अपने कार्यालय में बैठा फाइलों को निपटा रहा था और साथ-ही-साथ आगंतुकों से बातचीत भी कर रहा था। वह जिलाधिकारी अधखुली फाइलों पर बिना पढ़े हुए हस्ताक्षर किए जा रहा था। उक्त जिलाधिकारी ने स्पष्टीकरण दिया कि ये नोटिंग जिला मुख्यालय के राजस्व सहायक और न्यायिक सहायक द्वारा तैयार की गई हैं। लिहाजा, इन फाइलों पर हस्ताक्षर करने के सिवा आप कुछ और नहीं कर सकते हैं।

तो यह है जिला मुख्यालय का स्तर। हाल ही में मैं एक सेवानिवृत्त नाजिर के विदाई समारोह में शामिल हुआ। वह एक ठिगना और वृद्ध व्यक्ति था। मैंने देखा

कि उस नाजिर को अपने कर्तव्य का इतना अधिक बोध था कि वह सुबह 8 बजे अपने कार्यालय पहुँच जाता और जब तक वह अपनी टेबल पर पड़ी सभी फाइलों को निपटा नहीं लेता, घर नहीं जाता। अपनी टेबल पर रखी अन्तिम फाइल निपटाकर ही वह नाजिर विदाई समारोह में पहुँचा।

इसमें कोई सन्देह नहीं है कि जिला मुख्यालय का स्तर गिर रहा है। भ्रष्टाचार की शिकायतें भी बढ़ रही हैं। यह भी तथ्य है कि ये क्लर्क नियमों व प्रक्रियाओं के बोझ से इतने अधिक दबे होते हैं कि वे असंवेदनशील हो जाते हैं। इसी जगह पर जिलाधिकारी को नेतृत्व की जिम्मेदारी सँभालनी पड़ती है और इन क्लर्कों के रवैये में बदलाव लाने का उपक्रम करना पड़ता है।

राजस्व विभाग जिला मुख्यालय का सबसे पुराना विभाग है। अंग्रेजों द्वारा इस सम्बन्ध में तैयार की गई प्रणाली व प्रक्रियाओं पर आश्चर्य चकित हुए बिना नहीं रहा जा सकता है। राजस्व मैनुअल, संग्रह मैनुअल और भूमि रिकॉर्ड मैनुअल में छोटे से छोटा विवरण मौजूद है। ये आज भी उतने ही प्रासंगिक हैं जितने तब थे जब ये मैनुअल बनाए गए थे। दरअसल अगर राजस्व मैनुअल में दिए गए दिशा-निर्देशों के अनुसार कार्यालयों का निरीक्षण किया जाए तो कार्यालयों के कामकाज के हर पहलू की जाँच की जा सकती है और उनमें सुधार लाया जा सकता है।

आधुनिकीकरण

पुरानी व्यवस्था अच्छी है। इसके अच्छे नतीजे सामने आए हैं लेकिन इस बीच काम का बोझ बढ़ा है। जनसंख्या के बढ़ते हुए दबाव ने सारी चीजों को अस्त-व्यस्त कर दिया है। इसके मद्देनजर राजस्व प्रशासन का आधुनिकीकरण जरूरी है। इसके लिए जरूरी है कि जिला मुख्यालय स्तर पर शिकायत, निपटारा, रिकॉर्ड की माइक्रोफिल्मिंग, भूमि रिकॉर्ड के कम्प्यूटरीकरण, हथियारों व संग्रहण दस्तावेजों के कायदे की व्यवस्था विकसित की जाए।

भूमि रिकॉर्ड का कम्प्यूटरीकरण सबसे जरूरी काम है। वर्तमान में यह सभी कुछ लेखपाल के हाथ में है। सीधे-सादे गाँववालों के लिए लेखपाल ही सबसे महत्त्वपूर्ण अधिकारी होता है। लेखपाल की क्षमता से किसी को इनकार नहीं हो सकता है लेकिन उसके हाथ में इतने अधिक अधिकार हैं कि उसके द्वारा अपने पद का दुरुपयोग किए जाने की पूरी सम्भावना होती है। खतौनी हासिल करने के लिए लोग मारे-मारे फिरते हैं। इस तरह की घटनाएँ बढ़ रही हैं जहाँ फर्जी दस्तावेजों के आधार पर लेखपाल अपने लोगों को उपकृत करता है। यहाँ तक कि लेखपाल अपने अधिकारों का दुरुपयोग करते हुए किसी के नाम सरकारी जमीन तक लिख देते हैं।

जमीन सम्बन्धी रिकार्डों का कंप्यूटरीकरण एक महत्त्वपूर्ण परिवर्तन है। इससे पूर्व अपनी अधिकृत जमीन के रिकार्ड की कॉपी प्राप्त करना कठिन कार्य था। अब

अधिकांश राज्यों में यह सुविधा ऑनलाइन हो गई है और खतौनी कंप्यूटर से प्राप्त होती है। यह जनता के सशक्तिकरण का एक बड़ा माध्यम है। इससे आम आदमी के हैरान परेशान होने और भ्रष्टाचार में कमी आई है। कलेक्टर को देखना है कि यह व्यवस्था कुशलतापूर्वक काम करें।

पहले चरण में खतौनी के रिकार्डों को कंप्यूटरीकृत किया जाना चाहिए। इसके लिए सॉफ्टवेयर विकसित हो चुका है। डाटा एंट्री का काम दैनिक वेतन के आधार पर कराया जा सकता है। कंप्यूटर से प्राप्त दस्तावेजों को सरकारी मान्यता के लिए नियमों में संशोधन हो सकते हैं। इसके बाद प्रशासन के लिए यह आश्चर्यजनक प्रभाव वाली व्यवस्था होगी। इस कार्यक्रम को केवल कलेक्टर के जरिए ही आगे बढ़ाया जा सकता है उसके अतिरिक्त हर व्यक्ति विरोध और असहयोग करता है। उत्तर प्रदेश तथा कई अन्य राज्यों में भी यह काम पूरा हो गया है।

लोगों को उनकी आय, जाति और इसी प्रकार के अन्य प्रमाण पत्र देने के लिए राजस्व अधिकारी अधिकृत हैं और लोग इसीलिए राजस्व कार्यालय जाते हैं। यह भी भ्रष्टाचार का एक क्षेत्र था जहाँ प्रार्थी रोज दौड़ते दौड़ते थक जाता था। अब अनेक राज्यों ने पब्लिक सर्विस डिलीवरी एक्ट बना दिया है जिसके द्वारा एक निश्चित समय में यह प्रमाण पत्र कंप्यूटरीकृत व्यवस्था के जरिए उपलब्ध कराए जाते हैं अर्थात अब किसी को राजस्व कार्यालय के चक्कर नहीं लगाने हैं।

कोर्ट के कार्यों का कंप्यूटरीकरण, आधुनिकीकरण में एक बड़ा योगदान है। उत्तर प्रदेश व अधिकांश राज्यों में यह कार्य पूरा हो गया है। इसने आम नागरिक के लिए कोर्ट प्रक्रिया के रहस्य को समाप्त किया है और अधिकारियों को अपने कोर्ट पर अधिक नियंत्रण करने योग्य बनाया है। अब वे पेशकार और छोटे लिपिक द्वारा अपने समक्ष केस फाइल और एप्लीकेशन रखने के लिए निर्भर नहीं हैं। अब वकील, वादी और कोर्ट को पूरी सूचना उपलब्ध होती है।

गाँव के नक्शों का कंप्यूटरीकरण एक और शानदार परिवर्तन है जहाँ आप जमीन के एक छोटे से टुकड़े, तालाबों, सार्वजनिक भूमि, पेड़ों और जमीन के प्लाटों आदि के बारे में सिर्फ अपने लैपटॉप पर एक क्लिक से सूचना प्राप्त कर सकते हैं। इससे विकास की योजना बनाने, ग्रामीण गरीबों के लिए बनी योजनाओं पर निगरानी रखने और गाँव को एक इकाई के रूप में विकसित करने में सहायता मिलती है।

भूमि अधिग्रहण

विकास कार्यों के लिए भूमि चाहिए, प्रचुर मात्रा में सार्वजनिक भूमि उपलब्ध न होने के कारण सरकार द्वारा भूमि अधिग्रहण करने मैं कलेक्टर को बहुत महत्त्वपूर्ण भूमिका निभानी पड़ती है। राष्ट्रीय राजमार्गों सहित सड़क, बाँध, पावर स्टेशन आदि आधारभूत संरचना की योजनाओं के लिए भूमि की आवश्यकता होती है और यथा

शीघ्र भूमि उपलब्ध कराना कलेक्टर की जिम्मेदारी है। कलेक्टर जमीन के मालिकों की क्षतिपूर्ति निर्धारित करता है और इसके लिए वह जमीन की दर और तदनुसार नियम की घोषणा करता है। यह सारी प्रक्रिया एक निश्चित समय में पूरी होती है। हालाँकि अक्सर ही जमीन के मालिक क्षतिपूर्ति के नियमों के खिलाफ कोर्ट में मुकदमा दाखिल कर देते हैं और इस कारण आधारभूत संरचना की योजनाओं में असाधारण विलम्ब होता है। प्रमुख सचिव के रूप में मैंने अपनी टीम के साथ 328 किलोमीटर लम्बे लखनऊ आगरा एक्सप्रेसवे को तेईस महीने के रिकॉर्ड टाइम में बनवाया। यह सब कलेक्टर के नेतृत्व में बनी सरकार द्वारा अधिकृत एक कमेटी द्वारा किसानों से मोलभाव कर निर्बाध तरीके से जमीन अधिग्रहण द्वारा सम्भव हुआ। इस योजना में 30,000 से अधिक किसानों से 6 माह के अन्दर निर्विवाद रूप से जमीन प्राप्त की गई। एक भी किसान कोर्ट नहीं गया और योजना समय से पूरी हुई।

नया भूमि अधिग्रहण कानून व्यवहार में लागू होने से अधिग्रहण काफी सरल हो ग़या है। इस कानून के अनुसार शहरों में सर्किल रेट से दोगुना धनराशि और ग्रामीण अंचलों में सर्किल रेट से चार गुना धनराशि क्षतिपूर्ति के रूप में देने की व्यवस्था है। क्षतिपूर्ति के लिए यह एक सन्तोषजनक धनराशि है। योजनाओं के लिए विस्थापित की गई जनता के वास्ते राहत और पुनर्वास का एक पैकेज अवश्य ही तैयार करना चाहिए।

लैंड पूलिंग जैसे अभिनव विचार और विकसित भूमि में जमीन के विस्थापित मालिकों को हिस्सा देने के नियम ने भूमि अधिग्रहण को आसान किया है और यह नियम दोनों पक्षों को खुश करता है।

हालाँकि कलेक्टर को भूमि अधिग्रहण की इस कार्यवाही में बहुत सावधान रहना चाहिए क्योंकि अक्सर ही अधिकारियों के खिलाफ भ्रष्टाचार के आरोप लगते हैं और उन्हें क्षतिपूर्ति के लिए तय की गई राशि को न्यायसंगत साबित करना होता है।

राजस्व प्रशासन आज भी जिला प्रशासन का आधार स्तंभ है। यह जिलाधिकारी की गतिविधियों का केन्द्रबिन्दु होता है। समय के साथ जिलाधिकारियों ने इस महत्त्वपूर्ण काम की अवहेलना की है। बहरहाल, जो भी जिलाधिकारी इस काम को पूरा करने का बीड़ा उठाएगा, उसे जिला प्रशासन के असहयोग का जोखिम उठाना पड़ेगा। इस काम को सर्वाधिक महत्त्व दिया जाना चाहिए। प्रशासन के बाकी पहलू इसी आधार पर दुरुस्त किए जा सकते हैं।

राजनीतिज्ञों व प्रेस से सम्बन्ध

राजनीतिज्ञ

एक लोकतांत्रिक व्यवस्था में विधानसभा और लोकसभा के निर्वाचित सदस्य जनता की भावनाओं का प्रतिनिधित्व करते हैं और सदन में बैठकर जनता के हित के लिए कानून बनाने और प्रशासन के कार्यों पर नियंत्रण रखने का काम करते हैं। निर्वाचित सदस्यों में से सत्ताधारी पार्टी के सदस्य मंत्री और मुख्यमंत्री होते हैं। यह ऐसी व्यवस्था है जिसमें जनता के चुने हुए प्रतिनिधि को सिविल सर्वेंट से श्रेष्ठ माना जाता है। कलेक्टर को निर्वाचित सदस्यों को कुछ विशिष्ट समझना चाहिए और उनके द्वारा उठाई गई समस्याओं या शिकायतों पर स्पष्ट रूप से कार्यवाही करनी चाहिए।

जिलाधिकारी का मुख्य रूप से संसद सदस्यों, विधान-सभा व विधान परिषद् के सदस्यों से साबका पड़ता है। विभिन्न पार्टियों के नेता भी जिलाधिकारी से मिलने आते हैं, हालाँकि ये जनता के चुने हुए प्रतिनिधि नहीं होते। जिलाधिकारी का अधिकांश समय राजनीतिक लोगों के साथ गुजरता है। ये लोग अकेले भी आते हैं और बड़े-बड़े प्रतिनिधि-मंडलों के साथ भी। ये जिलाधिकारी के सामने समस्याएँ रखते हैं और आमतौर पर अनुरोध या माँग भी लेकर आते हैं। अब यह जिलाधिकारी के कौशल पर है कि राजनीतिज्ञों को कुछ गलत किए बिना कैसे सन्तुष्ट किया जाए। कलेक्टर को कानून का पालन करना चाहिए और संविधान के अनुसार काम करना चाहिए।

अनुभव

पूर्वी उत्तर प्रदेश के पिछड़े इलाके के जिस जिले में मेरी पहली नियुक्ति हुई, वह राजनीति का एक बड़ा अखाड़ा था। दरअसल, वहाँ की एक-तिहाई आबादी के लिए राजनीति साँस लेने जैसी एक गतिविधि थी। इसी वजह से यहाँ मेरा कार्यकाल सन्त्रास में गुजरा। पद सँभालने के कुछ ही दिन बाद एक स्थानीय विधायक एक विशाल प्रतिनिधि-मंडल के साथ मुझसे मिलने आए। ये लोग नारे लगा रहे थे। मामला दरअसल यह था कि स्थानीय दरोगा ने ग्राम प्रधान की पिटाई कर, उसे हवालात में बन्द कर दिया था। बहरहाल, पुलिस अधीक्षक ने मुझे पहले ही बता दिया था कि

उक्त ग्राम-प्रधान अपराधी है। मैंने विधायक सहित कुछ लोगों को इस मसले पर बातचीत के लिए अपने कमरे में बुलाया। लेकिन चपरासी को धकियाते हुए पूरी की पूरी भीड़ मेरे कमरे में घुस आई और नारे लगाने लगी। इन लोगों का कहना था कि जब तक सम्बन्धित दरोगा को निलम्बित नहीं किया जाएगा और प्रधान को नहीं छोड़ा जाएगा, तब तक वे वहीं जमे रहेंगे। मैंने विधायक से व्यवस्था बनाए रखने का अनुरोध किया। ये विधायक मुझसे पहले भी मिल चुके थे और मुझे बड़े नम्र लगे। दरअसल उन्होंने खुद भी मुझसे हरसम्भव सहयोग का वादा किया था। लेकिन यह सुनकर मेरे आश्चर्य का ठिकाना नहीं रहा जब व्यवस्था बनाए रखने के मेरे अनुरोध पर विधायक ने कहा कि आप जनता की आवाज नहीं दबा सकते। इसके बाद विधायक महोदय ने ऊँची आवाज में बात करना शुरू कर दिया। उन्होंने घोषणा कर डाली कि जब तक सम्बन्धित दरोगा को निलम्बित नहीं किया जाएगा, तब तक वे और उनके समर्थक मेरे कार्यालय के सामने धरने पर बैठे रहेंगे। मैंने उन्हें स्थानीय एसडीएम से इस पूरे मामले की जाँच करवाने का आश्वासन दिया। मैंने विधायक को सूचना भी दी कि पुलिस अधीक्षक के अनुसार उक्त ग्राम प्रधान अपराधी है। इस पर विधायक पूरे पुलिस प्रशासन को गलियाने लगे। उन्होंने पुलिस अधीक्षक के बारे में मुख्यमंत्री से बात करने की धमकी भी दे डाली। उनका कहना था कि दरोगा का ट्रांसफर किए बिना इस मामले की निष्पक्ष जाँच सम्भव नहीं है।

इसके बाद गरमागरम बहस का दौर शुरू हुआ। हम दोनों में कोई भी अपनी बात से पीछे हटने को तैयार नहीं था। यह सिलसिला एक घंटे तक चला। अन्ततोगत्वा, इस बात पर सहमति बनी कि एसडीएम एक हफ्ते के भीतर अपनी जाँच पूरी करेंगे और अगर एसडीएम ऐसा महसूस करते हैं कि दरोगा जाँच में खलल डाल रहा है तो दरोगा का ट्रांसफर कर दिया जाएगा। इतना सुनते ही भीड़ जोर-जोर से नारे लगाती हुई मेरे कमरे से बाहर निकल गई। मुझे बाद में पता चला कि विधायक मेरे कमरे से बाहर निकलकर, इस मामले में मुख्यमंत्री से मिलने की बात कह रहे थे।

इस पूरी घटना ने मुझे अशान्त कर दिया और मुझे सामान्य होने में कुछ समय लगा। देर शाम मुझे सूचित किया गया कि वही विधायक मुझसे फोन पर बात करना चाहते हैं। मुझे लगा कि अब बहस का दूसरा दौर भी झेलना होगा। लिहाजा मैंने चोंगा उठाया और चिड़चिड़ाहट-भरे स्वर में 'हैलो' कहा। लेकिन आश्चर्यजनक ढंग से विधायक ने मृदुल व दबे हुए स्वर में प्रत्युत्तर दिया। उन्होंने मुझे बताया कि सम्बन्धित दरोगा अच्छे और कड़क अधिकारी हैं, लिहाजा उन्हें अनावश्यक रूप से नुकसान न पहुँचाया जाए। विधायक ने मुझसे यह भी कहा कि मैं इस मामले की जाँच निष्पक्षता से पूरी करूँ। विधायक के इस कायापलट का कारण पूछने से मैं खुद को रोक न सका। विधायक ने निष्कपट भाव से मुझे बताया कि सम्बन्धित ग्राम प्रधान ने चुनाव में उनकी बड़ी मदद की थी, लिहाजा प्रधान के समर्थकों के

प्रतिनिधि मंडल का नेतृत्व करने के सिवा उनके पास कोई चारा नहीं था। विधायक को यह भी मालूम था कि उक्त प्रधान सीधा-सच्चा इनसान नहीं है और दरोगा ने उसके साथ जो भी सलूक किया, ठीक ही किया। इस स्थिति से निपटने के लिए विधायक ने मुझे बधाई भी दी। जब मैंने उनसे यह पूछा कि अगर मैं नरम पड़ जाता तो क्या होता, इस पर उनका कहना था कि 'मैं जानता था, आप ऐसा नहीं करेंगे।'

इस घटना से मैंने एक सबक सीखा कि जनप्रतिनिधि अपने मतदाताओं को 'ना' कहने की स्पष्टवादिता नहीं दिखा सकता। जनता के साथ चलने के अलावा उसके पास कोई विकल्प नहीं होता। वह जनता के प्रति जवाबदेह है और उन पर निर्भर है। साथ-ही-साथ अधिकतर जनप्रतिनिधि गलत व सही में भेद करने की क्षमता भी रखते हैं। अगर किसी मामले में आप अपनी जगह पर सही हैं तो वे न तो आप पर अनावश्यक दबाव डालेंगे और न ही इसे प्रतिष्ठा का मुद्दा ही बनाएँगे।

एक दूसरी घटना ऐसे जिले की है जहाँ के विधायक अपने रूखेपन के लिए मशहूर थे। यहाँ कार्यभार सँभालने के कुछ ही दिनों बाद विधायक अपने समर्थकों के साथ मुझसे मिलने पहुँच गए। वे मेरे सामने आकर बैठे, अपनी टाँग के ऊपर टाँग चढ़ाकर सिगरेट सुलगाई और मेरी तरफ एक आवेदन बढ़ा दिया। उन्होंने मुझे इस आवेदन पर ऑर्डर पास करने का हुक्म भी सुना दिया। अपने-आप पर काबू रखते हुए मैंने उनसे कहा कि फाइल की छानबीन करने के बाद ही ऑर्डर पास होगा। इस पर विधायक ने चिल्लाते हुए मुझसे कहा कि इस जिले में काम ऐसे ही होते हैं और अगर मैं यहाँ रहना चाहता हूँ तो मुझे भी यह सब करना पड़ेगा। मैंने उनसे कहा कि मैं जिस किसी भी जिले में गया, मेरे काम करने का तरीका यही रहा और यहाँ रहने-भर के लिए मैं अपने तौर-तरीके नहीं बदल सकता। इतना सुनते ही विधायक गुस्से में मेरे कमरे से बाहर निकल गए। बहरहाल, अगली बार वे मुझसे बिलकुल नए रूप में मिले। मेरे आश्चर्य का ठिकाना न रहा जब उन्होंने मुझे 'बड़े भाई' कहकर सम्बोधित किया। उस दिन वे मुझे शिष्ट और मैत्रीपूर्ण लगे।

किसी जिले का नया कार्यभार सँभालने के समय इस तरह की घटनाओं का होना आम है। दरअसल जनप्रतिनिधि आप पर धौंस जमाकर यह देखना चाहते हैं कि आप कितना झुक सकते हैं। एक बार आपके स्वभाव व काम करने के तरीके के बारे में जान लेने के बाद वे अपने-आपको स्थितियों के अनुरूप ढाल लेते हैं। कहने का तात्पर्य यह है कि कोई राजनीतिक व्यक्ति आपके साथ कैसा व्यवहार करता है, यह बहुत कुछ इस बात पर निर्भर है कि आप कितनी गम्भीरता बनाए रखते हैं।

प्रशिक्षण अकादमी के दिनों से ही मैंने यह पाया कि अधिकारीगण राजनीतिज्ञों से परेशान रहते हैं। सब लोगों की यही राय थी कि राजनीतिज्ञों के आगे नहीं झुकना चाहिए और उन्हें अपने काम में दखलन्दाजी की इजाज़त नहीं देनी चाहिए। मुझे तब भी यही महसूस हुआ और अब तो मैं यह जान गया हूँ कि अड़ियल रवैये

के कारण ही नेताओं व अधिकारियों में तनातनी होती है। समाज बहुरंगी होता है। अधिकारियों और राजनीतिक व्यक्तियों पर भी यह बात लागू होती है। अच्छे व बुरे लोग सभी जगह पाए जाते हैं लेकिन इसका यह मतलब नहीं है कि आप सबको एक ही चश्मे से देखें। जनप्रतिनिधियों से साबका पड़ने पर खुले दिमाग से काम लेना चाहिए और व्यक्ति व परिस्थिति के अनुसार रणनीति तैयार करनी चाहिए।

लोक प्रशासक को हमेशा यह ध्यान रखना चाहिए कि वह प्रजातंत्र में काम कर रहा है जहाँ सत्ता जनता के चुने हुए प्रतिनिधियों के हाथ में होती है। लोक प्रशासक का काम जनप्रतिनिधियों को सलाह देना व उनकी सहायता करना है। तमाम खामियों के बावजूद यही सबसे अच्छी व्यवस्था है और हमें इसे मानसिक रूप से स्वीकार करना चाहिए।

राजनीतिक हस्तक्षेप

राजनीतिक हस्तक्षेप को लेकर सभी लोग चिन्तित हैं। दरअसल जब भी दो अधिकारी आपस में बैठकर बातचीत करते हैं तो वही कहानियाँ याद आती हैं जिनमें अधिकारियों को नायक और राजनीतिज्ञों को खलनायक के रूप में चित्रित किया जाता है। अधिकारी बताते हैं कि वे कैसे फलाँ-फलाँ राजनीतिज्ञ से लड़े और विजयी हुए। व्यक्तिगत रूप से मैं महसूस करता हूँ कि राजनीतिक हस्तक्षेप को बहुत ज्यादा बढ़ा-चढ़ाकर पेश किया जाता है। मैं यह नहीं कहना चाहता कि राजनीतिक हस्तक्षेप सिर्फ एक हौआ है लेकिन प्रायः इसे प्रतिबद्धता या प्रभावशीलता की कमी को छिपाने के लिए भी इस्तेमाल किया जाता है।

हमें इस बात को मान लेना चाहिए कि हमारी व्यवस्था में जनप्रतिनिधियों को 'हस्तक्षेप' करना ही पड़ता है। 'हस्तक्षेप' शब्द के नकारात्मक अर्थ पर ध्यान नहीं दिया जाना चाहिए। इसे जनता का हस्तक्षेप समझना चाहिए। हम जनता के प्रति जवाबदेह होते हैं और विधायक या सांसद जनता का प्रतिनिधित्व करते हैं। लिहाजा, प्रशासन को सवालों को घेरे में खड़ा करना, उपाय सुझाना, प्रस्ताव रखना और यहाँ तक कि अधिकारियों के फैसलों की मुखालफत करना जनप्रतिनिधि का अधिकार है। यह व्यवस्था इसी तरह से चलेगी और हमें इसके प्रति दुर्भावना नहीं रखनी चाहिए।

जनप्रतिनिधियों या राजनीतिज्ञों को जनता के मतों पर निर्भर रहना पड़ता है। वह जनता से मिलता है, उनकी बातें सुनता है और उन्हें खुश रखने की कोशिश करता है। वह जनता के प्रति जवाबदेह होता है और उसका पूरा कैरियर जनता को साथ लेकर आगे बढ़ने की उसकी काबिलियत पर निर्भर है। अपनी माँगें लेकर जनता रोज उससे मिलने आती है। कुछ लोगों को तो वह टाल देता है लेकिन बाकी लोगों की नालिश अधिकारी तक पहुँचाता है। वह हमेशा अपने लोगों के पक्ष में खड़ा होगा। इसका यह मतलब कतई नहीं है कि वह अधिकारी से अपने सभी

काम करवाना चाहता है। मैंने देखा है कि कई राजनीतिज्ञ सभी मुद्दों पर दबाव नहीं डालते। सिर्फ कुछ मुद्दों में वे विशेष रुचि लेते हैं। कभी-कभी वे आपके सामने किसी मामले की जाँच करने का अनुरोध लेकर आते हैं। मैं समझता हूँ कि राजनीतिज्ञ जिन परिस्थितियों में काम करते हैं, उसके महत्त्व को अगर अधिकारी समझें तो उनके साथ उनके मधुर सम्बन्ध कायम हो सकते हैं।

किसी जिले का मामला लीजिए। राजनीतिज्ञ नियमित रूप से जिलाधिकारी से मिलने आएँगे। वे अपने समर्थकों के साथ आवेदनों का पुलिंदा लेकर आते हैं। वे हैंडपम्प लगवाने, गाँव की सड़क बनवाने, ट्यूबवेल लगवाने, स्कूल या हथियारों के लाइसेंस या किसी को रोजगार दिलवाने का अनुरोध लेकर आते हैं। उनके आवेदनों में अधिकारियों के खिलाफ शिकायतें भी होती हैं और कार्यक्रमों के कार्यान्वयन के अनुरोध भी। अगर जिलाधिकारी उनकी बातों को ध्यान से सुनें और नियमों के तहत उचित कार्रवाई करें तो इसमें कोई हर्ज नहीं है। जिलाधिकारी के समक्ष राजनीतिज्ञों द्वारा रखे गए अधिकतर मामलों में जनता की वाजिब शिकायतें होती हैं और अधिकारी का यह कर्तव्य है कि वह उनका समाधान करे।

इस सम्बन्ध में दो नियम महत्त्वपूर्ण हैं। पहला नियम है कि जनप्रतिनिधियों को उचित सम्मान दिया जाए। जो भी हो, यह प्रतिष्ठा हमारी शासन व्यवस्था ने उन्हें दी है। लिहाजा, जब जनप्रतिनिधि अधिकारियों से मिलने आएँ तो अधिकारियों को उनका स्वागत करना चाहिए और हाथ मिलाकर उन्हें बैठने का स्थान देना चाहिए। अधिकारी उनकी बातों को ध्यान से सुनें। अगर अधिकारी के सामने कोई ऐसा मामला आता है जिसमें कार्रवाई करना सम्भव नहीं है तब भी अधिकारी को हेकड़ी नहीं दिखानी चाहिए। आप नम्रतापूर्वक जनप्रतिनिधि को ऐसे मामलों के कानूनी पहलू के बारे में बताएँ और उसे यह आश्वासन दें कि इस मामले पर विचार किया जाएगा। बाद में आप जनप्रतिनिधि को नम्रतापूर्वक यह समझा सकते हैं कि फलाँ काम नहीं हो सकता। सामान्यत: जनप्रतिनिधि आपकी बात मान लेते हैं।

दूसरा नियम यह होना चाहिए कि विधायक या सांसद का कभी अपमान न किया जाए। अगर आप उनसे मिलने से इनकार करेंगे या उनके समर्थकों के सामने उन्हें दो-टूक जवाब देंगे तो निश्चित मानिए कि उनकी प्रतिक्रिया उग्र होगी। यह ठीक है कि कुछेक जनप्रतिनिधि आपसे गलत समय पर मिलने चले आते हैं। ऐसे लोगों को इनकार नहीं करना चाहिए बल्कि उन्हें विनम्रता से यह बता देना चाहिए कि वे आने से पहले फोन कर लिया करें। अधिकांश जनप्रतिनिधि आपकी बात समझ जाएँगे। अगर किसी मुद्दे पर गम्भीर मतभेद हैं तो आपको विधायक या सांसद से अकेले में बातचीत कर लेनी चाहिए। जनप्रतिनिधि आपकी बात समझेंगे।

बहरहाल, सबसे महत्त्वपूर्ण मुद्दा यह है कि आप निष्पक्षता बनाए रखें। अगर आप किसी विधायक को चाय पिलाते हैं तो अन्य के साथ भी यही व्यवहार कीजिए।

आपके व्यवहार से इसका आभास नहीं होना चाहिए कि आप सत्तारूढ़ पार्टी के विधायकों व सांसदों को ज्यादा तरजीह दे रहे हैं और विपक्षी विधायकों व सांसदों की अवहेलना कर रहे हैं। सत्तारूढ़ पार्टी के विधायक-सासंद कुछ प्राथमिकता जरूर चाहते हैं, लेकिन विपक्षी विधायक-सांसद की उपेक्षा कभी नहीं करनी चाहिए। दरअसल आम तौर पर किसी जिलाधिकारी की सफलता बहुत कुछ इस बात पर भी निर्भर है कि विपक्षी दलों के सदस्य उसे कितना सम्मान देते हैं।

दरअसल राजनीतिक हस्तक्षेप को बढ़ा-चढ़ाकर पेश किया जाता है। अधिकतर जनप्रतिनिधि विकास-कार्यक्रमों मसलन, सड़कों और खराब पड़े ट्यूबवेलों की सूची का ब्यौरा चाहते हैं। और यह सूचना उन्हें दी जानी चाहिए। आखिरकार विकास कार्यों पर सार्वजनिक धन का व्यय होता है और जनता को यह जानने का अधिकार है कि वह धन कैसे खर्च किया गया। अधिकारियों को इस बात पर आपत्ति होती है। मैं महसूस करता हूँ कि जनप्रतिनिधियों को सूचनाएँ देने से अधिकारियों को काफी मदद मिलती है। इससे विभिन्न विभागों को नियंत्रित करना आसान हो जाता है। सम्भवतः कोई भी जिलाधिकारी सभी योजनाओं के कार्यान्वयन पर नजर नहीं रख सकता है और न ही उसे अपने मातहतों से पूरी सूचना मिलती है। यही जनप्रतिनिधि जिलाधिकारी तक महत्त्वपूर्ण सूचनाएँ पहुँचाते हैं। मुझे याद है कि डीआरडीए की बैठकों में विधायकों ने सार्वजनिक निर्माण विभाग द्वारा बनवाई गई सड़कों व ग्रामीण इंजीनियरिंग सेवाओं की कलई खोली। विधायक-सांसद अपने चुनाव क्षेत्र के बारे में पूरी जानकारी रखते हैं। वे अपने इलाके के चप्पे-चप्पे से वाकिफ होते हैं। इनके द्वारा दी गई सूचनाएँ जिलाधिकारी के लिए बहुत महत्त्वपूर्ण होती हैं।

इस सम्बन्ध में मुझे एक घटना याद आती है। मामला दो गाँवों को मुख्य सड़क से जोड़नेवाले सम्पर्क मार्ग का था। यह परियोजना मंजूर हो गई और काम भी शुरू हो गया। एक दिन वहाँ के स्थानीय विधायक और उनके समर्थकों ने काम बन्द करवा दिया। पीडब्ल्यूडी का इंजीनियर मेरे पास आया और उसने पुलिस सहायता देने का अनुरोध किया। इसके तत्काल बाद विधायक भी मेरे पास पहुँचे। मैंने उनसे सड़क निर्माण कार्य न रोकने का अनुरोध किया। इस पर विधायक ने कहा, 'मैं इस सड़क के खिलाफ नहीं हूँ, लेकिन यह काम गलत ढंग से हो रहा है। इतना ही धन खर्च कर चार गाँवों को जोड़ा जा सकता है।' इसके बाद उस विधायक ने कागज के एक टुकड़े पर अपनी योजना का खाका खींचकर दिखाया। मैंने पीडब्ल्यूडी के इंजीनियर को बुलाकर विधायक का खाका दिखाया, लेकिन इंजीनियर ने विधायक के सुझाव को यह कहते हुए खारिज कर दिया कि यह काम असम्भव है। अगले दिन मैं विधायक व इंजीनियर को साथ लेकर मौके पर पहुँचा और यह देखकर मुझे घोर आश्चर्य हुआ कि विधायक का सुझाव बिलकुल सही था। विधायक ने

इंजीनियर को भी अपनी बात समझा दी। इस तरह से दो की जगह चार गाँवों को जोड़ना सम्भव हुआ।

मेरे कहने का लब्बोलुआब यह है कि हालाँकि विधायक प्रोफेशनल ढंग से शिक्षित नहीं होते हैं लेकिन इनमें से अधिकांश विधायकों की सहज बुद्धि तेज होती है। वे गाँव में रहते हैं और बाहर से आए अधिकारियों के मुकाबले जमीनी वास्तविकताओं के बारे में उनकी समझ बेहतर होती है। लिहाजा, विधायकों के हस्तक्षेप पर नाखुश होने के बजाय हमें उन पर ध्यान देना चाहिए। हो सकता है, उनके सुझावों से बहुतों का भला हो जाए।

जिलाधिकारी और उसके अमले के लिए सबसे कठिन समय तब आता है जब कोई नई सरकार सत्ता में आती है। खासकर तब, जब उसके इलाके के जनप्रतिनिधि नए हों। नए जन प्रतिनिधि जरूरत से ज्यादा संवेदनशीलता दिखाते हैं। यही नहीं वे नियमों और प्रक्रियाओं से भी वाकिफ नहीं होते हैं। अगर आप उन्हें यह बताएँ कि फलाँ काम सरकारी आदेशों के मुताबिक सम्भव नहीं है तो वे यही समझेंगे कि आप जान-बूझकर उनका काम नहीं कर रहे हैं। जनसमूह के बीच अधिकारियों को बुलाकर तरह-तरह के आरोप लगाने व अनाप-शनाप कहने की प्रवृत्ति भी देखने को मिलती है। ऐसे मौकों पर जिलाधिकारी को संयम रखना चाहिए। आप अपना अपमान न होने दें। अगर जिलाधिकारी थोड़ा कड़ा रुख अपना लें तो सामनेवाला अपना रवैया बदल लेगा। मैंने पाया है कि अधिकतर मंत्री डीएम के साथ अकेले में बातचीत करते हैं। वे कभी भी अपने समर्थकों को डीएम से सीधे बातचीत करने या उसे अपमानित करने के लिए नहीं उकसाते। कुछ नए मंत्री डीएम के साथ सवाल-जवाब का सत्र आयोजित करने पर जोर डालते हैं। लेकिन विनम्र अनुरोध करने पर मान जाते हैं। नए जनप्रतिनिधि भी दो-तीन महीनों के अन्दर सब कुछ समझ जाते हैं। इसके बाद सब सामान्य हो जाता है।

समझनेवाली बात यही है कि प्रशासक और राजनीतिज्ञ एक-दूसरे के दुश्मन नहीं होते हैं। इन लोगों को अपने इलाके के विकास और कानून-व्यवस्था बनाए रखने के लिए मिल-जुलकर काम करना पड़ता है। लेकिन अधिकारियों में राजनीतिज्ञों के हर सुझाव को खारिज करने की प्रवृत्ति पाई जाती है। दरअसल राजनीतिज्ञ प्रशासन की कमजोरियों की ओर इशारा करते हैं और इसी कारण अधिकारी उनकी बातों को नकारते हैं। जहाँ तक हस्तक्षेप का सवाल है, मैंने वरिष्ठ अधिकारियों और अपने सहयोगियों को भी दखलन्दाजी करते हुए पाया। किसी खास लेखपाल को बर्खास्त न करने, किसी तहसीलदार का स्थानांतरण रुकवाने या यहाँ तक कि अदालत में लम्बित किसी मामले को देख लेने जैसे अनगिनत अनुरोध किए जाते हैं। हम इस तरह के मामलों में कुछ नहीं बोलते, लेकिन यही काम राजनीतिज्ञ कहें तो हम बुरा मान जाते हैं।

मैं समझता हूँ कि व्यवहार के इस अन्तर को प्रशासक व राजनीतिज्ञ की पृष्ठभूमि के अन्तर से समझा जा सकता है। कॉलेज का पढ़ा-लिखा प्रशासक कोट व टाई लगाकर अपने-आपको कम पढ़े-लिखे और कुरता-पाजामा पहननेवाले राजनीतिज्ञ से श्रेष्ठ समझता है। दूसरी वजह यह है कि अधिकारियों में यह भावना घर कर गई है कि उन्हें राजाओं की तरह शासन करने का अधिकार है और कोई भी उनसे सवाल न करे। इसी कारण कुछ अधिकारी बार-बार ब्रिटिश राज के अच्छे दिनों को याद कर आँसू बहाते हैं।

लेकिन इसका यह मतलब नहीं है कि सारी गलती अधिकारियों की ही होती है। इस गड़बड़ झाले के लिए अधिकारी व राजनीतिज्ञ—दोनों ही दोषी हैं। कुछ राजनीतिज्ञ ऐसे होते हैं जो अधिकारियों को मुसीबत की जड़ समझते हैं। यही नहीं, इनकी नजर में सब कुछ इनकी इच्छा के अनुसार होना चाहिए। कुछ राजनीतिज्ञ दुर्व्यवहार करते हैं। ऐसे लोगों के साथ उनके स्वभाव के अनुसार पेश आना चाहिए। दरअसल, मौजूदा समय में अधिकारियों का अधिकांश समय राजनीतिक प्रक्रिया के विभिन्न पहलुओं के साथ तारतम्य बिठाने में लग जाता है। कई अधिकारी इसे सिरदर्द समझते हैं लेकिन कुछ अधिकारी इस राजनीतिक प्रबन्धन को जिलाधिकारी की ड्यूटी का अभिन्न हिस्सा समझते हैं। मैं समझता हूँ कि राजनीतिक माहौल के प्रबन्धन का सबसे अच्छा तरीका यही है कि स्पष्टवादिता से काम लिया जाए। विधायक अथवा सांसद के साथ शिष्टाचार के सभी तौर-तरीकों का पालन किया जाना चाहिए और उनकी शिकायतों पर गम्भीरता से विचार करना चाहिए। लेकिन अधिकारी के लिए यह जरूरी नहीं है कि वह नियमों से बाहर जाकर विधायकों-सांसदों के लिए कुछ ऐसा करे जिससे उसके स्टाफ का मनोबल गिरता है।

ऐसी परिस्थितियों में मुझे हमेशा क्रिकेट के खेल की याद आती है। जिलाधिकारी का काम असमान उछालवाली घुमावदार पिच पर बैटिंग करने जैसा है। ऐसी पिच बल्लेबाज को सीधे बल्ले से खेलनी होती है यानी उसे तकनीकी रूप से सही क्रिकेट खेलनी होती है। रन बनाने का यही एकमात्र तरीका है। तिरछे बल्ले से खेलने या जोखिम उठाने में जल्दी आउट होने का खतरा रहता है। हाल के दिनों में पोस्टिंग व स्थानांतरण के मामलों में अधिकारियों द्वारा राजनीतिज्ञों के इस्तेमाल की घृणास्पद प्रवृत्ति को बढ़ावा मिला है। अगर कोई अधिकारी यह काम करता है तो वह राजनीतिक हस्तक्षेप से नहीं बचा रह सकता है। चिन्ताजनक बात यह है कि आईएएस अधिकारी भी इन तरीकों का इस्तेमाल करने लगे हैं। जिला मजिस्ट्रेट कई बार अपनी मनमानी पोस्टिंग करवाते हैं या किसी गॉडफादर का सहारा लेकर अपना स्थानांतरण रुकवाते हैं। इन परिस्थितियों में अधिकारी के लिए स्वतंत्र व निष्पक्ष रहना असम्भव है। ऐसे अधिकारी राजनीतिक हस्तक्षेप का मुकाबला नहीं कर सकते हैं। दूसरी तरफ उसके गॉडफादर के अलावा बाकी राजनीतिज्ञ भी ऐसे

अधिकारियों को निष्पक्ष नहीं मानते। ऐसे में उस अधिकारी के लिए काम करना मुश्किल हो जाता है और प्रशासन चलाने के लिए उसे अन्तहीन समायोजन व समझौते करने पड़ते हैं।

कुल मिलाकर यह ध्यान रखना चाहिए कि जिलाधिकारी के साथ जनप्रतिनिधि को मिल-जुलकर काम करना होता है। तभी इस व्यवस्था के सर्वश्रेष्ठ नतीजे सामने आएँगे। इन दोनों का सहयोग जनता व जिले की भलाई के लिए होना चाहिए। काम के मामले में स्वतंत्रता व निष्पक्षता बनाए रखनी चाहिए। अधिकारियों को यह याद रखना चाहिए कि उन्होंने संविधान और कानून के शासन के नाम पर शपथ ली है। अधिकारी को कभी भी क्षुद्र स्वार्थों के लिए समझौते नहीं करने चाहिए। लेकिन उसे यह भी कभी नहीं सोचना चाहिए कि सिर्फ वही सही है और सारे राजनीतिज्ञ हैं। उसे अपना अहंकार त्याग देना चाहिए और जनता के शासन के महत्त्व का स्वीकार करना चाहिए। अच्छे नतीजे हासिल करने के लिए यह जरूरी है कि अधिकारी व राजनीतिज्ञ एक-दूसरे के साथ मिल-जुलकर काम करें।

प्रेस

हमारे समाज में प्रेस के महत्त्व को कोई नहीं नकार सकता। यह प्रजातंत्र का प्रहरी है और यह सभी लोगों की जवाबदेही सुनिश्चित करता है। प्रेस सामाजिक राय का निर्धारण करता है, जन-शिकायतों को सामने लाता है और प्रशासन की कमजोरियों को उजागर करता है। जिलाधिकारी की सफलता बहुत कुछ इस बात पर निर्भर है कि वह प्रेस के साथ कैसा सुलूक करता है।

जिला स्तर पर जिला सूचना अधिकारी की देख-रेख में छोटे-छोटे सूचना-कार्यालय काम करते हैं। जिला सूचना अधिकारी ही प्रेस के साथ सम्पर्क कायम करता है। बहरहाल, मेरा मानना है कि अगर प्रेस के साथ सम्पर्क कायम करने का काम सिर्फ सूचना अधिकारी के भरोसे छोड़ दिया जाए तो प्रेस के साथ तालमेल बिठाना मुश्किल होगा। यही वह मोर्चा है जहाँ जिला मजिस्ट्रेट को खुद आगे बढ़कर काम करना होगा।

हो सकता है, किसी जिले में अच्छा काम हो रहा हो, लेकिन जब तक यह प्रेस में नहीं छपेगा तब तक इसके बारे में कोई नहीं जान पाएगा। सरकार भी ऐसी कई योजनाएँ चला रही है जिनके बारे में आम जनता कुछ जानती ही नहीं। अगर उन्हें यह सब बताया जाए तो वे इन योजनाओं के कार्यान्वयन में हिस्सा लेंगे और दिक्कतों के बारे में भी बताएँगे। इस सम्बन्ध में दो तरह की अवधारणाएँ हैं—प्रोपेगैंडा और प्रचार। प्रशासन को प्रोपेगैंडा का सहारा नहीं लेना चाहिए लेकिन प्रचार पर रोक भी नहीं लगानी चाहिए। प्रोपेगैंडा का मतलब है, आपने कुछ भी ठीक नहीं किया लेकिन प्रेस को प्रभावित कर अपने बारे में ढेर सारी खबरें छपवा लीं। अधिकारियों

को इससे बचना चाहिए। लेकिन प्रचार का मतलब यह होता है कि आपने अच्छा काम किया तो इसको जनता की नजर में लाना जरूरी है। तथ्यों के बारे में रिपोर्ट देनी चाहिए। यह बुरी बात नहीं है, दरअसल इससे जिला प्रशासक की स्थिति मजबूत होती है। कई अधिकारी व्यक्तिगत ख्याति के लिए नियमित रूप से प्रेस का इस्तेमाल करते हैं। ये योजनाओं और भवनों का उद्घाटन करते चलते हैं और उम्मीद करते हैं कि अखबारों में इसे जगह मिले। अच्छी कवरेज के लिए ये खुद प्रेसवालों से बात करते हैं। कुछ अन्य अधिकारी प्रेसवालों को उपकृत करते हैं, भले ही इसके लिए नियमों को तोड़ना पड़े। ये प्रेस के लिए शानदार पार्टियों का भी आयोजन करते हैं। इनका एकमात्र ध्येय होता है-अपने व्यक्तिगत लाभ के लिए प्रेस को खुश करना।

यह खतरनाक प्रवृत्ति है। इसे बढ़ावा देनेवाले अधिकारियों को, मैंने देखा है। व्यक्तिगत रूप से वे बेहद कमजोर होते हैं। प्रेस इनकी सराहना करता है लेकिन कुछ गड़बड़ होने पर या अपमानित महसूस करने पर प्रेसवाले इनकी आलोचना भी करते हैं। दरअसल प्रेस नाम और ख्याति के लिए लोलुप अधिकारियों की आसानी से पहचान कर लेता है। इसके बाद शुरू होता है खेल। प्रेस ऐसे अधिकारियों का इस्तेमाल करता है और जैसे ही वह प्रेस को उपकृत करना बन्द करता है, प्रेस उसे गरम कोयले के टुकड़े की तरह फेंक देता है।

जैसे ही जिले में कोई नया अधिकारी पदभार ग्रहण करता है, प्रेसवाले उससे मिलना चाहते हैं। बेहतर हो कि ऐसे अवसरों पर संवाददाता सम्मेलन बुलवाया जाए। कोशिश यही होनी चाहिए कि संवाददाता सम्मेलन में ज्यादा तामझाम न हो। दो बातों से बचना चाहिए—पहली, कभी भी अपने पूर्व के अधिकारी की आलोचना नहीं करनी चाहिए और दूसरी, लम्बे-चौड़े दावे नहीं करने चाहिए, ताकि यह न लगे कि आपसे पहले कुछ हुआ ही नहीं और आप अपने कार्यकाल में आसमान के सितारे तोड़कर ला देंगे। शुरुआत में तो इसका फायदा मिलेगा लेकिन आगे चलकर यही वायदे आपके गले की मुसीबत साबित होंगे और आप अपने वायदों में जिन लुभावने नारों का इस्तेमाल करते थे, प्रेस उन्हीं मुहावरों को आपकी आलोचना का सामान बनाएगा।

अमूमन हर तीन महीने पर एक संवाददाता सम्मेलन आयोजित किया जाना चाहिए। प्रशासन की उपलब्धियों व समस्याओं को जनता तक पहुँचाने का यह सबसे अच्छा तरीका है। प्रेस के तमाम सवालों व शिकायतों को भी सुनना जरूरी होता है। लेकिन एकमात्र समस्या यह आती है कि इन संवाददाता सम्मेलनों में ढेर सारे पत्रकारों को बुलाना पड़ता है। इनमें से कुछ, जैसाकि हर पेशे में होता है, गम्भीर किस्म के पत्रकार नहीं होते। ये लोग व्यक्तिगत शिकायतें लेकर आते हैं और इन्हीं मुद्दों पर संवाददाता सम्मेलन का समय ज़ाया करते हैं। कभी-कभी संवाददाता सम्मेलनों में लड़ाई-झगड़े का भी माहौल बन जाता है। यही कारण है

कि कई अधिकारी नियमित रूप से संवाददाता सम्मेलन नहीं बुलाते हैं। बहरहाल, इसके बावजूद प्रेस के साथ सूचना चैनल बनाए रखना चाहिए और इस तरह के संवाददाता सम्मेलनों का आयोजन भी किया जाना चाहिए।

अकसर अखबारों में ऐसी खबरें छपती हैं जिनसे जिला प्रशासन को नुकसान पहुँच सकता है। इस तरह की खबरें जनता की टिप्पणियों पर आधारित होती हैं और जनता को जिला प्रशासन से शिकायत होती है। इन खबरों में तथ्य भी पूरी तौर पर नहीं दिए जाते। इसके बाद डीएम इस तरह की खबरों का खंडन जारी करता है जिसे इस तरह से छापा जाता है कि किसी का ध्यान ही न जाए। इस तरह से जिला प्रशासन को जो नुकसान होना होता है वह हो जाता है। इस समस्या को हल करने का सबसे अच्छा तरीका यही है कि प्रेसवालों से अनुरोध किया जाए कि खबर छापने से पहले जिला प्रशासन का दृष्टिकोण भी लिया जाए। आमतौर पर प्रेसवाले फोन पर आपकी राय ले लेते हैं और इस तरह से खबर सन्तुलित हो जाती है। लेकिन इसका अर्थ यह नहीं है कि वे हमेशा आपसे सम्पर्क करेंगे। अपनी खबर को सनसनीखेज और मजेदार बनाने की आकांक्षा प्रेसवालों में होती है।

एक जिले में, जहाँ मेरी नियुक्ति हुई, जिला प्रशासन व प्रेस के बीच स्वस्थ सम्बन्धों की परम्परा बनी हुई थी। वहाँ के सभी प्रमुख अखबार रात को डीएम के साथ फोन पर खबरों व विचारों का आदान-प्रदान करते हैं। मैंने पाया कि इस जिले में रिपोर्टिंग सन्तुलित होती थी। एकमात्र समस्या यही थी कि फोन पर बातचीत करने में काफी वक्त ज़ाया होता था और कभी-कभी यह परेशानी का सबब बन जाता था।

बहरहाल, चाहे जो भी हो प्रेस व जिला प्रशासन के बीच विश्वास व खुलेपन की संस्कृति विकसित होनी चाहिए। जिला प्रशासन की राय जानने के लिए प्रेसवालों को फोन करने से नहीं हिचकना चाहिए और आपको भी उनके कॉलों की अनदेखी नहीं करनी चाहिए। प्रेस के लोगों की कॉल का तत्काल जवाब देना चाहिए। अगर कोई प्रेस रिपोर्टर आपसे मिलने आता है तो उसे समय देना चाहिए। अगर सौमनस्य बनाने के इन छोटे पहलुओं की अनदेखी की गई तो तय मानिए कि आपको एक आक्रामक प्रेस का सामना करना पड़ेगा।

बड़े दंगों या कानून-व्यवस्था की समस्या खड़ी होने की स्थिति में जिला प्रशासन को प्रेसवालों से हमेशा शिकायत होती है। वे समझते हैं कि ये मामले सनसनीखेज हैं। लिहाजा अखबारों में भड़काऊ खबरें छपती हैं जिनसे मुद्दे और पेचीदा बनते हैं। इस तरह की खबरें आग में घी डालने का काम करती हैं। यह सही है, लेकिन काफी हद तक इनसे बचा नहीं जा सकता। आधिकारिक दृष्टिकोण के अलावा बहुत सारे लोग खबरों को लेकर प्रेस पहुँचते हैं। प्रेस इनको नकारकर सिर्फ आधिकारिक दृष्टिकोण छापें यह सम्भव नहीं है। सबसे अच्छा तरीका यही है कि इस तरह के संकटकाल में हर रोज प्रेस ब्रीफिंग की जाए। इसका सबसे बड़ा फायदा यह होता

है कि प्रेस के पास जो भी खबरें होती हैं, वे बाहर आ जाती हैं। इसके बाद जिला प्रशासन का जवाब आता है और प्रेस में सन्तुलित खबरें छपती हैं। इससे अफवाहों पर लगाम लगाने का मौका मिलता है वरना ये अफवाहें अखबारों की सुर्खियों में भी आ सकती हैं। सार-संक्षेप यही है कि जहाँ तक सम्भव हो प्रेस के साथ निकट का सम्बन्ध बनाना चाहिए।

निश्चित रूप से हर जिले में कुछ 'पीत' पत्रकार होते हैं। ये पेशेवर लोग नहीं होते हैं बल्कि नाम और पैसा कमाने के एकमेव उद्देश्य के साथ एक पेज का मासिक या साप्ताहिक अखबार निकालते हैं। जिलाधिकारी को ऐसे लोगों की पहचान कर उनसे बचने की कोशिश करनी चाहिए। अगर ऐसे लोग कुछ भी झूठ छापते हैं तो उसे अनदेखा कीजिए। अवमानना याचिका दायर करने या गिरफ्तारी और प्रेस बन्द करवाने जैसी जवाबी कार्रवाई करना बुद्धिमत्तापूर्ण कदम नहीं है।

अगर कोई अखबार सफेद झूठ छापता है तो सबसे अच्छा तरीका यही है कि आप उसके सम्पादक से खुद बात करें। सम्पादक को पत्र भी लिखा जा सकता है। विरले ही ऐसे मौके आते हैं जब आपको इससे अधिक कुछ करने की जरूरत पड़ती है। बहरहाल, इसके अलावा आप इन मामलों को प्रेस परिषद में भी ले जा सकते हैं।

अखबारों में रोज प्रशासन के बारे में ढेर सारी खबरें छपती हैं और इनमें से सभी खबरें प्रशासन के अनुकूल नहीं होती हैं। लेकिन इससे बेवजह घबराने की जरूरत नहीं है। दरअसल, इस तरह की खबरों से प्रशासक को कुछ महत्त्वपूर्ण सूचनाएँ मिलती हैं। इस तरह की खबरों की कतरनें रोज डीएम के सामने रखी जाती हैं। उसे इन कतरनों को सम्बद्ध अधिकारियों तक पहुँचा देना चाहिए। यही नहीं, अधिकारियों से इसका समयबद्ध जवाब भी माँगें। कुछ मामलों में सम्बद्ध अखबार को भी जवाब भेजा जा सकता है।

व्यक्तिगत रूप से कोई व्यक्ति खराब, अच्छा या तटस्थ हो सकता है लेकिन एक संस्था के रूप में पूरे प्रेस को पीत पत्रकारिता का पर्याय मानने की भूल नहीं करनी चाहिए। प्रेस सूचना व संचार का एक उपयोगी औजार है। यह आपको आपकी करनी के लिए जवाबदेह बनाता है। लिहाजा, प्रेस सम्बन्ध कायम रखना जिला प्रशासक की आवश्यक अर्हता होती है

लोक-शिकायतों का निपटारा

लोगों से मिलना और उनकी शिकायतें सुनना जिला जिलाधिकारी का महत्त्वपूर्ण काम होता है। उत्तर प्रदेश में इन लोगों को 'मुलाकाती' कहा जाता है। आजकल जिलाधिकारी का अधिकांश समय इन मुलाकातियों से मिलने और उनकी शिकायतें सुनने में व्यतीत होता है। इसके बाद मुलाकातियों की शिकायतों पर आदेश जारी करना और यह देखना कि उनका काम हो गया है, जिलाधिकारी की जिम्मेदारी होती है।

ब्रिटिश शासनकाल में भी जिलाधिकारी का इन मुलाकातियों से सामना होता था, लेकिन अब स्थितियों में काफी बदलाव आया है। आज मुलाकातियों में विधायक, सांसद, छुटभैये नेता, पत्रकार, प्रमुख, प्रधान और नागरिक तक शामिल होते हैं। उम्मीद की जाती है कि जिलाधिकारी के पास हर सवाल का जवाब है। वह किसी मुलाकाती की याचिका पर कंधे उचकाते हुए यह नहीं कह सकता है कि याचिका में की गई शिकायत उससे सम्बद्ध नहीं है। उसे सब कुछ सुनना पड़ता है, और सहानुभूति दिखाते हुए अपने सामने आवेदन पर उपयुक्त आदेश जारी करना पड़ता है। किसी भी जिलाधिकारी के कार्यालय में सामान्यत: यह दृश्य देखने को मिलेगा कि जिलाधिकारी का कमरा लोगों से अटा पड़ा है और उसका अर्दली कमरे के बाहर खड़े लोगों को अन्दर जाने से रोकने के क्रम में पसीने-पसीने हो रहा है। मुलाकातियों के लिए रजिस्टर रखना सम्भव नहीं होता है क्योंकि आगंतुकों की संख्या इतनी अधिक होती है कि उन्हें एक-साथ बुलाकर उनकी शिकायतों का निपटारा करना ही बेहतर तरीका साबित होता है। जिलाधिकारी के सामने एक-एक कर आवेदन रखे जाते हैं। मुलाकातियों को ध्यान से सुनने के बाद जिलाधिकारी उचित निर्देश के साथ आवेदनों को सम्बन्धित अधिकारियों के लिए चिह्नित कर देता है।

आवेदक 'क' को हथियार का लाइसेंस चाहिए तो जिलाधिकारी उस व्यक्ति के चरित्र के बारे में एसएसपी से रिपोर्ट देने के लिए कहेगा। आवेदक 'ख' को अपने गाँव की उचित दर दुकान से शिकायत है तो जाँच और कार्रवाई के लिए उसका आवेदन जिला आपूर्ति अधिकारी को प्रेषित कर दिया जाएगा। आवेदक 'ग' की शिकायत है कि उसके गाँव के प्रधान ने मनरेगा के फंड का गबन किया तो जाँच और रिपोर्ट के लिए उसका आवेदन मुख्य विकास अधिकारी के पास भेजा जाएगा।

आवेदक 'घ' को शिकायत है कि उसके थाने का एसओ उसकी एफआईआर नहीं दर्ज कर रहा है तो एफआईआर दर्ज करने के निर्देश के साथ उसका आवेदन एसओ के पास भेजा जाएगा। इसी तरह कोई बिजली का गलत बिल सही करवाने तो कोई सरकारी बकाया चुकाने के लिए और समय की माँग के लिए हाजिर होता है। कोई अपने गाँव में सड़क बनवाना चाहता है तो किसी को ट्यूबवेल ऑपरेटर से शिकायत होती है और किसी को अपने गाँव के स्कूल के हेडमास्टर की शक्ल अच्छी नहीं लगती है।

शिकायतों की सूची अन्तहीन होती है। औसतन एक दिन में इस तरह के 100 आवेदन जिलाधिकारी के सामने रखे जाते हैं। व्यक्तियों के अलावा कुछ प्रतिनिधि-मंडल भी आते हैं। इन प्रतिनिधि-मंडलों में कोई सरकारी नीति के विरोध में खड़ा होता है, कोई प्रतिनिधि-मंडल किसी खास अधिकारी के खिलाफ कार्रवाई किए जाने की माँग लेकर आता है या किसी ऐसे मसले का पक्षकार बनकर आता है जिसका राजनीतिकरण हो चुका हो। इसी क्रम में छात्रों के एक दिलचस्प प्रतिनिधि मंडल से मेरा पाला पड़ा। ये लोग मुझसे मिलने मेरे चैंबर में नहीं आए। इनका कहना था कि मैं बाहर आकर इनकी बात सुनूँ, और मैंने ऐसा ही किया। छात्रों का यह प्रतिनिधि-मंडल अमरीकी प्रशासन की नीतियों का प्रतिवाद कर रहा था। मुझे चेतावनी दी गई कि छात्र अमरीकी राष्ट्रपति को भारत के अन्दरूनी मामलों में दखलन्दाजी करने की इजाजत नहीं देंगे। मैंने उनका ज्ञापन ले लिया। लेकिन छात्र सन्तुष्ट नहीं हुए। वे जानना चाहते थे कि मैं इस ज्ञापन का क्या करूँगा। मैंने उन्हें आश्वस्त किया कि यह ज्ञापन सरकार को अग्रसारित कर दिया जाएगा। लेकिन छात्रों ने कहा कि 'नहीं, हम लोग सन्तुष्ट नहीं हैं।' इसके बाद पता चला कि छात्र चाहते हैं कि मैं फोन पर बिल क्लिंटन से बात करूँ और उन्हें छात्रों की भावनाओं से अवगत करवाऊँ। मुझे घोर आश्चर्य हुआ कि छात्रों की नजर में उनका डीएम सीधे अमरीकी राष्ट्रपति से बात कर सकता है बहरहाल मैंने छात्रों को आश्वासन दिया कि मैं ऐसा ही करूँगा।

जिला मजिस्ट्रेट नाम की संस्था में लोगों का विश्वास कायम है। उन्हें यकीन है कि उनकी शिकायतों पर कार्रवाई होगी। अगर डीएम उचित कार्रवाई का आश्वासन दे तो हिंसक भीड़ को भी शान्त किया जा सकता है। डीएम शॉक एब्जार्बर, आरबिट्रेटर, जज, मध्यस्थ और समस्या-भंजक के रूप में काम करता है। अगर यह संस्था काम न करे तो अराजकता फैल जाएगी। शिकायतों का अम्बार लग जाएगा और हिंसा भड़क उठेगी। लिहाजा, यह जरूरी है कि डीएम सुलभ हो और उस तक पहुँचना आसान हो। उसे लोगों को ध्यान से सुनना होता है और उन्हें इस बात के लिए सन्तुष्ट करना पड़ता है कि उनकी शिकायतों पर कार्रवाई की जाएगी। लेकिन, अगर डीएम तक शिकायत पहुँचाने के बाद भी कोई कार्रवाई न हो तो

लोगों का विश्वास पूरी तरह से डोल जाएगा। दरअसल गौर से देखा जाए तो पता चलेगा कि आजकल यही हो रहा है। डीएम के पास रोजाना एक सौ से भी अधिक आवेदन आते हैं और काम का बोझ बढ़ता है। डीएम इन आवेदनों पर आदेश जारी करता है और इन्हें सम्बन्धित अधिकारियों को प्रेषित कर देता है। ये अधिकारी इन आवेदनों को अपने अधीनस्थों के पास भेज देते हैं। कभी-कभी राजस्व मामलों से सम्बन्धित आवेदन लेखपाल तक और पुलिस मामलों से सम्बन्धित आवेदन बीट कांस्टेबल तक पहुँच जाते हैं। निचले स्तर के ये कर्मचारी समस्याओं की जड़ में होते हैं और हो सकता है कि याचिकाकर्ता ने इनके ही खिलाफ शिकायत की हो। निचले स्तर पर न्याय की उम्मीद क्षीण होती है। बहुधा, इन आवेदनों पर सुनवाई नहीं होती है। कभी-कभी छह महीने बाद रिपोर्ट आती है। इसमें कोई सन्देह नहीं है कि निचले स्तर पर लोक-शिकायतों के प्रति संवेदनशीलता निश्चित रूप से कम हुई है। इस कारण डीएम पर दबाव बढ़े हैं। और इसी के साथ डीएम से लोगों की उम्मीदें भी बढ़ी हैं। अगर डीएम शिकायतों पर सुनवाई की कोई कारगर व्यवस्था नहीं बना सकता है तो निश्चित रूप से उसका प्रशासन ढह जाएगा।

डीएम को चाहिए कि वह आवेदनों पर विशिष्ट आदेश जारी करे। इन आवेदनों पर आवश्यक कार्रवाई की टिप्पणी करने का कोई अर्थ नहीं है। डीएम को जरूरी कार्रवाई का निर्देश देना चाहिए। अगर किसी अधिकारी के खिलाफ शिकायत हो तो इस बात का ध्यान रखना चाहिए कि उससे एक स्तर ऊपर के अधिकारी से जाँच करवाई जाए। शिकायतों की जाँच पर रिपोर्ट मँगाना बेहतर होता है और यह समयबद्ध होना चाहिए। शिकायत की प्रकृति के आधार पर ही रिपोर्ट के लिए समय तय करना चाहिए। आमतौर पर आवेदनों पर रूटीन पृष्ठांकन कर दिया जाता है—'कृपया जाँच करें और एक हफ्ते के भीतर रिपोर्ट दें।' इसका बिलकुल प्रभाव नहीं पड़ता है और इसे रूटीन मामला मान लिया जाता है। अगर रिपोर्ट आती भी है तो उसे जिलाधिकारी तक पहुँचने में हफ्तों लग जाते हैं।

कम्प्यूटरीकरण

जिलाधिकारी के रूप में मैंने एक व्यवस्था बनाई थी जिसके बड़े अच्छे नतीजे निकले। इसके तहत शिकायतों को कम्प्यूटर में भर दिया गया। इसका सॉफ्टवेयर बहुत साधारण होता है और सहजता से उपलब्ध है। अपनी जरूरत के अनुसार सॉफ्टवेयर भी विकसित किया जा सकता है। तदनुसार, आवेदनों को प्राथमिक, अत्यावश्यक और साधारण—तीन श्रेणियों में विभाजित किया गया। मैंने इन आवेदनों पर खुद सीपी, सीयू और सीओ का निशान लगा दिया। सीपी का मतलब, रिपोर्ट सात दिन के भीतर प्रत्याशित है। सीयू का मतलब, 15 दिन और सीओ का मतलब 25 दिन। हो सकता है कि निचले स्तर के पदाधिकारी इसे न समझें लिहाजा मैं अपने

पृष्ठांकन में रिपोर्ट की प्रत्याशित तारीख लिख देता था, मसलन, कृपया जाँच करें और 15.3.94 तक रिपोर्ट करें। इस तरह के सभी आवेदनों को रोजाना कम्प्यूटर में डाल दिया जाता था। प्रत्येक सोमवार को कम्प्यूटर से उन आवेदनों का प्रिंट निकाला जाता जिन पर रिपोर्ट आनी थी लेकिन नहीं आ पाई। छानबीन करने के लिए यह सूची मेरे पास भेज दी जाती और इसके बाद कम्प्यूटर से खुद-ब-खुद इस सम्बन्ध में स्मरण-पत्र जारी कर दिया जाता। तीसरा स्मरण-पत्र जारी होने के बाद भी अगर रिपोर्ट नहीं आती तो मैं सम्बन्धित अधिकारी को जिलाधिकारी कार्यालय में मेरे सामने आकर स्पष्टीकरण पेश करने का बुलावा भेजता। इसके अतिरिक्त स्टाफ बैठकों में भी इस सूची पर चर्चा होती थी। शिकायतों पर नियमित निगरानी के अच्छे नतीजे निकले। बाद में जब मैंने तहसील का निरीक्षण किया तो पाया कि वहाँ सीपी, सीयू और सीओ के पृथक रजिस्टर खोले गए हैं और तदनुसार मामलों की निगरानी हो रही है।

इसके बावजूद कुछ मामले ऐसे थे जिनमें रिपोर्ट आने में विलम्ब हो रहा था। मैं रिपोर्ट को पढ़ते समय ही तारीखों को जाँच लेता था। अगर किसी मामले में जरूरत से ज्यादा देरी हो रही हो तो सम्बन्धित अधिकारी को एक पत्र भेज दिया जाता कि वह जवाबदेही तय कर कार्रवाई करे। इसका नतीजा यह हुआ कि सभी स्टाफ लोक शिकायतों की सुनवाई को लेकर गम्भीर हो उठे। एक बार यह संस्कृति विकसित हो जाए और सभी स्तरों पर अधिकारी शिकायत निपटान के महत्त्व से वाकिफ हो जाएँ तो अच्छे नतीजे सामने आएँगे।

शिकायत निपटारा व्यवस्था का अगला महत्त्वपूर्ण हिस्सा है यह देखना कि शिकायतों का किया क्या गया। आमतौर पर सबसे निचले स्तर के पदाधिकारियों द्वारा सरकारी रिपोर्ट तैयार कर दी जाती है और इस पर सभी के अग्रसारित नोट होते हैं। ऐसे आवेदनों को वापस भेज देना चाहिए जिन पर वरिष्ठ अधिकारियों ने अपने दिमाग का इस्तेमाल न किया हो। इस बात का ध्यान रखा जाए कि वरिष्ठ अधिकारी अपने दिमाग का इस्तेमाल करें और रिपोर्ट पर अपने दृष्टिकोण का स्पष्ट उल्लेख करें। इसके बाद यह देखना चाहिए कि समस्या को हल करने की कोशिश की गई है कि यूँ ही ब्यूरोक्रेटिक रिपोर्ट पेश की गई है। अगर किसी रिपोर्ट में समस्या की जिम्मेदारी अन्य विभाग पर डाली गई हो तो इसका मतलब है कि शिकायत का निपटारा नहीं किया गया है। सम्बन्धित अधिकारी को अन्य विभागों के साथ तालमेल कर समस्या का समाधान ढूँढ़ने की कोशिश करनी चाहिए। अकसर ऐसा होता है कि शिकायती मामलों में निचले स्तर पर अधिकारी रिपोर्ट में सिर्फ यह लिखकर भेज देता है कि शिकायतकर्ता आदतन शिकायत करता है, और इस मामले में कार्रवाई करने की जरूरत नहीं है। ऐसे मामलों में किसी वरिष्ठ अधिकारी से जाँच करवाई जानी चाहिए।

दरअसल शिकायतकर्ता से सम्पर्क कर उसे रिपोर्ट के नतीजे की मौखिक जानकारी दी जानी चाहिए। अगर ऐसा करना सम्भव न हो तो लिखित जवाब प्रेषित किया जा सकता है। मूल प्रश्न यह है कि अगर कोई व्यक्ति जिलाधिकारी के पास आवेदन लेकर आता है तो उसे यह महसूस होना चाहिए कि उसकी शिकायत पर गम्भीरता से सुनवाई हुई है।

कंप्यूटरीकरण और सूचना प्रौद्योगिकी तथा मोबाइल के माध्यम से शिकायत निवारण के स्तर को उन्नत किया जा सकता है। उत्तर प्रदेश राज्य के सीतापुर जिले के एक युवा कलेक्टर ऐसी शिकायत निवारण व्यवस्था के अग्रदूत बने। उन्होंने 'लोकवाणी' नाम की व्यवस्था विकसित की जहाँ सारी शिकायतें कंप्यूटर पर दर्ज की जाती थीं और एक निश्चित समय में उत्तर के लिए सम्बन्धित विभाग को भेज दी जाती थीं। इसके बाद तो ऐसी व्यवस्था एक प्रचलन ही बन गई और अनेक कलेक्टरों ने जनता की शिकायतों का सन्तोषजनक उत्तर देने के लिए सूचना प्रौद्योगिकी आधारित अनेक शिकायत निवारण व्यवस्थाएँ विकसित कीं। यदि ईमानदारी से शिकायतों का निवारण करने का विचार और नियमित रूप से कलेक्टर द्वारा स्वयं निगरानी करने तथा अधिकारियों को जिम्मेदारी के साथ शिकायतों का निश्चित समय में निवारण करने की इच्छाशक्ति न हो तो कोई भी प्रौद्योगिकी सफल नहीं हो सकती।

मुलाकाती

जिलाधिकारी के लिए यह जरूरी है कि वह लोगों के लिए उपलब्ध हो लेकिन साथ ही अपने समय के प्रबन्धन पर भी ध्यान दे। उत्तर प्रदेश में मुलाकाती किसी भी दिन किसी भी समय आ धमकते हैं। अगर कोई दिन-भर अपने दफ्तर में बैठकर लोगों की शिकायतें सुनता रहेगा तो वह और कोई काम नहीं कर पाएगा। दिन में किसी भी समय लोगों की शिकायतें सुनने में कोई हर्ज नहीं है लेकिन होता यह है कि अधिकांश समय दलालों और छुटभैये नेताओं में ही बीत जाता है। यही कारण है कि आगंतुकों पर खर्च किए जानेवाले समय का प्रबन्धन जरूरी हो जाता है। दरअसल गहराई से छानबीन की जाए तो दर्जन-भर लोग ऐसे मिल जाएँगे जो जिलाधिकारी के पास नियमित आते हैं। ये लोग शिकायतकर्ताओं से आवेदन एकत्र कर उन पर जिलाधिकारी से आदेश जारी करवाते हैं। इनमें से कई इस प्रक्रिया में पैसा बनाना शुरू कर देते हैं। सबसे दुखद पहलू यह है कि ये लोग जिलाधिकारी को भी बदनाम कर सकते हैं। ये लोग ऐसा दिखावा करते हैं कि जिलाधिकारी उनका खासमखास है और फिर उसके नाम पर वसूली करते हैं। हथियारों के लाइसेंस के मामले में इस तरह की घटनाएँ ज्यादा होती हैं। पूर्वी उत्तर प्रदेश में यह प्रवृत्ति बहुत अधिक पाई जाती है।

अकसर ऐसा होता है कि आगंतुक आपके सामने आकर बैठ जाएगा और काफी समय बीत जाने के बाद भी असल मुद्दे पर चर्चा नहीं करेगा। वह आपके कमरे में मुसकराते हुए प्रवेश करेगा। आपसे हाथ मिलाएगा और बैठ जाएगा। जब जिलाधिकारी उससे काम के बारे में पूछेगा तो वह कहेगा कि वह तो सिर्फ आपके दर्शन करने आया है। हो सकता है कि आगंतुक के इस व्यवहार पर जिलाधिकारी हलका-सा मुसकराए और अपनी फाइलों में नजर गड़ा दे। लेकिन मुलाकाती जिलाधिकारी को इसकी इजाजत नहीं देगा। वह जिलाधिकारी की प्रशंसा में शब्दों के पुल बाँधना शुरू करेगा। वह कहेगा, 'इससे पहले ऐसा अधिकारी नहीं आया था।' वह पहलेवाले जिलाधिकारी की आलोचना भी करेगा। अगर जिलाधिकारी उसकी बातों में आ जाए तो उसका काम हो जाएगा। इस तरह से पाँच मिनट से अधिक समय ज़ाया हो जाएगा। ऐसी परिस्थितियों में जिलाधिकारी को थोड़ा कठोर होकर कहना पड़ेगा, 'ठीक है'। तब कहीं जाकर आगंतुक अपनी जेब टटोलकर कागज का टुकड़ा निकालेगा जिस पर किसी काम के बारे में लिखा होगा। इस कागज को वह जिलाधिकारी के सामने पेश करेगा। बहरहाल, सभी मुलाकाती ऐसे नहीं होते हैं। दरअसल गरीब आदमी तो बहुत कम समय लेता है। लेकिन अनगिनत दलालों के बारे में यह शत-प्रतिशत सही है। अगर जिलाधिकारी इस प्रवृत्ति का विरोध नहीं करता है और इस तरह के लोगों के साथ अपना समय ज़ाया करता है तो आम जनता में यही सन्देश जाता है कि जिलाधिकारी तक पहुँचने के लिए दलालों का ही दामन थामना बेहतर है। इन परिस्थितियों में गरीब आदमी जिलाधिकारी के पास खुद आने के बजाय किसी दलाल को पकड़ता है। यह बहुत ही नुकसानदेह है। जिलाधिकारी का आम जनता से सम्पर्क खत्म हो जाएगा और वह हमेशा चमचों से घिरा रहेगा जो उसे वही बताएँगे जो वह सुनना चाहता है। ये चमचे जिलाधिकारी को कोटा, लाइसेंस और छोटी-मोटी सहायता के जाल में फँसाए रहेंगे। ऐसे कई मामलों में जिलाधिकारी से अपनी नजदीकी का ढोंग करके ये लोग गरीबों का शोषण करते हैं। जिलाधिकारी से अपनी नजदीकी साबित करने के लिए ये लोग उसके साथ अधिकतम समय गुजारेंगे। अगर इस प्रवृत्ति पर अंकुश न लगाया जाए तो ये लोग इसी तरह पैसा बनाना जारी रखेंगे।

ऐसे लोगों को इनकार करना जिलाधिकारी के लिए आसान नहीं होता है।

लिहाजा सबसे अच्छा तरीका यही है कि इन लोगों से जिलाधिकारी कार्यालय में मुलाकात के नियमित समय में मिला जाए। मुलाकात के नियमित समय में मिलनेवालों की भीड़ जमा होती है। इन्हें जल्दी से निपटाया जा सकता है। लेकिन ऐसा करने से ये दलाल सन्तुष्ट नहीं होते हैं। वे आपके घर पर अकेले में मिलने का समय माँगेंगे। इस तरह के अनुरोध को ठुकरा देना चाहिए। कभी-कभी ये लोग वरिष्ठ अधिकारियों और मंत्रियों का नाम लेकर आपको प्रभावित करने

का प्रयास करते हैं। इस तरह के प्रयासों का दो-टूक जवाब देना सबसे अच्छा तरीका होता है।

साधारण, गरीब लोगों के लिए उपलब्ध रहना सफलता की सबसे बड़ी गारंटी होती है। उनकी बातें सुनिए और उनकी शिकायतों को हल कीजिए। गरीबों का विश्वास लौटेगा। तब वे खुद-ब-खुद दलालों के पास जाना छोड़ देंगे।

जनता की ओर से आवेदन लेकर वकील भी जिलाधिकारी से मिलने आने लगे हैं। यह एक दुखद प्रवृत्ति है जो कुछ जिलों में जोर पकड़ रही है। जाहिर है, वकील इस काम के लिए फीस भी वसूलते हैं, और इस तरह जनता के लिए जिलाधिकारी से मिलना बहुत महँगा साबित हो रहा है। दरअसल वकीलों की संख्या में इधर भारी बढ़ोतरी हुई है और उनके पास पर्याप्त काम नहीं है। नतीजतन उन्हें मजबूर होकर यह तरीका अख्तियार करना पड़ा है। जो अधिकारी इन वकीलों से मिलने से इनकार करते हैं उनके खिलाफ ये वकील हड़ताल का आह्वान कर देते हैं। किसी भी जिलाधिकारी के लिए यह एक अप्रिय स्थिति होती है। इस स्थिति से बचने का बेहतर तरीका यह है कि वकील जब आवेदन लेकर आए तो साथ में मुवक्किल को भी बुलवा लिया जाए और सीधे मुवक्किल से ही बात की जाए। इसके साथ-ही-साथ यह भी ध्यान रखना चाहिए कि जो लोग वकील के बिना आएँ, उन्हें प्राथमिकता दी जाए। इस आशय को नोटिस बोर्ड भी लगाया जा सकता है कि लोग-बाग वकील या दलाल के बिना ही मिलने आएँ। इससे इस समस्या पर अंकुश लगेगा। बहरहाल उत्तम समाधान तो तभी निकलेगा जब आम नागरिक का जिलाधिकारी पर विश्वास जम जाएगा। जिलाधिकारी और उसकी शिकायत निपटारा व्यवस्था में एक बार विश्वास जमते ही गरीब आदमी दलालों से तौबा कर लेंगे और खुद जिलाधिकारी से मिलने आएँगे।

हफ्ते में कम-से-कम तीन दिन सुबह 10 बजे से अपराह्न 2 बजे तक का समय जनता से मिलने के लिए रखा जा सकता है। सोमवार को हमेशा मिलने आनेवालों की भीड़ सबसे अधिक होती है। इसलिए इन तीन दिनों में एक दिन सोमवार जरूर होना चाहिए। वैसे सप्ताह में एक दिन अदालती कार्य के लिए और दो दौरों के लिए रखना आदर्श स्थिति होती है। आपसे कोई मिलने आए तो उसकी बात ध्यान से सुनिए। जनता से मिलने का क्रम 'पहले आओ पहले पाओ' के आधार पर होना चाहिए ताकि निष्पक्षता बनी रहे और जनता गलतफहमी की शिकार न हो।

जिलाधिकारी का अर्दली बड़ा ही दिलचस्प चरित्र होता है। जिलाधिकारी से कौन मिलेगा और किसके टेलीफोन का जवाब देना है, यह तय करने में अर्दली की अहम भूमिका होती है।

अपनी सबसे पहली नियुक्ति के दौरान मुझे कई अनूठे अनुभव हुए! अकसर ऐसा होता कि मेरा अर्दली बड़ी शान्ति के साथ किसी भी गलत-सही समय पर

आता और कहता कि फलाँ सज्जन मुझसे मिलना चाहते हैं। जब मैं मना करते हुए कहता कि उनसे कहो कि कार्यालय में आएँ तो वह धीरे से फुसफुसाकर कहता कि आगंतुक बहुत ही शक्तिशाली और महत्त्वपूर्ण व्यक्ति हैं। इसके बावजूद मैं मिलने से इनकार कर देता था, हालाँकि वह इससे बहुत खीझ जाता था। अपने कार्यालय में भी मैंने इस सम्बन्ध में एक रजिस्टर बनवा लिया था और उसी के अनुसार लोगों से मिला करता था। लेकिन मेरे चपरासी को मेरी यह कार्य-शैली बिलकुल पसन्द नहीं आती थी। उसका मानना था कि यह तय करना विशुद्ध रूप से उसका अधिकार है कि मुझसे कौन मिल सकता है और कौन नहीं। विकट समस्या तब खड़ी हुई जब एक दिन मेरी पत्नी ही मेरे सामने आ खड़ी हुईं। बोलीं कि लोगों में चर्चा है कि मैं अपनी जिम्मेदारियों का निर्वहन वांछित गरिमा के साथ नहीं कर रहा हूँ। वे काफी परेशान दिखाई दीं। लेकिन यह समझने में मुझे बहुत देर लगी कि जब मेरे चपरासी की दाल मेरे सामने नहीं गली तो उसने दूसरा रास्ता खोज निकाला। वह अपनी शिकायतों का पिटारा लेकर मेरी पत्नी के पास पहुँच गया। उसने मेरी पत्नी को बताया कि मैं तमाम ऊट-पटाँग लोगों से मिलता रहता हूँ जिससे लोगों में चर्चा है कि साहब जिलाधिकारी की तरह काम नहीं करते हैं। उसने कहा कि मैं बहुत विनम्र और मृदु हूँ और उस तरह से प्रशासन नहीं चलाया जा सकता। उसने कहा, साहब बहुत ही सीधे हैं। इस जिले में ऐसे-ऐसे जिलाधिकारी रहे हैं कि कोई भी उनके कार्यालय में पाँव रखने की हिम्मत नहीं जुटा पाता था। लेकिन सौभाग्य से मेरी पत्नी मेरे दृष्टिकोण और विचारों से सहमत हो गईं। बेचारे चपरासी का यह खेल कामयाब नहीं हो सका और वह अपना-सा मुँह लेकर रह गया।

टेलीफोन की व्यवस्था सँभालनेवाले चपरासी का भी कोई सानी नहीं होता। यह फैसला वह स्वयं ही कर लेता है कि जिलाधिकारी से किसकी बात कराई जानी चाहिए और किसे टाल दिया जाना चाहिए। मुझे यह जानकर बेहद आश्चर्य हुआ कि फोन करनेवालों के बारे में मुझे कोई जानकारी तक नहीं दी जाती थी। एक बार राज्य में राष्ट्रपति शासन के दौरान, राज्यपाल के सलाहकार ने मुझे फोन किया। चपरासी ने बड़ी चपलता के साथ उनसे कह दिया कि साहब व्यस्त हैं और आपसे बात नहीं कर सकेंगे। दोपहर में यूँ ही काम के दौरान उसने बड़ी लापरवाही के साथ मुझे बताया कि किन्हीं 'सलाहकार साहब' का फोन आया था। मैंने जल्दी से उनको फोन मिलाया और अपेक्षा के अनुसार दूसरी तरफ से सलाहकार साहब ने मुझसे बात करने में कोई उत्साह नहीं दिखाया।

एक बार तो हद ही हो गई थी। हुआ यूँ कि मेरा गला बहुत खराब था और मैं बिलकुल बात नहीं कर पा रहा था। मैंने एक अधिकारी को अपने फोन सुनने और सन्देश लेने की जिम्मेदारी सौंप दी थी। उसी दौरान एक दिन राज्य के मुख्यमंत्री ने मुझे फोन किया, लेकिन मेरे चपरासी ने उनसे भी कह दिया कि 'साहब का गला

खराब है और आपसे बात नहीं कर सकेंगे।' मुख्यमंत्री के जोर देने के बावजूद चपरासी ने उनसे मेरी बात नहीं होने दी। उसने उन्हें यह भी नहीं बताया कि मैं बात नहीं कर पा रहा हूँ और सन्देश लेने की जिम्मेदारी मैंने एक अधिकारी को सौंप दी है। इसके बाद जब जिले में अपनी अगली यात्रा के दौरान मुख्यमंत्री ने मुझे बताया कि वह मुझसे बात करना चाहते थे लेकिन मेरा गला खराब होने की वजह से बात हो नहीं सकी तो मैं भौंचक्क रह गया।

चपरासी निश्चित रूप से बहुत महत्त्वपूर्ण होता है और उसकी अपनी एक अहम भूमिका होती है। वह सत्ता का प्रतीक चिह्न होता है और उसका हस्तक्षेप जरूरी है। लेकिन उसे अपनी बुद्धि के भरोसे पर नहीं छोड़ दिया जाना चाहिए। उसे कुछ स्पष्ट निर्देश किए जाने चाहिए और यह सुनिश्चित कराना चाहिए कि वह उन निर्देशों का पालन करे। अगर जिलाधिकारी सचेत रहे और अपने अधिकारों का भरपूर इस्तेमाल न करे तो ये चपरासी उनके चारों ओर एक बड़ी और मजबूत दीवार खड़ी कर देते हैं और उन्हें जनता और जनमत से अलग कर देते हैं। कई ऐसे मामले भी देखने में आए हैं जहाँ चपरासी लोग अधिकारियों से मिलवाने के लिए पैसे तक वसूलते हैं। जिलाधिकारी को यह सन्देश प्रसारित करना चाहिए कि लोग उससे मिल सकते हैं, वह उनके लिए उपलब्ध है और उससे मिलने के लिए किसी स्टेनो या अर्दली पर निर्भर होने की जरूरत नहीं। शिकायतें निपटाने की प्रक्रिया में लोगों को पचास फीसदी आश्वासन तो इसी बात से मिल जाता है कि उनकी शिकायत जिलाधिकारी तक पहुँच गई और वे उनसे मिल सके।

जनता अदालत

एक युवा कलेक्टर के रूप में मैंने जनता अदालत आयोजित करना शुरू किया। जनता अदालत के लिए पहले से ही एक स्थान की घोषणा कर दी जाती थी और वहाँ पर जनता की समस्याओं को सुनने व उनका वहीं पर निवारण करने के लिए मैं अक्सर अपने सभी विभागों के प्रमुखों के साथ पहुँचता था। यह एक स्वप्न की तरह था और नागरिकों को आश्चर्यजनक रूप से सन्तोष प्राप्त हुआ और यहाँ तक कि मीडिया के लोगों ने भी इस नई प्रशासनिक पहल और प्रशासन को आम जनता के दरवाजे पर पहुँचाने की प्रक्रिया को खूब सराहा। मुझे याद है कि मैंने राज्य मुख्यालय पर आयोजित कलेक्टरों की एक मीटिंग में यह विचार प्रस्तुत किया था। इसका प्रभाव उत्तर प्रदेश राज्य के प्रत्येक जिले में प्रतिमाह आयोजित होने वाले 'तहसील दिवस' के रूप में देखा जा सकता है।

आगंतुकों की सूची का विश्लेषण करने पर पता चलता है कि महत्त्वपूर्ण लोग, जनप्रतिनिधि और नेताओं के नेतृत्व में आनेवाले शिष्टमंडल ही जिलाधिकारी से मिल पाते हैं। इसके अलावा जिला मुख्यालय या आस-पास के क्षेत्रों के लोग होते हैं जो

जिलाधिकारी तक पहुँच पाते हैं। लेकिन जिला मुख्यालय से दूर स्थित किसी गाँव के साधारण व्यक्ति को जिलाधिकारी से मिलने का शायद ही कभी मौका मिल पाता हो। जिले का प्रशासन कुशलता से चलाने के लिए इन लोगों की समस्याएँ सुलझाना बहुत जरूरी है। इस उद्देश्य को पूरा करने के लिए विभिन्न जिलाधिकारी ने कई तरीके अपनाए हैं, कई व्यवस्थाएँ की हैं। कुछ ने इसे 'चलता-फिरता प्रशासन' की संज्ञा दी तो कुछ ने 'शिकायत कैंप' के नाम से कोई व्यवस्था लागू की। मैंने जो नाम दिया, वह था 'जनता अदालत'।

अवधारणा यह थी कि प्रशासन को जनता तक पहुँचाना है, उनकी चौखट पर ही उनकी समस्याओं को सुलझाना है, पूरी प्रक्रिया में बिचौलियों की भूमिका को सीमित करना है और भ्रष्टाचार को रोकना है। अकसर लोग बहुत दूर से अधिकारियों से मिलने मसलन यूपीएसईबी के एक्जीक्यूटिव इंजीनियर से मिलने, उनके कार्यालय तक आते हैं और वहाँ आकर पता चलता है कि साहब दौरे पर गए हैं। ऐसे में इन लोगों का समय, श्रम और धन जाया हो जाता है। वे यही भाव लेकर लौट जाते हैं कि ऊँचे स्तर के बड़े अधिकारियों तक अपनी बात पहुँचा पाना बहुत मुश्किल काम है और मजबूर होकर वे फिर स्थानीय अधिकारियों के दरवाजे पर ही पहुँच जाते हैं। अन्ततः अपना काम कराने के लिए उन्हें रिश्वत देनी पड़ती है।

'जनता अदालत' प्रशासन को जिले के कोने-कोने तक पहुँचाने की कोशिश का प्रतीक थी।

सामान्य तौर पर इस काम के लिए ब्लॉक मुख्यालय को चुना जा सकता है। जिलाधिकारी, एसएसपी और सभी विभागों के प्रमुख किसी एक दिन ब्लॉक मुख्यालय जाते हैं। इसके बारे में व्यापक स्तर पर प्रचार कर दिया जाता है जिससे कि ज्यादा-से-ज्यादा लोग आकर अपनी शिकायतें रख सकें। एक बड़े हॉल में या किसी बड़े मैदान में जलनिगम, उत्तर प्रदेश राज्य बिजली बोर्ड, ट्यूबवेल, शिक्षा, राजस्व, पुलिस आदि विभागों के काउंटर स्थापित कर दिए जाते हैं। एक काउंटर पूछताछ के लिए भी बनाया जाता है। इसके बाद जिलाधिकारी और अन्य विभागों के प्रमुखों से मिलने के लिए सुबह दस बजे से दोपहर एक बजे तक का समय निश्चित किया जाता है। कुछ समस्याएँ ऐसी होती हैं जिन्हें फौरन नहीं सुलझाया जा सकता। हालाँकि, जोर इसी बात पर रखा जाता है कि ज्यादा-से-ज्यादा समस्याओं को उसी समय सुलझा दिया जाए। वहाँ सड़क निर्माण की स्वीकृति, स्कूल निर्माण आदि प्रस्ताव भी आते हैं, जिनके कार्यान्वयन में काफी समय लगना होता है। उन सभी को यह आश्वासन दिया जाता है कि 15 दिनों के भीतर उन्हें इस बारे में जवाब मिल जाएगा। इसके बाद एक घंटे का समय स्थानीय विधायक, प्रमुखों और प्रधानों के लिए रखा जाता है जिसमें वे पूरे समुदाय से जुड़े मुद्दे को सामने रखते हैं। फिर सम्बद्ध विभागों के प्रमुख और जिलाधिकारी इन मुद्दों पर विचार करते हैं और यथोचित कार्रवाई का आश्वासन देते हैं।

पूरी व्यवस्था को अधिक कारगर बनाने के लिए एक 'मास्टर रजिस्टर' रखा जाता है जिसमें सभी शिकायतें दर्ज की जाती हैं। फिर स्थानीय एसडीएम इन सभी का निरीक्षण करता है और यह सुनिश्चित कराता है कि 15 दिनों के भीतर इन मामलों में कार्रवाई हो।

जिलाधिकारी की हैसियत से मैं सभी समस्याओं को अपने कम्प्यूटर में फीड कर लेता था और उनकी प्रगति पर नजर रखता था। इसके अलावा प्रत्येक मामले में आवेदक के पास जवाब भी भिजवाया जाता था। यह सच है कि बहुत से मामलों में 15 दिन की सीमा से अधिक समय लग जाता था लेकिन सभी परेशानियों की पूरे तौर पर सुनवाई होती थी। जिन क्षेत्रों में 'जनता अदालत' का आयोजन किया जाता था वहाँ की स्थितियों में जबर्दस्त सुधार स्वत: ही दृष्टिगोचर होता था। वास्तव में यह समस्याओं को निपटाने का एक प्रभावशाली तरीका है। इसके जरिए वरिष्ठ अधिकारियों और सामान्य लोगों के बीच की दूरी को कम करने और उन्हें लोगों के प्रति उत्तरदायी बनाने में मदद मिलती है। यह क्षेत्रों का दौरा करने से बेहतर तरीका है क्योंकि इस प्रक्रिया के तहत सभी अधिकारियों को एक जगह इकट्ठा किया जाता है और समस्याओं को वहीं उसी समय निपटाने पर अधिक जोर दिया जाता है। चाहे इसे जो भी नाम दें लेकिन समस्याएँ सुलझाने के इस तरीके को ही अपनाया जाना चाहिए। भ्रष्टाचार जैसी प्रमुख समस्या को दूर किए बिना समस्याओं का ठीक से निवारण किया ही नहीं जा सकता। वस्तुत: अगर आप किसी साधारण व्यक्ति से प्रशासनिक व्यवस्था के बारे में पूछें तो वह कहेगा कि यह भ्रष्टों और कामचोरों की व्यवस्था है। यहाँ तब तक कोई काम नहीं होता जब तक लोगों की जेबें न भरी जाएँ। अगर कोई जिला मजिस्ट्रेट सफलता के साथ काम करना चाहता है तो उसे एक प्रशासनिक आचार संहिता तैयार करनी होगी, जिससे कि लोगों के मन में यह विश्वास बैठ सके कि बिना किसी को रिश्वत दिए भी उनका काम हो सकता है। इस प्रक्रिया में सबसे महत्त्वपूर्ण यह है कि जिलाधिकारी खुद सबसे ऊपर रहे और उसके व्यवहार में वे सदिच्छाएँ भली प्रकार से प्रतिबिंबित हों। यह सच है कि निचले स्तरों पर काम करनेवाले अधिकारी और कर्मचारी अगर यह समझ लें कि सबसे ऊपर बैठा व्यक्ति ईमानदार है तो वे भी अपने काम के तौर-तरीके सुधार लेते हैं।

लेकिन इतनी चाक-चौबन्द व्यवस्था के बाद भी भ्रष्टाचार को दूर नहीं भगाया जा सकता। यह हमारी व्यवस्था में भीतर तक पैठ बना चुका है और सबसे निराशाजनक बात यह है कि लोगों ने इसे स्वीकार करना शुरू कर दिया है। एक दिन मुझे बहुत जबर्दस्त झटका लगा जब एक वरिष्ठ और सम्मानित व्यक्ति ने, जो मेरे अधीनस्थ थे, मुझे बहुत खुश होते हुए बताया कि उन्हें अपनी बेटी के लिए उपयुक्त वर मिल गया है। लेकिन उस वक्त मैं भौंचक्का रह गया जब उन्होंने कहा कि उनका भावी दामाद अच्छा-खासा पैसा कमाता है और वेतन के अलावा कई अन्य स्रोतों से

भी उसे अच्छी आय होती है। भ्रष्टाचार की वजहें प्रकृति में सामाजिक, आर्थिक, राजनीतिक, सांस्कृतिक तो हैं ही, ये बहुत कुछ लोगों की अपनी प्रकृति पर भी निर्भर करती हैं। कोई भी प्रशासनिक अधिकारी एक-दो साल के अपने कार्यकाल के दौरान ही भ्रष्टाचार को जड़ से खत्म नहीं कर सकता। बीमारी तो पहले से ही अपनी जड़ें जमा चुकी होती है, उसे तो बस उसके लक्षणों का इलाज करना होता है।

प्रशासनिक व्यवस्था का खुलापन और वहाँ तक आम आदमी की पहुँच को आसान बनाकर भ्रष्टाचार को काफी हद तक रोका जा सकता है। अगर एक सामान्य व्यक्ति अपनी परेशानियों को लेकर जिलाधिकारी तक आसानी से पहुँच सके और उसे यकीन हो कि उसकी सुनवाई होगी तो वह उन कर्मचारियों की ओर कभी झाँकेगा भी नहीं जो बिना घूस लिए कुछ नहीं करते।

यह भी महत्त्वपूर्ण है कि जिला मजिस्ट्रेट साफ जता दे कि भ्रष्टाचार के दोषियों को बख्शा नहीं जाएगा। भ्रष्टाचार के आरोपों की फौरन छानबीन होनी चाहिए और अगर पहली नजर में मामला बनता हो तो कठोरतम सम्भव कार्रवाई होनी चाहिए। अगर जिला मजिस्ट्रेट खुद ईमानदार हो तो उसे भ्रष्टाचार पर अंकुश रखने का नैतिक साहस और ताकत मिलती है।

लेकिन भ्रष्टाचार की समस्या इतनी व्यापक है कि अगर जिला मजिस्ट्रेट भ्रष्टाचार का समूल नाश करने का बीड़ा उठा ले तो उसे दूसरे कामों के लिए समय नहीं मिलेगा। एक जिला मजिस्ट्रेट थे जो भ्रष्टाचार के खिलाफ लड़ाई के लिए जाने जाते थे। कहा जाता है कि वे सब-रजिस्ट्रार के दफ्तर के बाहर ही अपनी गाड़ी पार्क कर, पैदल चल देते थे और भ्रष्ट कर्मचारियों की खुद धर-पकड़ करते थे। इसके बाद सब-रजिस्ट्रार, पेशकार और चपरासियों से रिश्वत का पैसा बाहर निकालने को कहते और उस धन को कोष में जमा करवाने का निर्देश देते। वे इंजीनियरिंग के कामों का निरीक्षण करने पहुँच जाते और अगर काम में गड़बड़ी दिखती तो कर्मचारियों को बर्खास्त कर देते।

इसके जोरदार नतीजे सामने आए। भ्रष्टाचार पर तो काबू पा लिया गया लेकिन फिर शुरू हुआ हड़ताल, धरना और जिला मजिस्ट्रेट व उनके कर्मचारियों की सीधी लड़ाई का सिलसिला। इसकी वजह से जिला मजिस्ट्रेट को जिले में संरचनात्मक काम की योजना बनाने और उसे कार्यान्वित करने का समय ही नहीं मिल पाया। यही नहीं उनका स्थानांतरण होते ही फिर सब कुछ पुराने ढर्रे पर चलने लगा।

भ्रष्टाचार से लड़ने का बेहतर व स्थायी तरीका यह है कि इसे मिटाने के लिए एक व्यवस्था व प्रक्रिया बनाई जाए। जिला मजिस्ट्रेट को खुद व्यवस्था बनानी चाहिए और इसके कार्यान्वयन पर नजर रखनी चाहिए। मसलन, तहसील में निवास प्रमाण-पत्र, आय प्रमाण-पत्र और जाति प्रमाण-पत्र बनवानेवाले को हर जगह घूस देनी पड़ती है। इसके लिए हमने व्यवस्था बनाई जिसके तहत इस तरह

के आवेदनों को प्राप्त करने के बाद आवेदक को 15 दिन बाद बुलाया जाता। इस बीच तहसीलदार सारी छानबीन कर प्रमाण-पत्र तैयार रखता।

इसी तरह, मुझे याद आता है, जब मैं एसडीएम था तो सीमेंट के परमिट जारी करने का अधिकार एसडीएम को मिला हुआ था। यहाँ आपूर्ति क्लर्कों के खिलाफ भ्रष्टाचार की असंख्य शिकायतें थीं। जाँच के बाद पता चला कि इस मामले में क्लर्क के विवेकाधिकार इतने अधिक हैं कि भ्रष्टाचार पैदा होना ही है। इसके लिए हमने एक व्यवस्था बनाई। सीमेंट परमिट के आवेदन 'पहले आओ, पहले पाओ' के आधार पर जमा करवाए जाते और जब सीमेंट का आवंटन पहुँचता तो मैं खुद सप्लाई स्टाफ के साथ बैठकर आवेदनों की छानबीन करता और परमिट जारी करता। इसके बाद डाक द्वारा ये परमिट सम्बन्धित व्यक्तियों को भेज दिए जाते। इस कदम की काफी सराहना हुई।

इसी तरह लेखपाल के खिलाफ भी काफी शिकायतें आती हैं कि वह खतौनी देने के लिए पैसे वसूलता है या रिकॉर्ड रूम से फैसलों की प्रति निकलवाने में जनता को काफी परेशानियाँ झेलनी पड़ती हैं। 'राग दरबारी' उपन्यास का केन्द्रीय चरित्र ही एक लँगड़ा व्यक्ति है जिसे तहसील से अपने दस्तावेज की प्रति नहीं मिलती है। आखिर तक वह इसके लिए हाथ-पैर मारता रह जाता है।

एक जिले में मैंने सभी भूमि-धारकों को मुफ्त में खतौनी जारी करने का अभियान चलाया। शुरुआत में अधीनस्थ स्टाफ ने इसका विरोध किया लेकिन लगातार निगरानी के कारण यह स्कीम कामयाब हुई। इसी तरह अधिकांश मामलों में 'पहले आओ, पहले पाओ' का तरीका सख्ती के साथ अपनाना चाहिए और इसे कड़ाई के साथ लागू करना चाहिए। अगर विवेकाधिकार का इस्तेमाल करना है तो जिलाधिकारी के स्तर पर होना चाहिए। यह काम क्लर्कों की मर्जी पर नहीं छोड़ा जाना चाहिए। दरअसल जनता और डीलिंग असिस्टेंट के बीच कम-से-कम सम्पर्क होना चाहिए और जनता को अपने काम के लिए सीधे वरिष्ठ अधिकारियों से मिलना चाहिए।

जिला मजिस्ट्रेट का काम होता है—व्यवस्थाएँ बनाना और उनकी निगरानी और कार्यान्वयन करना। मैं समझता हूँ कि इसके माध्यम से भ्रष्टाचार पर काफी हद तक नियंत्रण पाया जा सकता है। इसके साथ-ही-साथ आकस्मिक निरीक्षण और भ्रष्ट कर्मचारियों के खिलाफ कार्रवाई का क्रम भी जारी रहना चाहिए। सबसे मुख्य चीज है माहौल। रास्ता ऊपरवाले दिखाएँगे। बहरहाल, एक बात का हमेशा ध्यान रखना चाहिए, जिलाधिकारी का ईमानदार होना और दिखना महत्त्वपूर्ण है लेकिन इसकी बिना पर उसे अशिष्ट और घमंडी होने का अधिकार नहीं मिल जाता। अधिकतर ईमानदार अधिकारी यह गलती करते हैं—वे सभी लोगों को बेईमान समझते हैं और मानते हैं कि उन्हें अपनी ईमानदारी की मुनादी करनी चाहिए और दूसरों का अपमान करना चाहिए। अगर ऐसा होता है तो जिला मजिस्ट्रेट का अपनी टीम व जनता से

सम्पर्क खत्म होने लगता है। इन स्थितियों में जिला मजिस्ट्रेट को कायदे से अपनी जिम्मेदारियों का निर्वाह करने में दिक्कतें खड़ी होती हैं।

जनता द्वारा अधिकांश कलेक्टरों को बेईमान समझना दुर्भाग्यपूर्ण है। एक समय था जब कोई युवा कलेक्टर के खिलाफ उँगली भी नहीं उठा सकता था और वह नैतिक तौर पर बिल्कुल निर्दोष समझा जाता था। यह वास्तव में बड़ी चिन्ताजनक स्थिति है कि युवा अधिकारी लालच में फँस जाते हैं। जिले में अधिकारी और अन्य लोग भी पता लगाते हैं कि कलेक्टर बस में करने योग्य है या नहीं, और फिर वे परिस्थिति का पूरे तौर पर दोहन करते हैं। कलेक्टर सहित किसी भी आईएएस अधिकारी को इस तथ्य से सजग रहना चाहिए कि उसे बड़ी मात्रा में प्रलोभन दिए जाएँगे और यह उसके नैतिक बल की परीक्षा होती है।

कलेक्टर को यह समझ लेना चाहिए कि उसके चरित्र या व्यक्तित्व पर लगा हुआ छोटा-सा धब्बा भी पूरे जिले में चर्चा का विषय बन जाता है और लोग खराब से खराब चीजों पर विश्वास करने के इच्छुक होते हैं। उसे अपने स्वाभिमान की ऐसी छवि बरकरार रखना है जिसे कोई भी कलंकित न कर सके। मुझे याद है जब मैं पश्चिमी उत्तर प्रदेश के एक जिले का जिलाधिकारी था तो वहाँ हर वर्ष आबकारी विभाग में बोली लगती थी। हर वर्ष राजनीतिक और आर्थिक रूप से शक्तिशाली एक ही व्यक्ति वह कॉन्ट्रैक्ट पाता था और यह निश्चित था कि उसके खिलाफ बोली बोलने के लिए कोई नहीं आता था। उसके द्वारा कलेक्टरों को खरीदने की शहर-भर में चर्चा थी। मैंने अनुभव किया कि जिले में आबकारी के राजस्व में वृद्धि की बहुत सम्भावना है। मैंने अपने अधिकारियों की टीम के साथ एक निष्पक्ष और पारदर्शी बोली लगाने के लिए सारी व्यवस्था की तथा दूसरे जिलों से भी बोली लगाने वालों को बुलाया। उस आबकारी ठेकेदार ने जिले के आबकारी इंस्पेक्टर के जरिए मुझे प्रस्ताव भेजा। सरकार ने 10% राजस्व बढ़ाने का लक्ष्य रखा था, उसने 12% की वृद्धि का प्रस्ताव दिया ताकि सरकार का लक्ष्य भी पूरा हो जाए और सरकार खुश रहे और इसके साथ ही साथ कलेक्टर और उसकी टीम को भी पर्याप्त रूप से सम्पूर्ति की बात कही।

उसके हिसाब से यह दोनों के लिए प्रसन्नता की बात थी। मैंने प्रस्ताव को अस्वीकार करते हुए अपना मंतव्य साफ कर दिया। बोली के दिन से पहले एक शाम को वह कॉन्ट्रेक्टर मेरे कैम्प कार्यालय में मिलने आया। मैंने उसे अन्दर बुलाया और मैं अचम्भित रह गया कि वह मेरे सम्मानस्वरूप आभूषणों का भरा हुआ एक बैग लेकर आया था। मैंने कठोरता के साथ उससे कहा कि मेरी इसमें कोई रुचि नहीं है। उसने हाथ जोड़कर प्रार्थना करते हुए कहा कि वह किसी प्रकार के अपने लाभ के लिए ऐसा नहीं कर रहा है। यहाँ कलेक्टर को 'नजर' देने का रिवाज है। मैंने जोर देकर कहा कि मैं ऐसी किसी भी परम्परा से सहमत नहीं हूँ और आप

जा सकते हैं। दूसरे दिन हम लोगों ने एक निष्पक्ष बोली का आयोजन किया जहाँ आबकारी से जिले के राजस्व में 100% की वृद्धि हुई। यह एक अलग बात है कि उसी ठेकेदार को ठेका मिला क्योंकि उसने सभी ठेकेदारों से बढ़कर बार-बार बोली लगाई और किसी को प्रतिद्वंदिता में खड़ा नहीं होने दिया। आबकारी विभाग की इस बोली ने निश्चय ही हमारी प्रतिष्ठा और स्वाभिमान को स्थापित किया और मैंने जिले में बहुत सम्मान प्राप्त किया।

आजकल विकास फंड आवंटित करते समय कलेक्टर द्वारा कमीशन की माँग करने की घिनौनी व्यवस्था शुरू हो गई है। इससे ज्यादा अपमानजनक कुछ भी नहीं हो सकता। योजनाओं में आया धन गरीबों के लिए होता है और कमीशन लेना किसी भी प्रकार से दिनदहाड़े डकैती डालने से कम नहीं है। यदि कोई कलेक्टर इस प्रकार से अपने स्वाभिमान को तार-तार होने देता है तो वह अपने अधिकारियों और आम जनता की निगाहों में पूर्णरूपेण सम्मान खो देगा। उसकी छवि फिर वापस न आने की स्थिति तक खराब हो जाएगी।

मैंने भ्रष्टाचार को रोकने के लिए व्यवस्था के प्रयोग पर जोर दिया है परन्तु इस विषय में शून्य सहनशीलता की स्थिति होनी चाहिए। यदि भ्रष्टाचार का कोई मामला सामने आता है तो कलेक्टर को इस बारे में सख्त से सख्त कार्यवाही कर एक मिसाल कायम करनी चाहिए। इस प्रकार के कुछ कार्यों से जिले में भ्रष्टाचार पर नियंत्रण का वातावरण निर्मित होगा।

पैसे को लेकर ईमानदारी की चर्चा हुई लेकिन बौद्धिक ईमानदारी भी बहुत महत्त्वपूर्ण है। प्रशासन के कतिपय सिद्धान्त हैं। तमाम दबावों के बावजूद इनका पालन किया जाना चाहिए। जाति, सम्प्रदाय या व्यक्तिगत पसन्द-नापसन्द के आधार पर कोई निर्णय नहीं लेना चाहिए। प्रतिबद्धता वस्तुनिष्ठ होनी चाहिए और इससे डिगना नहीं चाहिए। कभी-कभी ऐसा होता है कि अधीनस्थ की पत्नी ने यदि बॉस की पत्नी के साथ कायदे का व्यवहार नहीं किया तो बॉस अपने अधीनस्थ से रुष्ट हो जाते हैं। मैं समझता हूँ कि अगर अधीनस्थ अच्छा अधिकारी है तो इसी के आधार पर उसका आकलन करना चाहिए। अपने निर्णय में व्यक्तिगत मुद्दों और बाहरी कारकों की दखलन्दाजी की इजाजत नहीं देनी चाहिए। मैं समझता हूँ कि ईमानदारी की सही परिभाषा यही है और यह पैसे के लेन-देन में ईमानदार होने से ज्यादा व्यापक है।

ऐसा करने से जनता को यह संकेत मिलता है कि प्रशासन निष्पक्ष है और वहाँ सुनवाई होती है। इससे लोगों का भरोसा बढ़ता है। इससे खुद-ब-खुद शिकायत निपटाने का माहौल बनता है, और यही जिलाधिकारी की सफलता की कसौटी भी होती है।

चुनाव प्रबन्धन

जब सरकार की अक्षमता के बारे में विचार-विमर्श होता है तो मैं चुनाव को एक ज्वलंत उदाहरण के रूप में पेश करता हूँ। चुनाव एक विशाल और अत्यन्त कठिन काम है जिसे सरकार बहुत दक्षता से निष्पादित करती है। नि:सन्देह किसी जिलाधिकारी के लिए यह सर्वाधिक चुनौतीपूर्ण काम होता है। हाल के वर्षों में चुनाव की बारम्बारता बढ़ी है और अधिकतर जिलाधिकारी को चुनाव संचालन की जिम्मेदारी निभानी पड़ती है।

चुनाव की अधिसूचना जारी होने से पहले उपयुक्तता के लिहाज से मतदान केन्द्रों और मतदाता सूचियों की जाँच का काम होता है। काफी अधिक संख्या में मतदान केन्द्र अस्थायी होते हैं और कोशिश यही होती है कि अस्थायी मतदान केन्द्रों को नजदीक के किसी सरकारी भवन में स्थानांतरित कर दिया जाए। आम तौर पर यह काम लेखपाल द्वारा किया जाता है और तहसीलदार, एसडीएम द्वारा इसकी रिपोर्ट भेजी जाती है। राजनीतिक दलों के सदस्यों के साथ इन प्रस्तावों पर चर्चा करनी पड़ती है और इस आधार पर चुनाव आयोग की मंजूरी के लिए अन्तिम प्रस्ताव भेजा जाता है।

दरअसल किसी मतदान केन्द्र या बूथ की अवस्थिति से चुनाव की निष्पक्षता प्रभावित हो सकती है। अगर मतदान केन्द्र ऐसी जगह पर बना दिया जाए जहाँ प्रभावशाली समुदाय के लोग रहते हैं तो इस बात का जोखिम सदैव बना रहता है कि अल्पसंख्यक और पिछड़े वर्ग के लोग मतदान के लिए अपने घरों से बाहर निकलने का साहस नहीं जुटा पाएँ। अगर मतदान केन्द्र तक पहुँचने का मार्ग किसी ऐसे इलाके से होकर गुजरता हो जहाँ किसी खास समुदाय के लोगों के घर हैं तो भी यह जोखिम बना रहता है। मतदान केन्द्रों में किसी तरह का परिवर्तन करने के मुद्दे पर चुनाव आयोग का रवैया सख्त होता है। यह मान लिया जाता है कि पिछले चुनाव में जहाँ मतदान केन्द्र बनाए गए थे, उनमें किसी तरह का बदलाव न किया जाए। लिहाजा अस्थायी मतदान केन्द्रों को स्थायी जगह पर स्थानांतरित करने और मतदाताओं की संख्या बढ़ने की बिना पर अतिरिक्त बूथ बनाने को छोड़कर अन्य किसी भी तरह के बदलावों की सिफारिश नहीं की जाती है।

बहरहाल, पिछले चुनाव के अनुभवों के आधार पर जिला प्रशासन को कुछ परिवर्तन करने पड़ते हैं। जिन मतदान केन्द्रों पर बूथ कब्जे या हिंसा की घटनाएँ हुई हों, उन्हें बदल दिया जाना चाहिए। बहरहाल, चुनाव आयोग को अनुशंसा भेजते समय प्रायः इन तथ्यों को नजरन्दाज कर दिया जाता है। आमतौर पर लेखपाल जैसे निचले स्तर के अधिकारी जाँच का काम करते हैं और इनके सुझावों पर बाकी अधिकारी सहमत हो जाते हैं। चुनाव की अधिसूचना जारी होने के बाद एसडीएम व तहसीलदार और अन्य अधिकारी मतदान बूथों का आकस्मिक निरीक्षण करते हैं और बदलावों का सुझाव देते हैं। बहरहाल, तब तक बहुत देर हो चुकी होती है और चुनाव आयोग इन सिफारिशों को स्वीकार नहीं करता है। इन स्थितियों से निपटने का सबसे अच्छा तरीका यही है कि चुनाव अधिसूचना जारी होने से पहले ही वरिष्ठ अधिकारियों द्वारा बूथों की जाँच की जाए और उनसे रिपोर्ट हासिल की जाए।

मतदाता सूची

मतदाता सूचियों को अन्तिम रूप देने की प्रक्रिया व्यापक और सुपरिभाषित है। लेकिन चुनाव की घोषणा के बाद समस्या तब खड़ी होती है जब व्यक्तिगत व पार्टी-स्तर से मतदाता सूचियों में गड़बड़ियों की शिकायतों की बाढ़ आ जाती है। इसके बाद नालिश व आरोपों का दौर शुरू होता है। पर्चा दाखिल होने की तारीख तक मतदाता सूचियों में परिवर्तन करना पड़ सकता है और तदनुसार एसडीएम या तहसीलदार को निर्देश जारी करना पड़ सकता है। मैं समझता हूँ, तमाम सावधानियों के बावजूद मतदाता सूचियों में गड़बड़ियाँ रह जाती हैं। ऐसा जान-बूझकर नहीं किया जाता है लेकिन इसकी वजह से कानून व व्यवस्था की समस्याएँ खड़ी हो सकती हैं। ऐसा एक वाकया मेरे साथ भी हुआ। अल्पसंख्यक समुदाय के एक पूरे मुहल्ले के मतदाताओं का नाम मतदान सूची से गायब था। और गलती मतदान के दिन पकड़ी गई। इसके विरोध में भारी भीड़ जमा हो गई और पत्थरबाजी शुरू हो गई। अन्ततोगत्वा पुलिस के लाठीचार्ज के बाद स्थिति नियंत्रण में आई। भीड़ शान्त हो गई लेकिन लोगों के मन में कुछ खटक रहा था और चुनाव नतीजे की घोषणा के दिन इन लोगों का असन्तोष फूटकर सामने आ ही गया। जिलाधिकारी के रूप में जब रिटर्निंग ऑफिसर चुनाव नतीजे की घोषणा करने के लिए खड़े हुए तो भीड़ ने उन्हें घेरकर नारेबाजी शुरू कर दी और उन पर व्यक्तिगत आक्षेप लगाए। बहरहाल, महत्त्वपूर्ण बात यह है कि लेखपाल की असावधानी से मतदाता सूची में गलती रह गई लेकिन जनता के मन में यह बात बैठ गई कि जिलाधिकारी ने जान-बूझकर यह गलती की।

इस तरह की स्थितियों से निपटने का सही तरीका यही है कि वरिष्ठ अधिकारी मतदाता सूचियों की गहन छानबीन करें। मतदाता सूचियों को जाँचने

का प्रावधान मौजूद है और जिलाधिकारी को इस प्रावधान के अनुपालन पर जोर देना चाहिए।

चुनाव की घोषणा होते ही जिले की फिजा बदल जाती है। चुनाव का संचालन निर्वाचन आयोग की देख-रेख में होता है। स्वतंत्र और निष्पक्ष चुनाव संचालित करवाना जिलाधिकारी का कर्तव्य होता है और इसके लिए उसे अपनी कमान में पूरी मशीनरी में नई जान डालनी पड़ती है और अगुवा की भूमिका निभानी पड़ती है।

प्रशासनिक ढाँचा

चुनाव की देख-रेख करने के लिए एडिशनल जिलाधिकारी स्तर पर एक अधिकारी जिला उपचुनाव अधिकारी के रूप में जिलाधिकारी के मातहत काम करता है। जिले में एक चुनाव कार्यालय होता है जहाँ एक सहायक चुनाव अधिकारी अपने अमले के साथ मौजूद होता है। चुनाव कार्यालय के स्टाफ चुनाव कानून और प्रक्रिया के अच्छे जानकार होते हैं। लेकिन यह सारा तामझाम सिर्फ सचिवालय के रूप में काम करता है और वास्तविक कार्यान्वयन अधिकारियों का एक दल करता है। चुनाव के सन्दर्भ में कुछ जरूरी काम निपटाने पड़ते हैं, मसलन, मतदान-कर्मियों का चयन और पोस्टिंग, यातायात और स्टेशनरी खरीद के लिए छोटे व भारी वाहनों का इन्तजाम, मत पत्रों की छपाई और पार्टियों के समन्वय से मतदान के दिन वाहनों की आवाजाही को नियंत्रित करना। इसे अंजाम देने का सबसे अच्छा तरीका यही होता है कि अलग-अलग कामों के लिए इंचार्ज के रूप में अधिकारियों को नियुक्त कर दिया जाए। प्रत्येक काम के लिए तीन अधिकारियों की टीम ठीक रहती है। बहरहाल, इस टीम का और खास कर इंचार्ज अधिकारी का चयन एक महत्त्वपूर्ण मसला है। अगर सही आदमी का चुनाव कर लिया जाए तो आधा बोझ हलका हो जाता है। उदाहरण के लिए, परिवहन की देख-रेख करनेवाला अधिकारी कठोर और सक्रिय होना चाहिए और उसमें चिल्लाने की ताकत होनी चाहिए। चुनाव ड्यूटी में अपने वाहनों को न भेजने पर अड़े ट्रांसपोर्टरों, ट्रक चालकों और सरकारी विभागों से उसका साबका पड़ेगा। पुलिस भेजकर जबर्दस्ती वाहन मँगाने का अप्रिय काम भी उसे करना पड़ सकता है। मेरा अनुभव कहता है कि एक ऐसा मजिस्ट्रेट, जो स्थानीय हो, आक्रामक हो और जो डंडे के जोर के लिए जाना जाता हो, इस काम को सबसे अच्छे तरीके से कर सकता है।

इसी तरह मतदान-कर्मियों के इंचार्ज अधिकारी को परिश्रमी और सतर्क किस्म का होना चाहिए जो अपनी ईमानदारी और दबावों में भी टिके रहने की योग्यता के लिए जाना जाता हो। मैं इस बिन्दु पर ज्यादा जोर दे रहा हूँ क्योंकि आमतौर पर इन अधिकारियों/इंचार्जों की पोस्टिंग का प्रस्ताव एक रूटीन मामला होता है लेकिन जिलाधिकारी को इस मामले में अपने विवेक का इस्तेमाल करना चाहिए।

मतदान-कर्मी

मतदान-कर्मियों की पोस्टिंग करना भारी-भरकम काम है। प्रत्येक मतदान केन्द्र पर एक पीठासीन अधिकारी और तीन से चार मतदान अधिकारियों को तैनात करना पड़ता है। अगर यह काम उचित ढंग से न किया जाए तो चुनाव प्रक्रिया की निष्पक्षता प्रभावित हो सकती है। विभिन्न समूहों की ओर से किसी विशेष मतदान केन्द्र पर किसी खास व्यक्ति को तैनात करने की सिफारिश आना आम बात है। यही नहीं, किसी निर्वाचन क्षेत्र में किसी खास समुदाय के अधिकारी को तैनात करने का भी दबाव पड़ सकता है। इसी क्रम में उन लोगों से भी निपटना पड़ता है जो चुनाव ड्यूटी में नहीं जाना चाहते हैं। बेहतर यही होता है कि यह प्रक्रिया व्यक्ति-निरपेक्ष हो। मतदान-कर्मियों के चयन में कतिपय आधारभूत मानकों का पालन किया जाना चाहिए जो निम्न हैं :

1. प्रत्येक मतदान केन्द्र पर राज्य व केन्द्र सरकार—दोनों कर्मचारियों को तैनात किया जाए।
2. किसी मतदान केन्द्र पर किसी एक विभाग के कर्मचारियों को तैनात न किया जाए।
3. जातिगत समीकरणों का ध्यान रखा जाए।
4. महिला कर्मचारियों की तैनाती शहरी इलाकों या उसके आस-पास की जाए।

उपरोक्त तथ्यों को ध्यान में रखते हुए कम्प्यूटर की मदद से मतदान-कर्मियों की पोस्टिंग का काम सम्पन्न किया जा सकता है। इस काम के लिए अत्यन्त साधारण सॉफ्टवेयर की जरूरत पड़ती है और इसकी मदद से न सिर्फ पोस्टिंग की जा सकती है बल्कि कम्प्यूटर प्रिंट आउट के रूप में पोस्टिंग आदेश भी प्राप्त किए जा सकते हैं। कम्प्यूटर के इस्तेमाल से दुष्कर काम भी सरल हो जाता है। अगर यही काम मानव-श्रम के जरिए करवाया जाए तो सहज ही अन्दाज लगाया जा सकता है कि यह काम कितना भारी-भरकम होगा। इलाहाबाद जैसे जिले में 16,000 मतदान कर्मियों की पोस्टिंग करनी पड़ती है। कम्प्यूटर में आँकड़े भरने में एक हफ्ते का समय लग गया और इसके बाद तुरन्त प्रिंट आउट निकाले गए। अगर यही काम मानव श्रम के जरिए करवाया गया होता तो एक महीने से अधिक का समय लगता और इसके बावजूद इसके नतीजे तय मानकों पर खरे नहीं उतरते।

इस काम में गोपनीयता बरकरार रखने का सबसे अच्छा तरीका यही होता है कि कूट संख्या के आधार पर पोस्टिंग की जाए और पोस्टिंग के स्थान का रहस्योद्घाटन अन्तिम दिन किया जाए।

कई कर्मचारी इस तरह की पोस्टिंग से बचना चाहते हैं। जैसे ही पोस्टिंग आदेश जारी होते हैं, वैसे ही ड्यटी से छूट माँगनेवाले आवेदनों की बाढ़ आ जाती है। इस मामले में कठोर और दृढ़प्रतिज्ञ रहना चाहिए। जो कर्मचारी वाजिब चिकित्सकीय कारणों से ड्यूटी में छूट चाहते हैं, उन्हें अनुमति दी जानी चाहिए लेकिन अधिकांश कर्मचारी फर्जी बहाने बनाते हैं। कुछ कर्मचारी तो इतने अड़ियल होते हैं कि मतदान ड्यूटी के लिए उपस्थित होने की जहमत भी नहीं उठाते। ऐसे कर्मचारियों पर अनुपालन का दबाव बनाने के लिए जिलाधिकारी को अपने अधिकारों का इस्तेमाल करना चाहिए। ऐसे कुछेक कर्मचारियों के खिलाफ जनप्रतिनिधित्व कानून के तहत एफआईआर दर्ज करवाकर अपेक्षित नतीजे हासिल किए जा सकते हैं। निःसन्देह, आवश्यक सेवाओं से जुड़े कर्मचारियों को इस तरह की ड्यूटी से छूट दी जानी चाहिए और पोस्टिंग का निर्धारण कर्मचारियों के वेतनमान के आधार पर होना चाहिए।

परिवहन

परिवहन के लिए वाहनों का इन्तजाम करना एक बड़ा और कठिन काम होता है। इसके लिए भारी व हलके—दोनों तरह के वाहनों की जरूरत पड़ती है। एक वाहन में पाँच से आठ पोलिंग पार्टियों के वहन की क्षमता के आधार पर वाहनों की जरूरत का अन्दाजा लगाया जाता है। मतदान-तिथि से काफी पहले ही वाहनों का अधिग्रहण करना होता है। छोटे जिलों में यह समस्या अधिक विकराल होती है, जहाँ भारी वाहन उपलब्ध नहीं होते और अन्य जिलों से वाहन मँगाने पड़ते हैं। व्यापार व व्यवसाय के महत्त्वपूर्ण केन्द्र के रूप में स्थापित बड़े जिलों में आम तौर पर यह समस्या खड़ी नहीं होती है।

हलके वाहन सरकारी विभागों से हासिल किए जा सकते हैं। बहरहाल, अधिकांश सरकारी विभाग अपनी जीपें मतदान ड्यूटी के लिए नहीं देना चाहते हैं। दूसरी समस्या यह होती है कि सरकारी विभागों की अधिकांश जीपें खटारा हालत में होती हैं। सरकारी विभागों से वाहन हासिल करने, और वह भी सन्तोषजनक स्थिति में, के लिए चेतावनी-भरे अन्दाज में अपने अधिकारों का प्रयोग करना पड़ता है। इस बात का सदैव ध्यान रखना चाहिए कि चुनाव के लिए वाहनों की माँग हमेशा बढ़ा-चढ़ाकर पेश की जाती है। पुलिस और होमगार्डों के मामले में यह ज्यादा होता है। अर्थतंत्र की जरूरतों और वाहनों की कमी को ध्यान में रखते हुए यह काम सावधानीपूर्वक करना चाहिए।

परिवहन के बारे में सबसे महत्त्वपूर्ण पहलू है—मतदान के पहलेवाले दिन वाहनों का मूवमेंट। अगर इसे कायदे से संगठित न किया जाए तो अनावश्यक विलम्ब होता है और भ्रम की स्थिति पैदा होती है। आम तौर पर इस काम के लिए एक बड़े मैदान का चुनाव किया जाता है जहाँ से पोलिंग पार्टियों को ट्रकों

और बसों में भरकर रवाना किया जाता है। आम तौर पर वाहनों को बेतरतीबी से खड़ा किया जाता है और अपने वाहनों तक पहुँचने में पोलिंग पार्टियों को घंटों लग जाते हैं। अगर ड्राइवरों की मर्जी के अनुसार वाहनों को खड़ा कर दिया जाए तो अनिवार्य रूप से ट्रैफिक जाम की समस्या खड़ी होती है। इसके मद्देनजर मैंने हमेशा लेआउट योजना पर जोर दिया ताकि वाहनों को क्रम से खड़ा किया जा सके। वाहनों को खड़े करने का निश्चित स्थान खड़िया से खींच देना चाहिए। वाहनों की मुक्त आवाजाही सुनिश्चित करने के लिए यह जरूरी है कि वाहनों की दो कतारों के बीच पर्याप्त स्थान छोड़ा जाना चाहिए। इसके लिए न सिर्फ कायदे से योजना बनाने की जरूरत पड़ती है बल्कि परिवहन के इंचार्ज अधिकारी को अपने स्तर पर काफी मेहनत भी करनी पड़ती है।

प्रशिक्षण

मतदान-कर्मियों का प्रशिक्षण एक महत्त्वपूर्ण काम है जिसकी प्राय: उपेक्षा की जाती है। आमतौर पर मतदान-कर्मियों का प्रशिक्षण कार्यक्रम 3000 से 5000 लोगों के मेले जैसा होता है जहाँ मंच पर खड़े होकर वरिष्ठ अधिकारी भाषण देते हैं जिसे कोई नहीं सुनता है। इसका सबसे अच्छा तरीका यह होता है कि प्रशिक्षण कार्यक्रम की विस्तृत योजना बनाई जाए और जिन बिन्दुओं पर जोर दिया जाना है, उनकी पहचान कर ली जाए। व्यावहारिक प्रदर्शन सबसे अच्छा उपाय होता है। इसके तहत जहाँ तक सम्भव हो दिखावटी मतदान केन्द्र बनाए जाने चाहिए और मतदान-कर्मियों से दिखावटी मतदान की कसरत करवाई जानी चाहिए। इस काम को प्रभावी ढंग से अंजाम देने के लिए वीडियो कैसेट का इस्तेमाल किया जा सकता है। लेकिन इस काम के लिए भारी संख्या में टेलीविजनों की जरूरत होती है। एक अच्छा तरीका यह हो सकता है कि मतदान-कर्मियों के प्रशिक्षण पर फिल्म बनाकर दिखाई जाए। बहरहाल, अगर यह काम जिला स्तर पर किया जाए तो बहुत खर्चीला होगा। लेकिन अगर यही काम राज्य-स्तर पर किया जाए तो सुविधाजनक रहेगा। कोशिश यही होनी चाहिए कि प्रशिक्षण को दोतरफा प्रक्रिया बनाया जाए।

कानून व व्यवस्था

अगर कानून-व्यवस्था कायम न रखी जाए तो सारा इन्तजाम धरा-का-धरा रह जाता है। इसके नतीजे हिंसा और बूथ कब्जे के रूप में सामने आते हैं। इस सम्बन्ध में संवेदनशील मतदान केन्द्रों की पहचान का काम सबसे पहले करना चाहिए। इस मामले में बहुत सावधानी बरतने की जरूरत होती है। दरअसल पिछले चुनाव में संवेदनशील घोषित किए गए मतदान केन्द्रों की पुनरावृत्ति की प्रवृत्ति का आँख मूँदकर पालन किया जाता है। जबकि यह सारा काम नए सिरे से किया जाना

चाहिए और इसमें वरिष्ठ अधिकारियों का दखल होना चाहिए। एसडीएम और पुलिस सीओ इस काम को सबसे अच्छे तरीके से कर सकते हैं। इन्हें अपने इलाके के प्रत्येक पुलिस स्टेशन का दौरा करना चाहिए और संवेदनशीलता के आधार पर मतदान केन्द्रों की पहचान और वर्गीकरण का काम करना चाहिए। किसी मतदान केन्द्र को संवेदनशील घोषित करने के पीछे तमाम कारण हो सकते हैं—बूथ कब्जे या चुनावी हिंसा का इतिहास, इलाके में व्याप्त साम्प्रदायिक या जातीय तनाव, दो राजनीतिक दलों के बीच विवाद या प्रभावशाली उम्मीदवार के इलाके में स्थित मतदान केन्द्र। मैंने हमेशा यही पाया है कि अधिकारियों की प्रारम्भिक प्रतिक्रिया अधिक-से-अधिक मतदान केन्द्रों को संवेदनशील घोषित करने की होती है। इस दृष्टिकोण में समस्या यह होती है कि संवेदनशील मतदान केन्द्रों पर तैनात करने के लिए पर्याप्त पुलिस बल नहीं मिलता है। इसी कारण से इस काम में तहसील पुलिस और राजस्व अधिकारियों को शामिल करना चाहिए और उन्हें कायदे से निर्देश दिए जाने चाहिए।

संवेदनशील मतदान केन्द्रों की पहचान के बाद इलाका मजिस्ट्रेट और पुलिस अधिकारियों को एक साथ इस तरह के गाँवों या मुहल्लों का दौरा करना चाहिए। इन लोगों को इलाके के निवासियों के साथ बैठकें करनी चाहिए और उन्हें पुलिस संरक्षण व अराजक तत्त्वों के खिलाफ कड़ी कार्रवाई का आश्वासन देना चाहिए। वरिष्ठ अधिकारियों की उपस्थिति मात्र से ही भय का माहौल पैदा होता है और कानून का पालन करनेवाले नागरिकों व समाज के शोषित तबकों में सुरक्षा का भाव पैदा होता है।

बहरहाल, जोर इस बात पर होना चाहिए कि इस संवेदनशीलता को कम किया जाए या खत्म किया जाए। उपचार से बेहतर रोकथाम होती है। भूमि विवाद मसलों को आसानी से हल किया जा सकता है। जिन इलाकों में दो समूहों के बीच जातीय या साम्प्रदायिक तनाव है, वहाँ आपराधिक दंड प्रक्रिया की धारा 107/116 बहुत कारगर होती है। बहरहाल, इसकी प्रभावशीलता सुनिश्चित करने के लिए जरूरी है कि शान्ति कायम रखने के लिए पार्टियों को भारी जमानत राशि के साथ धारा 116 (3) के तहत लाया जाए। इसके लिए एसडीएम, सीओ और एसएचओ के बीच गहरा तालमेल होना चाहिए। इन लोगों को एक साथ मिलकर सूचियों की छानबीन करनी चाहिए और जहाँ जरूरी लगे वहाँ 116 (3) का इस्तेमाल करना चाहिए।

एसडीएम, सीओ के ऊपर एडीएम और एडीशनल एसपी होते हैं। एडीएम और एडीशनल एसपी को 'ए' श्रेणी के संवेदनशील मतदान केन्द्रों का व्यापक दौरा करना चाहिए और डीएम व एसएसपी को सर्वाधिक संकटपूर्ण स्थानों का दौरा करना चाहिए। दरअसल चुनाव के एक महीने पहले से दौरों, बैठकों और निवारक कार्रवाइयों के जरिए लगातार दबाव बनाना चाहिए।

पुलिस बल की तैनाती उपलब्धता पर निर्भर है। बहरहाल, यह काम पैमाने के आधार पर होना चाहिए। 'साधारण' मतदान केन्द्रों पर एक निश्चित न्यूनतम पुलिस-बल तैनात किया जाना चाहिए।

संवेदनशीलता की श्रेणी—'सी', 'बी' या 'ए' के आधार पर अतिरिक्त पुलिस बल तैनात किया जाना चाहिए। आमतौर पर 'बी' और 'ए' श्रेणी के मतदान केन्द्रों का प्रभार सब-इंस्पेक्टर के हाथ में होना चाहिए और उसके साथ सशस्त्र बलों की आधी टुकड़ी भी होनी चाहिए। इसके अतिरिक्त प्रभागीय और जोनल मजिस्ट्रेटों के पास, पुलिस आउटपोस्टों पर और संवेदनशील इलाकों में आरक्षित पुलिस बल उपलब्ध होते हैं।

हाल के वर्षों में चीजें बहुत तेजी से बदली हैं। पहले कई मतदान केन्द्रों पर होमगार्ड और गाँव के चौकीदार को तैनात कर काम निकाला जाता था। लेकिन हिंसा की बढ़ती घटनाओं और बूथ कब्जे की सुनियोजित कोशिशों के मद्देनजर सुरक्षा के व्यापक इन्तजाम जरूरी हो गए हैं। यह बड़े दु:ख की बात है कि हमारा समाज एक ऐसे सोपान पर खड़ा है जहाँ भारी पुलिस बन्दोबस्त के बिना स्वतंत्र चुनाव करवाना सम्भव नहीं है। उम्मीद की जाती है कि शिक्षा के प्रसार और परिपक्वता बढ़ने के साथ स्थितियाँ बदलेंगी।

मैं यह ध्यान दिलाना चाहता हूँ भिन्न-भिन्न राज्यों में स्थितियाँ एक समान नहीं हैं। उत्तर प्रदेश और बिहार जैसे राज्यों में स्थिति बहुत समस्या ग्रस्त है और चुनाव के समय हिंसा सम्भाव्य है। दूसरे राज्यों की तुलना में यहाँ बूथ कब्जे की घटनाएँ बहुत अधिक होती हैं। जब सन 2004 में महाराष्ट्र के चुनाव आयुक्त आब्जर्वर के पद पर मेरी नियुक्ति हुई, मैंने जिलाधिकारियों व पुलिस अधिकारियों की एक मीटिंग बुलाई और उनसे अतीत में बूथ कब्जे की घटनाओं के बारे में पूछा। वे आश्चर्य से मुझे देखने लगे और उन्होंने बताया कि किसी भी जिले में चुनाव के दौरान बूथ कैप्चरिंग की एक भी घटना नहीं हुई है। मैंने देखा कि संवेदनशीलता के आधार पर क्षेत्रों का ए, बी, सी श्रेणी में बाँटने का विचार अनावश्यक था और पूरे जिले में शान्ति का वातावरण था।

प्राय: यह देखा गया है कि ड्यूटी पर तैनात पुलिसकर्मी किसी खास उम्मीदवार द्वारा बूथ कब्जे को बढ़ावा देते हैं। अपने इलाके में अपनी पसन्द के पुलिस अधिकारियों को तैनात करवाने की क्षमता रखनेवाले शक्तिशाली उम्मीदवारों के इलाकों में खास कर इस तरह की घटनाएँ होती हैं। लिहाजा पुलिस प्रमुख को अपने विवेक के आधार पर पुलिस बलों की तैनाती करनी चाहिए। पुलिसकर्मियों में उलट-फेर करने की भी जरूरत पड़ती है। इस काम को गोपनीय ढंग से करना चाहिए।

आम तौर पर चुनाव-क्षेत्रों को अंचलों में बाँट दिया जाता है। एक चुनाव क्षेत्र में 10 से 15 तक अंचल हो सकते हैं। भूगोल और संवेदनशीलता के आधार

पर यह काम किया जाता है। अंचल के रूप में घोषित की जानेवाली इकाई ऐसी होनी चाहिए जिसका प्रबन्धन किया जा सके। इसके बाद प्रत्येक अंचल को एक अंचल मजिस्ट्रेट के अधीन कर दिया जाता है। अंचल मजिस्ट्रेट को पुलिस बल के साथ कम-से-कम सब-इंस्पेक्टर स्तर का पुलिस अधिकारी मुहैया कराया जाता है। स्वतंत्र व निष्पक्ष चुनाव सुनिश्चित करवाने के लिए अंचल मजिस्ट्रेट को अपने अधीन सभी मतदान केन्द्रों का सतत दौरा करना पड़ता है। अंचल मजिस्ट्रेट का चयन करना महत्त्वपूर्ण जिम्मेदारी है। हालाँकि अंचल मजिस्ट्रेट का चयन वेतनमान और वरिष्ठता के आधार पर करना चाहिए लेकिन इस मामले में अधिकारी का व्यक्तित्व बहुत निर्णायक होता है। लिहाजा अनुभवी एडीएम या अन्य अधिकारियों की सलाह से जिलाधिकारी को व्यक्तिगत रूप से इस काम को अंजाम देना चाहिए। अंचल मजिस्ट्रेट न सिर्फ कानून-व्यवस्था सुनिश्चित करता है बल्कि उसे यह भी देखना होता है कि मतदान केन्द्र कायदे से तैयार किए गए हों और मतदान केन्द्रों तक पहुँचना आसान हो। अंचल मजिस्ट्रेट को यह भी ध्यान रखना होता है कि उसकी सभी पोलिंग पार्टियों ने अपनी स्टेशनरी समय पर प्राप्त कर ली हो। उसे यह भी देखना होता है कि पोलिंग पार्टियाँ समय पर रवाना हों और अपने गंतव्य तक सुरक्षित रूप में पहुँच जाएँ। चुनाव के बाद अंचल मजिस्ट्रेट को व्यक्तिगत रूप से इस बात का ध्यान रखना होता है कि पोलिंग पार्टियाँ समय पर मतदान केन्द्रों से रवाना हों और जिला मुख्यालय में निश्चित स्थान पर मतपेटियाँ जमा करवाएँ।

चुनावी हिंसा में बढ़ोतरी की सम्भावनाओं के मद्देनजर अंचल मजिस्ट्रेट के ऊपर जोनल मजिस्ट्रेटों की नियुक्ति की जाती है। एक चुनाव क्षेत्र के लिए एक या कभी-कभी दो जोनल मजिस्ट्रेटों को तैनात किया जाता है। जोनल मजिस्ट्रेटों के रूप में कानून-व्यवस्था में अनुभवी अधिकारियों को नियुक्त किया जाता है। इनके साथ पुलिस बल और एक वायरलेस सेट होता है। अंचल मजिस्ट्रेटों की संख्या अधिक होती है। लिहाजा सभी को वायरलेस सेट मुहैया करवाना सम्भव नहीं होता है। किसी समस्या की पहली सूचना जोनल मजिस्ट्रेट को दी जाती है जो तुरन्त घटनास्थल के लिए रवाना होता है।

इस तथ्य को हमेशा ध्यान में रखना चाहिए कि चुनाव ड्यूटी के लिए कभी भी पर्याप्त पुलिस बल उपलब्ध नहीं होता है। इस कमी को दूर करने के लिए अधिकाधिक सचल पुलिस पार्टियों का इन्तजाम करना पड़ता है। इससे पर्याप्त पुलिस बल का असर पैदा होता है और हर 20-30 मिनट बाद सचल पुलिस पार्टियों द्वारा मतदान केन्द्रों का दौरा भी सम्भव होता है।

इसका उद्देश्य बूथ कब्जे और चुनावी हिंसा को रोकना होता है। यह एक मनोवैज्ञानिक खेल होता है जिसमें एक तरफ प्रशासन और दूसरी तरफ असामाजिक तत्त्व होते हैं। इसके मद्देनजर चुनाव के एक महीने पहले से प्रशासन को सक्रिय

होना पड़ता है। इसके तहत चुनिंदा लेकिन गुणात्मक निवारण की कार्रवाई करनी पड़ती है—गुंडों की धर-पकड़ करनी होती है। जमानत पर छूटे अपराधियों को अन्य धाराओं के तहत गिरफ्तार करना पड़ता है। पेरोल की माँग खारिज करनी पड़ती है। बिना लाइसेंसवाले हथियारों व बमों को खोज निकालने के लिए चुनिंदा आधार पर छापे की कार्रवाई करनी पड़ती है। लगातार जाँच के लिए बैरियरों व चेकपोस्टों की व्यवस्था करनी पड़ती है।

सबसे महत्त्वपूर्ण बात यह है कि चुनाव के माहौल में कठोर रवैया अपनाना चाहिए और जनता में सुरक्षा का भाव और असामाजिक तत्त्वों में भय का वातावरण पैदा करने के लिए प्रेस, रेडियो और टीवी का इस्तेमाल करना चाहिए।

शान्ति-व्यवस्था बनाए रखने के लिए प्रशासन किसी भी हद तक जा सकता है, यह सन्देश जनता में प्रेषित होना चाहिए। इस सम्बन्ध में मुझे एक बड़े जिले की घटना याद आती है। बड़ा जिला होने की वजह से एक जगह से दूसरी जगह जाने के लिए काफी दूरी तय करनी पड़ती थी और पुलिस बल भी अपर्याप्त था। इस जिले के दूर-दराज के इलाके ऐतिहासिक रूप से बूथ कब्जे के लिए जाने जाते थे।

चुनाव के एक हफ्ते पहले एक दर्जन वाहनों के साथ डीएम और एसएसपी ने एक-साथ इस जिले का दौरा करने को कार्यक्रम बनाया। इस काफिले में एक खुली जीप शामिल थी जिसमें एलएमजी रखी गई थी। इसके अलावा अन्य वाहनों में स्टेनगन से लैस पुलिसवाले थे। यह काफिला आगे बढ़ता रहा और संवेदनशील केन्द्रों पर रुककर लोगों से बातचीत करता रहा। इसका जबर्दस्त प्रभाव पड़ा। लोग जमा होते और चिन्तातुर होकर थोड़ी देर काफिले को देखते और तत्काल अपने घरों में बन्द हो जाते। पूरे जिले में सन्देश फैल गया। इसके बारे में प्रेस ने जिला प्रशासन से सम्पर्क किया। प्रेस को बताया गया, प्रशासन बन्दूकों के इस्तेमाल से परहेज नहीं करेगा और यदि 'पोस्टमार्टम की जरूरत पड़ी तो पुलिस की गोली से मारे गए लोगों का ही होगा।' इसका जोरदार प्रभाव पड़ा और जिले में हिंसा-मुक्त चुनाव हुआ।

हाल के वर्षों में आतंकवाद या बाहरी ताकतों द्वारा चुनाव में विघ्न डालने की घटनाओं ने कानून-व्यवस्था की एक नई समस्या खड़ी कर दी है। बाहरी ताकतें बमों का इस्तेमाल करती हैं और चुनावी दौरे में आए अति महत्त्वपूर्ण व्यक्तियों को निशाना बनाती हैं। चुनाव के दौरान वीआईपी सुरक्षा बहुत महत्त्वपूर्ण होती है और डीएम व एसएसपी को इन मामलों पर कड़ी नजर रखनी चाहिए। किसी भी परिस्थिति में सुरक्षा-सम्बन्धी निर्देशों के साथ कोई समझौता नहीं करना चाहिए।

खुफिया सूचनाएँ बहुत निर्णायक होती हैं। पुलिस और स्थानीय खुफिया विभागों के साथ-ही-साथ डीएम को भी अपना खुफिया तंत्र विकसित करना चाहिए। लोक, राजस्व अधिकारी ढेर सारी सूचनाएँ दे सकते हैं। इसके लिए

अपने आँख और कान हमेशा खुले रखने चाहिए और किसी भी सूचना को बेकार नहीं समझना चाहिए।

मतदान का दिन

तमाम तैयारियों के बावजूद मतदान के दिन और इससे एक दिन पहले कोई भी परिस्थिति पैदा हो सकती है जिसका दृढ़ता और तत्परता के साथ मुकाबला करना चाहिए।

इस सम्बन्ध में एक जिले की घटना याद आती है जहाँ बड़ी संख्या में मतदान-कर्मियों को तैनात किया जाना था। इसके लिए सतर्क योजना बनाई गई और सबको आदेश दिए गए। वे प्रशिक्षण के लिए भी उपस्थित हुए। लेकिन जिस दिन मतदान पार्टियों को भेजा जाना था, उस दिन पता चला कि इनमें से कई पार्टियाँ अधूरी हैं और वाहन खराब पड़े हैं। कई बार नामों की सार्वजनिक उद्घोषणा की गई लेकिन इसका कोई नतीजा नहीं निकला। यह ठीक है कि इस काम के लिए प्रशासन के पास आरक्षित लोग थे लेकिन अगर आरक्षित लोगों का इस्तेमाल शुरू कर दिया जाए तो अधिकाधिक लोगों में गायब होने की प्रवृत्ति बढ़ेगी। लिहाजा ड्यूटी पर अनुपस्थित कर्मियों के बदले तैनाती का विरोध किया गया और अधिकारियों व सेक्टर मजिस्ट्रेट को गायब कर्मियों की तलाश करने को कहा गया। सार्वजनिक उद्घोषणा के माध्यम से दी गई बार-बार की चेतावनियों का असर हुआ और अनुपस्थित कर्मियों में से आधे से अधिक प्रकट हो गए। इसके बावजूद यह संख्या पर्याप्त नहीं थी। उधर, मतदान पार्टियों को देरी हो रही थी। तब जाकर कहीं जिलाधिकारी ने सारी परिस्थितियों को भाँपते हुए आरक्षित लोगों की तैनाती का आदेश दिया।

आरक्षित ड्यूटी के लिए बुलाए गए लोग एक शामियाने के नीचे बैठे थे। उन्हें तब घोर आश्चर्य हुआ जब उप-जिला निर्वाचन अधिकारी ने माइक पर यह घोषणा की कि आरक्षित पार्टी के जिन-जिन अधिकारियों का नाम बुलाया जाए, वे आगे आकर अपने-अपने आदेश प्राप्त करें। यह सुनते ही कोलाहल शुरू हुआ और सभी बाहर की ओर दौड़ पड़े। सौभाग्य से इसके बारे में पहले से ही पता था लिहाजा जिलाधिकारी ने एहतियात के तौर पर प्रवेश द्वार पर भारी संख्या में पुलिसवालों को तैनात कर रखा था। बहरहाल, जब आरक्षित पार्टी के लोग भागे तो पुलिसवाले भौंचक रह गए। यह संकट का क्षण था। कड़े उपायों की जरूरत थी और उप-जिला निर्वाचन अधिकारी ने इसकी नजाकत को समझते हुए जवाबी कार्रवाई भी की। वे खुद दौड़कर गए और भाग रहे दो-चार कर्मियों को दबोचकर अन्दर खींच लिया। तत्काल पुलिस को निर्देश दिया गया। पुलिस हरकत में आई और मामूली बल-प्रयोग करके स्थिति को तुरन्त नियंत्रण में कर लिया गया। इसके साथ ही आरक्षित पार्टी के कर्मियों को, जो अपने-आपको विशेष समझती है, ड्यूटी पर तैनात किया गया।

लेकिन दिक्कतें अभी खत्म नहीं हुई थीं। जैसे ही आरक्षित पार्टी के किसी सदस्य का नाम बुलाया जाता, चारों ओर सन्नाटा छा जाता। वह आदमी भीड़ में छिपकर बचने की कोशिश करता। अगर ऐसे लोगों का नाम छोड़ दिया जाए तो दूसरे भी यही तरीका अपनाएँगे। जल्दबाजी के कारण उप-जिला निर्वाचन अधिकारी ने दो-चार नामों को छोड़ दिया। इसी क्रम में एक ऐसा नाम सामने आया जिसे वे पहचानते थे। इसलिए वह छिप नहीं सका। लेकिन आरक्षित पार्टी के एक वर्ग को यह मंजूर नहीं हुआ। उन्होंने विरोध किया कि ड्यूटी से बचने की कोशिश करनेवाले तो भाग रहे हैं और सीधे-सादे लोग पकड़े जा रहे हैं। तुरन्त एक गुट बन गया जिसने चुनाव ड्यूटी का बहिष्कार करने की धमकी दे डाली। इस स्थिति को काबू करने के लिए दो-चार अनुभवी अधिकारियों को मगज-मारी करनी पड़ी। तब यह तय किया गया कि स्थानापन्न ड्यूटी के लिए आरक्षित पार्टी से लोगों का चुनाव यादृच्छिक रूप में किया जाएगा। यह नुस्खा काम आया और मतदान-पार्टियों का पुनर्गठन कर, उन्हें समय पर भेज दिया गया।

यह प्रवृत्ति दिनोंदिन बढ़ रही है। इसका एक कारण तो यह है कि ड्यूटी से भागनेवालों पर कोई कार्रवाई नहीं की जाती है। अगर जनप्रतिनिधित्व कानून के तहत मामला दायर किया जाए तो आगे के लिए यह निवारक का काम करेगा। बहरहाल, मामले तो दायर किए जाते हैं लेकिन चुनाव खत्म होते ही सब विस्मृत कर दिया जाता है। एक जिले में जिलाधिकारी ने खुद प्रभारी अधिकारी व मतदान-कर्मियों को एफआईआर दर्ज करने का निर्देश दिया था। चुनाव के बाद इस जिलाधिकारी का ट्रांसफर हो गया। कुछ महीनों के बाद पता चला कि नए जिलाधिकारी ने पुराने जिलाधिकारी से यह मामला वापस लेने का आग्रह किया क्योंकि इसकी वजह से कटुता का माहौल बन रहा था। अगर यही प्रवृत्ति जारी रही तो कर्मचारी समझेंगे कि उनके खिलाफ कोई कार्रवाई नहीं होगी और वे बिना दंड पाए ड्यूटी-निर्देशों का उल्लंघन कर सकते हैं।

मतदान के दिन सबसे महत्त्वपूर्ण काम यह देखना होता है कि मतदान निर्विघ्न सम्पन्न हो जाए और कहीं बूथ कब्जे और हिंसा की घटना न हो। बूथ कब्जे की घटनाओं के विश्लेषण से पता चलता है कि बूथ कब्जा करनेवाले लोग वाहनों में आते हैं। बूथ पर पहुँचकर वे उसे अपने हत्थे कर लेते हैं और मिनटों में वहाँ से भाग जाते हैं। आम तौर पर उन लोगों के पास हथियार होते हैं, इसलिए बूथ पर खड़े लोग उनके खिलाफ कुछ नहीं बोलते हैं।

एक जिले में, जहाँ मैं चुनाव की देख-रेख कर रहा था, पता चला कि वहाँ पिछले सभी चुनावों में हिंसा और चालीस से साठ बूथ लूटे जाने का इतिहास रहा है। यहाँ बूथ लुटेरे मोटरसाइकिलों या जीपों में बूथ तक पहुँचते और देशी बमों का धमाका करते जिससे लोग भाग जाते। इसके बाद ये आसानी से बूथ पर कब्जा

कर लेते। हम लोगों ने दो काम किए और बूथ कब्जे की एक भी घटना नहीं हुई। सबसे पहले तो वाहनों की आवाजाही पर कड़ा प्रतिबंध लगा दिया गया। सभी प्रमुख चौराहों पर बैरियर लगा दिए गए और एक-एक वाहन की जाँच सुनिश्चित करने के लिए इन बैरियरों पर पर्याप्त संख्या में पुलिस बल तैनात किए गए। सिर्फ उम्मीदवार और उसके एजेंट के लिए एक-एक वाहन की इजाजत दी गई। इन वाहनों में भी अन्दर बैठनेवालों की संख्या को चार तक सीमित कर दिया गया। मोटरसाइकिलों पर भी इसी तरह की रोक लगा दी गई। किसी को अपने साथ न तो रक्षा दल ले जाने की अनुमति थी और न ही हथियार। हमने सभी मार्गों पर मोबाइल पुलिस तैनात कर दी ताकि वाहनों पर लगातार नजर रखी जा सके।

इन उपायों का असर यह हुआ कि असामाजिक तत्त्व रक्षा दल के साथ बूथ तक पहुँच ही नहीं पाए। उधर सभी रणनीतिक जगहों पर पुलिस की मौजूदगी के कारण किसी को कानून तोड़ने का साहस भी नहीं हुआ।

चुनाव के दिन इस तरह की घटनाएँ न हों, इसके लिए जरूरी है कि जिलाधिकारी व एसपी उस दिन साथ-साथ सभी संवेदनशील इलाकों का मुआयना करें। उस दिन नियंत्रण कक्ष में बैठे रहने का कोई तुक नहीं होता है क्योंकि आपकी कार में वायरलेस लगा होता है इसलिए आप कहीं भी हों, पूरे जिले की रिपोर्टों का ज़ायजा ले सकते हैं। अगर मतदान सात बजे सुबह शुरू हो रहा हो तो बेहतर है कि आप साढ़े छह बजे तक वहाँ पहुँच जाएँ। अगर आप आधे घंटे पहले पहुँचेंगे तो सभी मजिस्ट्रेट व पुलिस अधिकारी सही समय पर ड्यूटी पर हाजिर मिलेंगे और चुनाव भी समय पर शुरू हो जाएगा।

मतदान के दिन टेलीफोन पर बूथ-कब्जे की खबरें आती रहती हैं लेकिन इनमें से अधिकांश राजनीतिक उद्देश्य के लिए गढ़ी हुई होती हैं। बहरहाल, इस तरह की खबर मिलते ही वरिष्ठ अधिकारियों को तुरन्त मौके पर पहुँचना चाहिए ताकि खबर की सच्चाई का पता लग सके। ऐसी एक भी सूचना की अनदेखी नहीं करनी चाहिए। लेकिन झूठी सूचनाओं का पीछा करने में प्रशासन का काफी समय ज़ाया हो सकता है। एक चुनाव में जब इस तरह की कई घटनाओं की सूचना मिली तो हमने कॉल करनेवालों के नाम-पते व टेलीफोन नोट करने का निर्देश जारी किया। जो लोग व्यक्तिगत रूप से सूचना देने आ रहे थे, उनका ब्यौरा रखने के भी निर्देश दिए गए। इन सभी लोगों से कह दिया गया कि अगर उनकी सूचना झूठी निकली तो उन पर मामला दर्ज किया जाएगा। जैसे ही यह खबर फैली, झूठी शिकायतें आना कम हो गईं।

चुनाव के दिन दौरे पर निकले डीएम और एसपी का सामना बूथों पर फर्जी मतदान व डरा-धमकाकर मतदान कराने की घटनाओं से होता है। इन मामलों में अनुकरणीय कार्रवाई करनी चाहिए। मुझे एक चुनाव की याद आती है। हम लोग

एक संवेदनशील इलाके का दौरा कर रहे थे। हमें बताया गया कि एक खास बूथ पर सत्ताधारी पार्टी डरा-धमकाकर अपने पक्ष में वोट डलवा रही है। सूचना मिलते ही हम मौके पर पहुँचे। इस बूथ पर भारी भीड़ थी और वहाँ सब कुछ बिखरा-बिखरा-सा दिखा। हमने इधर-उधर देखा लेकिन कुछ नजर नहीं आया। बहरहाल, मतदान प्रक्रिया को दोबारा ठीक से शुरू करवाकर हम जैसे ही चलने को हुए, देखा कि एक महिला, महिला वोटरों को धकिया रही थी और कह रही कि उन्हें एक खास उम्मीदवार के पक्ष में वोट डालना चाहिए। यह देखकर, हम लोगों ने एक महिला कांस्टेबल को भेजा कि उस महिला को समझा दें कि बूथ पर चुनाव प्रचार न करे। महिला कांस्टेबल की यह बात सुनते ही वह महिला मुड़ी और उसके मुँह पर एक तमाचा जड़ दिया। साथ में यह हिदायत भी दी कि उन्हें मालूम होना चाहिए, वह कौन है। इतना होते ही हम खुद उस ओर लपके। महिला व उसके समर्थकों को गिरफ्तार कर लिया गया। लेकिन तुरन्त चारों ओर से भीड़ जमा हो गई और उस महिला को छोड़ने के लिए चिल्लाने लगी। इसके बाद हमने पुलिस बल बुलवाया और घोषणा कर दी कि अगर भीड़ तुरन्त नहीं हटी तो लाठीचार्ज किया जाएगा। हमारे रुख को देखते हुए भीड़ तितर-बितर हो गई और हम अपने मकसद में कामयाब हो गए। इसका इतना असर हुआ कि उस दिन फिर ऐसी कोई घटना नहीं हुई।

इस तरह की घटनाओं में ठोस कार्रवाई जरूरी होती है लेकिन इतना अधिक उत्तेजित नहीं होना चाहिए कि कोई अप्रिय स्थिति खड़ी हो जाए। एक चुनाव में एसपी और मैं सुबह से ही दौरे पर थे। कई बूथों पर फर्जी वोट डाले जा रहे थे। फर्जी वोट डालते हुए जिन लोगों को पकड़ा गया, उन्हें कान पकड़कर एक-दूसरे के सामने बैठने का दंड दिया गया। ये लोग स्थानीय गुंडे थे और इस दंड की वजह से इन्हें बहुत शर्मिंदगी उठानी पड़ी। इनको दंड देने का जबर्दस्त प्रभाव पड़ा। इसके बाद हमें एक और गाँव में फर्जी वोट डाले जाने की सूचना मिली। यह गाँव एक ऐसे उम्मीदवार का था जिसके ताल्लुकात अपराधियों से थे। सूचना मिलते ही हम उस गाँव में पहुँचे। यहाँ का मतदान केन्द्र गाँव के भीतरी इलाके में था। वहाँ पहुँचकर हमने देखा कि कुछ लोग स्कूटर पर सवार होकर चले आ रहे हैं। एसएसपी ने इन लोगों को हिदायत दी कि स्कूटर पर न चलें क्योंकि वाहनों की आवाजाही पर प्रतिबंध लगा हुआ है। लेकिन उन लोगों का रवैया कठोर था और स्कूटर पार्क करने के बाद वे अक्खड़ ढंग से बहस करने लगे। बहरहाल, मामूली सख्ती के बाद वे रास्ते पर आ गए। उनका स्कूटर जब्त कर लिया गया। इसके बाद हम लोग बूथ पर पहुँचे। वहाँ ड्यूटी पर तैनात स्टाफ ने बताया कि सब कुछ ठीक चल रहा है। वहाँ हम लोग कुछ देर तक रहे। इस बीच एसएसपी मुआयने में लगे रहे। उन्होंने एक लड़के को फर्जी वोट डालते पकड़ा।

एसएसपी ने उस लड़के को लाइन से बाहर खींचा और उसे कान पकड़कर खड़े रहने और माफी माँगने का ओदश दिया। लेकिन वह लड़का दंड भुगतने को तैयार नहीं था। उलटे बहस करने लगा। इसके बाद एसएसपी अपना सन्तुलन खो बैठे और एक लाठी उठाकर उस लड़के को दो-चार तगड़े हाथ दे मारे। इतना होते ही गाँव के प्रधान ढेर सारे लोगों के साथ नमूदार हुए और बहस करने लगे। हम लोगों ने उस लड़के को गिरफ्तार कर पुलिस जीप में बैठा दिया। बाद में पता चला कि वह लड़का गाँव के प्रधान का बेटा था। प्रधान ने लोगों को एकत्र करना शुरू किया। उधर उसका बेटा भी गिरफ्तारी का विरोध करने लगा। उसकी निर्मम पिटाई की गई और पलक झपकते ही गाँव की गलियों और छतों पर लोगों का जमावड़ा हो गया। ये लोग पुलिस-विरोधी नारे लगाते हुए हमारी ओर बढ़ने लगे। थोड़ी ही देर में पत्थरबाजी शुरू होने के आसार थे। चूँकि हम लोगों के पास बहुत कम पुलिस बल था, लिहाजा इन परिस्थितियों में गोली चलाने का आदेश देने के अलावा और कोई विकल्प नजर नहीं आ रहा था। बहरहाल, एसएसपी ने ठंडे दिमाग से काम लिया। उन्होंने उपलब्ध पुलिस बल का इस्तेमाल करते हुए लाठीचार्ज करवाकर स्थिति को काबू में कर लिया। यह सब कुछ इतना तेजी से हुआ कि भीड़ को भागना पड़ा। इसके बाद कुछ लोगों के साथ प्रधान मेरे पास पहुँचे। अपने बेटे को पीटे जाने पर उन्होंने नाखुशी जाहिर की। कुछ देर बाद मैं उन्हें शान्त करने में कामयाब हुआ। इसके बाद प्रधान व उसके बेटे ने माफी माँग ली और हम लोगों ने प्रधान के बेटे को छोड़ दिया।

दूर-दराज के इलाकों में बने बूथों पर इस तरह की घटनाएँ आम हैं। मैं समझता हूँ कि ऐसे मामलों में भीड़ को काबू करने के लिए हिंसा का सहारा नहीं लेना चाहिए। बेहतर तरीका यही है कि उपद्रवियों को गिरफ्तार किया जाए। आप जो भी कदम उठाएँ वह क्रूर नहीं होना चाहिए। गलती के अनुसार ही दंड दिया जाना चाहिए। मतदान के दिन पूरी चौकसी और वरिष्ठ अधिकारियों के लगातार दौरे ही निष्पक्ष व स्वतंत्र चुनाव की गारंटी हो सकते हैं।

मतगणना

एक जिले 'ख' के जिलाधिकारी की विचित्र इच्छा थी कि सबसे पहले उनके जिले की मतगणना खत्म हो। उन्होंने अपने चुनाव अधिकारियों व अन्य सम्बद्ध लोगों की बैठक बुलाई और उनके सामने अपना प्रस्ताव रखा, जबकि आम राय यही थी कि मतगणना में चौबीस घंटे का समय लगेगा और इस समयावधि को कम करना सम्भव नहीं है। लेकिन जिलाधिकारी अड़े रहे। इसके बाद उन्होंने प्रशिक्षण कोर्स के दौरान सीखे हुए समय व गति अध्ययन के सिद्धान्त को अपनाया। एक के बाद एक वह दल मतगणना की विभिन्न गतिविधियों के साथ सामने आया। छोटी-से-छोटी

गतिविधि को चार्ट के रूप में दर्ज किया गया। प्रत्येक गतिविधि में लगनेवाले समय का अनुमान लगाया गया। इसके बाद प्रत्येक गतिविधि में लगनेवाले समय को घटाने के तरीकों पर विचार किया गया। जल्दी ही अधिकतर लोगों को यह स्पष्ट हो गया कि त्रुटिपूर्ण योजना के कारण कई गतिविधियाँ समय से शुरू नहीं हो पा रही हैं और दो गतिविधियों के बीच काफी अन्तराल रह गया है।

शुरुआती तैयारियों पर विचार कर लिया गया। मतगणना आठ बजे सुबह शुरू होनी थी, लेकिन आम अनुभव यही था कि मतगणना सुबह पौने नौ बजे से साढ़े नौ बजे के बीच ही शुरू होती है। इस बार जिलाधिकारी और उसके दल ने प्रशिक्षण पंडाल में मतगणना-कर्मियों के प्रशिक्षण की व्यवस्था की थी। हर आदमी को उस सीट पर बैठाया गया जहाँ उसे अगले दिन मतगणना के समय बैठना था। इसके बाद उन्हें अगले दिन सुबह साढ़े सात बजे बुलाया गया। चूँकि वे सभी अपनी सीट जानते थे, इसलिए मतगणना के दिन वे समय पर अपनी सीट पर आ गए। वैसे उन्हें अपनी सीट ढूँढने में थोड़ा समय लगता। टूटी हुई कुर्सियों व टेबलों की शिकायतें पहले ही दूर की जा चुकी थीं।

प्रत्येक चुनाव क्षेत्र के लिए पर्याप्त संख्या में चपरासियों की व्यवस्था की गई थी और उनके बीच काम का बँटवारा भी कर दिया गया था। दो चपरासी मतपेटियों को दो अन्य चपरासियों को दे रहे थे, जो मतपेटियों को आगे अन्य लोगों को दे रहे थे। कुल मिलाकर वहाँ पन्द्रह टेबल लगे थे और हर तीन टेबलों पर एक चपरासी नियुक्त किया गया था। इस व्यवस्था से काम इतने अच्छे ढंग से हुआ कि सुबह आठ बजकर दस मिनट तक प्रत्येक टेबल पर मतपेटियाँ पहुँच गईं।

पहले दौर की मतगणना सबसे पहले पूरा करनेवाले टेबल को तत्काल दूसरी मतपेटी मुहैया करवा दी गई। इस प्रक्रिया के बीच समय का कोई अन्तराल नहीं था। इसके पहले के चुनावों में होता यह था कि सभी टेबलों पर पहले दौर की मतगणना खत्म होने के बाद ही दूसरे दौर की गणना शुरू होती थी। इसका अर्थ यह हुआ कि सबसे धीमी गति से काम करनेवाले टेबल के अनुसार ही बाकी लोगों को चलना पड़ता था और तेज मतगणना के लिए कोई प्रोत्साहन नहीं था।

अगर चाय व खाने की उचित व्यवस्था न की गई होती तो यह सारी व्यवस्था धरी-की-धरी रह जाती। दरअसल यह तय किया गया कि खाना उत्तम होना चाहिए और पर्याप्त मात्रा में होना चाहिए। यह सुनिश्चित किया गया कि खाना सही समय पर दिया जाए—दोपहर एक बजे से दो बजे के बीच। इसके अतिरिक्त हर दो घंटे बाद चाय व स्नैक्स पेश की गई जबकि पानी की लगातार व्यवस्था थी। पाँच टेबलों के प्रत्येक समूह के लिए आपूर्ति निरीक्षक या नायब तहसीलदार स्तर के अधिकारी तैनात किए गए थे ताकि खाने को लेकर कोई समस्या न खड़ी हो।

बहरहाल, इन तमाम योजनाओं के बावजूद एक ऐसा समय आया जब लगा

कि यह व्यवस्था चरमरा जाएगी। दरअसल पुलिसवालों के लिए अलग से खाने की व्यवस्था की गई थी लेकिन इनका खाना समय से नहीं पहुँच पाया। नतीजतन पुलिसवाले जबर्दस्ती मतगणना-कर्मियों के लिए रखे गए लंच पैकेट उठा ले गए। जिलाधिकारी अपने दल के साथ मौके पर पहुँचे और खाना बनवाकर वितरित किया गया। यही नहीं, एक वरिष्ठ अधिकारी ने सभी टेबलों पर जाकर खाने की व्यवस्था में हुई देरी के लिए माफी माँगी।

इसके अतिरिक्त, प्रतिस्पर्धा की भावना भरने के लिए प्रत्येक पंडाल में मतगणना का काम पूरा करनेवाले पहले तीन टेबलों को नकद पुरस्कार देने की घोषणा की गई। इस घोषणा से मतगणना की प्रक्रिया अत्यन्त रोचक बन गई। नतीजतन रात आठ बजे तक नतीजे आने शुरू हो गए और रात बारह बजे सारे नतीजे घोषित हो गए। टेलीफोन पर सुनकर खुशी हुई कि चुनाव का पहला परिणाम 'ख' जिले से आया और जिलाधिकारी व उसका दल अपने उद्देश्य को प्राप्त करने में सफल रहे।

उपरोक्त अध्ययन से पता चलता है, सतर्क योजना और हर ब्यौरे पर ध्यान चीजों को तेज और बेहतर बना सकते हैं। तेज गति से मतगणना करना काफी नहीं होता है; मतगणना-कर्मियों को अच्छा प्रशिक्षण भी दिया जाना चाहिए ताकि गलतियाँ न हों। रिटर्निंग अफसर को अवैध मतों की स्पष्ट पहचान होनी चाहिए और इस सम्बन्ध में उसका फैसला सही और निष्पक्ष होना चाहिए। अगर पीठासीन अधिकारी को कायदे से प्रशिक्षण दिया गया हो तो मतगणना बेहतर गति से चलेगी। इसके साथ-ही-साथ यह भी जरूरी है कि उसके द्वारा की गई मतपत्रों की गिनती दुरुस्त हो। रिटर्निंग अफसर को चाहिए कि वह हर दौर के नतीजों को तालिकाबद्ध करने और मतों की गिनती का मिलान करने के लिए पीठासीन अधिकारी को योग्य कर्मी मुहैया कराए। ऐसा देखा गया है कि अमीन व बैंककर्मी इस काम को अच्छे ढंग से करते हैं।

ऊपर वर्णित मेरा अनुभव उस समय का है जब बैलेट पेपर से चुनाव होते थे। आज पूरे देश में इलेक्ट्रॉनिक वोटिंग मशीन (ईवीएम) का प्रयोग होता है। इससे वोटों की गिनती करने की सम्पूर्ण प्रक्रिया बहुत तेज और आसान हो गई है। अब वोटों की गणना आरंभ होने के पाँच-छह घंटे बाद परिणामों की घोषणा हो जाती है। इसके बावजूद वोटों की सम्पूर्ण गणना को साफ और पारदर्शी तरीके से पूरा करने के लिए एक अति सावधानी पूर्ण योजना आवश्यक होती है।

प्रायः मतों की दोबारा गिनती के आवेदन आते हैं। इन आवेदनों को गुण-दोष के आधार पर परखना चाहिए और मौखिक आदेश को लिखित में पारित करना चाहिए।

चुनाव नतीजों की घोषणा तत्काल की जानी चाहिए और इन्हें रोककर नहीं रखना चाहिए। अगर नतीजों पर रोक लगाई जाती है तो राजनीतिक दलों के मन में संशय पैदा होता है। बहरहाल, इस मामले में निर्वाचन आयोग के निर्देशों का

सख्ती से पालन करना चाहिए। चुनाव आब्जर्वर की भूमिका भी बहुत अहम हो गई है। मतगणना के सही ढंग से होने और परिणाम घोषित करने के बारे में वे भी अपनी राय देते हैं।

आमतौर पर चुनाव में अभिनव परिवर्तनों को बढ़ावा नहीं दिया जाता है। शान्तिपूर्ण चुनाव संचालन को प्राथमिकता दी जाती है और छोटी-सी असफलता भी पूरी प्रक्रिया को छिन्न-भिन्न कर सकती है। इसके बावजूद जिला स्तर पर चुनाव में नई अवधारणाओं को आजमाया जाना चाहिए। एक नुस्खा यह हो सकता है कि मतपत्रों को चुनाव के दिन सुबह सेक्टर मजिस्ट्रेट के साथ भेजा जाए, न कि चुनाव से एक दिन पहले पोलिंग पार्टियों के साथ। दरअसल इस तरह के कई मामले प्रकाश में आए हैं और चुनाव से पहलेवाली रात में ही मतपत्रों पर मुहर लगा दी जाती है। मतपत्र खोने की घटनाएँ भी हो सकती हैं। इसके मद्देनजर एक व्यावहारिक तरीका यह हो सकता है कि पीठासीन अधिकारी मतपत्रों को गिनकर किसी लिफाफे में भरकर सील कर दें। इन मतपत्रों को तहसील की सब-ट्रेजरियों में रखा जा सकता है। फिर चुनाव के दिन सुबह सेक्टर मजिस्ट्रेट इन मतपत्रों को लेकर मतदान केन्द्रों तक पहुँचाए।

एक अभिनव परिवर्तन यह भी हो सकता है कि पोलिंग पार्टियों को भेजने और मतगणना से जुड़ी गतिविधियों को विकेन्द्रित कर दिया जाए। इस समय ये गतिविधियाँ केन्द्रीय स्तर पर जिला मुख्यालयों में संचालित होती हैं। इसे तहसील स्तर पर विकेन्द्रीकृत किया जा सकता है। इससे चीजें आसान हो जाएँगी। लेकिन विकेन्द्रीकृत व्यवस्था में एक समस्या आएगी—एक स्थान की बजाय कई स्थानों पर सुरक्षा प्रबन्ध करने होंगे।

चुनाव सम्पन्न कराना जिला कलेक्टर और उसकी सम्पूर्ण टीम तथा राज्य के लिए बहुत ही गर्व की बात है। यह एक बड़ा काम है जो पूरी सफाई के साथ सम्पन्न होता है और यह दर्शाता है कि राजनीतिक स्तर से बगैर किसी अनावश्यक हस्तक्षेप के यदि कलेक्टर को अपनी जिम्मेदारी पूरी करने की अनुमति हो तो कलेक्टर अपने कार्यों को सम्पन्न करने में सक्षम हैं। चुनाव सम्पन्न कराने पर सरकार को गर्व होना चाहिए और जिला कलेक्टर को हमेशा यह कार्य पूर्ण समर्पण और जिम्मेदारी की भावना से पूरा करना चाहिए। कलेक्टर को केवल निष्पक्ष होना ही आवश्यक नहीं है बल्कि सभी राजनीतिक दल उसे निष्पक्ष समझें, यह भी बहुत आवश्यक है।

चुनाव आयोग आब्जर्वर

चुनाव आयोग वर्षों से निष्पक्ष और साफ चुनाव सम्पन्न कराने, निगरानी रखने और चुनावी फंड पर निगाह रखने के लिए आब्जर्वर नियुक्त करता है। यह आब्जर्वर जिले में लगभग 2 माह तक रहते हैं और चुनाव के हर पहलू पर इनकी स्वीकृति

होना आवश्यक है। कलेक्टर द्वारा चुनाव के हर पहलू पर आब्जर्वर को संक्षिप्त रिपोर्ट देना और यदि आब्जर्वर ने कोई शिकायत कलेक्टर को भेजी हो तो उस पर तत्काल कार्यवाही होना चाहिए। कलेक्टर के लिए आब्जर्वर से हर समय सम्पर्क रखना बहुत आवश्यक है।

निर्वाचन आयोग मतदाताओं को परिचय पत्र जारी करने का फैसला कर चुका है। चुनाव में इलेक्ट्रॉनिक मतदान मशीनों का प्रयोग भी किया जा रहा है। कई अन्य चुनाव सुधारों पर विचार किया जा रहा है। बहरहाल, इन सबके बावजूद जिलाधिकारी के सामने हमेशा यह चुनौती रहती है कि वह अपनी टीम को ऐसा नेतृत्व प्रदान करे जिससे स्वतंत्र व निष्पक्ष चुनाव सुनिश्चित हों। देश की लोकतांत्रिक व्यवस्था की सफलता स्वतंत्र व निष्पक्ष चुनाव पर निर्भर है। प्रशासन को इस काम के महत्त्व और इसके परिणामों को हमेशा ध्यान में रखना चाहिए। स्वतंत्र ढंग से संचालित चुनाव का हमारे देश के लोकतांत्रिक जीवन में महत्त्वपूर्ण योगदान है।

प्राकृतिक आपदाओं का प्रबन्धन

बाढ़, भूकम्प और अकाल जैसी प्राकृतिक आपदाओं से निपटने की जिम्मेदारी जिलाधीश की होती है। उसे अपने पास उपलब्ध संसाधनों की सहायता से इस तरह की समस्याओं से निपटना होता है। अकाल तो अब नहीं पड़ते लेकिन सूखे की समस्या जब-तब खड़ी हो जाती है। प्राकृतिक आपदा के शुरुआती झटकों का प्रभाव खत्म होते ही स्थितियों को राजनीतिक रंग देने की कवायद शुरू हो जाती है। ये जिलाधिकारी के धैर्य, उसकी दृढ़ता और प्रबन्धन की क्षमता की कठोर परीक्षा के मौके होते हैं। हाल ही में एक जिले में भीषण भूकम्प आया था। वहाँ के जिलाधिकारी को इसलिए हटा दिया गया क्योंकि ऐसा माना गया कि उसने सरकारी सहायता का सही इस्तेमाल नहीं किया और पहले ही से कम रहे संसाधनों का दुरुपयोग किया। उनकी जगह आनेवाले जिलाधिकारी ने सतर्कता बरतते हुए व्यय पर काफी अंकुश लगाया। इसका नतीजा यह हुआ कि उनके विरुद्ध खासा हंगामा हुआ और आरोप उछाले गए कि सरकारी सहायता आने में नाहक ही विलम्ब किया जा रहा है। वहाँ राजनीति और निहित स्वार्थों के लिए खेले जानेवाले खेल इतनी जड़ें जमा चुके थे कि एक साल की अवधि में वहाँ तीन जिलाधिकारी आए और गए।

बाढ़

बाढ़ की समस्या से मैं सबसे पहले एक उप-मंडलीय अधिकारी के रूप में रूबरू हुआ। एक पखवाड़े तक अनवरत चली बरसात से सारी नदियों का जल स्तर बढ़ गया। तहसील तक इसका शोर हो गया कि बाढ़ आनेवाली है। मैं अपने तहसीलदार के साथ नदी पर बने पुल के मुआयने के लिए गया। वहाँ मैंने देखा कि नदी का पानी पुल से सिर्फ कुछ फीट नीचे रह गया था। स्थितियाँ काफी चिन्ताजनक थीं, इसलिए सभी सम्बन्धित लोगों को फौरन सावधान कर दिया गया। एक रात के भीतर स्टाफ को बाढ़-नियंत्रण केन्द्रों पर भेज दिया गया और जिन गाँवों के बाढ़ में डूबने की आशंका थी, वहाँ के निवासियों को भी सावधान कर दिया गया। इसके साथ ही मौसम सम्बन्धी रिपोर्टों और जल-स्तर पर बराबर नजर रखी जाने लगी।

अगले चौबीस घंटों में बाढ़ अपनी भीषणता के साथ आ ही गई। जिला मुख्यालय को जानेवाली सड़क अवरुद्ध हो गई और एक दर्जन से अधिक गाँव पानी में डूब गए। हम एक गाँव से दूसरे गाँव घूमते रहे। अधिकांश रास्ता नाव से तय करना पड़ता था। लेकिन किसी भी गाँव में हमारे पहुँच भर जाने से वहाँ के लोगों को बहुत राहत मिलती थी। हम लोगों को स्वैच्छिक संस्थाओं से मिलनेवाला भोजन, चने, नमक और माचिस की डिब्बियाँ बाँट रहे थे। बीमार लोगों की जाँच की जा रही थी और उन्हें दवाइयाँ भी बाँटी जा रही थीं। प्रभावित गाँवों के लोगों को राहत शिविरों तक पहुँचाया जा रहा था और वहाँ उनकी देख-रेख भी की जा रही थी।

लेकिन तभी कुछ दिनों बाद एक स्थानीय नेता अपने छुटभैयों के साथ मेरे पास आए। रास्ते में ही उन्होंने मेरी गाड़ी को रोक लिया। फिर उन्होंने शिकायतों की बौछार शुरू कर दी कि हजारों लोग मर रहे हैं और प्रशासन कुछ नहीं कर रहा। दोनों ओर से वाक्बाणों का आदान-प्रदान हुआ। उस समय मेरी क्या स्थिति रही होगी, कल्पना कीजिए। फिर भी मैंने उन्हें अब तक हुए काम की जानकारी दी। उन्होंने कुछ और प्रभावित गाँवों के नाम गिनाए। मैंने उनसे कहा कि फिलहाल मैं एक राहत स्थल का मुआयना करने जा रहा हूँ और वहाँ से लौटते ही इन इलाकों का मुआयना करूँगा। मैं शाम को ही वहाँ से लौट आया और पांडे नाम के उस नेता के गाँव पहुँचा। उस गाँव में बाढ़ का विशेष प्रभाव नहीं दिखाई दिया। हालाँकि उससे सिर्फ दो किलोमीटर की दूरी पर स्थित एक गाँव में बाढ़ का पानी पहुँच चुका था। हम वहाँ पैदल पहुँचे और कई बार हमें घुटने से भी ज्यादा पानी में चलकर आगे बढ़ना पड़ा। फिर हम उस गाँव में पहुँचे। वहाँ लोगों को राहत सामग्री उपलब्ध कराई और आधी रात को वापस लौट सके। श्री पांडे प्रशासन की मुस्तैदी और उत्साह को देखकर अचंभित रह गए। फिर उन्होंने अपने व्यवहार के लिए क्षमा-याचना की। बाद में वे हमारे अच्छे समर्थक हो गए।

यह ठीक है कि श्री पांडे का हृदय परिवर्तन हो गया लेकिन बाकी लोगों पर कोई प्रभाव नहीं पड़ा। ये ऐसे लोग होते हैं जो स्थितियों का अपने पक्ष में शोषण करते हैं और अप्रिय स्थितियाँ खड़ी करते हैं। ऐसे में जिलाधिकारी को काफी दृढ़ होना चाहिए और अपने काम में किसी तरह के हस्तक्षेप की अनुमति नहीं देनी चाहिए।

बाढ़ की स्थिति से निपटने के लिए काफी पहले से एक विस्तृत कार्य-योजना तैयार करनी होती है। इस योजना के बारे में विस्तृत दिशा-निर्देश जारी किए जाते हैं। लेकिन जिला-स्तर पर अकसर इनकी उपेक्षा की जाती है। सामान्य तौर पर देखा गया है कि इस बारे में कोई ढीली-ढीली-सी योजना तैयार कर ली जाती है। मुझे लगता है कि बैठकर एक व्यवस्थित और सुचारु योजना तैयार कर लेना बहुत जरूरी है। एक बार यह योजना तैयार हो जाए तो बाद में हर साल इसकी व्याख्या की जा सकती है। एक सुचारु सर्वेक्षण के बाद यह सुनिश्चित किया जाना चाहिए

कि कितने गाँव प्रभावित हो सकते हैं और वहाँ का जल स्तर कितना रहेगा। साथ ही बाढ़ के इतिहास और वर्षा व जल स्तर के बीच के सम्बन्ध के बारे में भी पूरी जानकारी जुटाई जानी चाहिए। इसके बाद बाढ़ से राहत के लिए उपयुक्त स्थान चिह्नित किए जाने चाहिए, पहले ही से उनका निरीक्षण हो जाना चाहिए। फिर यह तय कर लेना चाहिए कि किस प्रभावित इलाके के लोगों को किस राहत शिविर में भेजा जाएगा और प्रत्येक राहत शिविर पर तैनात होनेवाले स्टाफ के बारे में भी पूरी जानकारी प्राप्त की जानी चाहिए। इसके बाद आवश्यक वस्तुओं की सूची तैयार कर लेनी चाहिए और राहत शिविर तक उन्हें पहुँचाने की भी व्यवस्था कर लेनी चाहिए। मनुष्यों के साथ ही जानवरों के लिए भी दवाओं की व्यवस्था कर लेनी चाहिए और साथ ही उन डॉक्टरों के नाम की भी सूची तैयार कर लेनी चाहिए जिन्हें शिविरों पर तैनात किया जा सकता है। नावों की व्यवस्था कर लेनी चाहिए और उनके किराए आदि भी तय कर लेने चाहिए। अगर इन सब तथ्यों को ध्यान में रखकर सुचारु योजना तैयार कर ली जाए और सभी को उसकी समुचित जानकारी भी उपलब्ध करा दी जाए तो समझिए कि आधे से ज्यादा काम तो हो गया।

बाढ़ की सम्भावना वाले जिलों में वर्षा और नदियों के जल स्तर का रोजाना रिकॉर्ड रखा जाता है। इन दोनों पर कड़ी नजर रखना बहुत जरूरी है। जैसे ही जल-स्तर बढ़ना शुरू हो और वह बाढ़ के निचले संकेतक चिह्न को पार कर ले, वैसे ही पूरे जिले को सतर्क कर देना चाहिए। ऐसा फौरन कर लेना चाहिए भले ही बाद में जल स्तर नीचे गिर जाए क्योंकि इससे बाढ़ से निपटने के लिए पूर्वाभ्यास हो जाता है।

जीवन और सम्पत्ति की रक्षा करना कोई बहुत मुश्किल काम नहीं है। इसके लिए बस प्रभावित स्थल पर वरिष्ठ अधिकारियों की उपस्थिति जरूरी है। सबसे मुश्किल काम है—राहत सामग्री के वितरण की व्यवस्था करना। सामान्य तौर पर यह इतने बड़े पैमाने पर की जाती है कि सहायता के गलत हाथों में पहुँचने की पूरी आशंका बनी रहती है। न सिर्फ इतना बल्कि इसके निचले स्तर के लोगों की जेबों में पहुँच जाने की भी आशंका रहती है। आश्चर्यजनक रूप से मैंने पाया है कि कई बार तो काफी सम्पन्न लोग सहायता प्राप्त करने पहुँच जाते हैं। और जब उन्हें मना किया जाता है तो वे हंगामा खड़ा कर देते हैं। वस्तुतः यही वे लोग हैं जो प्रशासन के खिलाफ मुहिम शुरू करते हैं। इससे बचने का एकमात्र उपाय यह है कि जिलाधिकारी और उनके वरिष्ठ अधिकारी वृहद स्तर पर दौरे और निरीक्षण करें। अगर धोखाधड़ी या भ्रष्टाचार का कोई भी मामला नजर में आए तो कठोरतम कार्रवाई की जानी चाहिए।

सबसे बड़ी परेशानी लाभ पानेवालों की सूची तैयार करने के समय खड़ी होती है। सामान्य तौर पर ऐसा होता है कि जिन लोगों को इस काम की जिम्मेदारी

सौंपी जाती है, वे निहित स्वार्थोंवाले स्थानीय लोगों से मिलीभगत कर ऐसे लोगों के नाम सूची में शामिल कर लेते हैं जिन्हें इस सहायता की जरूरत नहीं होती। आम तौर पर कुछ वरिष्ठ अधिकारी इस सूची की तसदीक (सत्यापन) करते हैं। लेकिन अगर जिलाधिकारी थोड़ा-सा समय निकालकर कुछ गाँवों का दौरा कर सके और आकस्मिक जाँच कर सके तो इससे बेहतर कुछ नहीं हो सकता। इससे एक सही सूची सुनिश्चित करने में मदद मिलेगी। दूसरी बड़ी समस्या यह होती है कि सहायता राशि वितरण के समय पूरी राशि उपलब्ध नहीं कराई जाती है। इसमें से भी तमाम स्तरों पर निहित स्वार्थोंवाले विभिन्न समूह सहायता का कुछ हिस्सा डकार जाते हैं।

एक बार बाढ़ से जूझ रहे एक जिले के काफी अन्दर स्थित एक वितरण केन्द्र से बहुत गम्भीर शिकायत मिली। उस केन्द्र तक जीप से नहीं पहुँचा जा सकता था। इसलिए हमने साइकिल से वहाँ पहुँचने का फैसला किया। जैसे ही हम उस केन्द्र पर पहुँचे, हर व्यक्ति हतप्रभ रह गया। वे कभी कल्पना भी नहीं कर सकते थे कि जिलाधिकारी वहाँ पहुँच सकता है। पूछताछ से पता चला कि वितरित किए गए प्रत्येक 100 रुपए में से 80 रुपए लाभान्वित होनेवाले व्यक्ति को दिए गए, बाकी दूसरे लोगों की जेब में पहुँच गए। यह सब पता लगने के बाद पूरे स्टाफ को निलम्बित कर दिया गया। इसका पूरे जिले पर प्रभाव पड़ा। आशय यह है कि सहायता राशि के वितरण के समय कुछ धोखाधड़ी होना तो स्वाभाविक है। इसको रोकने के लिए व्यक्तिगत तौर पर जाँच करना और कोई ऐसी कार्रवाई करना, जिससे सबको सीख मिले, बहुत जरूरी है।

अत्यधिक वर्षा या ओला तूफान के मामले भी सामने आते हैं जब किसानों की फसल व गरीबों के घर क्षतिग्रस्त हो जाते हैं। ऐसे मामलों में कलेक्टर को तुरंत मौके का मुआयना कराना चाहिए। यह अच्छा होगा यदि कलेक्टर कुछ प्रभावित क्षेत्रों का मुआयना और क्षति का मूल्यांकन स्वयं करें। इस विषय में सरकार की राहत प्रदान करने की गाइडलाइन स्पष्ट है और कलेक्टर को शीघ्र अति शीघ्र राहत प्रदान करना शुरू कर देना चाहिए। यदि आवश्यक हो तो वह राज्य से भी अधिक फंड की माँग कर सकता है। ऐसे मामलों में फसल बीमा योजना का समुचित तरीके से लागू होना भी महत्त्वपूर्ण है। कलेक्टर को सुनिश्चित करना चाहिए कि किसानों के फसल नुकसान के दावे बीमा कम्पनियाँ समुचित ढंग से निपटाएँ। यहाँ भी कलेक्टर का नेतृत्व एक बार फिर आवश्यक और महत्त्वपूर्ण हो जाता है क्योंकि बीमा कंपनियां किसानों के दावों को (क्लेम को) टालने का प्रयास करती हैं।

सूखा

बरसात न होने पर सूखे का रोना खड़ा हो जाता है। सूखे की घोषणा करने को लेकर जिलाधिकारी पर काफी दबाव होता है। रोजाना तमाम राजनीतिक पार्टियों की

अगुवाई में प्रदर्शन होते हैं और जिलाधिकारी को मेमोरेंडम थमाए जाते हैं, जिनमें सूखे की घोषणा करने की माँग होती है। लेकिन एक बात जो हमेशा ध्यान रखनी चाहिए, वह यह कि सूखे की घोषणा करने का कोई औचित्य नहीं होता। अगर किसी जगह नियमित रूप से कम वर्षा हो रही हो और पचास फीसदी से अधिक फसल बरबाद हो गई हो तो उस जिले को सूखे से पीड़ित माना जाता है। इसके बाद त्वरित सहायता के रूप में भू-राजस्व को माफ करने और अन्य बकायों की वसूली की रफ्तार को कम करने जैसे कदम उठाए जाते हैं। अगर स्थिति गम्भीर हो जाए तो लोगों को रोजगार उपलब्ध कराने के लिए कार्यशालाएँ खोली जाती हैं। साथ ही खाद्यान्नों और आवश्यक वस्तुओं की उपलब्धता सुनिश्चित कराने की दिशा में भी कदम उठाए जाते हैं।

सिंचाई की व्यवस्था में खासे विस्तार के बाद बड़े अकाल की सम्भावनाएँ काफी क्षीण हो गई हैं। कम बरसात के समय अगर उपलब्ध संसाधनों पर कड़ी नजर रखी जाए तो सूखे की स्थिति से निपटा जा सकता है।

सबसे पहले ट्यूबवेलों और नहरों की ओर ध्यान देना चाहिए। नहरों में पानी का स्तर नीचे चला जाता है। पानी का समुचित वितरण सुनिश्चित करने के लिए इस काम पर लगे लोगों की पारी की संशोधित सूची तैयार की जानी चाहिए। इस मामले में कई निहित स्वार्थोंवाले लोग हस्तक्षेप करते हैं और अपने गाँव के लिए अधिकतम पानी प्राप्त करने की कोशिश करते हैं। एक जिले में एक शक्तिशाली व्यक्ति की अगुवाई में कुछ किसान उस नहर से अन्य क्षेत्रों को जा रही जलापूर्ति के विरोध में उपवास पर बैठ गए थे। जब उन्हें समझाया गया कि संसाधनों की किल्लत के समय इस तरह से मिल-बाँटकर ही काम करना होगा, तो उन्हें यह अच्छा नहीं लगा। उन्होंने विरोध में आत्मदाह की कोशिश की। जोर-जबर्दस्ती करके उन्हें ऐसा करने से रोका गया। फिर गुस्से में भरकर वे नहर की तरफ गए और उसको तोड़ने-फोड़ने लगे। इन लोगों को तितर-बितर करने के लिए लाठीचार्ज कराना पड़ा था।

इस तरह की स्थितियाँ निश्चित रूप से खड़ी होती हैं और इन्हें दृढ़तापूर्वक निपटाना होता है। नहर से पानी काटने जैसी समस्याओं से निपटने के लिए पुलिस की गश्त बढ़ाने और वारदात करनेवालों के खिलाफ मामले दर्ज करने से काफी मदद मिलती है।

राजकीय ट्यूबवेलों के काम-काज पर नियमित रूप से नजर रखनी होती है। हालाँकि कुल सिंचित क्षेत्र में उनका योगदान बहुत ज्यादा नहीं होता लेकिन उनका मनोवैज्ञानिक प्रभाव काफी ज्यादा होता है। प्रेस में बराबर इस तरह की खबरें प्रकाशित होती रहती हैं कि ज्यादातर ट्यूबवेल खराब पड़े हैं। सूखे के दौरान तो और भी अधिक ट्यूबवेलों के खराब होने की आशंका बनी रहती है।

इस प्रक्रिया पर बराबर नजर रखना और खराब ट्यूबवेलों की फौरन मरम्मत कराना बहुत जरूरी होता है। जिलाधिकारी को कोशिश करनी चाहिए कि खराब ट्यूबवेलों का प्रतिशत दस से कम ही रहे। इस आँकड़े को लेकर हमेशा विवाद रहता है। ट्यूबवेल विभाग इस संख्या को कम बताता है, जबकि लोग, राजनीतिज्ञ और प्रेस इस संख्या को काफी बढ़ा-चढ़ाकर पेश करते हैं। इस दुविधा से बचने का सबसे आसान तरीका यह है कि ट्यूबवेल और राजस्व अधिकारियों के साथ संयुक्त रूप से निरीक्षण कराया जाए। इससे सही संख्या सुनिश्चित करने में मदद मिलती है। इसे निरीक्षण का आधार बना लिया जाना चाहिए।

बिजली-आपूर्ति की स्थिति पर भी नजर रखना जरूरी होता है। मगर बिजली आपूर्ति की दर कम हो जाए तो इससे नहरों, ट्यूबवेलों और निजी ट्यूबवेलों का चलना भी मुश्किल हो जाता है। सूखे से निपटने की प्रक्रिया में यह सबसे महत्त्वपूर्ण पक्ष है। पूरी कमी को अकेले जिला स्तर पर दूर नहीं किया जा सकता लेकिन कड़ी निगरानी के जरिए स्थानीय स्तर पर किसी भी तरह की बाधा को निश्चित रूप से दूर किया जा सकता है। बिजली विभाग से आपूर्ति के बारे में हर सप्ताह फीड-वार रिपोर्ट ली जानी चाहिए और परगना मजिस्ट्रेट द्वारा दी गई रिपोर्टों से उसका मिलान कर लेना चाहिए। जल जानेवाले ट्रांसफार्मरों की ओर फौरन ध्यान देना चाहिए और एक-एक करके उन्हें बदलने का काम भी जल्दी ही करना चाहिए। सतर्कतापूर्वक नियोजित और उचित निर्देशों के साथ लगाई गई पारियों से भी काफी सहायता मिल सकती है।

पीने का पानी भी एक महत्त्वपूर्ण मुद्दा है। ज्यादातर ग्रामीण इलाकों में पानी का माध्यम हैंडपम्प होते हैं। जब ये खराब हो जाते हैं तो इनकी मरम्मत में जरूरत से ज्यादा समय लगता है जिससे कई तरह की परेशानियाँ खड़ी होती हैं। दरअसल एक बार हैंडपम्प लगा देने के बाद जल निगम तब तक उनकी सुध लेने नहीं आता जब तक कि शिकायत न की जाए। आप इसकी शिकायत पोस्टकार्ड पर लिखकर भेज सकते हैं या वरिष्ठ अधिकारी को इस बाबत आवेदन कर सकते हैं या तहसील व ब्लॉक मुख्यालयों में रजिस्टर रखे होते हैं, जिनमें शिकायत दर्ज की जा सकती है। इसके बावजूद पर्याप्त संख्या में मैकेनिक न होने के कारण जल निगम द्वारा मरम्मत का काम धीमी गति से चलता है और इस पर हो-हल्ला मचाया जाता है। सूखे की हालत में जल स्तर में लगातार गिरावट के कारण हैंडपम्प बेकार हो जाते हैं और पानी की समस्या अधिक गम्भीर हो जाती है।

मरम्मत कार्यों की कठोर निगरानी इस प्रक्रिया को तेज करने का एकमात्र उपाय है लेकिन रवैये में बदलाव भी जरूरी है। हैंडपम्प की मरम्मत के काम में गाँव के लोगों को प्रशिक्षित किया जा सकता है। आदर्श रूप में तो लगभग हर दूसरे गाँव में एक प्रशिक्षित हैंडपम्प मैकेनिक होना चाहिए। प्रधान को उसे बुलवाकर

हैंडपम्प ठीक करवाना चाहिए और विभिन्न योजनाओं के तहत आवंटित फंड में से मैकेनिक को मेहनताना देना चाहिए। मैंने एक जिले में यही तरीका अपनाया और इसके परिणाम सुखद रहे।

सरकार हर साल नए हैंडपम्प लगाने की मंजूरी देती है लेकिन आम तौर पर गर्मी शुरू होने के बाद इसके लिए फंड पहुँचता है और हैंडपम्प लगते-लगते बरसात शुरू हो जाती है। सूखे के समय जब जनता सहायता की फरियाद करती है तो सरकार नए हैंडपम्प लगाने की मंजूरी देती है। लेकिन इसके बाद जगह को लेकर विवाद शुरू होता है। इस मुद्दे का फिर राजनीतिकरण होना शुरू होता है। जनप्रतिनिधि व अन्य अपनी-अपनी सूचियाँ बनाकर पेश करते हैं। विधायकों और सांसदों द्वारा दी गई सूचियों का सम्मान करना चाहिए लेकिन जहाँ तक प्राथमिकता देने की बात है, वह वास्तविक जरूरत पर आधारित होनी चाहिए। मैंने पाया कि इस महत्त्वपूर्ण काम की जिम्मेदारी एसडीएम को ही दी जाए। जहाँ तक सम्भव हो, उसे विधायकों/सांसदों को सन्तुष्ट करना चाहिए। हैंडपम्प लगाने के लिए सिर्फ गाँव का चयन करना ही काफी नहीं होता है बल्कि उस जगह का भी निर्धारण करना पड़ता है, जहाँ हैंडपम्प लगाया जाना है। अन्यथा प्रधान या असरदार लोग अपने घर के सामने हैंडपम्प लगवा लेते हैं।

काम जल्दी पूरा हो और इसका स्तर अच्छा हो, इसके लिए जरूरी है कि हैंडपम्प लगाने के काम की सावधानीपूर्वक निगरानी की जाए। सूखे के समय जल्दी-जल्दी काम करने पर अधिक जोर दिया जाता है और नतीजतन काम का स्तर गिरने की सम्भावना होती है। अधिकारियों के दल को जाँच के लिए निर्माण स्थल पर भेजकर इस काम की गुणवत्ता सुनिश्चित की जा सकती है।

इसके अतिरिक्त कई गाँवों की जरूरतों को पूरा करने के लिए पाइप के जरिए जलापूर्ति योजनाएँ भी हैं लेकिन आम तौर पर इनके रख-रखाव का स्तर बहुत निम्न है।

सूखे के समय बार-बार मोटर जलने और जल स्तर घटने के कारण पानी की उपलब्धता कम होने की शिकायतें आती हैं। इस पर लगातार निगरानी रखनी चाहिए और पर्याप्त मात्रा में अतिरिक्त पुर्जे खरीदकर रखना चाहिए। चूँकि सूखे के समय बिजली-आपूर्ति भी अनियमित हो जाती है, इसलिए जेनरेटर लगाना जरूरी हो जाता है। जेनरेटर तो किराए पर लिए जा सकते हैं, लेकिन इन्हें चलाने के लिए धन मुहैया करवाना पड़ता है।

सूखे के समय सदैव महामारी फैलने का भी खतरा होता है। निर्जलीकरण के मामले बढ़ जाते हैं। इस पर सबसे अधिक ध्यान देने की जरूरत होती है क्योंकि एक भी मौत मुद्दा बन जाती है और इससे जिला प्रशासन की बदनामी होती है। इन स्थितियों पर नियंत्रण रखने के लिए प्राथमिक स्वास्थ्य केन्द्रों पर दवाओं की पर्याप्त आपूर्ति बनाए रखने, स्वास्थ्यकर्मियों के लगातार दौरे, जल-स्रोतों की

सफाई व जाँच, टीकाकरण का सहारा लिया जा सकता है। मुख्य बात यह है कि गाँव में बीमारी या महामारी का पहला लक्षण दिखते ही फौरन इसकी सूचना अधिकारियों को पहुँचाई जानी चाहिए। लेखपाल के अलावा दूसरा कोई इस काम को बेहतर ढंग से अंजाम नहीं दे सकता है और इस दौरान गाँव-गाँव घूमना उसी की जिम्मेदारी है।

इन परिस्थितियों में पशुओं में भी बीमारी फैलती है और उनके लिए चारे की किल्लत हो जाती है। वाजिब कीमत पर किसानों को पर्याप्त मात्रा में चारा मुहैया कराया जाना चाहिए। पशुओं को टीका भी लगाया जाना चाहिए। पशु चिकित्सकों व अस्पतालों को सतर्क कर देना चाहिए और गाँव का नियमित दौरा करते रहना चाहिए।

अगर स्थिति अधिक खराब हो जाती है तो रोजगार मुहैया कराने के लिए काम शुरू करवाए जा सकते हैं। इसके लिए सामान्यतया जिला योजना व जिले की अन्य स्कीमों के तहत फंड उपलब्ध होता है। तत्काल इन फंडों का इस्तेमाल करना चाहिए और जरूरत के अनुसार अधिक फंड की माँग की जानी चाहिए। काम का चुनाव इस ढंग से करना चाहिए ताकि अधिकांश प्रभावित इलाकों को इसका लाभ मिल सके। रोजगार देने के मामले में गरीबों व भूमिहीनों को प्राथमिकता देनी चाहिए। इस मामले में काफी एहतियात रखने की जरूरत होती है, अन्यथा बेईमान ठेकेदार गरीबों को इसके लाभ से वंचित कर देगा।

लेकिन सिर्फ मजदूरी देना ही पर्याप्त नहीं होता है। नियंत्रित दर पर खाद्यान्न भी मुहैया कराया जाना चाहिए। इन स्थितियों में सार्वजनिक वितरण प्रणाली पर भारी दबाव होता है। अगर जरूरी हो तो उचित दर की अस्थायी दुकानें भी खोली जानी चाहिए और इन सभी दुकानों में खाद्यान्न का पर्याप्त भंडार होना चाहिए। इसका फायदा गरीबों तक पहुँचे, इसके लिए जरूरी है कि खाद्यान्न वितरण पर कड़ी निगरानी रखी जानी चाहिए। गोदामों से खाद्यान्न उठाने, इसके वितरण और सार्वजनिक वितरण प्रणाली पर लगातार चौकसी की जानी चाहिए। सूखा प्रभावित जिलों के लिए सरकार खाद्यान्न के आवंटन में वृद्धि करती है, लिहाजा जरूरत पड़ने पर अतिरिक्त खाद्यान्न की माँग की जा सकती है।

सूखे की परिस्थितियों का प्रबन्ध करने के लिए दो बातें महत्त्वपूर्ण होती हैं—सूचना का लगातार प्रवाह और समन्वित कार्रवाई। तहसील स्तर पर एसडीएम की अध्यक्षता में साप्ताहिक बैठकों का आयोजन इसका असरदार तरीका है। इन बैठकों में सभी विभागों के अधिकारी उपस्थित होते हैं। इन बैठकों में लेखपाल हर गाँव से सभी प्रासंगिक सूचनाएँ, मसलन खराब पड़े हैंडपम्पों की संख्या, विद्युत आपूर्ति और बीमारियों के फैलाव आदि की सूचनाएँ लाकर देते हैं। इन सूचनाओं पर विचार-विमर्श के बाद प्रतिकारी उपायों की योजना बनाई जा सकती है। अगले

हफ्ते इन उपायों के अमल और नई सूचनाओं के आधार पर प्रतिकारी उपायों पर विचार-विमर्श हो। इन बैठकों के लिए हफ्ते में एक दिन तय रहे। इस तयशुदा दिन के दो दिन बाद जिलाधिकारी एक साप्ताहिक बैठक करें जिसमें एसडीएम व सभी विभागों के जिला स्तर के अधिकारी सभी पहलुओं की समीक्षा करें। इस तरीके में सूखे की स्थिति की देख-रेख तहसील व जिला स्तर के कार्यदलों द्वारा की गई और चारों ओर से सूचनाओं का सतत प्रवाह बना रहता है।

बहरहाल, आजकल भयानक सूखे का प्रभावी ढंग से सामना किया जा सकता है। यह सही है कि सिंचाई सुविधाओं की उपलब्धता के बावजूद अगर कम बारिश होती है तो जल स्तर गिर जाता है, ट्यूबवेल खराब हो जाते हैं और नहरें सूख जाती हैं। इसके बावजूद वैकल्पिक फसल-ढाँचा अपनाया जाए तो संकट टाले जा सकते हैं। सूखे में तोरिया की फसल ली जा सकती है, यह पानी की कमी झेल सकती है। प्रशासन की जिम्मेदारी है कि वह रियायती दरों पर इस तरह की फसलों के बीज मुहैया करवाए। सबसे ज्यादा महत्त्वपूर्ण बात यह कि प्रशासन लगातार किसानों को वैकल्पिक फसलों के बारे में सूचनाएँ दे और उन्हें शिक्षित करे।

जब मैं उत्तर प्रदेश का प्रमुख सचिव था तो बुंदेलखंड में निरन्तर तीन साल तक भयानक सूखा पड़ा और तीसरे वर्ष गरीब लोगों का जीवन बहुत कठिन हो गया। मैंने कलेक्टरों के साथ लंबी मीटिंग की और सूखे से निपटने के लिए उनके द्वारा अनेक उपाय किए गए। ग्रामीण रोजगार गारंटी स्कीम के अन्तर्गत मनरेगा के कार्ड प्राथमिकता के आधार पर तैयार किए गए और जो कोई भी काम चाहता था उसे गाँव में ही रोजगार उपलब्ध कराया गया। हर गाँव में प्रतिदिन 12 घंटे बिजली आपूर्ति की गारंटी की गई और जहाँ सम्भव था सिंचाई के जल की व्यवस्था की गई। बुंदेलखंड में पेयजल और सिंचाई के जल की आपूर्ति के लिए तालाबों की व्यवस्था है। इन तालाबों में नीचे गाद (सिल्ट) जमा हो गई थी। मैंने कलेक्टरों को मनरेगा फंड का प्रयोग कर सभी तालाबों से गाद निकलवाने को कहा ताकि जब वर्षा हो तो तालाब जल से भर जाए और लोगों को जलापूर्ति हो। खाद्यान्न, आटा, तेल, नमक, घी और शक्कर जैसी खाने की आवश्यक चीजों को पैक कर कलेक्टर ने सूखा प्रभावित परिवारों के घरों तक पहुँचाया। सरकारी सस्ते गल्ले की दुकानों से लोगों को सस्ता अनाज उपलब्ध कराया गया। सरकारी गाइडलाइन के अनुसार तत्काल नगद आर्थिक सहायता भी प्रदान की। इस मौके पर कलेक्टरों ने प्राथमिकता के साथ इन राहत कार्यों को पूरा किया और हम लोगों ने सूखा प्रभावित लोगों को बड़े पैमाने पर मुसीबतों से बचाने में सफलता प्राप्त की।

आग और ओलावृष्टि

जिले में हर साल आग और ओलावृष्टि की सम्भावना रहती है। किसी इलाके

में ओलावृष्टि होते ही राहत देने और राजस्व वसूली स्थगित करने के लिए हो-हल्ला मचाया जाता है। जरूरी नहीं कि यह माँग वाजिब ही हो क्योंकि कई बार बहुत कम नुकसान होता है। इन मामलों में जिलाधिकारी को दृढ़ता दिखानी चाहिए और नुकसान का जायजा लेने के लिए विस्तार से जाँच करवानी चाहिए। निचले स्तर के कर्मियों की रिपोर्टों को वरिष्ठ अधिकारियों से सत्यापित करवाना चाहिए। अगर सचमुच में भारी क्षति पहुँची हो तो फौरन राहत मुहैया कराई जानी चाहिए।

कटाई के बाद जब फसलों को गाँव के खलिहानों में एकत्र कर रखा जाता तो आग लगने की घटनाएँ होती हैं। आग जान-बूझकर भी लगाई जा सकती है और संयोग से भी लग सकती है। आग की सूचना मिलते ही घटनास्थल पर तुरन्त दमकलों को रवाना कर देना चाहिए। इसके बाद नुकसान का आकलन कर राहत मुहैया कराई जानी चाहिए। राहत पहुँचाना सरकार की जिम्मेदारी होती है लेकिन जिलाधिकारी को इस बात की गारंटी कर लेनी चाहिए कि राहत वाजिब लोगों तक पहुँच रही है और सरकारी धन बरबाद नहीं हो रहा है।

विपत्ति और दुर्घटनाएँ

उपरोक्त परिस्थितियों के अलावा जिलाधिकारी को गम्भीर दुर्घटनाओं व विपत्तियों का भी मुकाबला करना पड़ता है। शहरों में भयानक अग्निकांड हो जाते हैं। जिलाधिकारी को वायरलेस पर इन स्थितियों की निगरानी करनी पड़ती है। अग्निशमन दलों को रवाना करना होता है। पुलिस बलों को भेजना होता है। अगर आग काबू में नहीं आती है तो जिलाधिकारी को सेना व रेलवे आदि से सम्पर्क कायम करना पड़ता है ताकि उनके अग्निशमन दलों को भेजकर स्थिति पर काबू पाया जा सके।

इसके अलावा जिलाधिकारी को रेल व सड़क दुर्घटनाओं का भी सामना करना होता है। इन मामलों में भी जिलाधिकारी को घटनास्थल पर जाकर नुकसान का जायजा लेना पड़ता है। घायलों को चिकित्सा-सुविधा मुहैया करानी होती है और सम्बन्धित गतिविधियों में समन्वय कायम करना पड़ता है। इन सभी मामलों में जिलाधिकारी को आगे बढ़कर नेतृत्व प्रदान करना पड़ता है। उसे घटनास्थल पर पहुँचकर अपनी सूझ-बूझ का इस्तेमाल करना पड़ता है।

उसे इस तरह की घटनाओं की पुनरावृत्ति रोकने के उपाय भी करने पड़ते हैं। मुझे याद आता है, एक जिले में आतंकवादियों द्वारा बम विस्फोट का खतरा था। एक दिन एक बस में बम विस्फोट की घटना में कुछ लोग मारे गए। भविष्य में इस तरह की घटनाएँ न हों, इसके लिए जिलाधिकारी को लोगों को चेतावनी देने और जाँच करने की योजना बनानी पड़ी। हमारी सतर्कता और प्रयासों का फल मिला।

एक चौकस पुलिसवाले ने एक बम रेलवे स्टेशन पर और एक टेलीफोन एक्सचेंज के पास बरामद किया। इस तरह से उचित नियोजन और सतर्कता के जरिए बड़ी विपत्तियों को टाला जा सकता है।

एक जिले में, जहाँ मैं जिलाधिकारी था, पानी में कीटनाशक मिल जाने के कारण लगभग दर्जन-भर लोग मारे गए। पानी की टंकी में कीटनाशक घुल जाने के कारण यह दुर्घटना हुई। लेकिन यह नहीं पता चल पाया कि आखिरकार पानी की टंकी में कीटनाशक पहुँचा कैसे। एक सम्भावना थी कि यह कीटनाशक देखने में ब्लिचिंग पाउडर की तरह लगता था और जल निगम के कर्मचारी ने भूलवश इसे टंकी में डाल दिया। बहरहाल, उस दिन दोपहार में एक खास इलाके के लोगों ने तबीयत खराब होने की शिकायत करनी शुरू कर दी। इन लोगों ने उबकाई व चक्कर आने की शिकायत की और देखते-ही-देखते ढेर हो गए। पास में ही मेडिकल कॉलेज था, घंटे-भर में ही मेडिकल कॉलेज के आपातकालीन वार्ड में इसी तरह के लक्षणों के साथ भारी संख्या में लोग पहुँचने लगे। यह खबर जंगल की आग की तरह फैल गई कि एक इलाके के लोग किसी रहस्यमय बीमारी की गिरफ्त में आ गए हैं। जिलाधिकारी के नाते मैं अपने अधिकारियों के दल के साथ फौरन घटनास्थल की ओर रवाना हुआ और मेडिकल कॉलेज के प्रिंसिपल और जिले के मुख्य चिकित्सा अधिकारी को फोन कर तत्काल अपने-अपने दलों के साथ वहाँ आने को कहा।

अस्पताल का दृश्य सचमुच में हृदयविदारक था। मैं रोगियों को आते देख रहा था, उनमें से कुछ अस्पताल में प्रवेश करने से पहले ही ढेर हो जा रहे थे। डॉक्टरों ने बताया कि ये मामले विषाक्तता के हैं। भारी संख्या में आ रहे रोगियों को देखकर उन्होंने अनुमान लगाया कि सम्भव है कि यह विषाक्तता पानी के जरिए फैली हो। हमें तेजी से कार्रवाई करनी थी। हम लोगों ने पूरे शहर की जल आपूर्ति काट दी। इसके बाद ऑटो-रिक्शा पर लाउडस्पीकर बाँधकर पूरे इलाके में यह चेतावनी प्रसारित करवा दी कि सुबह से जमा किए गए पानी को न पिएँ और इसे फेंक दें। वॉलंटियरों के जरिए घर-घर यह सन्देश पहुँचाया गया।

अस्पताल में इतनी संख्या में मरीज पहुँचे कि बिस्तरों की कमी पड़ गई। रोगी यूँ ही फर्श पर पड़े थे। रोगियों के सम्बन्धी घबराए हुए थे। जब डॉक्टरों ने उन्हें बताया कि इस विषाक्तता से लड़ने के लिए जो दवा चाहिए, वह इस अस्पताल में उपलब्ध नहीं है तो वे क्रोध से उबल पड़े। भीड़ ने चीखना-चिल्लाना शुरू कर दिया। वे जबर्दस्ती अस्पताल के कमरों में घुस गए और धमकी दी कि अगर रोगियों की कायदे से देखभाल न की गई तो वे डॉक्टरों को मार डालेंगे। कुछ छुटभैया नेताओं ने मौके का फायदा उठाते हुए डॉक्टरों पर भ्रष्टाचार के आरोप लगाने शुरू कर दिए और खून की माँग की। अचानक चीखने की आवाज आई। लोगों ने कुछ

डॉक्टरों को पकड़कर मारपीट शुरू कर दी थी। कुछ लोग चिल्ला-चिल्लाकर कह रहे थे कि डॉक्टरों के घरों को आग लगा दी जाए।

भीड़ को शान्त करने के लिए मुझे खुद आगे आना पड़ा। उत्तेजित भीड़ शान्त होने का नाम ही नहीं ले रही थी। उनमें में कुछेक ने मुझे भी धकिया दिया। पुलिस को उन पर लाठी चलानी पड़ी। मैंने अपनी आवाज ऊँची कर उन लोगों से बात करने की कोशिश की। धीरे-धीरे वे लोग शान्त हो गए और चिल्लाए, 'जिलाधिकारी साब हमारे बच्चों को बचा लीजिए।' मैंने उनसे कहा कि मैं ऐसा ही करूँगा लेकिन इस काम में उन्हें भी मदद करनी होगी।

भीड़ को शान्त करने के बाद हम लोगों ने रोगियों को नर्सिंग होम व अन्य अस्पतालों में स्थानांतरित करना शुरू किया ताकि हर रोगी को बिस्तर मिल सके। निजी डॉक्टरों को भी मदद के लिए बुला लिया गया। अब हर दो-तीन रोगी की देखभाल के लिए एक डॉक्टर उपलब्ध था। बाजार से दवाएँ खरीदकर मुफ्त में दी गईं। कमी पड़ने पर पास के जिले से दवाएँ मँगाई गईं। यहाँ तक कि दिल्ली, जो घटनास्थल से कुछेक घंटों की दूरी पर था, से भी दवाएँ खरीदी गईं। शाम तक स्थिति नियंत्रण में आ गई। कोई नया रोगी नहीं आया। सभी रोगियों की देखभाल की गई और शुरू में हुई मौतों के बाद फिर किसी के मरने की सूचना नहीं आई।

बाद में इस दुर्घटना के कारणों का विश्लेषण किया गया। रासायनिक परीक्षण के बाद शहर के बाकी हिस्सों में जल आपूर्ति बहाल कर दी गई। जिस टंकी का पानी पीने से विषाक्तता फैली थी, उसके पानी की जाँच-रिपोर्ट में कीटनाशक होने की पुष्टि हुई। इस टंकी को खाली कर, अच्छी तरह सफाई की गई। एक उच्च-स्तरीय जाँच का आदेश दिया गया और जल निगम के वरिष्ठ अधिकारियों को निलम्बित कर दिया गया।

इससे पता चलता है कि किस-किस तरह की विपदा/आपदा का सामना करना पड़ सकता है। यहाँ जिलाधिकारी को नेतृत्व प्रदान करना होता है। अपने आस-पास उपलब्ध सभी संसाधनों को जुटाकर उसे सक्रिय होना पड़ता है। यह समय नियमों व प्रक्रियाओं में उलझने का नहीं होता है। जिलाधिकारी को ठंडे दिमाग से अपनी सुध-बुध कायम रखते हुए सभी गतिविधियों की खुद देख-रेख करनी पड़ती है, क्योंकि आपदाओं और विपत्तियों को सँभालना जिलाधिकारी की मुख्य जिम्मेदारियों में से एक है।

महामारी से निपटने के उपाय

आज जब मैं इस पुस्तक के संशोधित व संवर्धित संस्करण की तैयारी कर रहा हूँ तब देश कोविड-19 की महामारी से प्रभावित है। महामारी से निपटने के ऐक्ट

के साथ ही जिला मजिस्ट्रेट को सम्पूर्ण अधिकार प्राप्त हैं। लॉकडाउन लगाने, आवागमन पर रोक के साथ प्रतिबंधित क्षेत्र घोषित करने, सामाजिक दूरी बनाए रखने, बगैर अनुमति किसी भी समारोह में एकत्र न होने और कानून व्यवस्था को बनाए रखने की समस्त जिम्मेदारी जिलाधिकारी की है। लॉकडाउन के दौरान नागरिकों को परेशानी न हो इसके लिए आवश्यक वस्तुओं की आपूर्ति निश्चित करना भी उनकी जिम्मेदारी है। कोविड-19 महामारी के दौरान बड़ी संख्या में लोगों को रोजगार से हाथ धोना पड़ा और इसलिए गरीब लोगों को रोजगार उपलब्ध कराने के लिए मनरेगा जैसी रोजगारपरक योजनाओं को कई गुना बढ़ाकर लागू करना पड़ा। इस बीमारी की जाँच के लिए बड़े पैमाने पर टेस्ट करवाए गए और उसके आधार पर मरीजों को खोजना, उनसे निरन्तर सम्पर्क रखना और उनके इलाज का कार्य युद्ध स्तर पर किया गया। अस्पतालों में कोविड-19 वार्ड घोषित किए गए और डॉक्टरों तथा स्वास्थ्यकर्मियों को नियमित ड्यूटी के लिए आवश्यक सुरक्षा किट उपलब्ध कराए गए। सभी आवश्यक दवाएँ उपलब्ध कराई गईं और प्रभावित मरीजों की निगरानी सुनिश्चित की गई। इस समय मृतकों की निगरानी करना आवश्यक था ताकि मृत्यु का कारण पता लगे और भविष्य में सुरक्षा के उपाय किए जा सकें। सरकार की गाइडलाइन के मुताबिक सभी लोगों को वैक्सीन लगाना कलेक्टर का एक दूसरा बड़ा लक्ष्य था। वैक्सीन को सही तापमान पर रखना और समुचित संख्या में वैक्सीन लगाने वाले स्थान पर पहुँचाना, साथ ही साथ प्रशिक्षित वैक्सीन लगाने वालों की उपस्थिति सुनिश्चित करना ताकि वैक्सीन लगाने में एक भी व्यक्ति को परेशानी का सामना न करना पड़े। कोविड-19 की महामारी हमारे जीवन में कलेक्टर की सर्वाधिक योग्यता क्षमता की परीक्षा लेने वाली घटना थी। यह ध्यान देने योग्य और खुशी की बात है कि बहुसंख्यक कलेक्टरों ने उच्च कोटि का कार्य करते हुए एक बार फिर यह प्रमाणित किया है कि एक संस्था के रूप में जिला मजिस्ट्रेट और कलेक्टर किसी भी परिस्थिति का मुकाबला करने के लिए हमेशा तैयार हैं। यह कलेक्टर का ही नेतृत्व था जिसके जरिए सम्पूर्ण महामारी के बीच प्रबन्धन के कठोर निर्णय लिए गए और निर्णायक रूप से लोगों को बचाया गया।

किसी भी आपातकाल की स्थिति में जनता और सरकार दोनों ही कलेक्टर की ओर देखते हैं। वे उनको परिस्थिति का हल निकालने योग्य समझते हैं और संस्था पर विश्वास करते हैं। मुझे याद है कि उत्तर प्रदेश में उत्तरकाशी में (जो अब उत्तराखंड में है) भारी भूकम्प आया था और वहाँ के कलेक्टर द्वारा एक उदाहरणीय तरीके से इसे हल किया गया था। प्रथम कलेक्टर इस भूकम्प की तबाही से भावनात्मक रूप से इतना प्रभावित हुए कि उनकी चेतना का सन्तुलन बिगड़ा और वे धीरज खो बैठे अतः उनका स्थानांतरण किया गया। दूसरे कलेक्टर ने अपने कुशल नेतृत्व

के जरिए परिस्थिति पर नियंत्रण कायम किया, राहत प्रदान की और पुनर्निर्माण के काम को आगे बढ़ाया। ऐसी परिस्थितियों में कलेक्टर बहुत दबाव और तनाव में होते हैं इसलिए उनमें शान्त और तनाव मुक्त रहने की योग्यता और गुण होना चाहिए ताकि वह अपने सामान्य ज्ञान और परिप्रेक्ष्य सम्बन्धी ज्ञान का भली प्रकार उपयोग कर सकें। ऐसी ही परिस्थिति का एक और उदाहरण गुजरात का भूकम्प था जहाँ कलेक्टर सहित अनेक अधिकारियों ने महत्त्वपूर्ण भूमिका निभाई और उन्हें बुद्धिमत्ता पूर्ण पुनर्निर्माण और पुनर्वास के लिए सम्मानित किया गया।

वीआईपी तथा वीवीआईपी दौरों की देख-रेख

जिलाधिकारी का काफी समय वीआईपी/वीवीआईपी दौरों की देख-रेख करने में गुजरता है। ये महत्त्वपूर्ण होते हैं क्योंकि इनमें बदइन्तजामी होने पर बदनामी जिला प्रशासन, और खासकर जिलाधिकारी की होती है। ये मुद्दे इतने संवेदनशील होते हैं कि मामूली सी गलती भी बड़ी परेशानी का सबब बन सकती है। इस मामले में जिलाधिकारी को लापरवाह होने की गलती नहीं करनी चाहिए। इसे रूटीन मामला मानकर नहीं चलना चाहिए। जिलाधिकारी को चाहिए कि वह खुद सारी व्यवस्था की समीक्षा करे और मौके पर जाकर जाँच करे।

एक युवा परिवीक्षार्थी के रूप में मुझे एक वरिष्ठ व अनुभवी एडीएम को यह काम करते देखने का मौका मिला। मुख्यमंत्री अपने मंत्रिमंडल के साथ आ रहे थे। उन्हें हवाई अड्डे पर आधे घंटे के लिए रुकना था और फिर आगे की यात्रा करनी थी। मेरे जिलाधिकारी ने मुझे बुलाया और वीआईपी ड्यूटी का प्रशिक्षण लेने के लिए एडीएम के साथ जाने को कहा। मैंने देखा कि वह एडीएम खुद चारों तरफ घूम-घूमकर हर चीज—सफाई, प्रसाधन, सोफा, एयर कंडीशनर और व्यापक सुरक्षा व्यवस्था की जाँच कर रहे हैं। मैंने देखा कि उन्होंने चाय के लिए उबला पानी, शीतल पेय, फलों का रस और यहाँ तक कि दही तक का इन्तजाम कर रखा है। मैंने उनसे इतने विकल्पों के इन्तजाम का कारण जानना चाहा। इस पर वे मुसकराए और बताया कि वीआईपी ड्यूटी का मर्म 'तरकारी' में छिपा हुआ है न कि सरकारी ड्यूटी में।

मैं समझता हूँ कि वीआईपी यात्राओं की व्यवस्था करते समय इस तरह की अक्लमन्दी की बातों को ध्यान में रखना चाहिए। तरकारी से उनका इशारा सिर्फ खाने की व्यवस्था की ओर ही नहीं था बल्कि पूरे इन्तजामात की ओर था। आपका आधिकारिक निष्पादन चाहे जितना बढ़िया हो, अगर वीआईपी किसी इन्तजाम से परेशान हो जाए तो उसके मन में आपकी बहुत खराब छवि बनेगी। वीआईपी ड्यूटी का सार यही है कि आप खुद हर छोटी-बड़ी चीज का ध्यान रखें। मैं जिस घटना की चर्चा कर रहा हूँ, उसमें जब वीआईपी लोग विमान से उतरे तो उन्हें चाय या शीतल पेय या फलों का रस पेश किया गया। लेकिन उन लोगों ने मट्ठा पीने की

इच्छा जाहिर की। एडीएम को इसका अनुमान था और मिनटों में उन लोगों की टेबल पर मट्ठा हाजिर था।

एक वीआईपी, जो चाय के शौकीन थे, की यात्रा का इन्तजाम करने के दौरान मुझे यह बात समझ में आई। जैसे ही वे मीटिंग के लिए बैठे, उन्हें चाय पेश की गई। उन्होंने चाय की एक चुस्की ली और कप को परे हटा दिया क्योंकि चाय ठंडी थी। यह देखते ही घबराहट फैल गई। बहरहाल, उस वीआईपी के सामने दोबारा चाय पेश की गई। उस बार पानी को ठीक ढंग से उबाला नहीं गया था। जब तीसरी बार चाय आई तो पता चला कि वह भी ठंडी है। वीआईपी महोदय ने इस बार चाय की क्वालिटी पर भी टिप्पणी की। लेकिन वे भले व्यक्ति थे, उन्होंने चाय पीने से मना कर दिया और अपने लिए एक गिलास पानी मँगवाया। जब वे वीआईपी चले गए तो मेरे बॉस ने मेरी अच्छी खिंचाई की। मैं अपने बॉस की स्थिति को समझ सकता था। मैंने उन्हें समझाना चाहा कि मेरे लिए हर चीज का ध्यान रखना सम्भव नहीं हो पाया। लेकिन मेरे बॉस के अपने तर्क थे। उनका कहना था कि जब आपको मालूम था कि वे (वीआईपी) चाय के शौकीन हैं तो इसके लिए बेहतर इन्तजाम किया जा सकता था। उन्होंने इस बात पर भी जोर दिया कि किसी काम को अच्छे ढंग से करने का मतलब यह होता है कि आप छोटे-से-छोटे मामलों में भी श्रेष्ठ प्रदर्शन करने की कोशिश करें।

बहरहाल, वीआईपी यात्राओं में सिर्फ भोजन की आदतों व आराम का ही खयाल नहीं रखना पड़ता है बल्कि इसके लिए काफी इन्तजाम भी करने पड़ते हैं। वीआईपी के आने से पहले ही विस्तृत योजना बना ली जानी चाहिए और इस बाबत जिलाधिकारी को दो-चार समीक्षा बैठकें भी करनी चाहिए।

जब किसी वीआईपी को यात्रा करनी होती है तो वे सबसे पहले मिनट-दर-मिनट कार्यक्रम का ब्यौरा माँगते हैं। आयोजकों के साथ मिलकर पूरी एहतियात से कार्यक्रम बनाना चाहिए और कार्यक्रमों में समय का कड़ाई से पालन करना चाहिए।

अगर वीआईपी हेलीकॉप्टर से आ रहे हों तो स्थान का चुनाव सावधानीपूर्वक करना चाहिए। डीएम और एसपी को खुद उस स्थान का निरीक्षण करना चाहिए। हेलीपैड का निर्माण नियमों के अनुसार होना चाहिए और उसी के अनुसार मोर्चाबन्दी व सुरक्षा व्यवस्था भी होनी चाहिए। कारों का बेड़ा निर्देशों के अनुरूप होना चाहिए और वीआईपी के आने से एक दिन पहले इसका अभ्यास भी किया जाना चाहिए।

मुख्यमंत्री व प्रधानमंत्री के दौरे

मुख्यमंत्री और प्रधानमंत्री के दौरों में सबसे पहली समस्या यह खड़ी होती है कि हवाई अड्डे/हेलीपैड पर कितने लोगों को जाने की अनुमति दी जाए। राजनीतिक दल के लोग भारी संख्या में वहाँ जाना चाहते हैं लेकिन सुरक्षा कारणों से बहुत

अधिक लोगों को अन्दर जाने की अनुमति नहीं दी जा सकती। अनुमति न दी जाए तो पार्टी के लोग नाराज भी होते हैं। सबसे अच्छा तरीका यही है कि पार्टी अध्यक्ष से बातचीत कर हवाई अड्डे/हेलीपैड पर जानेवाले लोगों व वाहनों की सूची बना ली जाए। इन लोगों को पास जारी कर देना चाहिए। लेकिन ये पास प्रतिष्ठा का प्रश्न बन जाते हैं और हर कोई इन्हें हासिल करना चाहता है। कुछ लोग ऐसे होते हैं जिन्हें पास देने से मना नहीं किया जा सकता है। लिहाजा अन्तिम क्षणों के लिए 10 फीसदी पास बचाकर रखने चाहिए।

राजनीतिक दलों के लोग अपने नेता का स्वागत करने के लिए मालाएँ लेकर आते हैं। इनकी अच्छी तरह जाँच होनी चाहिए। इसके बाद इन लोगों को एक कतार में खड़ा कर देना चाहिए। इस बात का ध्यान रखना चाहिए कि ये लोग हवाई जहाज की ओर न दौड़ पड़ें। एक बार वीआईपी के बाहर आते ही इन लोगों को उनसे परे रखना मुश्किल होता है। ये लोग वीआईपी को घेर लेते हैं। नारे लगाते हैं और माला पहनाते हैं। लिहाजा वीआईपी के चारों ओर सुरक्षा घेरा बना देना चाहिए ताकि कोई वीआईपी को धकिया न दे या उन्हें चोट न लगे। सबसे अच्छी रणनीति तो यही होती है कि उनकी कार को पास में ही पार्क किया जाए ताकि वीआईपी को जल्दी से कार में बैठाकर रवाना कर दिया जाए।

आम तौर पर वीआईपी के साथ कार में बैठने को लेकर विवाद खड़ा होता है। राजनीतिज्ञों में अपने-आपको वीआईपी के करीब दिखाने की होड़ रहती है। ये लोग कार का दरवाजा खोलने के लिए धक्का-मुक्की करते हैं। मैं कई ऐसी घटनाओं का गवाह रहा हूँ जहाँ हाथापाई तक की नौबत आ गई। ऐसे क्षणों में पुलिस हस्तक्षेप से समस्याएँ खड़ी होती हैं क्योंकि इस कार्रवाई में किसी को चोट लग सकती है। कुछ लोग पुलिस कार्रवाई को पक्षपात का नाम दे सकते हैं। यह एक नाजुक मसला है लेकिन अधिकतर वीआईपी आयुक्त या जिलाधिकारी को अपने साथ कार में बैठाकर इस समस्या का खुद ही समाधान कर देते हैं।

प्रत्येक राजनीतिक दल में अहम् का टकराव होता है और व्यक्तिगत मतभेद होते हैं। इसके फलस्वरूप प्राय: अप्रिय स्थितियाँ पैदा होती हैं। एक बार की बात है, वीआईपी दौरे में पार्टी अध्यक्ष के साथ विचार-विमर्श के बाद हवाई अड्डे के अन्दर जानेवालों की सूची बनाई गई। लेकिन कुछ लोग, जो उस वीआईपी के विरोधी थे, उनका नाम इस सूची से बाहर रखा गया। जैसे ही मुख्यमंत्री का काफिला हवाई अड्डे से बाहर आया तो उनके सामने मुख्य सड़क पर काफी संख्या में पार्टी के लोग बैठकर प्रशासन-विरोधी नारे लगा रहे थे। पुलिस इनको तितर-बितर करने के लिए दौड़ी, लेकिन ये टस से मस नहीं हुए। इस स्थिति में लाठीचार्ज ही एकमात्र उपाय बचा था लेकिन मुश्किल थी कि ये प्रदर्शनकारी सत्ताधारी दल के थे। बहरहाल, मुख्यमंत्री ने बड़ी चतुराई से इस समस्या को हल कर दिया। वे अपनी

कार से उतरकर प्रदर्शनकारियों से मिले और सर्किट हाउस में उनकी समस्याओं को सुनने पर सहमति जताई। उन्होंने उचित कार्रवाई करने का भी आश्वासन दिया और इस तरह से यह समस्या हल हुई।

वीआईपी दौरे का अगला पड़ाव होता है सर्किट हाउस। अधिकतर वीआईपी जनता से मिलना चाहते हैं। डीएम प्रतिनिधि-मंडलों की सूची इकट्ठा करता है लेकिन वीआईपी दौरों के समय यह सूची अन्तहीन होती है। इन लोगों को सर्किट हाउस में प्रवेश के लिए पास दिए जाते हैं। एक बार एक वीआईपी के दौरे में प्रतिनिधि-मंडल सर्किट हाउस के लॉन में इन्तजार कर रहे थे। जैसे ही वीआईपी का काफिला वहाँ पहुँचा, ये लोग उछल पड़े और पुलिसवालों को धकियाते हुए वीआईपी को घेर लिया और नारे लगाने लगे। काफी मुश्किलों के बाद वीआईपी को उनके कमरे तक पहुँचाया गया। बरामदे में खड़ी विशाल भीड़ ने मेटल डिटेक्टर और खिड़कियों के शीशे तोड़ डाले और चिल्ला-चिल्लाकर दरवाजों को पीटने लगे। इनको काबू में करने के लिए हलका लाठीचार्ज भी करना पड़ा जो बाद में अपने-आप में एक मुद्दा बन गया। जैसे ही किसी प्रतिनिधि-मंडल के लिए दरवाजा खोला जाएगा, कई अन्य लोग भी अन्दर जाने की कोशिश करेंगे। और, जब इन्हें रोका जाएगा तो ये अधीर होकर नारे लगाने लगेंगे।

इस स्थिति को सँभालने का बेहतर तरीका, जो मैंने बार-बार आजमाया है, यही है कि सर्किट हाउस के प्रांगण में एक शामियाना लगवा दिया जाए और लोगों के बैठने के लिए कुर्सियाँ रखवा दी जाएँ। वीआईपी के लिए एक मंच भी बनाया जाए। भारी मोर्चेबन्दी और पुलिस बलों की तैनाती की जाए ताकि लोग प्रांगण पार करके सर्किट हाउस तक न पहुँच पाएँ। जैसे ही वीआईपी सर्किट हाउस पहुँचे, इन लोगों के साथ मुलाकात को एजेंडे में सबसे ऊपर रखा जाए। वीआईपी मंच पर आकर प्रतिनिधि-मंडलों से ज्ञापन लें। कभी-कभी इन ज्ञापनों की संख्या हजारों में होती है। इसके बाद वीआईपी माइक पर लोगों को आश्वस्त करते हैं कि उनकी शिकायतों पर फौरन कार्रवाई होगी। इसके बाद वीआईपी सर्किट हाउस चले जाते हैं और प्रतिनिधि-मंडलों को प्रांगण से बाहर कर दिया जाता है। इस तरह से दबाव कम होता है।

इसके बाद कुछ चुनिंदा और महत्त्वपूर्ण प्रतिनिधि-मंडल अन्दर जाकर वीआईपी से मिल सकते हैं। यहाँ भी एक बात ध्यान में रखनी चाहिए। लोगों में एक कष्टप्रद आदत होती है कि अपनी बात कहने के बाद भी वे उठते नहीं हैं। वे जितना सम्भव हो उतना ज्यादा समय लेने की कोशिश करते हैं और विषयेतर बातों पर चर्चा करके समय ज़ाया करते हैं। इस समस्या का मुकाबला करने का एक तरीका तो यह है कि प्रतिनिधि-मंडलों से मिलने के लिए एक-दूसरे से जुड़े हुए दो-तीन कमरे अलग रखे जाएँ। एक कमरे (अ) में वीआईपी प्रतिनिधि मंडल से मिलें और दूसरे

(ब) व तीसरे (स) कमरे में अन्य प्रतिनिधि-मंडल इन्तजार करें। जैसे ही वे पहले वाले प्रतिनिधि-मंडल की बात सुन लेते हैं, दूसरे कमरे में चले जाते हैं। और यह प्रक्रिया चलती रहती है। इस बीच पहला कमरा खाली हो जाता है और उसमें नए प्रतिनिधि मंडल को बिठा दिया जाता है। इस तरह कम-से-कम समय में लोगों से मुलाकात का काम निपटाया जा सकता है।

रूट

रूट ड्यूटी व बेड़े का कायदे से प्रबन्धन किया जाना चाहिए। बेड़े में एक भी फालतू कार की अनुमति नहीं होनी चाहिए, भले ही वह व्यक्ति कितना ही प्रभावशाली क्यों न हो। बेड़े में कार रखने का एक क्रम भी होता है। इसका सख्ती से पालन करना चाहिए। दरअसल डीएम और एसपी को अपनी कार वीआईपी कार के ठीक पीछे रखनी चाहिए। आयुक्त व डीआईजी की कारें, जहाँ तक सम्भव हो, डीएम व एसपी की कारों के पीछे रहें। रूट ड्यूटी पर तैनात पुलिसवालों को चौकन्ना रहना चाहिए। कई बार ऐसा होता है कि वे वीआईपी के काफिले को देखने में मग्न हो जाते हैं। इसके बजाय उन्हें अपने आस-पास नजरें गड़ाए रहनी चाहिए। एक वीआईपी दौरे में कुछ लोग, जो इस दौरे का विरोध कर रहे थे, बगल से निकलकर सड़क की ओर दौड़ पड़े। वे वीआईपी कार के काफी करीब आ चुके थे। लेकिन तभी कार ने मोड़ लिया और एक दुर्घटना होते-होते टल गई। दरअसल वहाँ ड्यूटी पर तैनात पुलिसवाले सड़क की ओर देख रहे थे और उनके बगल से निकलकर सड़क की ओर भाग रहे लोगों की ओर उनका ध्यान ही नहीं था।

सार्वजनिक सभाएँ

वीआईपी दौरों में सार्वजनिक सभाओं के आयोजन का कार्यक्रम हो तो सुरक्षा के व्यापक इन्तजाम करने पड़ते हैं। इसमें सबसे पहले मंच की व्यवस्था देखनी पड़ती है। मंच नियमों के अनुसार बनाया जाना चाहिए और जिलाधिकारी को खुद इसकी मजबूती की जाँच करनी चाहिए।

यहाँ भी निर्धारित आकार से बड़ा मंच बनवाने का दबाव होता है क्योंकि मंच पर बैठनेवाले लोगों की सूची काफी लम्बी होती है। पार्टी अध्यक्ष के साथ बातचीत में इस मामले में कोई ढील नहीं बरतनी चाहिए और विधायकों को चाहिए कि वे मंच पर बैठनेवाले लोगों की संख्या व नाम बता दें। इसका सख्ती से पालन करना चाहिए और मंच की सीढ़ियों पर एक मजिस्ट्रेट व पुलिस अधिकारी की ड्यूटी लगा देनी चाहिए। मंच पर फालतू लोगों को बैठने की इजाजत नहीं दी जानी चाहिए।

मंच से न्यूनतम दूरी पर मोर्चेबन्दी के लिए विस्तृत निर्देश उपलब्ध हैं। किसी भी परिस्थिति में इन निर्देशों के साथ समझौता नहीं करना चाहिए। वहाँ पर मजिस्ट्रेट व

पुलिसवालों की ड्यूटी का व्यापक इन्तजाम होना चाहिए। पार्किंग, प्रकाश व सफाई व्यवस्था का भी ध्यान रखा जाना चाहिए। पथांतारण (रोड डाइवर्जन) का मामला संवेदनशील होता है। पथांतरण ऐसा होना चाहिए जिससे जनता को कम-से-कम असुविधा हो वरना वीआईपी और प्रशासन की बदनामी होती है।

ध्वनि-प्रसारण व्यवस्था की सम्पूर्ण जाँच की जानी चाहिए। एक सभा में कई मिनटों के लिए माइक बन्द हो गया। इसके लिए डीएम को जिम्मेदार ठहराया गया और वीवीआईपी ने इसके लिए उसकी जमकर खिंचाई कर डाली। एक अन्य सभा में कुछ देर के लिए बिजली गुल हो गई और उत्तर प्रदेश राज्य बिजली बोर्ड के इंजीनियर को इस बाबत जवाब देना पड़ा। इस तरह की छोटी चीजों की जाँच की जानी चाहिए।

कुछ जिलों में आपको राष्ट्राध्यक्षों के दौरों का इन्तजाम करने का मौका मिलता है। इसी तरह का एक जिला है आगरा। आए दिन यहाँ विदेशी उच्चाधिकारी आते रहते हैं। विदेश मंत्रालय के साथ सलाह-मशविरा कर इन दौरों के लिए प्रोटोकाल के अनुसार व्यापक इन्तजाम किया जाना चाहिए। आम तौर पर सभी इन्तजामात की जाँच करने के लिए अग्रिम दल आते हैं। डीएम को खुद वीवीआईपी को लेने, छोड़ने और कुछ मामलों में उसके साथ रहने की जिम्मेदारी निभानी पड़ती है। यहाँ पर भी छोटे-से-छोटे ब्यौरे की जाँच कर लेनी चाहिए। किसी भी चीज की अनदेखी नहीं करनी चाहिए।

वीआईपी/वीवीआईपी ड्यूटी पर तैनात मजिस्ट्रेटों व पुलिस अधिकारियों पर काफी दबाव होता है, लिहाजा डीएम वह एसपी को इस मामले में एक-दूसरे से कायदे से मंत्रणा कर लेनी चाहिए।

इस तरह के कई उदाहरण हैं जहाँ मजिस्ट्रेट व पुलिस अधिकारियों के बीच समन्वय की कमी के कारण समस्याएँ खड़ी हुईं। इन लोगों को हर चीज विस्तार से समझाई जानी चाहिए। इन लोगों को दिए गए निर्देश स्पष्ट और विशिष्ट होने चाहिए, न कि अस्पष्ट। बहरहाल, तमाम निर्देशों के बावजूद इन अधिकारियों को अपने विवेक का इस्तेमाल करना ही पड़ता है। हो सकता है कि कोई अप्रत्याशित वीआईपी आ जाए और अगर आप इसे अन्दर जाने से मना कर देंगे तो कयामत आ जाएगी। इसके साथ-ही-साथ अगर आप भेदभाव बरतेंगे तो कठिन परिस्थितियाँ पैदा होंगी। इस सम्बन्ध में मुझे एक घटना याद आती है। इस मामले में किसी भी कार को सर्किट हाउस के अन्दर जाने की अनुमति नहीं थी। सभी कारों को रोककर पार्किंग स्थल की ओर जाने को कहा गया। इतने में एक प्रभावशाली विधायक की कार आ पहुँची। उसे भी रोका गया लेकिन विधायक ने माहौल बनाया और मजिस्ट्रेट व पुलिस अधिकारी ने उसकी कार को अन्दर जाने दिया। इसके ठीक पीछे एक अखबार के सम्पादक की कार थी। उसे रोका गया। उस सम्पादक ने

विधायक की नजीर दी लेकिन ड्यूटी पर तैनात मजिस्ट्रेट ने उसकी एक न सुनी। इसके बाद एक अप्रिय स्थिति पैदा हो गई और मामले को शान्त करने के लिए डीएम और एसएसपी को हस्तक्षेप करना पड़ा। होना यह चाहिए था कि विधायक की कार को भी रोका जाता। अगर इस तरह का भेदभाव किया गया तो सम्पादक की कार को भी अन्दर जाने देना चाहिए था।

इसके अलावा कुछ ऐसे भी लोग होते हैं जो प्रशासन से खफा होते हैं क्योंकि वीआईपी/वीवीआईपी के लिए किए गए इन्तजामात में उन्हें पर्याप्त महत्त्व नहीं दिया जाता। यही नहीं, ड्यूटी पर तैनात अधिकारी और जनता के बीच तीखी नोंक-झोंक भी हो सकती है। डीएम और एसएसपी को अपने मातहतों द्वारा नेकनीयती से की गई कार्रवाइयों का समर्थन करना चाहिए। खासकर उन कार्रवाइयों के मामले में जो डीएम और एसएसपी के विशेष निर्देश पर की गई हों। इससे दल का हौसला बढ़ता है और काफी देर तक वीआईपी ड्यूटी में रहने के बावजूद वे शिकायत नहीं करते हैं।

अति विशिष्ट (वीआईपी) व्यक्तियों के आगमन पर मीडिया को हैंडल करना भी एक बड़ा विषय है। मीडिया के लोगों को रोका नहीं जा सकता और उन्हें हर जगह जाने की इजाजत भी नहीं दी जा सकती। कलेक्टर मीडिया के लोगों के साथ अपने निजी व्यवहार और जिला सूचना विभाग के अधिकारियों की सेवाओं का प्रयोग कर परिस्थिति को सँभाल सकता है। मीडियाकर्मियों को पास उपलब्ध कराना चाहिए ताकि पुलिस कांस्टेबल और निचले स्तर के अधिकारियों के साथ उनका कोई विवाद न हो और यह प्रशासन के लिए एक शर्मनाक स्थिति न बने।

ऐसी ही एक घटना आगरा जिले की है। मैं वहाँ जिला मजिस्ट्रेट था और राज्यपाल के शासन के दौरान राज्यपाल आगरा आए थे। मैं राज्यपाल के साथ कार में बैठकर एयरपोर्ट जा रहा था कि अचानक एक युवा राजनीतिक नेता गवर्नर के सुरक्षा घेरे को तोड़ते हुए कारकेड की तरफ दौड़ा और कार में घुसने के उद्देश्य से दरवाजा खोलने का प्रयास किया। पुलिस अधीक्षक ने उसे पकड़ा, खींचकर दूर ले गया और उसे एक थप्पड़ जड़ दिया। इस घटना से नेता बौखला उठा और उसने इसे एक राजनीतिक मुद्दा बनाया और उसके साथ उसकी पूरी पार्टी खड़ी हो गई। मुझे गवर्नर के प्रमुख सचिव के कार्यालय से जिला पुलिस अधीक्षक के खिलाफ रिपोर्ट देने का निर्देश आया ताकि उनको निलंबित किया जा सके। मैंने ऐसा करने से साफ इनकार कर दिया। पुलिस अधीक्षक ने अपना कर्तव्य पालन किया था और यह सुरक्षा का एक प्रमुख विषय था। पुलिस अधीक्षक को इस कार्य के लिए पुरस्कृत किया जाना चाहिए था और मैंने तदनुसार रिपोर्ट भेज दी। मुझे बताया गया कि महामहिम गवर्नर साहब मेरी रिपोर्ट से नाराज हैं लेकिन अब अधिकारी का निलंबन सम्भव नहीं था। गवर्नर साहब के प्रमुख सचिव ने फोन से मुझे बताया कि गवर्नर साहब कम से कम उस अधिकारी का स्थानांतरण चाहते हैं। मैंने अनमने

ढंग से सहमति व्यक्ति की और सम्बन्धित अधिकारी से उनकी पसन्द के बारे में पूछा। उन्होंने आगरा में ही किसी दूसरी पोस्ट पर नियुक्ति के लिए सहमति दी और तदनुसार राज्य सरकार ने उनका प्राविंशियल आर्म्ड पुलिस आगरा में स्थानांतरण कर दिया। मैं भी आश्वस्त था कि कुछ महीनों बाद उस अधिकारी को फिर कहीं जिले की तैनाती मिलेगी और वास्तव में ऐसा ही हुआ। यहाँ मैं इस बात पर जोर देना चाहता हूँ यदि किसी अधिकारी ने उचित कार्यवाही की है तो कलेक्टर को अवश्य ही उसकी सहायता करनी चाहिए। वीआईपी ड्यूटी में इस तरह के खतरे अक्सर ही सामने आते हैं और कलेक्टर को राजनीतिक पार्टियों को बड़ी सावधानी, दृढ़ता और कुशलता से डील करना चाहिए। उसे अड़ियल नहीं होना चाहिए और साथ ही साथ वीआईपी सुरक्षा में किसी भी प्रकार का समझौता नहीं करना चाहिए।

जिलाधिकारी को वरिष्ठ अधिकारियों, राजनीतिज्ञों और मंत्रियों के अलावा के दौरों को भी गम्भीरता से लेना चाहिए और शिष्टाचार तथा प्रोटोकाल को लागू करना चाहिए। उत्तर प्रदेश में रेवेन्यू बोर्ड के चेयरमैन जो कि अक्सर ही राज्य के वरिष्ठतम आईएएस अधिकारी होते हैं, उनके द्वारा निरीक्षण करने की एक प्रथा है। यह चेयरमैन अपने विलक्षण स्वभाव के लिए जाने जाते हैं। किसी चेयरमैन को टेनिस का खेल पसन्द होता है और कलेक्टर को चेयरमैन की विजय सुनिश्चित करते हुए उन्हें अच्छे खेल की सुविधा प्रदान करनी होती है। किसी दूसरे चेयरमैन की भोजन की विचित्र आदतें होती हैं और वह अपनी सुबह अनार के जूस, पपीते और सूखे मेवे के साथ शुरू करते हैं। इसके अतिरिक्त कोई चेयरमैन कमरे के पर्दों के रंग से अप्रसन्न हो सकते हैं या फिर कमरे में कहीं धूल के कण दिखने से नाराज हो सकते हैं। कलेक्टर को इन विभिन्न आदतों और व्यवहार वाले अधिकारियों को अपने धैर्य, हँसी-मजाक की प्रवृत्ति और अनेक तरीकों से सँभालने की आवश्यकता होती है। चेयरमैन को अपने घर पर रात्रि के भोजन और ड्रिंक के लिए निमंत्रण देकर कलेक्टर एक सुखदायक वातावरण बना सकता है।

माननीय न्यायाधीशों के आगमन पर कलेक्टर को अत्यधिक सावधान रहना चाहिए। मेरे एक सहकर्मी को उच्च न्यायालय के माननीय न्यायाधीश को सर्किट हाउस में सबसे अच्छे कमरों का सेट न एलाट करवा पाने के लिए कोर्ट की अवमानना का केस झेलना पड़ा था। मैं जब इलाहाबाद (वर्तमान में प्रयागराज) का जिलाधिकारी था तो मुझे भी ऐसी ही परेशानी का सामना करना पड़ा। सर्वोच्च न्यायालय के माननीय न्यायाधीश जी दौरे पर आए थे और हम लोगों ने हर प्रकार से उनके लिए समुचित व्यवस्था की थी। दुर्भाग्य से यह मार्च का आखिरी सप्ताह (क्लोजिंग आफ फाइनेंशियल ईयर) था और विद्युत विभाग से एग्जीक्यूटिव इंजीनियर ने अपना टारगेट पूरा करने के उत्साह में रात्रि के 2:00 बजे सर्किट हाउस की बिजली की आपूर्ति बन्द कर दी। सर्किट हाउस के विद्युत के बकाया बिल का

भुगतान नहीं हुआ था। हम लोगों ने तुरन्त माननीय न्यायाधीश के लिए एक होटल में व्यवस्था की और तुरन्त बिजली की सप्लाई को चालू किया गया और सम्बन्धित अधिकारी के खिलाफ कार्रवाई हुई। दूसरे दिन प्रात:काल मैंने निजी तौर पर होटल जाकर माननीय न्यायाधीश से सर्किट हाउस वापस आने की प्रार्थना की। वह बहुत गुस्से में थे और मेरे आधा घंटे प्रतीक्षा करने के बाद वह बहुत ही क्रोधित और शान्त मुद्रा में बाहर आए। मैंने उनसे क्षमा माँगी परन्तु उन्होंने मुझ पर अपने दिमाग का पूरा गुस्सा निकाला। मैं निरन्तर उनके क्षमा माँगता रहा और कुछ समय बाद माननीय न्यायाधीश का क्रोध शान्त हुआ और वह सर्किट हाउस वापस आ गए।

आप वीआईपी ड्यूटी को किस प्रकार हैंडल करते हैं यह आपको बना भी सकता है और बिगाड़ भी सकता है। यदि आपने वीआईपी के दौरे में थोड़ी भी असावधानी बरती तो यह आप के तमाम अच्छे कामों को भी शून्य पर पहुँचा सकता है। ऐसे अवसरों पर विशेष रूप से कलेक्टर को अपनी टीम पर निर्भर होने के बजाय हर चीज को स्वयं अपने स्तर से हैंडल करना चाहिए।

खर्च

खर्च का मामला भी बहुत महत्त्वपूर्ण होता है। इस काम के लिए सरकार की ओर से सीमित मात्रा में फंड मुहैया कराया जाता है। इस बात का ध्यान रखना चाहिए कि उपलब्ध फंड के अनुसार ही खर्च किया जाए। सार्वजनिक सभाओं के लिए बैनर, पोस्टर लगाने और मंच सज्जा करने की कोई जरूरत नहीं होती है। यह काम सम्बद्ध राजनीतिक दल पर छोड़ दिया जाना चाहिए। इस तरह के आयोजनों के लिए कनिष्ठ कर्मचारियों से वसूली का तरीका भी नहीं अपनाना चाहिए। सतर्क योजना और सख्ती बरतकर यह सुनिश्चित किया जा सकता है।

वीआईपी दौरों में काफी समय और श्रम लगता है लेकिन इस मामले में मातहतों को काम सौंपने के बाद भी डीएम को खुद सभी चीजों की जाँच कर लेनी चाहिए। वीआईपी दौरों की देख-रेख पर ही प्रशासन की छवि निर्भर करती है

नेता के रूप में जिलाधिकारी

जिलाधिकारी का पद ऐसा होता है कि वह किसी भी कार्यक्रम या प्रयास को अपने हाथ में लेता है तो उसे खुद-ब-खुद जनता का सहयोग मिल जाता है। जनता और अधिकारियों की नजर में वह अगुआ होता है और सब कुछ उसकी शख्सियत के इर्द-गिर्द घूमता है। जिलाधिकारी को भारी संख्या में सरकारी कार्यक्रमों व योजनाओं को कार्यान्वित करना पड़ता है। बहरहाल, प्रत्येक जिलाधिकारी की रुचियाँ भिन्न होती हैं और अगर वह अपनी मनपसन्द योजना में रुचि लेता है तो योजना का सफल होना तय है। दरअसल अगर कोई कार्यक्रम ठीक ढंग से लागू नहीं हो रहा हो तो सम्बन्धित विभाग का सचिव जिलाधिकारी को व्यक्तिगत रूप से उस कार्यक्रम की समीक्षा करने के लिए पत्र लिखता है। जैसे ही जिलाधिकारी उस कार्यक्रम में रुचि लेना शुरू करता है, तत्काल नतीजे सामने आते हैं।

जिलाधिकारी के काम में सृजनात्मकता की बहुत गुंजाइश होती है। वह जिले की जरूरतों का आकलन कर उन क्षेत्रों की पहचान कर सकता है जहाँ विशेष ध्यान देने की जरूरत है। वह इन क्षेत्रों के लिए परियोजना बनाकर सरकार की मंजूरी के बाद उन पर अमल कर सकता है। ऐसा करने से जिलाधिकारी को अपने काम से परम सन्तुष्टि मिल सकती है। ऐसे कार्यक्रम जिनमें जनता को गोलबन्द करना होता है और जनता की सक्रिय भागीदारी जरूरी होती है, उन कार्यक्रमों में जिलाधिकारी की भूमिका और भी महत्त्वपूर्ण हो उठती है। जिलाधिकारी अपने पद की बदौलत स्वाभाविक नेता होता है और जनता उसके नेतृत्व को मानती है।

केस स्टडी

इस सम्बन्ध में मैं आगरा जिले में पूर्ण साक्षरता परियोजना के कार्यान्वयन के दौरान हुए अनुभव बताना चाहूँगा। वहाँ 61 प्रतिशत लोग निरक्षर थे और एक जिलाधिकारी के रूप में मैंने बड़ी शिद्दत के साथ यह महसूस किया कि लोगों को साक्षर बनाकर ही उन्हें विकास के रास्ते पर ले जाया जा सकता है। पदभार सँभालते ही मैंने तत्काल अधिकारियों का एक कोर ग्रुप बनाया और उन्हें एक

कार्ययोजना तैयार करने को कहा। हम लोगों ने दूसरे जिलों में चल रही साक्षरता परियोजनाओं और राष्ट्रीय साक्षरता मिशन द्वारा जारी दिशा-निर्देशों का अध्ययन किया और इस आधार पर एक कार्य योजना तैयार की गई। हम लोगों ने पूरे जिले में एक साथ इस परियोजना को लागू करने का फैसला किया। इसके तहत 5,50,000 निरक्षरों को साक्षर बनाना था।

सर्वेक्षण

सबसे पहले सर्वेक्षण किया जाना था। सर्वेक्षण के प्रारम्भिक कार्य में हम लोगों ने प्राथमिक विद्यालयों के शिक्षकों, लेखपालों और पंचायत सचिवों की मदद ली। इन लोगों के बीच गाँवों को बाँट दिया गया और इस बात का ध्यान रखा गया कि इनमें से प्रत्येक के जिम्मे दो से अधिक गाँव हों। इसके बाद एक फॉर्मेट तैयार किया गया—इसके जरिए हम किसी गाँव के सभी निरक्षरों व साक्षरों के नाम व अन्य विवरणों को हासिल करना चाहते थे।

इस काम को करने का एक तरीका तो यह हो सकता था कि इसे जनगणना की तरह संचालित किया जाए। लेकिन हमारे लिए यह तरीका सार्थक नहीं था। इस तरह का कोई भी कार्यक्रम, जिसमें जनता की स्वैच्छिक भागीदारी जरूरी है, वातावरण बनाए बिना सफल नहीं हो सकता है। वातावरण बनाने के लिए हम लोगों ने सर्वेक्षण को ही औजार बनाने का फैसला किया। सबसे पहले सभी सर्वेक्षणकर्ताओं को प्रशिक्षित किया गया। उन्हें साक्षरता कार्यक्रम का मर्म समझाया गया। इस सम्बन्ध में उनके सारे सन्देहों को दूर किया गया और उन्हें गाँव भेज दिया गया। योजना थी कि वे न सिर्फ ग्रामीणों से बातचीत करेंगे बल्कि उन्हें साक्षर बनने के लिए प्रेरित भी करेंगे। वे साक्षर लोगों को इस काम में वॉलंटियर बनाने का प्रयास भी करेंगे।

निर्धारित समय में सर्वेक्षण का काम पूरा हो गया। लेकिन वातावरण तैयार करने का काम कुछेक इलाकों में ही हो पाया। बाकी इलाकों में सामान्य काम हुआ। बहरहाल, सर्वेक्षण से प्राप्त आँकड़ों के आधार पर एक परियोजना तैयार की गई। 5,55,000 लोगों को साक्षर बनाने के लिए 5500 वॉलंटियरों की जरूरत थी। यह भी जरूरी था कि वॉलंटियर उसी गाँव या इलाके के हों। प्रत्येक चालीस वॉलंटियरों पर एक विशेषज्ञ प्रशिक्षक की जरूरत थी। विशेषज्ञ प्रशिक्षक का चयन स्कूल शिक्षकों या ब्लॉक अधिकारियों के बीच में से किया जा सकता था। इसके ऊपर रिसोर्स पर्सन रखे गए जिनका चुनाव विभिन्न विभागों से किया गया। अन्त में परियोजना तैयार हुई। जिलाधिकारी ने इसे राष्ट्रीय साक्षरता मिशन के पास भेजा जहाँ इसे मंजूरी मिल गई। प्रारम्भिक फंड भी मंजूर हो गया।

प्रशिक्षण

इस परियोजना से जुड़े लोगों का प्रशिक्षण सबसे महत्त्वपूर्ण कदम था। हम लोगों ने रिसोर्स पर्सन और अधिकारियों के कोर ग्रुप को लखनऊ स्थित राज्य संसाधन केन्द्र में प्रशिक्षण दिलवाया। ये लोग वहाँ एक हफ्ते से भी अधिक समय तक रहे। वापस आने पर ब्लॉक मुख्यालयों पर उस्ताद प्रशिक्षकों के प्रशिक्षण की व्यवस्था की गई। उस्ताद प्रशिक्षकों को प्रशिक्षण देने की जिम्मेदारी रिसोर्स पर्सन को सौंपी गई। जिलाधिकारी ने अपने कोर ग्रुप के साथ खुद इन प्रशिक्षण केन्द्रों का मुआयना किया ताकि यह सुनिश्चित किया जा सके कि इस काम को गम्भीरता से लिया जा रहा है।

अगले दौर में ग्राम स्तर पर उस्ताद प्रशिक्षकों ने वॉलंटियरों को प्रशिक्षण दिया। यहाँ भी वरिष्ठ अधिकारियों ने गाँव-गाँव जाकर प्रशिक्षण कार्य का मुआयना किया। साक्षरता आन्दोलन के विभिन्न स्तरों पर तीन चरणों में प्रशिक्षण दिया जाना था। हमारी योजना थी कि कुल मिलाकर प्रशिक्षण का काम लगभग नौ दिन में पूरा हो जाएगा। जिले के सभी अधिकारियों, ब्लॉक प्रमुखों और ग्राम प्रधानों को बुलाकर इस कार्यक्रम के बारे में एक दिन का अनुकूलन करवाया गया। यह महसूस किया गया कि जब तक सभी लोग शामिल नहीं होंगे, यह अभियान सफल नहीं होगा। और इसके लिए जरूरी था कि सभी लोगों को इस कार्यक्रम की ओर अभिमुख किया जाए।

वातावरण निर्माण

यह इस अभियान का सबसे निर्णायक पहलू है। अभियान के इस पहलू की योजना बनाने और इसे कार्यान्वित करने के लिए हम लोगों ने अलग समिति बनाई। शुरुआत हमने आगरा शहर में एक विशाल रैली के आयोजन के साथ की। यह रैली एक कार्यक्रम में खत्म हुई जहाँ जिलाधिकारी, मेयर व अन्य महत्त्वपूर्ण लोगों ने साक्षरता पर अपने विचार व्यक्त किए।

इस रैली के साथ ही पन्द्रह दिन का एक सघन जागरूकता कार्यक्रम शुरू हुआ। प्रत्येक ब्लॉक मुख्यालय पर रैलियों का आयोजन किया गया। संगोष्ठियों और मुबाहिसों का आयोजन किया गया। हर गाँव में छात्रों ने साक्षरता के नारों के साथ रैलियाँ निकालीं। इसके बाद प्रेस को इसकी जानकारी दी गई और उन लोगों ने रैलियों के बारे में विस्तार से खबरें छापीं। दरअसल जिलाधिकारी ने जब प्रेस से बात की तो वे लोग प्रतिदिन अपने अखबारों में साक्षरता पर लेख आदि छापने के लिए तैयार हो गए।

इस काम में हमें आकाशवाणी का भी सहयोग मिला। आकाशवाणी की खबरों में साक्षरता से सम्बन्धित प्रत्येक कार्यक्रम को जगह दी गई। यही नहीं, जिलाधिकारी

व उसके दल को आकाशवाणी से साक्षरता पर वार्ता करने का मौका दिया गया। जिलाधिकारी ने लोगों से साक्षरता पर गाने, लेख और कविताएँ भेजने का आह्वान किया। इसके प्रत्युत्तर में कई लोगों ने अपनी रचनाएँ भेजीं। इनमें से अच्छी रचनाओं का चयन कर पुस्तक के रूप में छपवाया गया। कई गाने व कविताएँ आकाशवाणी से प्रसारित भी हुईं।

नुक्कड़ नाटक वातावरण निर्माण का सबसे असरदार तरीका साबित हुआ। स्वैच्छिक नाट्य मंडलियों को साक्षरता पर एक घंटे का नाटक तैयार करने का जिम्मा दिया गया। इस काम को इन लोगों ने बखूबी अंजाम दिया। हर ब्लॉक में एक दल तैयार किया गया। नाट्य मंडलियों ने इन दलों को प्रशिक्षण दिया। इन दलों ने गाँव-गाँव जाकर अपने कार्यक्रम पेश किए। इसका जोरदार असर हुआ। कई गाँवों ने नाटकों व नृत्य-नाटिकाओं का अपना संस्करण तैयार किया और इसे अपने व आस-पास के गाँवों में पेश करना शुरू किया।

वातावरण निर्माण के लिए हम लोगों ने वीडियो वैनों का भी इस्तेमाल किया। इनके जरिए गाँव-गाँव में साक्षरता पर एक घंटे की फिल्म दिखाई गई जिसमें मनोरंजन का भी पुट होता था। इस बात का ध्यान रखा गया कि वीडियो फिल्म स्थानीय भाषा में हो ताकि निरक्षर लोग इसके सन्देश को भली-भाँति समझ सकें।

इस अभियान के साथ समाज के सभी वर्गों के लोगों को जोड़ने के लिए कठपुतली नाच, गायन प्रतियोगिताओं और पेंटिंग प्रतियोगिताओं का भी आयोजन किया गया। निबंध व वाद-विवाद प्रतियोगिताएँ भी आयोजित की गईं।

हम लोगों ने साक्षरता पर एक पाक्षिक सूचना-पत्र शुरू किया। ग्राम-स्तर के वॉलंटियरों को इसके लिए लेख व समाचार भेजने के लिए प्रोत्साहित किया गया। इसका वांछित असर हुआ और हमने फोटो सहित उनकी कविताओं व लेखों को प्रकाशित किया। नतीजा, वॉलंटियरों को अपनी पहचान का अहसास हुआ। हम लोग उनसे स्वैच्छिक आधार पर काम करवा रहे थे। जो एकमात्र चीज हम उन्हें दे सकते थे वह थी पहचान। दरअसल हमने अपने वॉलंटियरों को 'साक्षरता के सिपाही' का नाम दिया। उन्हें इस आशय का बिल्ला भी मुहैया कराया गया था। आम जनता के बीच वॉलंटियरों को सम्मानित करने के लिए कार्यक्रमों का आयोजन किया जाता जहाँ उनकी भूमिका की सराहना की जाती।

इसी क्रम में साक्षरता के लिए मानव श्रृंखला का आयोजन किया गया। यह श्रृंखला आठ किलोमीटर लम्बी थी और स्कूली बच्चों सहित समाज के सभी वर्गों के लोग इसमें शामिल हुए। पूरे जिले में इसका असर महसूस किया गया। हालाँकि वातावरण निर्माण की शुरुआती योजना जिलाधिकारी ने बनाई थी लेकिन बाद में उन्होंने लोगों को अपने तरीके से काम करने की छूट दे दी। और सचमुच, साक्षरता का सन्देश फैलाने के लिए लोगों ने एकदम नए तरीके ईजाद किए जिनमें सबकी भागीदारी होती थी।

ब्लॉक प्रमुख, ग्राम प्रधान व अन्य स्थानीय नेतागण इस कार्यक्रम को लेकर सन्देहग्रस्त थे। ब्लॉक स्तर पर हुए आयोजनों में इन लोगों ने इस कार्यक्रम की आलोचना की। इसके मद्देनजर जिलाधिकारी व्यक्तिगत रूप से इन आयोजनों में शामिल हुए और अपने भाषण में इन आलोचनाओं का खंडन किया। जिलाधिकारी ने इस अभियान की प्रामाणिकता के बारे में लोगों को आश्वस्त किया। तब कहीं जाकर इन लोगों ने अपना रवैया बदला और इस अभियान में जी-जान से जुट गए। जिलाधिकारी की भूमिका यहाँ भी महत्त्वपूर्ण रही। जैसे ही लोगों को महसूस हुआ कि जिलाधिकारी साक्षरता को सर्वोच्च प्राथमिकता दे रहे हैं, ये लोग सक्रिय रूप से इसका समर्थन करने लगे। दरअसल इसके बाद जब भी कोई प्रमुख या प्रधान मुझसे किसी काम से मिलने आता, वह सबसे पहले इस उम्मीद से साक्षरता-कार्यक्रम में अपने योगदान की चर्चा करता कि इसके जरिए वह मेरा दिल जीत लेगा।

निगरानी और मूल्यांकन

बहुत धूमधाम और उत्सव के साथ कक्षाएँ शुरू हुईं लेकिन सबसे बड़ी परेशानी यह खड़ी हुई कि हजारों गाँवों में चल रहीं इन कक्षाओं पर कैसे निगरानी रखी जाए। सबसे पहली समस्या यह आई कि हफ्ते-भर के बाद ही कई वॉलंटियर भाग खड़े हुए। इन इलाकों में हम लोगों को जागरूकता और प्रेरणा अभियान तेज करना पड़ा। दरअसल हम लोगों को घर-घर जाकर अभियान चलाने का रास्ता अख्तियार करना पड़ा। एक महीने के सतत प्रयासों के बाद वॉलंटियरों को बाँधे रखने में कामयाबी मिली और सभी कक्षाएँ शुरू हुईं।

साक्षरता अभियान की निगरानी व मूल्यांकन की व्यवस्था बनाने में भी जिलाधिकारी व उसके दल की भूमिका महत्त्वपूर्ण रही। यह कार्यक्रम जनता का था। लेकिन अगर जिलाधिकारी इसकी देख-रेख न करता और उत्साह न बढ़ाता तो यह बीच में ही फुस्स हो जाता।

लिहाजा साक्षरता अभियान की निगरानी के लिए ग्राम स्तर पर समितियों का गठन किया गया। ग्राम प्रधान को इसका अध्यक्ष बनाया गया और स्कूल शिक्षक को सचिव।

प्रत्येक बृहस्पतिवार को इन समितियों की बैठक होती जहाँ साक्षरता अभियान की समीक्षा की जाती। इन बैठकों में वॉलंटियरों को बुलाया जाता, उनकी समस्याएँ सुनी जातीं और मिल-बैठकर समाधान ढूँढ़े जाते। इसके बाद हर शुक्रवार को न्याय पंचायत (आम तौर पर लगभग दस गाँवों का समूह) स्तर की बैठकें होतीं। हमने प्रत्येक न्याय पंचायत के लिए एक प्रभारी अधिकारी की नियुक्ति की थी। न्याय पंचायत स्तर की बैठकों की अध्यक्षता प्रभारी अधिकारी करते थे। इन बैठकों में

प्रधानों और ग्राम-स्तर की समितियों के सचिवों को बुलाया जाता था। वॉलंटियरों को भी इन बैठकों में शामिल होने की छूट थी।

इसके बाद ब्लॉक स्तर की समितियों का गठन किया गया था। ब्लॉक प्रमुख इन समितियों के अध्यक्ष बनाए गए और बीडीओ सचिव। इन बैठकों में न्याय पंचायत-स्तर की समितियों के प्रभारी अधिकारी और पूर्णकालिक कार्यकर्ता भाग लेते थे। पूर्णकालिक कार्यकर्ता एक दिलचस्प चीज साबित हुए। हम लोगों ने अधिकारियों को एक साल के लिए साक्षरता कार्यक्रमों में भाग लेने को कहा। कई शिक्षकों व अन्य कर्मचारियों ने इसे स्वीकार कर लिया। ये लोग अपने मूल विभाग से वेतन लेते थे लेकिन साक्षरता अभियान में पूर्णकालिक कार्यकर्ता की हैसियत से काम करते थे। प्रत्येक पूर्णकालिक कार्यकर्ता को गाँवों का एक समूह आवंटित कर दिया गया था। ये लोग गाँव या मोहल्लों में जाते और वॉलंटियरों व सीखनेवालों को दिशा-निर्देश देते, ग्राम-स्तर व न्याय पंचायत स्तर की बैठकों में शामिल होते और अभियान की प्रगति के बारे में ब्लॉक स्तर की समितियों को जानकारी मुहैया कराते।

ब्लॉक की जिम्मेदारी हमने जिला स्तर के अधिकारियों को दे रखी थी। ये लोग ब्लॉक स्तर की समितियों की बैठकों में शामिल होते थे। जिलाधिकारी खुद हर हफ्ते विभिन्न ब्लॉकों की बैठकों में शामिल होते थे। इस तरह से साक्षरता केन्द्रों के बारे में सम्पूर्ण जानकारी जुटाई जाती थी और तदनुसार निर्देश दिए जाते थे। इस तरह से जुटाई गई जानकारी के आधार पर हमसे मंगलवार को जिला स्तर के कार्य-दलों द्वारा विचार-विमर्श किया जाता था। जिन इलाकों में वातावरण निर्माण के लिए और प्रयासों की जरूरत समझी जाती, उनके बारे में अगले हफ्ते के लिए कार्ययोजना तैयार की जाती। हमने पाया कि कुछ इलाकों में तो अभियान सही ढंग से चल रहा है लेकिन कुछ अन्य इलाके पिछड़ गए हैं। कोर ग्रुप के सदस्य, वरिष्ठ अधिकारी धीमी प्रगतिवाले इलाकों का दौरा करते थे और उन्हें निर्देश देते थे।

जिलाधिकारी और उसके दल ने इसमें उत्प्रेरक की भूमिका अदा की और जल्दी ही यह जनता का कार्यक्रम बन गया जिसे चलाने के लिए बाहर से प्रयास करने की जरूरत नहीं रह गई थी। इसके बावजूद बीच-बीच में इस अभियान में ऊर्जा भरनी पड़ती थी। धीरे-धीरे जब इस अभियान की उपलब्धियाँ सामने आने लगीं तो वॉलंटियरों में इसे सफल बनाने की होड़ शुरू हो गई। एक साल बाद यह जानकर प्रसन्नता हुई कि आगरा जिले ने 70 फीसदी साक्षरता हासिल कर ली।

उपरोक्त 'केस स्टडी' से स्पष्ट है कि कैसे जिलाधिकारी साक्षरता जैसे कठिन कार्यक्रम को भी हाथ में ले सकता है। अगर वह सही नेतृत्व प्रदान करे तो पूरा जिला उसके पीछे चल पड़ता है और फिर उस कार्यक्रम की सफलता में तनिक भी सन्देह नहीं रह जाता।

परिवार कल्याण कार्यक्रमों पर भी यही अवधारणा लागू होती है। अगर जिलाधिकारी इसे महत्त्व दे तो यह जनता का अभियान बन जाता है और इसके अच्छे नतीजे भी सामने आते हैं। मुझे याद है कि एक जिले में जिलाधिकारी के रूप में मैंने प्रधानों की बैठक आहूत की और उन्हें उनके गाँव के लक्षित जोड़ों की एक सूची दी। मैंने उनसे कहा कि अगर वे दस जोड़ों को परिवार नियोजन के लिए प्रेरित करने में सफल रहेंगे तो उनके गाँव को विभिन्न विकास योजनाओं के तहत विशेष फंड मुहैया कराया जाएगा। इसका चमत्कारिक असर हुआ। लेकिन यहाँ ध्यान रखना चाहिए कि आप भी अपने वायदों पर खरे उतरें।

जिलाधिकारी को अपने दल से नतीजे हासिल करने पड़ते हैं। उपलब्ध अधिकारियों के स्तर के बारे में मीन-मेख निकालकर आप कुछ भी हासिल नहीं कर सकते हैं। पर्याप्त प्रेरणा और दिशा-निर्देशन के जरिए आप अधिकारियों से सर्वश्रेष्ठ नतीजे हासिल कर सकते हैं। अगर जिलाधिकारी का काम करने का तरीका अपमानजनक या अक्खड़ है तो उसे कुछ भी हासिल नहीं होगा। हो सकता है कि अक्खड़ जिलाधिकारी से अधिकारी भयभीत हो जाएँ लेकिन वे उसके निर्देशों का पालन नहीं करेंगे। सबसे अच्छा तरीका यही है कि आप पूरी टीम को साथ लेकर चलें और ऐसा माहौल बनाएँ जिसमें प्रत्येक सदस्य अपने-आपको बराबर महत्त्वपूर्ण समझे और हर उपलब्धि को अपनी उपलब्धि माने।

जिलाधिकारी के पीछे पूरा जिला चलता है, इसलिए आवश्यक है कि जिलाधिकारी लोगों की जरूरतों को समझे, उन्हें पूरा करने के लिए कार्यक्रम व परियोजनाएँ तैयार करे और इनके कार्यान्वयन में पूरे जिले को साथ लेकर चले।

इस बात से आज भी इंकार नहीं किया जा सकता कि जब कभी भी सरकार को कुछ भी करना हो या प्राथमिकता के आधार पर कोई भी योजना लागू करवाना हो तो वह कलेक्टर या जिलाधिकारी को ही यह जिम्मेदारी देती है। कोई भी प्रोजेक्ट जिसमें कलेक्टर व्यक्तिगत तौर पर ध्यान देते और नेतृत्व प्रदान करते हैं, अनिवार्य तौर पर सफल होता है। यह स्पष्ट तौर पर स्थापित करता है कि अनेक वर्षों के दौरान कलेक्टर की भूमिका धूमिल होने के बजाय और भी विस्तारित हुई है।

अभी-अभी हाल के वर्षों में सरकार का सबसे बड़ा कार्यक्रम स्वच्छ भारत मिशन (एसबीएम) था। इस योजना के अन्तर्गत पूरे देश में एक निश्चित अवधि में दसियों लाख शौचालयों का निर्माण हुआ और आम नागरिकों के व्यवहार में परिवर्तन लाने के लिए व्यापक पैमाने पर जागरूकता उत्पन्न की गई। जिलाधिकारियों के नेतृत्व में पूरे देश में यह कार्यक्रम लागू हुआ और इसकी सफलता के रूप में 2 अक्टूबर, 2019 को सम्पूर्ण भारत को खुले में शौच से मुक्त (ओडीएफ) घोषित किया गया। उत्तर प्रदेश जैसे वैविध्यपूर्ण और विशाल प्रदेश में भी यह कार्यक्रम सफलतापूर्वक लागू हुआ। मैं व्यक्तिगत रूप से जानता हूँ कि इसके पीछे प्रधानमंत्री

और मुख्यमंत्रियों की राजनीतिक इच्छाशक्ति के साथ-साथ जिलाधिकारियों ने भी सर्वोच्च प्राथमिकता पर इस कार्यक्रम को लागू किया और इसकी शानदार सफलता के पीछे यह भी एक महत्त्वपूर्ण कारण है। मैंने हाल ही में भारत सरकार के पेय जल और स्वच्छता सचिव श्री परमेश्वरन अय्यर की एक पुस्तक पढ़ी, वे ही सफलता की इस कहानी के शिल्पकार हैं। उन्होंने इस बात को चिन्हित किया कि इस कार्यक्रम की सफलता में पीएम/सीएम/डीएम मॉडल की रणनीति लागू होने से सफलता प्राप्त हुई। इसी शैली में सरकार द्वारा वर्ष 2024 तक हर घर को नल द्वारा जल पहुँचाने का जल जीवन मिशन (जेजेएम) शुरू किया गया है और इस सपने को साकार करने के लिए भी एक बार फिर उन्हें जिलाधिकारी की संस्था के द्वारा इसे पूरा कराना होगा।

जिलाधिकारी का पद अधिकारियों को नवोन्वेषण, सृजन और व्यवहार में लागू करने का बड़ा फलक प्रदान करता है। अनेक जिलाधिकारी प्रेरित करने वाले प्रोजेक्ट्स शुरू करते हैं और अपने प्रयासों से वह एक बड़ा परिवर्तन प्रदर्शित करते हैं। उत्तर प्रदेश में एक जिला कलेक्टर थे जिन्होंने हाथ से मैला ढोने के खिलाफ सीधे-सीधे 'डलिया जलाओ' अभियान शुरू किया। 'डलिया जलाओ' अभियान का शाब्दिक अर्थ डलिया जलाना है परन्तु इस 'डलिया जलाओ' का अभिप्राय मनुष्यों का मल ढोने वाली डलिया को जलाने से था। इन कलेक्टर महोदय ने एक वर्ष में अपने जिले में सफाई क्रान्ति कर दी और हाथों से मैला ढोने वाले सैकड़ों लोगों को इस अमानवीय और अपमानजनक कार्य से मुक्ति दिलाई।

पूर्वी उत्तर प्रदेश में जापानी इंसेफ्लाइटिस बीमारी का जबरदस्त प्रकोप था। हम लोग प्रभावित क्षेत्र के लोगों को जागरूक करना चाहते थे कि वह अपने बच्चे को मौत से बचाने के लिए बीमार होते ही तुरन्त अस्पताल लेकर पहुँचे। हम लोगों ने बच्चों को जापानी इंसेफेलाइटिस से बचने व रोकथाम के लिए उपलब्ध वैक्सीन लगवाने के लिए लोगों को समझाया बुझाया। इस कार्य के लिए हम लोगों ने एक बार फिर जिलाधिकारी पर भरोसा कर अभियान चलाया और कुछ वर्षों में ही इस बीमारी के मरीजों में भारी पैमाने पर कमी आई।

कुछ जिलाधिकारी प्राइमरी शिक्षा पर ध्यान केन्द्रित करते हैं। एक कलेक्टर नियमित रूप से अध्यापकों की उपस्थिति को चेक करते और दोषी अध्यापकों के खिलाफ कार्यवाही करते थे। इस प्रकार उनके व्यक्तिगत संकल्प से जिले में अध्यापकों की स्कूल से अनुपस्थिति को रोका जा सका। ऐसे भी जिलाधिकारी हैं जो बच्चों में पढ़ाई की गुणवत्ता का मूल्यांकन करने के लिए पाठशालाओं का निरीक्षण करते हैं और इस प्रकार वे अपने जिले में आश्चर्यजनक रूप से शिक्षा की गुणवत्ता बढ़ाने में सफल होते हैं। यदि जिलाधिकारी समय-समय पर अस्पतालों का निरीक्षण करते हैं तो जिला अस्पताल में भी साफ-सफाई और

प्रचुर मात्रा में दवाओं का स्टाक आदि उपलब्ध होते हैं। इसमें कोई शक नहीं कि किसी भी विभाग की विकास योजनाओं को लागू करने में जिलाधिकारी की महती भूमिका होती है।

मेरे प्रमुख सचिव के कार्यकाल में उत्तर प्रदेश के श्रावस्ती जिले के एक जिलाधिकारी थे उन्होंने स्वास्थ्य, पोषण, शिक्षा और सफाई से सम्बन्धित योजनाओं को एक साथ मिलाकर लागू करने का अद्धितीय मॉडल सृजित किया था। सरकार से कोई भी अतिरिक्त फंड प्राप्त किए बगैर उन्होंने विभिन्न योजनाओं को सफलतापूर्वक अंजाम दिया। वे सभी कर्मचारियों को किसी एक गाँव में निश्चित दिन बुला लेते और उनसे योजनाओं पर विचार-विमर्श कर सम्बन्धित मुद्दों को हल करते और इस प्रकार उनके अन्दर जागरूकता का भी संचार करते। उनका यह प्रयास इतना सफल हुआ कि उसे श्रावस्ती मॉडल के रूप में अन्य जिलाधिकारियों से भी प्रयोग करने का निर्देश दिया गया।

कानून-व्यवस्था का मुद्दा हो या प्राकृतिक आपदा या चुनाव सम्पन्न कराने का समय हो जिलाधिकारी के नेतृत्वकारी गुण संकट के समय ही दिखाई देते हैं। जिलाधिकारी द्वारा ठंडे दिमाग और शान्ति के साथ अपनी टीम का नेतृत्व करना ही किसी भी आकस्मिक परिस्थिति को सफलतापूर्वक सँभालने की कुंजी है।

जिलाधिकारी व्यवहार में ही सीखते हैं और उनमें नेतृत्व के गुण विकसित होते हैं। जिलाधिकारी की शारीरिक सुन्दरता और अकादमिक विद्वत्ता से ज्यादा उसके व्यक्तित्व की विशेषता और कार्यशैली उसके नेतृत्व को निर्धारित करती है। जिलाधिकारी आगे आकर व्यावहारिक नेतृत्व प्रदान कर एक उदाहरण प्रस्तुत करता है। उसे पथ प्रदर्शन करना होता है और तभी दूसरे उसका अनुसरण करते हैं। वह अपनी टीम का कप्तान होता है और उसे टीम के हर सदस्य को कार्य-प्रदर्शन के लिए प्रोत्साहित और प्रेरित करना होता है। वह बहुत अधिक विवरण प्राप्त करने और साथ ही साथ विशद दृष्टि के साथ सजीव सम्पर्क बनाए रखने के बीच एक नाजुक सन्तुलन कायम करते हैं।

जिलाधिकारी को दूसरों को कितनी जिम्मेदारी सौंपना चाहिए और किस हद तक स्वयं व्यावहारिक रूप से क्रियाशील रहना चाहिए यह सारी चीजें खास परिस्थिति और उनकी कार्यशैली पर निर्भर करती हैं। उनके नेतृत्व का तरीका परिणाम देने योग्य होना चाहिए। जिलाधिकारी द्वारा नेतृत्व प्रदान करने के दो तरीके हो सकते हैं। वह लोकतांत्रिक हो सकते हैं या निरंकुश। जिलाधिकारी का कार्य विभिन्न विभागों के बीच समन्वय स्थापित करना है। उसका दूसरे विभाग के अधिकारियों पर सीधा अधिकार बहुत कम होता है और उसे एक टीम को नेतृत्व प्रदान करना है इसलिए निरंकुश कार्यशैली उनके लिए उचित नहीं है। इसके अतिरिक्त दूसरों पर अपनी इच्छा थोपने की नेतृत्व की तानाशाही स्टाइल बुनियादी रूप से परपीड़क हैं और

इसके साथ अक्सर ही घमंड, अशिष्टता और असंयमित व्यवहार जुड़ा रहता है। किसी भी नेतृत्वकारी व्यक्ति के लिए यह सब अवांछनीय है।

मैंने देखा है कि अनेक जिलाधिकारी अपने अधिकारों के प्रति इतने मुग्ध होते हैं कि वे अपने चारों तरफ अपने काम का बोझ लोगों पर फेंकते हुए नेतृत्व करते हैं। वास्तव में जिलाधिकारी के पास अत्याधिक अधिकार होते हैं और समाज में उसका एक बहुत ऊँचा स्थान है। उनके सम्पर्क में आने वाला हर व्यक्ति बड़े सम्मान के साथ उनसे बात करता है और यह बात उन्हें घमंडी बना सकती है। इसी कारण विभाग के अनेक अधिकारी जिलाधिकारी के व्यवहार को पसंद नहीं करते और अनेक तो भय के कारण ही उनकी बात सुनते हैं तथा अपवादस्वरूप ही कोई उन्हें सम्मान देता और उनका वफादार होता है।

एक जिलाधिकारी को निश्चय ही यह महसूस करना चाहिए कि इस पद के योग्य होने के कारण ही उन्हें यह नेतृत्वकारी भूमिका सौंपी गई है और उन्हें दूसरे अधिकारियों को नाराज करने वाला व्यवहार नहीं करना चाहिए। उनके द्वारा दूसरों से सम्मान प्राप्त करने का सर्वोत्तम तरीका कठिन कार्य, सन्तुलन की संवेदना, परिपक्वता, शान्त स्वभाव, नियंत्रण, सकारात्मकता और परिणामोन्मुख कार्य का उदाहरण प्रस्तुत करना है। पद के सम्मान के अतिरिक्त उनकी योग्यता और उत्कृष्टता के प्रति प्रतिबद्धता के कारण अन्य अधिकारियों को उनका अनुसरण करना चाहिए।

उनके समक्ष बलपूर्वक कार्य कराने की शैली लागू करने की परिस्थिति भी आती है। बाढ़, सूखा, भूकम्प, आग लगने या ऐसी किसी प्राकृतिक आपदा की स्थिति में जिलाधिकारी जनवादी तरीके से काम नहीं कर सकता। ऐसी परिस्थिति में उनको नेतृत्व अपने हाथ में लेकर परिस्थिति का मूल्यांकन करते हुए सभी अधिकारियों की स्पष्ट भूमिका और विशेष निर्देश के साथ काम सौंपना होता है। ऐसी परिस्थिति में भी उन्हें सख्त और अशिष्ट व्यवहार नहीं करना चाहिए। प्रत्येक जिले की अपनी आपदा-प्रबन्धन योजना होती है और जिलाधिकारी का कार्य उसे पूर्ण रूप से लागू करवाना है।

निर्वाचन सम्बन्धी नियमों के अनुसार निर्वाचन के समय सम्पूर्ण अधिकार कलेक्टर के हाथ में होते हैं। चुनाव सम्पन्न कराने की प्रक्रिया में उन्हें कठोर और नियमानुसार काम करना होता है। उस समय वह किसी भी विभाग से वाहन माँग सकते हैं, किसी भी विभाग के अधिकारी को मजिस्ट्रेट, सेक्टर ऑफिसर या पोलिंग पार्टी की ड्यूटी का कार्य सौंप सकते हैं। उनके पास पूर्ण नियंत्रण होता है और निर्वाचन सम्बन्धी कानूनों के मुताबिक जो लोग जिम्मेदार ढंग से निर्वाचन की ड्यूटी नहीं करते उनको सख्त सजा मिल सकती है। कोई भी व्यक्ति जिलाधिकारी के आदेश को कार्यान्वित करने से इनकार नहीं कर सकता। हालाँकि इतना अधिकारसम्पन्न होने के बावजूद जिलाधिकारी एक नेतृत्वकारी के रूप में अपने सामान्य ज्ञान का भली प्रकार प्रयोग

कर कार्यों को बखूबी अंजाम देता है। उनका कार्य मनमाना नहीं बल्कि सम्बन्धित सभी पक्षों को निष्पक्ष दिखना चाहिए। उदाहरणस्वरूप एक जिलाधिकारी को विशेष ड्यूटी देते समय विभिन्न विभाग के अधिकारियों की वरिष्ठता का ध्यान रखना चाहिए अन्यथा इससे अनावश्यक मतभेद और अप्रिय वातावरण निर्मित होता है।

प्रबन्धन सम्बन्धी प्रदर्शन के सभी ताजा अध्ययन दर्शाते हैं कि कार्य-प्रदर्शन में बौद्धिक स्तर (आई क्यू) की तुलना में भावनात्मक बौद्धिकता का प्रमुख भाग भावनात्मक गुणक(ई क्यू) अधिक प्रासंगिक है। अध्ययनों ने दर्शाया है कि अच्छा प्रदर्शन करने वाले 90% लोगों में उच्चस्तरीय भात्रनात्मक गुणक होता है। एक व्यक्ति में सामान्य बौद्धिक स्तर (आइक्यू) होते हुए भी प्रदर्शन और उच्च भावनात्मक गुणक (ई क्यू) के बीच स्पष्ट सम्बन्ध अनुभवसिद्ध है। दूसरी तरफ जिन लोगों में उच्च बौद्धिक स्तर और सामान्य भावनात्मक गुणक होता हैं वे अच्छा प्रदर्शन नहीं कर पाते।

सभी आईएएस अधिकारी जो जिलाधिकारी या कलेक्टर नियुक्त होते हैं उनका बौद्धिक स्तर बहुत अच्छा होता है क्योंकि इसके बगैर वे प्रतियोगी परीक्षा में सफल नहीं हो सकते। इसके बाद उन्हें उन्नति करने और अच्छा नेतृत्व प्रदान करने के लिए उच्च बौद्धिक स्तर के साथ-साथ उच्च स्तरीय भावनात्मक गुणक की भी आवश्यकता होती है। जिलाधिकारी के कार्यों का एक बड़ा भाग लोगों को हैंडल और मैनेज करना है। इस कार्य के लिए उनमें व्यक्ति की भावनात्मक अभिव्यक्ति, सामाजिक जागरूकता और सम्बन्धों के स्तर को समझने का गुण होना चाहिए। जिलाधिकारी को एक विचारवान और सहानुभूति रखने वाला व्यक्ति होना चाहिए। नागरिक जिलाधिकारी से अपनी समस्याओं व शिकायतों के विषय में मिलते हैं। वे जिलाधिकारी से धैर्य से उनकी बात सुनने, शिष्टाचार, विनम्रता और अपनी समस्याओं पर सकारात्मक उत्तर की आशा करते हैं। कठोर, अशिष्ट और घमंडी आचरण वाले चेहरे की तुलना में जिलाधिकारी का मुस्कुराते हुए लोगों से मिलना भी एक सही सन्देश देता है। उनसे मिलने वाले व्यक्तियों के प्रति वह कैसी प्रतिक्रिया व्यक्त करते हैं और कैसा व्यवहार करते हैं, इस पर बहुत कुछ निर्भर करता है। जिले के लोगों द्वारा उनके विषय में बनाई गई अवधारणा से ही जिलाधिकारी की ख्याति निर्मित होती है। यदि वे अनुभव करते हैं कि वह सकारात्मक, समस्याओं को हल करने वाले, सभी को आसानी से उपलब्ध और जनता की समस्याओं के प्रति वास्तविक रूप से चिन्तित होने वाले हैं तो वे जिलाधिकारी का सम्मान करते हैं और सामान्य रूप से जिले में एक अच्छे अधिकारी होने की छवि बनती है। जिलाधिकारी का व्यक्तित्व ऐसा होना चाहिए कि लोग अपनी समस्याएँ लेकर उनके पास पहुँचें। जिलाधिकारी का प्रयास होना चाहिए कि समस्या लेकर उनके कार्यालय में आया हुआ व्यक्ति वापस जाते समय अधिकारी व व्यवस्था पर विश्वास व आस्था के साथ हँसता हुआ जाए।

प्रमुख समन्वयकर्ता के रूप में कार्य करने के लिए जिलाधिकारी में भावनात्मक बौद्धिकता (ई आई) आवश्यक है। ऊँची आवाज में बोलने व कठोर व्यवहार करने के बजाय यदि जिलाधिकारी परिपक्वता और समझदारी का व्यवहार प्रदर्शित करते हैं तो उन्हें अधिक सहयोग और समर्थन प्राप्त होता है। इस स्तर पर पहुँचने के लिए जिलाधिकारी को खुद अपनी भावनाओं पर निश्चय ही काबू पाना होगा। उसे तनाव में नहीं होना चाहिए और यहाँ तक कि सर्वाधिक कठिन स्थितियों में भी उनके चेहरे पर शान्ति दिखाई देनी चाहिए और उन्हें अपनी भावनात्मक प्रतिक्रिया के बजाय तर्क और विश्लेषण के आधार पर फैसले लेने योग्य होना चाहिए। उन्हें अपने विवेकशील विचारों पर नियंत्रण रखना चाहिए। यह सब नेतृत्वकारी व्यक्ति के गुण हैं और जिस जिलाधिकारी में यह गुण हों, अन्य अधिकारियों को उसका अनुसरण करना चाहिए।

जिलाधिकारी को एक लीडर के रूप में अपनी टीम के सदस्यों के बारे में अवश्य जानकारी होनी चाहिए। उसे हर अधिकारी की शक्ति और कमजोरी का विश्लेषण करने योग्य होना चाहिए और तदनुसार उसकी सेवाएँ लेना चाहिए। भिन्न-भिन्न लोगों के बारे में अलग-अलग अप्रोच उन्हें अलग तरीके से प्रेरित करती है। उन्हें हर अधिकारी के बारे में सही अप्रोच रखनी चाहिए और उनमें लोगों को पहचानने का अच्छा हुनर होना चाहिए। जिला प्रशासन एक जीवित संरचना की तरह है। यदि इसकी हर संघटक इकाई ठीक से कार्य कर रही है और सभी इकाइयाँ मिलकर एक ही दिशा में चलती हैं तो यह उच्च स्तरीय प्रदर्शन करता है।

जिलाधिकारी स्वयं अपनी टीम निर्मित करता है। मैं सन्तोष के साथ याद करता हूँ कि आगरा और इलाहाबाद दोनों जगह के जिलाधिकारी के मेरे कार्यकाल में मेरे पास बहुत अच्छी टीम थी और लोग इसकी प्रशंसा भी करते थे। इस तरह की टीम विकसित कर मैं प्रसन्न था और यह दिखाता है कि ऐसे शानदार अफसरों की टीम को यदि भली प्रकार हैंडल और प्रेरित किया जाए तो वह शानदार परिणाम दे सकते हैं अन्यथा वे शिथिल हो जाएँगे। यदि आप एक कमजोर लीडर हैं तो आप हमेशा अपनी टीम के लोगों को दोष देते हैं। एक अच्छा लीडर सभी अधिकारियों को एक प्रदर्शन करने योग्य टीम में ढाल लेता है। अधिकारियों में आपसी मतभेद की स्थिति भी आती है और जिलाधिकारी को उन्हें सन्तुलित करना होता है। एक जिले में दो एडिशनल डिस्ट्रिक्ट मजिस्ट्रेट एक दूसरे को पसन्द नहीं करते थे लेकिन मैं दोनों के प्रति निष्पक्ष और उदासीन था और किसी भी प्रकार की गप्पबाज़ी को हतोत्साहित करता था। परिणामस्वरूप दोनों ही अधिकारियों ने कुशलतापूर्वक अपने कार्यों का प्रदर्शन किया। वे महसूस करते थे कि मैं हमेशा उनके नजदीक हूँ। जिलाधिकारी के बारे में सभी अधिकारियों को ऐसा ही अनुभव होना चाहिए।

लीडर के विषय में निर्णय उसके जिम्मेदारी उठाने के तरीके से होता है। यदि कोई जिलाधिकारी अपने अधिकारियों की निरन्तर आलोचना, शिकायतें करता है और उनके खिलाफ जाँच करवाता है तो उसे कभी भी अपनी टीम के अधिकारियों की वफादारी और समर्थन प्राप्त नहीं हो सकता। जिलाधिकारी में एक लीडर की तरह निर्णय लेने का साहस और योग्यता होनी चाहिए तथा उसके प्रति जवाबदेही भी होनी चाहिये। एक दुविधाग्रस्त जिलाधिकारी को कभी भी उसकी टीम का सम्मान नहीं मिलता। हर निर्णय पर एक प्रतिक्रिया होती है। यदि सब कार्य भली प्रकार सम्पन्न हो जाएँ तो अधिकारी उसका श्रेय लेते हैं और यदि उसमें समस्याएँ उत्पन्न हो जाएँ तो वह तेजी से टीम के सदस्यों पर यह जिम्मेदारी छोड़ देते हैं।

यह मोबाइल फोन आने से पहले की बात है। उत्तर प्रदेश राज्य के एक जिले में यदि कानून व्यवस्था की कोई समस्या हो तो कलेक्टर जिले के पश्चिमी छोर तक और फिर पूर्वी छोर तक मोटर से दौरा कर लेते थे और घंटों बाद वापस आते थे। यदि उनकी टीम ने समस्या को सही तरीके से हल कर लिया तो इसका सारा श्रेय वह खुद ले लेते थे और तदनुसार सरकार को रिपोर्ट भेजते थे। इसके विपरीत यदि परिस्थिति पर ठीक से नियंत्रण नहीं हुआ तो वे अपनी टीम के सदस्यों को जिम्मेदार ठहराते और उनके खिलाफ सरकार को रिपोर्ट भेजते। उनकी टीम द्वारा उनको कभी सम्मान नहीं प्राप्त हुआ और व्यक्तिगत बातचीत में सदस्य उनके खिलाफ अपशब्दों का प्रयोग करते थे।

लीडर को हमेशा जिम्मेदारी लेनी चाहिए और अपनी टीम के सदस्यों को कभी भी नीचा नहीं दिखाना चाहिए। जिलाधिकारी को अपने व्यक्तित्व के इस पहेलू के बारे में बहुत सावधान रहना चाहिए। जिलाधिकारी को कभी भी दूसरों के सामने अपने अधिकारियों पर न चिल्लाना चाहिए, न उन का अपमान करना चाहिए। उनके नकारात्मक पहलुओं पर बिल्कुल निजी तौर पर बात करनी चाहिए।

टीम को प्रेरित करने में प्रशंसा का एक शब्द और प्रशंसायुक्त एक पत्र का प्रभाव बहुत लंबे समय तक रहता है। सरकारी ढाँचे में काम करने वाले एक जिलाधिकारी के लिए फौरन पुरस्कार पाना सम्भव नहीं है। हालाँकि प्रशंसा के शब्द आश्चर्यजनक कार्य करते हैं। प्रत्येक अधिकारी अपने कार्य की स्वीकृति चाहता है। यदि जिलाधिकारी किसी अधिकारी की विशेष तौर पर अच्छे कार्य के लिए प्रशंसा करता है या उसके पक्ष में सरकार को एक पत्र लिख देता है तो वह अपने काम को दुगुने उत्साह से करता है।

युवा कलेक्टर के रूप में मेरी नियुक्ति एक पर्वतीय जिले में थी और सरकार ने उसी समय जिलायोजना को लागू किया था। हम लोगों ने कठिन प्रयास से जिले का प्लान तैयार किया और इस कार्य में मेरे जिला सांख्यिकी अधिकारी ने निश्चय ही बहुत मेहनत की थी। कमिश्नर के समक्ष मीटिंग में हम लोगों के जिले का

प्लान सर्वोत्तम श्रेणी में रखा गया और कमिश्नर ने इसके लिए मेरी प्रशंसा की। मैंने खड़े होकर उन्हें धन्यवाद दिया और साथ ही साथ यह भी कहा कि यह मेरे जिला सांख्यिकी अधिकारी के प्रयासों के फलस्वरूप ही सम्भव हो सका है। सम्बन्धित अधिकारी भी वहीं उपस्थित थे। वह अत्यधिक प्रसन्न हुए और जब बाद में मुझसे मिले तो उनकी आँखों में खुशी के आँसू थे। इसके बाद उन्होंने और अधिक समर्पण के साथ कार्य किया। यदि जिलाधिकारी अपनी टीम के सदस्यों के कार्य को मान्यता देते हैं तो वह उन्हें और अधिक तथा अच्छे काम के लिए प्रेरित करते हैं। यह घटना इसका एक उदाहरण मात्र है।

जिलाधिकारी के लिए टीम के सदस्यों को उत्साहित करने वाली यह लोकतांत्रिक नेतृत्व की कार्यशैली अत्यधिक उपयोगी है। लोकतांत्रिक कार्यशैली का यह अर्थ नहीं है कि अधिकारी स्वतंत्र रूप से मनमाना कार्य करें। ऐसी परिस्थिति में अराजकता फैलेगी और कार्य का प्रदर्शन कमजोर होगा। लोकतांत्रिक होने का मतलब अनिर्णय की सीमा तक जाना नहीं है। उन्हें किसी भी वार्तालाप को दिशा देने, नियंत्रण करने और सही दिशा में मोड़ देने योग्य होना चाहिए। लक्ष्य स्पष्ट होना चाहिए, सभी सदस्यों को प्राथमिकता साझा करना चाहिए और सभी भागीदारों को उसी दिशा में कार्य करना चाहिए। जिलाधिकारी को एक बार फिर यह निर्णय करना आवश्यक है कि वह किस परिस्थिति में कितना लोकतांत्रिक रहेगा। कानून व्यवस्था की स्थिति में अत्याधिक लोकतांत्रिक होने से तबाही हो सकती है। इसी प्रकार निर्वाचन कराते समय जिलाधिकारी को कठोर नेतृत्व और कार्यशैली अपनानी होती है।

जिलाधिकारी को एक लीडर की तरह जिले पर अपने नियंत्रण के गुण, ईमानदारी, कठोर कार्य की क्षमता और गतिशीलता का उदाहरण प्रस्तुत कर नेतृत्व प्रदान करना होता है। उनका व्यक्तित्व ऐसा होना चाहिए कि जिले के अधिकारी उनकी बात सुनें और उनका सम्मान करें। यदि पद की तुलना में पदधारी बहुत छोटा है तो कर्मचारी बहुत समय तक सिंहासन का सम्मान नहीं करेंगे। वे कुर्सी को विभूषित करने वाले और शालीनता से अपने अधिकार और शक्ति का प्रयोग करने वाले लीडर को देखना चाहते हैं।

जिलाधिकारी को एक लीडर की तरह शानदार सम्प्रेषक भी होना चाहिए। उसे अपने बोलने के तरीके और शब्दों से अपनी टीम को उत्साहित और प्रेरित करने योग्य होना चाहिए। यदि वह जनता के बीच भाषण देने वाला अच्छा वक्ता हो तो जिलाधिकारी को जब जनसमूह को संबोधित करने के लिए बुलाया जाए तो वह इस मंच का इस्तेमाल कर सरकारी योजनाओं के लिए जागरूकता पैदा कर सकता है और लोगों में उसकी स्वीकृति हो सकती है। जिलाधिकारी द्वारा नेतृत्व प्रदान किए बगैर स्वच्छ भारत अभियान कभी भी सफल नहीं हो सकता था।

यदि किसी जिलाधिकारी ने ईमानदारी से जनता की समस्याएँ हल करने का प्रयास किया है और वहाँ के लोगों के साथ एक भाईचारा विकसित किया है तो जिले से जाने के बाद भी उसे लंबे समय तक लोग याद करते हैं। एक अच्छे जिलाधिकारी को लोग हमेशा उसके अच्छे कार्यों के लिए याद करते हैं और जिले से चले जाने के बाद भी लोग उनके पास आते रहते हैं। मुझे सेवानिवृत्त हुए लगभग तीन दशक हो गए हैं फिर भी मेरे जिलों से लोग आज भी मिलने आते हैं। ऐसे भी अनेक उदाहरण हैं जब जिलाधिकारियों को किसी जिले में कानून व्यवस्था व अशान्ति की स्थिति में वापस भेजा गया और उनका वहाँ के लोगों के साथ इतना घनिष्ठ सम्बन्ध था कि वह अपनी उपस्थिति से ही वहाँ शान्ति स्थापित कर सके। जिलाधिकारी को उच्च आदर्श स्थापित करने के लिए हमेशा उपलब्ध होना चाहिए। लोगों को छोटे अधिकारियों से मिले बगैर ही सीधे उनके पास जाने का अवसर उपलब्ध होना चाहिए। वह उनकी समस्या समझें और उसे हल करने का प्रयास करें। उनका व्यवहार हमेशा सकारात्मक होना चाहिए। उनकी उपस्थिति से जिले में कुछ परिवर्तनकारी विकास और परिवर्तन होने चाहिए। यहाँ तक कि सफाई, सड़कों की रोशनी और विद्युत-आपूर्ति या अधिग्रहण को हटाया जाना जैसे छोटे-छोटे कार्य भी महत्त्वपूर्ण होते हैं।

समय के साथ-साथ कलेक्टर या जिलाधिकारी की भूमिका में बहुत परिवर्तन हुआ है। जिले के अन्य अधिकारियों के ऊपर उसका सीधा अधिकार नहीं है फिर भी वह जिला-स्तर पर सरकार का प्रतिनिधि है। उसका कार्य कई गुना बढ़ गया है इसलिए आज वह और भी बड़े अर्थ में एक लीडर है। वह कार्यों की योजना बनाता है, उन्हें समन्वित करता है और फिर उन्हें लागू करवाता है। संस्था के रूप में जिलाधिकारी आज भी जिला प्रशासन का केन्द्र बिन्दु है। जिले का विकास और नियंत्रण उसकी नेतृत्वकारी योग्यता और क्षमता पर निर्भर करता है।

जिलाधिकारी का सामाजिक जीवन और जिला

जनता जिलाधिकारी को जिले के केन्द्रीय व्यक्तित्व के रूप में देखती है और उससे सामाजिक रूप से जुड़ना चाहती है। जिलाधिकारी अपने-आपको चारदीवारी में बन्द नहीं रख सकता। उसे जिले के सामाजिक व सांस्कृतिक जीवन में शामिल होना पड़ता है और यहाँ भी हर चीज उसी के इर्द-गिर्द घूमती है। बहरहाल, अपने सरकारी कर्तव्यों के निष्पक्ष निष्पादन के लिए यह जरूरी है कि जिलाधिकारी एक निश्चित दूरी बनाए रखे। इन स्थितियों में नाजुक सन्तुलन रखना पड़ता है। जिलाधिकारी को इस ओर विशेष ध्यान देना चाहिए।

सरकारी कॉल

सबसे पहले अधिकारियों को कॉल करने का मामला आता है। इस सम्बन्ध में नयाचार (प्रोटोकॉल) है और इसका पालन करना चाहिए। जिलाधिकारी जिले का प्रधान होता है लेकिन नवाचार यह है कि अगर जिलाधिकारी जिला जज के बाद पदभार सँभालता है तो वह जिला जज को कॉल करेगा। अगर जिला जज बाद में पदभार ग्रहण करता है तो वह जिलाधिकारी को कॉल करेगा। पुलिस अधीक्षक सहित जिले के अन्य अधिकारी जिलाधिकारी को कॉल करते हैं। इसमें कोई समस्या नहीं होनी चाहिए और न ही उसे अहं का सवाल बनाना चाहिए। वैसे आम तौर पर इसी मुद्दे पर अधिकारियों के सम्बन्धों में खटास पैदा होती है।

जिले में आयुक्त ही कलेक्टर का बॉस होता है और कलेक्टर को जिले में अपना कार्य सँभालते ही आयुक्त को आधिकारिक तौर पर और सामाजिक तौर पर अवश्य बुलाना चाहिए। कलेक्टर और उनकी पत्नी को जिले के अन्य अधिकारियों को सामाजिक तौर पर उन्हें बुलाने के लिए प्रोत्साहित करना चाहिए। यह प्रथा आगे के लिए मेल-मिलाप और खुशमिजाजी निर्मित करती है।

रक्षा बलों के साथ सम्बन्ध

रक्षाकर्मियों के साथ अच्छे सम्बन्ध बनाकर रखने पड़ते हैं। बड़े जिलों में सेना का एक वरिष्ठ अधिकारी तैनात रहता है। कुछ स्थानों पर वायुसेना के अधिकारी

भी होते हैं। इन लोगों को कॉल करके जिलाधिकारी सद्भावनापूर्ण माहौल बना सकता है। नागरिक प्रशासन को जब सेना की सहायता की जरूरत पड़ती है तो यह सद्भाव काम आता है। ढेर सारी प्रक्रियाओं पर जोर दिए बगैर और ढेर सारे सवाल खड़े किए बिना ही सेना आपकी सहायता के लिए तत्पर मिलेगी। विपदा या बड़ी दुर्घटनाओं के समय भी आपको सेना की सहायता की जरूरत पड़ती है। अगर रक्षा बलों के साथ आपके सम्बन्ध अच्छे हैं, तभी यह सहायता मिलेगी। मुझे एक उदाहरण याद आता है। एक पार्क बनवाने की शानदार परियोजना तैयार थी लेकिन पता चला कि जहाँ यह पार्क बनवाया जाना है वह जमीन सेना की है। लेकिन सेना के साथ हमारे सम्बन्ध अच्छे थे। लिहाजा जब उन्हें पार्क की परियोजना के बारे में बताया गया तो सब एरिया कमांडर ने अपनी पहल पर वह जमीन जिला प्रशासन को लीज पर मुहैया करवाई। उनके उत्साह व सहयोग के दम पर ही वह परियोजना साकार हुई।

एक और घटना याद आती है। जिले में कानून-व्यवस्था की समस्या खड़ी हो गई थी लेकिन हम लोग सेना की मदद के पक्ष में नहीं थे। लेकिन इसके साथ-साथ हम चाहते थे कि साम्प्रदायिक व असामाजिक तत्त्वों के मन में दहशत पैदा हो। मैंने सब एरिया कमांडर से इस बाबत बातचीत की और उन्होंने हमें जरूरी सहायता मुहैया करवा दी। उन्होंने प्रभावित इलाकों की टोह लेने के लिए सशस्त्र जवानों से लदी दो-चार खुली जीपें भेजीं। हमने पुलिस व पीएसी के वाहनों को भी इस जत्थे में शामिल कर लिया और शहर के दौरे पर निकल पड़े। इसका जबर्दस्त प्रभाव पड़ा। सेना को बुलाए बिना ही हम अपने उद्देश्य में सफल रहे।

अगर आपके सामाजिक सम्बन्ध अच्छे हैं, तभी आप उपरोक्त स्थितियों को सँभाल सकते हैं। आधिकारिक कॉल के अलावा जिलाधिकारी व उसकी पत्नी को सेना या वायुसेना कमांडरों व उनकी पत्नियों को सामाजिक कॉल करना पड़ सकता है। इससे रक्षाकर्मियों के साथ आपके सम्बन्ध सौहार्दपूर्ण हो जाते हैं और वे लोग आपको अपने सामाजिक कार्यक्रमों में हमेशा आमंत्रित करते हैं।

इसी के साथ अगर जिले में हाईकोर्ट हो तो जिलाधिकारी को मुख्य न्यायाधीश को कॉल करना चाहिए। अगर जिले में विश्वविद्यालय है तो जिलाधिकारी को उप-कुलपति को कॉल करना चाहिए। इसके अतिरिक्त अगर जिले में केन्द्र सरकार के महत्त्वपूर्ण कार्यालय, मसलन महालेखाकार कार्यालय, हों तो जिलाधिकारी को इन कार्यालयों के वरिष्ठतम अधिकारियों को भी कॉल करना चाहिए। रेलवे के मामले में भी यही बात लागू होती है। डीआरएम से अच्छे सम्बन्ध बनाए रखने से आपको जरूरत पड़ने पर वीआईपी लोगों के लिए आरक्षण सुनिश्चित करवाने में सहूलियत होती है।

जिलाधिकारी को वापसी कॉल और टेलीफोन कॉल के मामलों में विशेष ध्यान देना चाहिए। जिलाधिकारी के अधिकतर अर्दली जिलाधिकारी की अनुपस्थिति में

आनेवाले टेलीफोन कॉल का रिकॉर्ड नहीं रखते। इससे लोगों को परेशानी होती है। लेकिन अगर जिलाधिकारी दौरे से वापस आने के बाद लोगों को फोन करता है तो लोग खुश होते हैं और जिलाधिकारी की प्रतिष्ठा में इजाफा होता है। सामाजिक कॉल के मामलों में भी यही बात लागू होती है, जिलाधिकारी को इन कॉलों का जवाब देने के लिए भी समय निकालना चाहिए। यह सही है कि जिलाधिकारी के पास समय की कमी होती है लेकिन सम्बन्धों को बनाए रखना भी उसके काम का एक महत्त्वपूर्ण पहलू होता है। और अगर वह कोशिश करे तो कोई कारण नहीं है कि उसे समय न मिले।

जिलाधिकारी की पत्नी

जिला प्रशासन में जिलाधिकारी की पत्नी अत्यन्त महत्त्वपूर्ण भूमिका अदा करती है। वह जिले की प्रथम महिला होती है और उसके आचार-व्यवहार पर सबकी निगाहें गड़ी होती हैं। आम तौर पर वे खुद को मिली प्रतिष्ठा के बहाव में बह जाती हैं और उनके व्यवहार में दम्भ आ जाता है। दरअसल अधिकारियों, विशेषकर डीएम व एसपी के बीच विरोध की शुरुआत पत्नियों के आपसी तनाव से होती है।

लेकिन सामान्यत: जिले को दुरुस्त रखने में जिलाधिकारी की पत्नी महत्त्वपूर्ण भूमिका निभा सकती है। मुझे एक पिछड़े जिले में जिलाधिकारी के रूप में अपने कार्यकाल की याद आती है। वहाँ अधिकारियों को सिर्फ एक ही संगति मिल सकती थी और वह थीं एक-दूसरे की पत्नियाँ लेकिन इसी के फलस्वरूप वहाँ अधिकारियों के बीच गुटबाजी को बढ़ावा मिला। इन गुटों के बीच निरन्तर तनाव व प्रतिद्वंद्विता होती रहती थी। यह तनाव कार्यस्थल तक फैल गया और अधिकारियों के कार्य-निष्पादन पर भी इसका असर दिखने लगा। इस पिछड़े जिले में मेरे पदभार सँभालते ही मेरी पत्नी ने एक महिला क्लब की शुरुआत की। सभी अधिकारियों की पत्नियों को इस क्लब का सदस्य बनाया गया। क्लब की सदस्याएँ नियमित रूप से मिलने लगीं। इसके बाद इन लोगों ने कुछ ऐसे कार्यक्रम शुरू किए जिनमें अधिकारियों को भी आमंत्रित किया गया। 'हसबैंड इवनिंग' जैसे मजेदार कार्यक्रम आयोजित किए गए। इन कार्यक्रमों में सबकी भागीदारी रही और मस्ती व प्रफुल्लता का माहौल बना। इसके बाद आम तौर पर तिमाही में एक सांस्कृतिक कार्यक्रम का आयोजन होता था जिसमें अधिकारी, उनकी पत्नियाँ व बच्चे भाग लेते थे और अपनी प्रतिभा दिखाते थे। यही नहीं महिलाओं ने पिकनिक, मेलों व इस तरह के अन्य समूह-मिलन कार्यक्रमों का आयोजन किया जहाँ सभी लोग अनौपचारिक माहौल में मिलते थे। इसके परिणामों पर तो देखने के बाद ही यकीन हो सकता था। अधिकारियों के बीच तनाव खत्म हो गया। न्यायपालिका, पुलिस

व तकनीकी विभागों के साथ अच्छे रिश्ते बने। दरअसल जब पत्नियाँ एक-दूसरे के बहुत करीब आ जाती हैं और ऐसे कार्यक्रमों का आयोजन करती हैं जिनमें पतियों की भी भागीदारी होती है तो सखापन व एकता की भावना पैदा होती है। इसके फलस्वरूप काम का तनावमुक्त माहौल बनता है और उच्च गुणवत्ता का निष्पादन सामने आता है।

इस तरह के कई कार्यक्रम हैं, खास कर शिक्षा व स्वास्थ्य के क्षेत्र में, जिनमें अगर जिलाधिकारी की पत्नी शामिल हो तो जिले की महिलाएँ भी इनमें रुचि लेंगी और इसका जबर्दस्त प्रभाव पड़ेगा। मुझे याद है कि एक जिले में मेरी पत्नी ने बच्चों के लिए टीकाकरण कार्यक्रम शुरू किया। जिले की अन्य महिलाओं के साथ मिलकर उसने स्वैच्छिक समूह बनाया और कुछ गाँवों को गोद ले लिया। वे लोग गाँवों में गईं और महिलाओं के साथ बातचीत कर उन्हें टीकाकरण कार्यक्रमों के फायदों के बारे में यकीन दिलाया। इसका नतीजा यह हुआ कि इन गाँवों में शत-प्रतिशत टीकाकरण सम्भव हुआ। सबसे आश्चर्यजनक सफलता तो एक गाँव को पूर्ण साक्षर बनाने के रूप में सामने आई। महिलाओं को साक्षर बनाने में हमें दिक्कतों का सामना करना पड़ रहा था क्योंकि अनपढ़ महिलाएँ सीखने के लिए आगे आने को तैयार ही नहीं थीं। मेरी पत्नी ने अन्य महिलाओं को साथ लेकर एक दल बनाया और उन महिलाओं को समझाने निकल पड़ीं। वे महिलाएँ शिक्षित नहीं होना चाहती थीं क्योंकि उन्हें इसमें कोई प्रत्यक्ष लाभ नहीं दिख रहा था। तब उन्हें समझाया गया कि अगर वे पढ़ना-लिखना सीख लेंगी तो अपने बच्चों को पत्र लिख सकेंगी। इस अपील का इतना अधिक असर हुआ कि ये महिलाएँ खुशी-खुशी साक्षरता कार्यक्रम में शामिल हुईं। इन उदाहरणों के जरिए मैं इस बात पर जोर देना चाहता हूँ कि किसी जिले में जिलाधिकारी की पत्नी की भूमिका कितनी महत्त्वपूर्ण होती है। अगर वह जिले की समस्याओं को सुलझाने में अपने पति के साथ कंधे से कंधा मिलाकर चलती है तो अपने पति के लिए अत्यन्त मूल्यवान साबित हो सकती है।

सांस्कृतिक व खेल-कूद गतिविधियाँ

जिले की सांस्कृतिक व खेल-कूद गतिविधियों में जिलाधिकारी नेतृत्व प्रदान कर सकता है। उससे उम्मीद की जाती है कि वह मुशायरों और खेल आयोजनों का उद्घाटन करेगा। दरअसल इस तरह की गतिविधियों के आयोजन में काफी धन की जरूरत पड़ती है और अगर जिलाधिकारी इनमें व्यक्तिगत रुचि ले तो धन का प्रबन्ध करना आसान हो जाता है। इस तरह के कार्यक्रमों का आयोजन करवाने से न सिर्फ सृजनात्मक व संरचनात्मक माहौल बनता है बल्कि उत्साह का भी संचार होता है। इस तरह के आयोजनों के माध्यम से जिलाधिकारी को जिले के

सच्चे नेता के रूप में उभरकर सामने आने में मदद मिलती है। जिलाधिकारी का स्थानांतरण हो जाने के बाद भी इन्हीं योगदानों की वजह से उसे लम्बे समय तक याद रखा जाता है।

आगरा जिले के जिलाधिकारी के रूप में मेरी पत्नी और मैंने ताज महोत्सव का आयोजन किया। इसके तहत 15 दिन के लिए शिल्प बाजार लगा जिसमें देश के विभिन्न क्षेत्रों के लोक नृत्यों और लोक-संगीत का लगातार आयोजन किया गया। यह सारा आयोजन 'शिल्पग्राम' नामक स्थान पर हुआ जिसे कुछ इस तरह से सजाया गया कि वह सचमुच के गाँव की तरह लगे। इसके अलावा श्रेष्ठ शास्त्रीय संगीत व नृत्य की पाँच शामों का आयोजन किया गया था। इसके लिए हमारे पास फंड नहीं था। हमने स्थानीय स्तर पर फंड जुटाए। गैर-सरकारी लोगों की एक समिति बनाई गई जिसने मेरी पत्नी के साथ मिलकर सारे कार्यक्रमों का आयोजन किया। जिले में इसकी खूब चर्चा हुई और इसके फलस्वरूप आगरा में पर्यटन की सम्भावनाएँ भी बढ़ीं।

हर जिले में कुछ ऐसी गतिविधियाँ होती हैं जिनके प्रति लोगों में चाहत होती है। अगर जिलाधिकारी व उसकी पत्नी इस तरह की गतिविधियों को सक्रियता से बढ़ावा देते हैं तो वे जिले में सामाजिक व सांस्कृतिक जीवन को सचमुच में प्रेरित कर सकते हैं। एक जिले में लोगों को कुश्ती से बहुत लगाव था। लिहाजा जिलाधिकारी ने एक बहुत बड़ी कुश्ती चैंपियनशिप का आयोजन किया जिसमें दारा सिंह भी बुलाए गए। एक दूसरे जिले में लोग मुशायरे के दीवाने थे। जिलाधिकारी ने एक शानदार मुशायरे का आयोजन करवाया। इलाहाबाद जैसे जिले में महसूस हुआ कि यहाँ शास्त्रीय संगीत की महान परम्परा थी लेकिन कई सालों से वहाँ कायदे से कोई महोत्सव नहीं हुआ है। उस वर्ष 'प्रयाग महोत्सव' का आयोजन किया गया। इस महोत्सव में शास्त्रीय गायन, संगीत व नृत्य के उच्च श्रेणी के कलाकार इलाहाबाद आए। यह कार्यक्रम पूरी तरह सफल रहा और इसने इलाहाबाद के सांस्कृतिक जीवन का परिचय कराया।

इस सबसे स्पष्ट है कि जिलाधिकारी को जिले की समझ होनी चाहिए और उसे जिले के सामाजिक व सांस्कृतिक जीवन में अगुवा की भूमिका निभानी चाहिए। इससे उसे अपने काम में मदद मिलती है और उसे भारी समर्थन भी मिलता है। लोगों के साथ सम्पर्क बढ़ता है जिससे उसे कठिन समस्याओं का सामना करने में मदद मिलती है। जिलाधिकारी को जीवन के इस पहलू की अनदेखी नहीं करनी चाहिए। जिलाधिकारी को इसके लिए समय व ऊर्जा बचाकर रखनी चाहिए।

लोग-बाग जिलाधिकारी को रात्रिभोज या अन्य कार्यक्रमों में आमंत्रित करना चाहते हैं। इस मामले में जिलाधिकारी को सन्तुलित व्यवहार करना चाहिए। जिलाधिकारी को रात्रिभोज पर आमंत्रित करनेवाले अधिकतर लोग अगले दिन

उसके सामने कोई ऐसा काम लेकर आ सकते हैं जो विधिसम्मत न हो। अगर जिलाधिकारी किसी के साथ भोजन कर लेता है या किसी के घर बहुत अधिक जाता है तो लोग इसका फायदा उठाने की कोशिश करते हैं। यही नहीं, जिले में कुछ लोगों की छवि खराब होती है, अगर जिलाधिकारी ऐसे लोगों के घर जाता है तो उसकी भी छवि खराब होती है।

मोबाइल फोन ने एक नई समस्या खड़ी कर दी है। अब हर आदमी कलेक्टर के साथ सेल्फी लेना चाहता है और उसे वायरल कर देता है। यदि कलेक्टर किसी संदिग्ध चरित्र वाले व्यक्ति के साथ सेल्फी में दिखाई देता है तो इससे बड़ी समस्या उत्पन्न होती है।

एक जिलाधिकारी की निष्पक्षता के लिए यह आवश्यक है कि वह किस समारोह में शामिल होंगे और कहाँ जाएँगे, इसका चुनाव सावधानी से करें। ब्रिटिश लोगों की जिला गजेटियर लिखने और कार्यभार (चार्ज) देते समय नोट्स देने की शानदार व्यवस्था थी। अपने नोट्स में वे खासतौर पर यह लिखते थे कि कलेक्टर किन लोगों से सम्बन्ध रख सकता है। कलेक्टर को चयनशील होना चाहिए परन्तु एकदम से सामाजिक कार्यों से अलग नहीं हो जाना चाहिए। कलेक्टर और उसकी पत्नी जिले में सामाजिक नेतृत्वकारी भूमिका निभाते हुए जिले के वातावरण को जीवंत बना सकते हैं। मुझे याद है, कलेक्टर के रूप में मेरी पहली नियुक्ति पूर्वी उत्तर प्रदेश के पिछड़े जिले गाजीपुर में हुई थी। वहाँ मनोरंजन के कोई साधन नहीं थे। टीवी अभी-अभी आया ही था और इंटरनेट और मोबाइल तो था ही नहीं। मैंने और मेरी पत्नी ने मिलकर पहलकदमी ली और अनेक सामाजिक व सांस्कृतिक कार्यक्रम आयोजित करते हुए हमें महसूस ही नहीं हुआ और समय तेजी से बीत गया। आज भी उस समय गाजीपुर में तैनात अधिकारी खुशियों में बिताए उन दिनों की स्मृतियों को याद कर प्रसन्नता का अनुभव करते हैं।

जिलाधिकारी का काफी समय उद्‍घाटनों, शिलान्यासों, समापन समारोहों आदि में शामिल होने में गुजर जाता है लेकिन यह जिलाधिकारी के काम का हिस्सा है। लेकिन इसमें काफी समय खर्च होता है। लिहाजा इसे नियंत्रित करना जरूरी होता है। अगर जिलाधिकारी इस तरह के आमंत्रणों को 'ना' कहना नहीं सीखेगा तो उसका आधा समय इसी तरह की अनुत्पादक गतिविधियों में खर्च हो जाएगा।

हालाँकि इन समारोहों का एक सकारात्मक पहलू भी है। जब कभी कोई कलेक्टर किसी गाँव के निरीक्षण या किसी समारोह में जाता है तो उस गाँव में स्वत: ही विकास का बहुत सा कार्य हो जाता है। कलेक्टर के लिए अपने जिले के लोगों को जानने और वास्तविक फीडबैक तथा स्वयं जमीनी सच्चाई को समझने के लिए भी यह अच्छा अवसर होता है। इसमें कोई शक नहीं कि कलेक्टर के व्यक्तित्व के इर्द-गिर्द ही जिले का सामाजिक और सांस्कृतिक जीवन है।

एक कलेक्टर के लिए लोगों द्वारा दिए गए सम्मान से अधिक कुछ भी सन्तोषजनक नहीं हो सकता। जिस जिले को आपने वर्षों पहले छोड़ दिया, जब उसी जिले के लोग वर्षों बाद आपसे बड़े प्यार, स्नेह और सम्मान से मिलने आते हैं तो बड़ी प्रसन्नता होती है। किसी के भी सेवाकाल में जिलों में बिताया समय, कार्यकाल का सबसे ज्यादा सुखद और आनन्ददायक, सबसे ज्यादा विनोदपूर्ण और सन्तोषप्रद समय होता है।

उपसंहार

हमने जिलाधिकारी के काम के विभिन्न क्रियात्मक पहलुओं का अध्ययन किया। सफलता के लिए अपने काम के बारे में जानकारी और कठिन परिश्रम जरूरी हैं लेकिन किसी भी समस्या का बना-बनाया समाधान नहीं मिल सकता है। ज्यादा महत्त्वपूर्ण यह है कि आप अपने लक्ष्य के बारे में स्पष्ट हों और आपका दृष्टिकोण समस्या को हल करने का हो। जिले की जिम्मेदारी जिलाधिकारी पर होती है। असरदार प्रशासन के लिए उसे तत्काल निर्णय लेना होता है। उसे अपने फैसलों का कार्यान्वयन भी सुनिश्चित करना होता है और जनता की प्रतिक्रिया सुनने के लिए भी तैयार रहना होता है। जिलाधिकारी के लिए किसी समस्या से भागने का सवाल ही नहीं उठता। जहाँ कहीं भी जरूरत हो, उसे हाजिर होना पड़ता है और परिस्थितियों और लोगों का सामना करना पड़ता है।

कहा जाता है कि किसी भी संगठन का मुख्य कार्यकारी व्यक्ति एकाकी होता है। उसे अकेले निर्णय करना पड़ता है और खुद परिस्थितियों का सामना करना पड़ता है। जिलाधिकारी पर यह बात शत-प्रतिशत लागू होती है। सत्ता और अधिकार के प्रभामंडल से घिरे रहने के बावजूद वह निहायत एकाकी व्यक्ति होता है। वह निर्णय लेने का काम किसी और को नहीं सौंप सकता, न ही किसी के भी सामने अपने मन की बात कह सकता। वह इस तथ्य को जानता है कि न सिर्फ उसके काम बल्कि उसके इशारों का भी मतलब निकाला जा सकता है।

निस्सन्देह इसका अर्थ यह हुआ कि जिलाधिकारी हमेशा भारी दबाव में होता है। एक अच्छे जिलाधिकारी का सबसे पहला गुण इस दबाव को नियंत्रित करने की उसकी योग्यता होती है। हमेशा मुसकुराता चेहरा, शान्त आचरण और आत्मविश्वासपूर्ण दृष्टिकोण के बल पर ही अधिकारी सम्मान अर्जित कर सकता है और यही गुण उसे सफल बना सकते हैं। अधिकारी को कभी भी क्रोधित नहीं होना चाहिए। जब कभी भी आप क्रोधित होंगे, बुद्धि पर परदा पड़ जाएगा और यहीं से आपकी आलोचना शुरू हो जाएगी। इसका अर्थ यही नहीं है कि आप हर समय विनम्रता की मूर्ति बने रहें। ऐसे मौके भी आते हैं जहाँ 'गरजना' पड़ता है, लेकिन

यह होश में रहते हुए करना चाहिए। अधिकारी में यह योग्यता होनी चाहिए कि वह इस 'गरजना' को नियंत्रित रख सके।

कानून-व्यवस्था की परिस्थितियों का ठंडे दिमाग से ही सामना किया जा सकता है। इन परिस्थितियों में जरूरी यह है कि अधिकारी सोच सके और योजना बना सके। यह जरूरी है कि उसकी टीम आश्वस्त महसूस करे, न कि घबराहट। पुलिस गोलीबारी या दंगे की स्थितियों में अत्यन्त सावधान रहने की जरूरत होती है। घटनास्थल पर पहुँचते ही ड्यूटी पर तैनात अधिकारियों में मीन-मेख नहीं निकालना चाहिए। उस समय चीखने, चिल्लाने या जवाबदेही तय करने की कोई तुक नहीं होती है। सबसे अच्छा तरीका यही होता है कि आप अपनी टीम को समर्थन दें। उन्हें स्पष्ट निर्देश दें और खुद शान्त रहकर यह सुनिश्चित करें कि आपकी टीम अपना श्रेष्ठतम प्रदर्शन करे।

सामूहिक कार्य

दरअसल मिल-जुलकर काम करने से सफलता का मार्ग प्रशस्त होता है। जिलाधिकारी को अपनी टीम को नेतृत्व प्रदान करना होता है और अपने स्तर पर विरोधाभासों को हल करना पड़ता है। जिलाधिकारी की नजर में टीम के सभी सदस्यों की बराबर अहमियत होनी चाहिए। अगर कोई यह महसूस करे कि कुछ अधिकारी जिलाधिकारी के ज्यादा करीब हैं तो इससे खराब और कोई स्थिति नहीं हो सकती है। यह बहुत खेदजनक बात है कि कई जिलाधिकारियों ने खुद को जाति व सम्प्रदाय के आधार पर अधिकारियों के साथ जोड़ना शुरू कर दिया। यह अत्यन्त अनर्थकारी है। ऐसे जिलाधिकारी कभी भी अपने अधिकारियों को टीम के रूप में लेकर नहीं चल सकते हैं। टीम के सदस्यों के बीच झगड़ा और तनाव बना रहेगा। जिलाधिकारी को ऐसे झगड़ों को बढ़ावा नहीं देना चाहिए और टीम के सदस्यों को संगठन के हित में काम करने के लिए समझाना चाहिए। प्राय: अधिकारी जिलाधिकारी के पास जाकर एक-दूसरे के बारे में बात करते हैं। ये लोग दूसरों की आलोचना करेंगे और खुद को जिलाधिकारी के करीब दिखाने की कोशिश करेंगे। इस तरह की प्रवृत्तियों को शुरुआत से ही हतोत्साहित करना चाहिए और जैसे ही मौका मिले दोनों सम्बन्धित अधिकारियों को बुलाकर उनसे आपसी मतभेदों को दूर करने को कहना चाहिए।

जिलाधिकारी को जो टीम उपलब्ध होती है, उसमें विभिन्न सेवाओं से सम्बद्ध लोग शामिल होते हैं। उनके अपने अहम्, असुरक्षाएँ, पूर्वकल्पित धारणाएँ होती हैं और जिलाधिकारी जल्दी ही समझ जाता है कि ये लोग भिन्न-भिन्न दिशाओं में चल रहे हैं। हो सकता है कि कोई कनिष्ठ अधिकारी जिलाधिकारी के सामने चापलूस बना रहे लेकिन यह जरूरी नहीं है कि वह उसके प्रति वफादार भी हो और ऐसे कनिष्ठ अधिकारी संकट के समय जिलाधिकारी को अकेला छोड़ सकते हैं।

डीएम को अपने व्यक्तित्व की ताकत से अपनी टीम को साँचे में ढालना चाहिए। यह काम करने के लिए एक अच्छे प्रबन्धक के मूलभूत सिद्धान्तों को अपनाना चाहिए। आपको दूसरों के सामने कभी भी अपने कनिष्ठ अधिकारियों की खिंचाई नहीं करनी चाहिए। अगर उसकी भर्त्सना करनी है तो अकेले में कीजिए। इसके बावजूद आपकी भाषा रूखी और अपमानजनक नहीं होनी चाहिए। उसे महसूस होना चाहिए कि आप जो कुछ भी कह रहे हैं, वह उसे बेहतर अधिकारी बनाने के दृष्टिकोण से कह रहे हैं। साथ ही अगर कनिष्ठ अधिकारी की प्रशंसा करनी है तो खुलेआम कीजिए। लेकिन इस बात का ध्यान रखना चाहिए कि प्रशंसा वाजिब हो और काम पर आधारित हो। दूसरे यह न समझें कि आप अधिकारी-विशेष के साथ पक्षपात कर रहे हैं। अगर किसी अधिकारी ने सचमुच में कोई अच्छा काम किया है तो आप उसकी प्रशंसा करते हुए उसे पत्र लिखें। इससे उसे अपना श्रेष्ठतम प्रदर्शन करने के लिए प्रोत्साहन मिलेगा। आपके व्यवहार से सभी अधिकारियों के सामने यह स्पष्ट हो जाना चाहिए कि उनका मूल्यांकन सिर्फ कार्य-निष्पादन के आधार पर होगा, न कि व्यक्तिगत मुद्दों पर।

कुछ अधिकारियों का ऐसा यकीन है कि लोग आपका तभी सम्मान करेंगे जब वे आपसे डरते हों। लिहाजा ऐसे अधिकारी पदभार सँभालते ही आतंक का माहौल पैदा करने में जुट जाते हैं। ऐसे अधिकारी आते ही आकस्मिक दौरे करना शुरू करेंगे। लोगों को मुअत्तल करेंगे और उनके प्रति प्रतिकूल टिप्पणी करेंगे। यह सही है कि इस तरह के तौर-तरीकों से जिले में खलबली मच जाती है और लोग इस 'सख्त अधिकारी' से डरने लगते हैं लेकिन इसका मतलब यह नहीं है कि इस नजरिये को अपनाकर आप नतीजे भी हासिल कर लेंगे। इसके बजाय सन्तुलित दृष्टिकोण बेहतर होता है। यह स्पष्ट कर देना चाहिए कि भ्रष्टाचार, भाई-भतीजावाद और कामचोरी बर्दाश्त नहीं की जाएगी। साथ ही डीएम को अपने व्यवहार से लोगों के मन में यह बात बिठा देनी चाहिए कि वह उनका अभिभावक है, न कि तानाशाह जो अपनी सत्ता के दम पर लोगों को गुलाम बनाना चाहता है। दरअसल सरकारी व्यवस्था में हर चीज़, जैसाकि होना चाहिए, वैसे काम नहीं करती है। लेकिन इसे दुरुस्त करने के लिए व्यवस्था बनानी पड़ेगी। लोगों को सुने बिना और व्यवस्था में सुधार किए बिना सिर्फ जवाबदेही तय कर देने या कार्रवाई कर देने से आप कुछ भी हासिल नहीं कर पाएँगे।

जिलाधिकारी के अन्दर अपने अधिकारियों की अच्छाइयों और कमजोरियों को समझने की खूबी होनी चाहिए। यह बहुत महत्त्वपूर्ण है। इस मामले में उसे अपना दिमाग खुला रखना चाहिए। मसलन, हो सकता है कि कोई अधिकारी आदेशों को लागू करने और कानून-व्यवस्था बनाए रखने के काम में सिद्धहस्त हो लेकिन उसका व्यवहार बहुत रूखा हो। उसकी इस कमजोरी को बर्दाश्त करना होगा और

इस मुद्दे पर उसे समझाना होगा। उसकी अच्छाइयों की प्रशंसा की जानी चाहिए और उसे ऐसे काम सौंपे जाने चाहिए जहाँ उसकी अच्छाई का इस्तेमाल हो। तभी आप उससे सर्वश्रेष्ठ प्रदर्शन करवा सकते हैं।

सबसे काम लेना भी एक कला है। हर अधिकारी में कोई-न-कोई गुण होता है और अगर उसे इसके अनुसार जिम्मेदारी दी जाए तो वह अच्छा काम करेगा। मुझे एक अधिकारी का स्मरण आता है जिसकी फाइलों में बिलकुल रुचि नहीं थी, न ही वह ठीक ढंग से नियम-कानून जानता था। आम धारणा थी कि वह निकम्मा है। कुछ दिन बाद मैंने पाया कि उसके अन्दर चीजों को संगठित करने की अद्भुत क्षमता है। जनसम्पर्क के मामले में भी उसका जवाब नहीं था लेकिन कागजी कामकाज से उसको नफरत थी। मैंने उसे कार्यक्रमों के आयोजन और प्रेस से सम्बन्ध बनाने की जिम्मेदारी सौंप दी। उसने अपना काम शानदार ढंग से पूरा किया। वह आदमी जो काम से जान छुड़ाकर भागता रहता था, अब हर समय अपने काम में डूबा रहता था।

कुछ अधिकारी कानून और व्यवस्था सँभालने में उल्लेखनीय होते हैं तो कुछ अन्य अदालती काम में रुचि लेते हैं। कुछ क्षेत्र निरीक्षण के काम को बेहतर अंजाम देते हैं, कुछ फाइलों की देख-रेख में सिद्धहस्त होते हैं, कुछ वीआईपी ड्यूटी में माहिर होते हैं तो कुछ अधिकारी ऐसे होते हैं जो किसी भी परिस्थिति में अपना धैर्य बनाए रखते हैं। जिलाधिकारी को लगातार इसका आकलन करते रहना चाहिए और सही काम के लिए उचित व्यक्ति को ही चुनना चाहिए। अगर वह इसमें सफल रहता है तो समझिए कि उसका काम हो गया। अपनी टीम को लेकर प्रलाप करने में कोई तुक नहीं होती है। आपको कभी भी आपकी मनमर्जी की टीम नहीं मिलेगी। लेकिन सही आकलन और काम के उचित बँटवारे के द्वारा जिलाधिकारी अपने अधिकारियों को एक टीम के साँचे में ढाल सकता है और उनसे सर्वश्रेष्ठ प्रदर्शन करवा सकता है।

अपने मातहतों में यकीन करके भी आप अच्छे नतीजे हासिल कर सकते हैं अगर आपके कनिष्ठ अधिकारी यह महसूस करें कि उनका बॉस उनमें यकीन करता है और वे भी महत्त्वपूर्ण हैं तो वे अच्छे नतीजे दे सकते हैं। एक बार की बात है—चुनाव सिर पर थे। सभी लोग चुनाव कार्य में व्यस्त थे। वीआईपी लोगों की बाढ़-सी आ गई थी। इसी बीच पता चला कि एक वीवीआईपी सार्वजनिक सभा को सम्बोधित करने के लिए आ रहे हैं। मेरे पास कोई अधिकारी खाली नहीं था। लेकिन मैंने महसूस किया कि मेरा युवा एसडीएम इस काम को कर सकता है। मैंने उसे बुलाया और उसके साथ बैठकर उस वीवीआईपी के लिए की जा रही व्यवस्था पर विचार-विमर्श किया। मैंने उसे बता दिया कि अब सारा दारोमदार उसी पर है, और वह अपने-आपको डीएम समझकर सारी व्यवस्था सँभाल ले। उसे यह

भी बता दिया गया कि कोई अड़चन आने पर वह मुझसे सम्पर्क करे। उस युवा अधिकारी ने वीवीआईपी दौरे का बहुत अच्छे ढंग से संचालन किया। यहाँ तक कि इस काम के लिए उसने मुझे एक बार भी परेशान नहीं किया। मेरे विदाई समारोह में उस अधिकारी ने अपने भाषण में इस घटना का जिक्र किया और मुझे महसूस हुआ कि यह सब कुछ उस पर भरोसा करने का ही परिणाम था। इस भरोसे ने ही उसके अन्दर प्रेरणा जगाई। अगर लोगों को काम करने की आजादी दी जाए और उनमें विश्वास व्यक्त किया जाए तो अधिकांश लोगों की प्रतिक्रिया सकारात्मक होती है।

जिले जैसे जटिल संगठन को चलाने के लिए यह जरूरी है कि जिलाधिकारी के पास सभी सूचनाएँ हों और वह हर परिस्थिति का हरसम्भव दृष्टि से आकलन करे। लिहाजा यह जरूरी है कि जिलाधिकारी अपने अधिकारियों को अपने निष्कपट विचार रखने की अनुमति दे। कुछ अधिकारी कड़क छवि बनाने के लिए अपने मातहतों को स्वतंत्र रूप से मुद्दों पर बहस करने की इजाजत नहीं देते हैं और अपनी इच्छा लादने की कोशिश करते हैं। वे समझते हैं कि अगर वे अपने विचारों को दूसरों पर थोपने में कामयाब नहीं हुए तो यह उनकी कमजोरी समझी जाएगी। दरअसल कई जिलाधिकारियों की बैठकों में आप एकतरफा बातचीत का ऐसा नजारा देख सकते हैं। इन बैठकों में उपस्थित बाकी लोग सिर्फ सुनते हैं और अपनी डायरियों में कुछ लिखते रहते हैं। इस तरह से कोई भी संगठन कभी भी असरदार नहीं बन सकता है। अगर किसी अधिकारी के मन में संशय है तो वह आपके निर्देशों का पालन नहीं कर सकता। वरिष्ठ अधिकारी को सबसे पहले अपनी प्रस्तावित योजना पर कनिष्ठ अधिकारियों को विश्वास में लेना चाहिए, तभी उसे उनका समर्थन मिलेगा। जिलाधिकारी को ऐसा माहौल नहीं बनाना चाहिए कि उसके अधिकारी उसके सामने सच्चाई बयान करने का अप्रिय तथ्य कहने या विरोधी विचार रखने से कतराने लगें। जिला एक ऐसा जटिल संगठन होता है कि अगर जिलाधिकारी सूचना के सभी स्रोतों को खुला न रखे तो उससे गलतियाँ हो सकती हैं और अधिकारी के रूप में उसकी सार्थकता खतरे में पड़ सकती है।

दरअसल आम तौर पर अगर आप कोई नया काम करना चाहते हैं तो उसका सबसे अच्छा तरीका यही है कि उसके बारे में निष्पक्ष ढंग से बहस करवाएँ। लोगों को यह कतई महसूस न होने दें कि आप उन पर अपने विचार थोप रहे हैं। इस पर वाद-विवाद होने दें और चतुराई से इसके नकारात्मक पहलुओं को सुलझाएँ। इसके बाद जो भी फैसला होगा, उस पर आम सहमति होगी।

एक चुनाव में जिलाधिकारी के रूप में मैंने मतपेटियों को मतदान के दिन सुबह भेजने का विचार रखा ताकि गाँव में मतपेटियों में हेरा-फेरी न हो। यह जिला क्षेत्रफल के लिहाज से बहुत बड़ा था, इसलिए यहाँ पोलिंग पार्टियों को मतदान से दो दिन पहले ही भेजने की परम्परा थी। इससे पहले ग्राम स्तर पर असामाजिक तत्त्वों

द्वारा मतपत्रों को छीनने और हेराफेरी करने की घटनाएँ हो चुकी थीं। मैं मतदान के दिन सुबह तहसील से सेक्टर मजिस्ट्रेट के जरिए मतपत्रों को भेजना चाहता था। मैं जानता था कि ऐसा करने से अब तक स्थापित प्रक्रियाओं को बदलना पड़ेगा जिसे कभी स्वीकार नहीं किया जाएगा। मैंने सारे अधिकारियों की बैठक आहूत की और उनके सामने यह समस्या रखी। अधिकतर अधिकारियों का कहना था कि समस्या तो वाजिब है लेकिन इसका कोई समाधान नहीं है। मैंने इस बात पर जोर दिया कि अधिकारी होने के नाते हमें इसका हल ढूँढ़ना चाहिए। लगभग 15 मिनट तक विचार-विमर्श के बाद एक अधिकारी ने कहा कि इस समस्या का एकमात्र हल यही है कि मतपत्रों को मतदान केन्द्रों तक मतदान के दिन भेजा जाए लेकिन यह सम्भव नहीं है। मुझे तो जैसे इसी का इन्तजार था। मैंने झट से इस छोर को पकड़ा और अपनी टीम से यह सुझाव देने को कहा कि क्या यह सम्भव है। धीरे-धीरे आम सहमति होने लगी और बैठक में जो हल उभरकर बाहर सामने आया, वही मैं चाहता था। मैंने उसकी पुष्टि की और सारी व्यवस्था सुचारु ढंग से हो गई।

इस काम में सफलता इसलिए मिली क्योंकि अधिकारियों को लगा कि यह उनका विचार था न कि जिलाधिकारी द्वारा थोपा हुआ।

संक्षेप में कहा जाए तो आज जिलाधिकारी को सहभागिता को बढ़ावा देना होगा। उसे सबको साथ लेकर नेतृत्व प्रदान करना होगा और सबको अपने श्रेष्ठतम का प्रदर्शन करने के लिए प्रोत्साहित करना होगा। अगर जिलाधिकारी सिर्फ आदेश जारी करेगा तो उसकी आज्ञा का पालन होने की सम्भावना नहीं है। नतीजा भी शून्य रहेगा। जिलाधिकारी को यह सुनिश्चित करना होगा कि उसके फैसले लागू किए जाएँ। यह सुनिश्चित करने के लिए दोषियों के खिलाफ कार्रवाई करना ही एकमात्र तरीका नहीं है, उसे अपने अधिकारियों को प्रेरित करना होगा और उन्हें अपने साथ लेकर चलना होगा।

कार्य-निष्पादन का मूल्यांकन

अपनी टीम का मूल्यांकन करना डीएम की महत्त्वपूर्ण जिम्मेदारियों में एक है। इसके लिए मौजूदा समय में जो व्यवस्था, उसके अनुसार वित्त वर्ष के अन्त में सम्बन्धित अधिकारी निष्पादन शीट देता है और जिलाधिकारी इस पर उस अधिकारी की रिपोर्ट लिखता है। अधिकांश मामलों में इस काम को गम्भीरता से नहीं किया जाता है। प्रायः इन रिपोर्टों को वर्षों तक रोककर रखा जाता है और इस तरह से इनकी प्रासंगिकता खत्म हो जाती है। आम तौर पर ये रिपोर्टें घिसी-पिटी होती हैं और इनसे किसी अधिकारी के काम की सही तसवीर सामने नहीं आती। दरअसल बहुतायत में अधिकारी अपने स्टेनोग्राफर से रिपोर्ट तैयार करवा लेते हैं और उस पर हस्ताक्षर करवा लेते हैं। इस तरह से यह सारी प्रक्रिया हास्यास्पद बनकर रह जाती है।

कुछ अधिकारी तो खुद ही अपनी रिपोर्ट तैयार कर लेते हैं और मौका देखकर जब जिलाधिकारी अच्छे मूड में हों तो उस पर हस्ताक्षर करवा लेते हैं। कुछ अधिकारी तो हाथ जोड़कर अनुरोध करते हैं कि उनकी रिपोर्ट पर 'उल्लेखनीय' लिख दिया जाए। कुछ तो आपके पाँव छूने की हद तक चले जाते हैं।

जिस अधिकारी ने अच्छा काम किया हो, उसे पुरस्कृत करने के लिए निष्पादन का सही मूल्यांकन जरूरी है। यह सबसे बड़ा प्रेरक तत्त्व है। यह जिलाधिकारी का कर्तव्य है कि वह सचमुच में अपने दिमाग का इस्तेमाल करे और निष्पादन शीट में तथ्यात्मक और विशेष प्रविष्टियों का ही उल्लेख करे। बहरहाल, इस व्यवस्था की सबसे बड़ी खामी है कि यह शव परीक्षा करने जैसा काम है। इससे किसी अधिकारी के काम में निश्चित सुधार की गारंटी नहीं मिलती है। इसके अतिरिक्त जब तक कि रिपोर्ट प्रतिकूल न हो उसे गोपनीय रखा जाता है। लिहाजा इसकी तत्काल कोई सार्थकता नहीं होती है।

इसके मद्देनजर बेहतर तरीका तो यही है कि जिलाधिकारी लगातार मूल्यांकन करे। एक तरीका यह हो सकता है कि एसडीएम आदि के लिए तिमाही लक्ष्य निर्धारित कर दिए जाएँ। आप अदालती कामकाज (निपटाए जानेवाले मामलों की संख्या), राजस्व वसूली, अंकेक्षण आपत्तियों का निपटारा, राष्ट्रीय बचत में योगदान आदि के लिए लक्ष्य तय कर सकते हैं। सम्बन्धित अधिकारी के साथ विचार-विमर्श के बाद ही ये लक्ष्य निर्धारित किए जाने चाहिए। अवास्तविक लक्ष्य तय करने की कोई तुक नहीं है। इसके बाद इन लक्ष्यों को लिखित रूप में सम्बन्धित अधिकारी तक पहुँचा देना चाहिए।

तीन माह बाद वह अधिकारी अपने लिए तय किए गए सभी लक्ष्यों, अपनी उपलब्धियों और सफलता या विफलता के कारणों पर रिपोर्ट देगा। इसके बाद उस अधिकारी को बुलाकर उससे व्यक्तिगत रूप से बातचीत की जा सकती है। अच्छे निष्पादन के लिए उसे शाबाशी दी जानी चाहिए, लेकिन उसकी कमजोरियों की ओर भी इशारा करना चाहिए। यह काम मौखिक रूप में होना चाहिए। और इस प्रक्रिया का पालन किया जाए तो अधिकारियों की प्रगति सुनिश्चित की जा सकती है। शव परीक्षा करने के बजाय सतत मूल्यांकन के जरिए निश्चित परिणाम हासिल किए जा सकते हैं। इन तिमाही मूल्यांकनों के आधार पर साल के अन्त में रिपोर्ट तैयार की जानी चाहिए।

कार्य-निष्पादन के मूल्यांकन की सही व गम्भीर प्रणाली टीम को अच्छा काम करने के लिए प्रेरित करती है और टीम का प्रदर्शन जिलाधिकारी की उम्मीदों पर भी खरा उतरता है।

प्रशिक्षक के रूप में जिलाधिकारी

कार्य-निष्पादन मूल्यांकन के साथ ही प्रशिक्षक के रूप में भी जिलाधिकारी की भूमिका होती है, खास कर युवा आईएएस परिवीक्षार्थियों (प्रोबेशनर्स) के मामले में जो जिले में प्रशिक्षण के लिए आते हैं। ब्रिटिश जमाने में संयुक्त मजिस्ट्रेट, डीएम के साथ ही रहते थे और जिला प्रशासन की सूक्ष्मताओं को सीखने के दौरान हमेशा डीएम के साथ ही रहते थे। इसके विपरीत आजकल के युवा परिवीक्षार्थी के लिए डीएम के पास वक्त ही नहीं होता है। डीएम उन्हें अड़चन के रूप में देखते हैं। परिवीक्षार्थी के रूप में मुझे अपने दिन याद आते हैं जब डीएम को विस्मय हुआ था कि मुझे इस जिले में प्रशिक्षण के लिए क्यों भेजा। बहरहाल, डीएम ने मुझसे एडीएम (प्रशासन) के सम्पर्क में रहने को कहा। एडीएम ने तत्काल राजस्व सहायता से एक कार्यक्रम तैयार करने को कहा। यह स्पष्ट हो गया कि मुझे खुद ही अपने प्रशिक्षण की योजना बनानी पड़ेगी। मैंने डीएम को दैनिक डायरी पेश करना शुरू किया लेकिन उन्होंने विनम्रतापूर्वक इसे एडीएम को भेजने को कहा। कुछ दिन बाद मैंने कुछ स्वतंत्र काम करने की इच्छा जाहिर की और इस बाबत अपने डीएम से अनुरोध किया। लेकिन इसकी अनदेखी करते हुए मुझे ओसी बिल बनाने का काम सौंप दिया गया। इसके तहत हमें अधिकारियों के वेतन-बिलों पर हस्ताक्षर-भर करना होता है।

उपरोक्त उदाहरण देने का आशय इस ओर इशारा करने से है कि अधिकतर जिलाधिकारी परिवीक्षार्थियों को प्रशिक्षण देने के काम को बोझ समझते हैं, जबकि यह काम जिलाधिकारी की प्राथमिकता में होना चाहिए। अगर कायदे से ध्यान दिया जाए, दिलचस्पी दिखाई जाए और युवा अधिकारियों को दिशा-निर्देश देने में रुचि ली जाए तो शुरुआत में ही अधिकारियों में सही दृष्टिकोण पैदा होता है। इस तरह से प्रशिक्षु आगे चलकर सफल और असरदार अधिकारी के रूप में उभरकर सामने आते हैं।

जिले का प्रशासन चलाना कला भी है और विज्ञान भी। आपको व्यवस्थित ढंग से अपने काम की योजना बनानी पड़ती है और सिद्धान्तों के अनुसार काम करना पड़ता है। आपको अपने समय का प्रबन्ध करना होता है, लगातार पड़ रहे दबावों को नियंत्रित करना पड़ता है, लक्ष्यों व उद्देश्यों की स्पष्ट रूपरेखा बनानी पड़ती है और इसके बाद इन्हें हासिल करने के लिए अपनी टीम को प्रेरित करना पड़ता है।

समय-प्रबन्धन

जिलाधिकारी के पास हमेशा समय की कमी रहती है। दिन के अन्त में उसके पास हमेशा उन कामों की सूची होती है जिन्हें वह नहीं कर पाया। सबसे खराब

तो तब लगता है जब आप चीजों को अपने ढंग से अंजाम नहीं दे पाते हैं क्योंकि आकस्मिक स्थितियों को निपटाने में ही समय खर्च हो जाता है। बहरहाल, अगर कोई अधिकारी प्रभावकारी बनना चाहता है तो उसे अपने समय को नियंत्रित करने की सचेत कोशिश करनी होगी।

सबसे पहले तो मिलने आनेवालों का दबाव होता है। मुलाकातियों के लिए अपना दरवाजा खुला रखना अच्छी नीति है लेकिन इस मामले में समय की पाबन्दी लागू नहीं की जाएगी तो सुबह से रात तक का समय सिर्फ लोगों से मिलने में ही बीत जाएगा। इसके लिए एक व्यवस्था बनानी होती है और जल्दी ही लोग इसके अभ्यस्त हो जाते हैं। जिलाधिकारी लोगों से मिलने के लिए हफ्ते के चार दिन निर्धारित कर सकते हैं। इसमें सोमवार को जरूर शामिल करना चाहिए क्योंकि इस दिन मुलाकातियों का भारी जमावड़ा होता है। सुबह दस बजे जनता से मिलने का कार्यक्रम रखना चाहिए। जहाँ तक सम्भव हो यह कार्यक्रम जिलाधिकारी कार्यालय में ही होना चाहिए। इस काम के लिए सुबह दस बजे से दोपहर डेढ़ बजे तक का समय निर्धारित किया जा सकता है। इस अवधि में जिलाधिकारी के सामने अधिकारियों व कर्मचारियों को फाइलें लेकर आने से रोक देना चाहिए। अगर इस व्यवस्था का सख्ती से पालन किया जाए तो अधिकांश जिलों में मुलाकातियों की समस्या हल हो सकती है। दोपहर और शाम को लोगों से मिलने की प्रथा को हतोत्साहित करना चाहिए। यह समय जनप्रतिनिधियों व प्रेस के लिए सुरक्षित रखना चाहिए। अगर आप उनसे मिलने से इनकार करेंगे तो आपका समय व शान्ति नष्ट होगी। हालाँकि इनमें से अधिकतर पहले से समय तय करके आते हैं और आप इन्हें दोपहर से पहले का समय दीजिए। इसके बावजूद शाम को भी आपको जनता से मिलना पड़ सकता है।

हर जिले में कुछ पेशेवर दलाल होते हैं जो आपके कान के पास आकर कहेंगे कि उन्हें बहुत महत्त्वपूर्ण बात बतानी है और वे रात में आपसे मिलने का समय माँगेंगे। इनको सीधे इनकार कर देना चाहिए। कुछ दिन बाद ये अधिकारी के काम करने का तरीका समझ जाएँगे और फिर पास नहीं फटकेंगे।

बड़े जिलों में जहाँ कई अतिरिक्त जिलाधिकारी होते हैं, जिलाधिकारी जनता से मिलने के लिए हफ्ते में तीन दिन का समय निर्धारित कर सकता है। अगर जिलाधिकारी जनता को अधिक समय देगा तो फिर कोई भी एडीएम के पास नहीं जाएगा और वे खाली बैठे रहेंगे। जिस काम को एडीएम कर सकते हैं, वह काम जिलाधिकारी के पास आ जाता है। जिलाधिकारी को चाहिए कि वह इस तरह के कामों को एडीएम के पास भेज दे।

लोग आपका कितना समय लेते हैं, यह आपके काम करने की शैली पर निर्भर करता है। अगर आप उन्हें बात करने के लिए बढ़ावा देंगे तो वे बैठे रहेंगे। कुछ

नहीं तो वे आपकी प्रशंसा करना शुरू कर देंगे। मुलाकातियों का स्वागत मुसकुराते हुए करना चाहिए लेकिन अधिकारी का रवैया पेशेवर होना चाहिए। लोगों पर इसका अच्छा प्रभाव पड़ता है और वे काम की बात कर जल्दी निकल लेते हैं। कोई भी अधिकारी अगर गप्प सुनना पसन्द करता है तो वह कभी भी अपने समय पर नियंत्रण नहीं रख सकता।

अपराह्न तीन बजे के बाद एक घंटे का समय अधिकारियों के लिए सुरक्षित रखना चाहिए ताकि फाइलों व मामलों का निपटारा किया जा सके। शाम चार बजे के बाद का समय बैठकों के लिए होना चाहिए। जिलाधिकारी को कई बैठकों की अध्यक्षता करनी पड़ती है। इनमें से अधिकांश बैठकें लम्बी होती हैं जिनका छोर नजर नहीं आता और इन बैठकों में कोई नतीजा भी नहीं निकलता है। इन बैठकों का प्रभावी ढंग से संचालन करना होता है ताकि समय का उद्देश्यपूर्ण इस्तेमाल किया जा सके। इन बैठकों की एक कार्य-सूची होनी चाहिए, पिछली बैठकों का ब्यौरा और इन पर अमल की रिपोर्ट भी होनी चाहिए। इन बैठकों में अधिकारी गैर-जिम्मेदाराना ढंग से बातचीत करने के आदी होते हैं और आम तौर पर घंटों बेकार की बहस होती रहती है। जिलाधिकारी को इन बैठकों में बहस की शुरुआत करनी चाहिए और इसे नियंत्रित करना चाहिए। जहाँ तक सम्भव हो, इन बैठकों में किसी फैसले या कार्य-योजना पर पहुँचना चाहिए। इससे न सिर्फ बैठकों में लगनेवाला समय कम होगा बल्कि इनकी सार्थकता भी बढ़ेगी।

समय का प्रबन्ध करने का सबसे अच्छा तरीका यह है कि सत्ता का विकेन्द्रीकरण कर दिया जाए। अगर जिलाधिकारी हर पत्र खुद लिखवाता है, हर निर्णय अपने स्तर पर करता है, कानून-व्यवस्था से सम्बन्धित घटनास्थलों का दौरा खुद करता है तो उसके पास उत्पादक कार्यों के लिए कभी भी समय नहीं बचेगा। जिलाधिकारी को अपने मातहतों पर यकीन करना चाहिए और उन्हें काम सौंपना चाहिए।

इसके साथ यह भी जरूरी है कि आप अपनी प्राथमिकताओं के बारे में स्पष्ट हों। हो सकता है कि आपके सामने पेश किए गए पत्र का मसौदा साहित्य की दृष्टि से उच्चकोटि का न हो लेकिन अगर इससे जरूरत पूरी हो जाती है या इससे सन्देश सम्प्रेषित हो जाता है तो इसे सुधारने और फिर से टाइप करवाने में समय खर्च करने की आवश्यकता नहीं है। आपको विशेष महत्त्व के मसलों पर अधिक समय देना चाहिए, न कि कम महत्त्वपूर्ण मुद्दों पर।

जिलाधिकारी को जिले में लगातार कार्यक्रमों, समारोहों, उद्घाटनों आदि में शामिल होने के लिए बुलाया जाता है। इससे आपको लोकप्रियता तो मिलती है, लेकिन काफी समय भी खर्च होता है। इस तरह का हर कार्यक्रम परम्परागत माल्यार्पण और स्वागत गान के साथ शुरू होता है। इसके बाद निरर्थक भाषणों का सिलसिला चलता है और कुछेक घंटे बाद आपकी उपलब्धि शून्य। जहाँ तक

हो सके, इन कार्यक्रमों में जाने से बचना चाहिए। जिन गतिविधियों से जिले के प्रशासन में मदद न मिले, उन पर समय ज़ाया नहीं करना चाहिए। इसका अर्थ यह नहीं है कि जिलाधिकारी को सांस्कृतिक व खेल-कूद की गतिविधियों में भी भाग नहीं लेना चाहिए। यह जिलाधिकारी के काम का हिस्सा है लेकिन बहुतेरे ऐसे कार्यक्रम और समारोह होते हैं जिनसे कोई फायदा नहीं होता। इस समस्या का मर्म यही है कि इस तरह के कार्यक्रमों को समय देने के मामले में जिलाधिकारी को एहतियात रखना चाहिए।

अधिकारियों के लिए यह कहना फैशन हो गया है कि वे इतना कठोर परिश्रम करते हैं कि उनके पास अपने परिवार और स्वास्थ्य की देखभाल के लिए वक्त ही नहीं बचता। यह एक तरह से समय का कुप्रबन्ध है। अपने परिवार के साथ समय बिताना भी जरूरी है क्योंकि इससे आपका कायाकल्प होता है और आप अपने काम को बेहतर ढंग से अंजाम दे सकते हैं। इच्छा हो तो समय निकाला जा सकता है। रात में सात बजे के बाद आप समय के मामले में बिलकुल कंजूस बन जाइए। रात साढ़े सात बजे के बाद, जहाँ तक सम्भव हो, दो-चार घंटे अपने परिवार में बिताइए।

टहलने या व्यायाम के लिए भी रोज तीस मिनट का समय निकालना जरूरी होता है। अगर आप यह नहीं करते हैं तो आपके स्वास्थ्य पर बुरा प्रभाव पड़ेगा और आपकी उत्पादकता का ग्राफ नीचे जाने लगेगा। रात्रि भोजन के बाद इस काम के लिए समय निकाला जा सकता है। आम तौर पर दिन-भर के काम के बाद जिलाधिकारी इतना थके होते हैं कि व्यायाम नहीं कर पाते हैं। नतीजा मोटापा और ढेर सारी बीमारियाँ। जाहिर है, जिलाधिकारी के काम के कई पहलू हैं और इसके लिए समय सबसे दुर्लभ चीज है। लिहाजा जिलाधिकारी के लिए समय प्रबन्धन सर्वोच्च प्राथमिकता होता है। अच्छे समय प्रबन्धक और प्रभावी अधिकारी के बीच सीधा सहसम्बन्ध होता है।

प्रशासन एक कला है क्योंकि डीएम के हर फैसले का प्रभाव जनता पर पड़ता है। यह मनुष्यों से जुड़ा होता है। इसके लिए जनता से लगातार सम्पर्क होना चाहिए। नियम व कानूनों का उल्लंघन किए बिना जनता को सन्तुष्ट करना होता है। जिला स्तर पर प्रशासन का अर्थ कुल मिलाकर मानव प्रबन्धन होता है।

समय के साथ चीजें बदल गई हैं। इस पद का गौरव और मोहकता कम हुई है। जिलाधिकारी अब स्वतंत्र नहीं रह गया है और न ही वह सर्वशक्तिशाली होता है। इसके बावजूद जिलाधिकारी का काम सबसे अधिक चुनौतीपूर्ण और फलदायी होता है। यह एक ऐसा काम है जहाँ जनता के लिए कुछ करने का शानदार मौका मिलता है। इस पद पर रहकर आप सचमुच जनता की समस्याओं को समझ सकते हैं और इनके हल भी आपके पास होते हैं। इस काम में बढ़ती हुई जटिलता ने इसे और भी रुचिकर बना दिया है और इसमें सृजनात्मकता व व्यक्तिगत पहल की भारी

सम्भावनाएँ हैं। दरअसल जिला एक जीवित प्राणी की तरह होता है जो जिलाधिकारी की शख्सियत व शैली के स्पर्श पर हरकत करता है। डीएम का अपने जिले से लगातार सम्पर्क बना रहता है और जनता जिलाधिकारी के निष्पादन की तत्काल परख कर लेती है। जिलाधिकारी को सबसे अधिक सन्तुष्टि तब मिलती है जब जनता खुश होती है और उसे महसूस होता है कि प्रशासन उसकी देखभाल कर रहा है। जिलाधिकारी को इसी लक्ष्य को हासिल करने के लिए संघर्ष करना पड़ता है।